2판

평생교육론

LIFELONG EDUCATION

최은수 감수
한우섭 · 김미자 · 신승원 · 연지연 · 진규동 · 신재홍 · 송민열 · 김대식 · 최용범 공저

학지사

2판 머리말

평생학습사회로의 전개는 오늘날 우리나라를 포함한 전 세계의 교육적 추세다. 제4차 산업혁명, 고령화, 그리고 세계화에 기반을 둔 지구촌 사회는 기존의 학교교육 중심에서 평생교육 중심으로 그 교육적 패러다임이 전환되고 있다. 이러한 시대적 변화 가운데 평생교육이라는 큰 흐름은 학문으로서, 그리고 교육현장의 실제로서 보다 구체화되어 가고 있다. 최근에는 이러한 흐름을 반영하여 대학 또는 대학원의 평생교육 관련 학과나 전공 분야에서 학문적인 업적들과 관계 자료들이 활발히 출판되고 있다.

평생교육은 형식적 학습, 비형식학습, 무형식학습 등 모든 종류의 학습 형태를 포함하면서 성인교육, 계속교육, 회귀교육, 순환교육, 재교육, 지역사회교육, 인적자원개발, 여성교육, 노인교육 등 다양한 개념을 포괄적으로 아우르고 있다. 이러한 포괄적 개념으로 인해 간혹 '평생교육이 도대체 무엇이냐'라는 가장 기본적인 질문에 대하여 다소 개념적 혼란을 겪는 경우가 있다. 이에 필자들은 기존에 소개된 다양한 평생교육 관련 자료의 정리와 평생교육이란 무엇이고 무엇을 추구하는가에 대한 개념적 차원의 정리가 필요하다는 생각을 하게 되었다. 따라서 이 책을 통하여 평생교육기관에 근무하는 실무자, 평생교육을 전공하는 학생, 평생교육사 자격증을 취득하고자 하는 학습자를 포함해 평생교육에 관심을 가지고 평생교육이란 무엇인지를 알고자 하는 분들에게 기본적인 개념서로서의 정보와 새로운 지식을 담고자 노력하였다.

이 책에서 다루고자 하는 평생교육 내용은 크게 네 부분으로 이루어져 있다. 각 장에서는 평생교육과 관련한 내용을 연관성을 기반으로 체계화하려 노력하였다. 제1부에서는 평생교육이 무엇인지를 이해하는 데 필요한 기초 지식을 소개하고 있다. 평생교육의 개념과 필요성, 평생교육의 역사와 철학, 평생교육의 학문적 배경, 평생교육의 주된 부분을 이루고 있는 성인학습론, 그리고 해외에서는 어떻게 평생교육을 운영하고 있는지를 소개하는 평생교육의 세계적 동향을 소개한다. 제2부에서는 평생교육이 실제 실천되고 있는 현장 또는 유형을 소개한다. 지역사회와 평생교육, 기업 내 평생교육이라 할 수 있는 인적자원개발, 전문화와 다양화를 추구하는 여성교육 및 고령화 시대에 새롭게 성장하고 있는 노인교육, 그리고 정보통신기술의 발달과 함께 새로운 교육 유형으로 확고히 자리 잡고 있는 원격교육에 대한 소개를 한다. 제3부에서는 평생교육의 운영과 경영에 관한 내용이다. 평생교육의 핵심이라 할 수 있는 평생교육 프로그램의 개발, 효율적인 평생교육방법론, 평생교육을 육성하고 지원하기 위한 평생교육제도와 관련 법규, 평생교육 행정조직 및 정책, 그리고 일선 평생교육기관에는 어떠한 곳이 있는가와 이러한 평생교육기관의 경영에 대하여 소개한다. 마지막 제4부에서는 한국 평생교육의 미래 과제와 발전 전망에 대하여 소개한다.

이 책은 평생교육 전공 교수뿐만 아니라 일선 현장에서 평생교육을 실천하고 있는 평생교육 전공 박사들의 참여로 이루어졌다. 저술에 참여한 필자들은 각자의 분야에서 전문성을 인정받고 있고 실무와 이론적 배경이 풍부한 분들이다. 이러한 분들의 참여는 결과적으로 각 세부 주제 내용을 폭넓고 깊이 있게 만들고 있다. 함께 집필에 참여한 평생교육 교수님들과 박사님들에게 감사를 드리고 함께 그 결실을 나누고 싶다.

무엇보다도 이 책이 나올 수 있도록 적극적으로 아낌없는 지원을 해 주신 학지사 김진환 사장님과 편집부 박선민 선생님 등 수고하신 분들께 감사를 드린다.

2019년 1월

최은수

한우섭 · 김미자 · 신승원 · 연지연

진규동 · 신재홍 · 송민열 · 김대식 · 최용범

차례

제2부 평생교육 실천의 장

제1부
평생교육의 기초 이해

제1장 평생교육의 개념과 필요성

☑ 학습 목표

- 평생교육에 대한 개념을 구별할 수 있다.
- 평생교육의 특성을 설명할 수 있다.
- 평생교육의 필요성에 대해 요약할 수 있다.

☑ 학습 개요

우리는 평생 동안 배우고 익히며 살아가는 평생학습사회에 살고 있다. 회사원은 필요한 역량을 개발하기 위해서 스스로 학습하기도 하고, 현장에서 상사, 동료 또는 후배로부터 배우기도 하며, 회사에서 제공하는 각종 교육 프로그램에 참여하기도 한다. 지역사회 주민은 삶의 질을 높이기 위해, 또는 새로운 취업의 기회를 잡고자 각종 평생교육 프로그램에 참여한다. 또한 노인이 되면 건강하고 활기차게 살아가기 위해서, 또는 사회에서의 일정한 역할을 수행하기 위해 노인교육 프로그램에 참여하기도 한다.

이처럼 다양한 계층의 학습 요구에 부응하기 위해 평생교육에 대한 관심이 높아지게 되었다. 이러한 평생교육에 대한 관심과 중요성을 반영하여 우리나라 「헌법」 제31조 ⑤항에서는 "국가는 평생교육을 진흥하여야 한다."고 명시하고 있으며, 「교육기본법」 제3조(학습권)에서는 "모든 국민은 평생에 걸쳐 학습하고, 능력과 적성에 따라 교육 받을 권리를 가진다."라고 명시하고 있다.

평생교육에 대한 관심이 높아진 만큼 이에 대한 기초적인 지식을 먼저 파악하는 것이 중요하다. 따라서 이 장에서는 평생교육에 대한 여러 학자의 다양한 견해와 관련 법규를 바탕으로 평생교육의 개념과 특성을 알아보고, 평생교육 관련 용어를 살펴보며 인간의 성장과 발달, 인간의 욕구 충족, 학교교육의 보완, 제4차 산업혁명시대에 따른 평생교육의 필요성에 대해 살펴보고자 한다.

1. 평생교육의 개념

1) 평생교육의 개념 형성 과정

평생교육(lifelong education)이라는 용어는 1965년 12월 파리에서 개최된 유네스코 국제회의에서 랭그랑(Lengrand)이 「평생교육이론」이라는 논문에서 최초로 사용하였다. 그 후 유네스코가 평생교육의 원리를 기본 이념으로 채택하면서 평생교육이 교육의 중심 개념이 되도록 하는 계기를 만들었다. 또한 포르(Fàure)는 1972년 교육발전에 대한 국제위원회에 제출한 보고서에서 모든 선진국과 개발도상국에서 평생교육이 실시되어야 할 것을 제안하였고, 1972년에 일본 도쿄에서 열린 제3차 세계성인교육회의에서 평생교육이 공식적인 국제 용어로 채택되면서, 평생교육의 개념과 원리가 세계 여러 나라에 급속도로 전파되었다(홍기형 외, 2006).

우리나라에서는 1973년 유네스코 한국위원회가 처음으로 개최한 평생교육 발전을 위한 세미나에서 평생교육에 대한 개념과 원리가 소개되었다. 그 후 평생교육에 대한 세미나와 정부의 정책연구 과제로서 평생교육 관련 보고서가 출간되는 등 활발한 연구가 진행되었다. 1980년 개정 「헌법」에서는 "국가는 평생교육을 진흥해야 한다."라고 명문화함으로써 평생교육에 대한 중요성과 관심을 제고시켰고, 체계적인 평생교육의 실천을 위해 평생교육의 진흥을 보장하게 되었다. 그 후 제7공화국 문민정부는 대대적인 교육개혁을 단행하기 위해 교육개혁위원회를 설치하고, 신교육체제의 비전과 목표로서 "누구나, 언제, 어디서나 원하는 교육을 받을 수 있는 길이 활짝 열려진 '열린 교육사회, 평생학습사회' 건설"을 제시하였다. 교육개혁위원회는 네 차례에 걸친 교육개혁방안에서 시간제 등록, 학점은행제, 원격교육 등 평생학습 기회를 대폭 확대할 수 있는 방안을 제시하였고, 신직업체제 구축방안으로서 문하생제도, 교육구좌제 도입 등을 제시하였다. 또 기존의 「사회교육법」을 「평생교육법」으로 전면 개정하는 방안을 제시하고 법 개정을 추진하였다. 그리하여 1999년 8월 「평생교육법」이 제정되어 2000년 3월부터 시행됨으로써 우리나라에서 평생교육 발전에 대한 전기를 마련하게 되었다.

2) 평생교육의 개념 이해

평생교육의 개념에 대해서는 학자에 따라 여러 견해들이 있다. 랭그랑(1975)은 평생교육의 개념에 대해 '개인이 태어나면서부터 죽을 때까지 전 생애에 걸친 교육의 통합'으로 보았다. 그의 견해는 인간의 종합적인 성장과 계속성에 주안점을 두고 있는데, 교육 전 과정의 생활화, 전 생애를 통한 계속적인 교육, 모든 교육 형태의 연계조직화, 인생의 전 기간을 통한 수직적 통합화, 개인 및 사회생활 전 부분을 통합하는 수평적 통합 등을 의미한다. 데이브(Dave, 1976)는 평생교육을 '개인적 · 사회적 삶의 질을 지속적으로 향상시키기 위하여 평생 동안에 걸쳐 이루어지는 모든 형태의 형식적 · 비형식적 학습활동'이라고 하였다. 유네스코는 평생교육의 개념에 대해 '평생교육이란 평생을 통해 이루어지는 계속적인 교육을 의미하며, 일정한 나이에 해당하는 사람들을 대상으로 하는 학교교육과 학교교육 이외의 모든 교육자원을 효율적으로 활용하여 교육능력을 극대화시키고자 하는 종합적인 노력'이라고 하였다.

그러나 위에서 언급한 학자들의 개념들은 주로 변화에 대한 적응, 사회문제 해결, 자아실현, 전인적인 발달 등을 중요시하며 교육의 순기능적인 측면에 치중하고 있다고 급진주의 교육철학자들로부터 비판받았다. 프레이리(Freire), 일리치(Illlich) 등은 랭그랑과 데이브의 평생교육 개념이 기존 제도의 혁명적 개혁, 사회구조적 모순을 제거하기 위한 노력을 보이지 않고 기존 교육제도의 보완에만 초점을 맞추고 있다고 비판하였다. 그들은 기존 질서의 모순과 그로 인한 왜곡된 교육제도, 비인간화 현상을 지적하면서 평생교육이 학습자가 학교교육을 통해 극복할 수 없었던 사회 구조적 모순으로부터 벗어날 수 있도록 개인의식을 촉진시켜야 한다고 주장하였다. 즉, 이들은 평생교육을 사회 체제 속박으로부터 해방되고 소외를 극복하기 위한 수단으로 보고 있다(2002, 권대봉).

우리나라의 경우, 평생교육과 성인교육을 동일한 개념으로 혼용하여 사용하고 있기도 하고, 평생교육이란 태어날 때부터 죽을 때까지 평생을 두고 이루어지는 교육으로서 '교육'이라는 용어와 다를 바가 없다고 보는 견해도 있다. 황종건(1992)은 평생교육이란 '요람에서 무덤까지 평생에 걸친 배움을 강조하는 이념으로, 가정교육, 학교교육, 사회교육의 삼위일체적 교육통합론'이라고 설명하고 있다. 그의 견해에 따르면, 평생교육은 평생을 통한 교육과정의 수직적 통합과 개인과 사회의 수평적 통합을 강조한다는 것이다. 다시 말하면, 평생교육은 그동안 연령대별로 구분된 폐쇄적인 학교교육과 조직화되지 않은 상태에서 비효율적으로 운영되는 사회교육을 통합하여 재편성함으로써 교육의 사회화와 사회의 교육화를 이룩하자는데 그 목적을 두고 있는 것이다.

최운실(1990)은 평생교육이 교육개념상으로 볼 때 광역성과 통합성, 교육시기의 계속성과 항상성, 교육 대상의 평등성과 전체성, 교육접근방식의 다양성과 상대성, 그리고 교육체제의 개방성과 탈정형성을 특성으로 하는 교육이념이며, 이는 기존의 교육개념과 체제와는 다른 새로운 교육 패러다임이라고 하였다. 따라서 평생교육은 교육 형태상으로는 형식, 비형식, 무형식교육, 그리고 교육분야에서는 가정교육, 사회교육, 학교교육을 포괄하는 총체적 이념이며, 궁극적으로는 학습자의 자율적 학습 수행을 지향하고 교육 선택의 자유를 통한 학습권이 보장되는 학습사회를 지향하는 교육이념으로 정의하였다.

이상 여러 학자들의 평생교육에 대한 개념을 종합해 보면, 사람은 태어나서 죽을 때까지 끊임없이 배우고 학습하며, 가정, 학교, 직장, 사회 등 사람이 속해 있는 모든 영역에서 학습이 이루어지는 통합적인 교육으로서 모든 교육을 포함하는 넓은 의미의 개념으로 평생교육을 정의할 수 있다. 그러나 이상의 평생교육에 대한 개념들은 '평생'이라는 단어에 초점이 맞추어져 있고 '요람에서 무덤까지'라는 넓은 의미로 본 평생교육 개념으로서 교육이라는 용어와도 구분이 되지 않으며 실질적으로 평생교육이 주로 일어나는 분야와 동떨어진 부분까지 포함한 추상적인 개념이라 할 수 있다. 이와 관련하여 우리나라의 「평생교육법」 제2조(정의)에서는 "평생교육이란 학교의 정규교육과정을 제외한 학력보완교육, 성인 문자해득교육, 직업능력 향상교육, 인문교양교육, 문화예술교육, 시민참여교육 등을 포함하는 모든 형태의 조직적인 교육활동을 말한다."라고 정의하고 있다. 여기에서는 넓은 의미의 평생교육 개념과 달리 학교의 정규교육과정이 제외되고 평생교육이 주로 성인들을 대상으로 한다는 것을 알 수 있다. 따라서 '평생교육이란 학교의 정규교육과정을 제외하고, 성인이 된 이후부터 사망할 때까지 이루어지는 모든 형태의 조직적인 교육활동이다.'라고 개념을 정의하고자 한다.

3) 평생교육의 특성

평생교육의 개념에 담긴 특성을 살펴보면 다음과 같이 정리할 수 있다.

첫째, 평생교육은 융통성의 특성을 갖는다. 이로 인해 다양한 유형과 형태의 교육이 가능하다. 평생교육은 근로자, 주부, 노인 등 그 대상이 다양하고, 교육 장소도 회사, 관공서, 도서관, 백화점, 교회, 공원 등 그 어느 곳에서도 가능하며, 교육 내용도 인간과 사회의 모든 국면을 다룰 수 있다.

둘째, 평생교육은 교육의 민주적 특성을 가지고 있다. 평생교육은 어느 특정 엘리트 계층을 위한 것이 아니라 모든 사람들이 참여할 수 있는 보편적인 교육의 원칙에 근거한다. 따라서 교육의 기회균등과 확대에 기여한다.

셋째, 평생교육은 현재 시행되고 있는 학교교육 체제의 단점을 보완해 준다. 특히 학교 교육에서 제공할 수 없는 다양한 사회적 · 직업적 능력을 개발할 수 있는 기회를 제공한다.

넷째, 평생교육은 개인, 조직, 사회, 국가에게 변화에 적응할 수 있는 능력을 길러주고 혁신할 수 있는 다양한 기회를 제공해 준다.

다섯째, 평생교육은 학습자들의 자발성을 특성으로 한다. 평생교육에 참여하는 학습자들은 외부의 강제나 통제에 의한 것보다는 스스로 필요해서, 그리고 실무나 실생활에 활용하기 위해서 자기 주도적으로 참여하는 특성을 갖는다.

여섯째, 평생교육은 학습자들의 삶의 질 향상과 자아실현을 추구한다. 평생교육의 궁극적인 목적은 학습자 개개인의 삶의 질을 향상시키고 자신들의 역량을 키워 달성하고자 하는 일의 성취를 이룸으로써 행복한 삶과 자아실현을 가능하게 하는 것이다.

2. 평생교육 관련 용어

1) 성인교육

성인교육(adult education)에 대한 개념은 1700년대 영국을 중심으로 유럽 각국의 성인문맹교육에서 그 유래를 찾아볼 수 있다. 영국에서는 전통적으로 성인교육을 여가를 이용한 비직업적 교육, 즉 인문 성인교육으로 간주해 왔다. 성인교육은 사람들이 배우는 것 자체에 즐거움을 느끼면서 자신들의 마음을 다스리고 인생을 이해하며 표현할 수 있는 능력을 키우는 교육이라는 것이다.

미국에서의 초창기 성인교육은 주로 인문교양교육을 지칭하는 것이었으며, 직업교육이나 전문가 교육은 그 논의의 중심에서 제외되었다. 그러나 두 차례의 세계대전을 겪으면서 전후 복구 및 급속한 경제재건 과정에서 직업교육, 전문가 계속교육, 기업교육 등이 성인교육 안에 포함되어 논의되기 시작하였다(한숭희, 1998).

1976년 유네스코 총회에서는 성인교육에 대해 공식적으로 그 개념을 채택하였는데 그 내용은 다음과 같다(황종건, 1992).

① 성인교육은 교육 내용, 교육수준 및 교육방법이 어떠한 것이든 간에 성인들이 참여하는 모든 과정을 말한다.
② 성인교육은 성인들이 그들의 소질과 능력을 키우고 지식을 넓히며 기술이나 직업적 자질을 향상시키는 데 도움을 주는 모든 교육활동을 말한다.
③ 성인교육은 개인을 충실하게, 그리고 지속적으로 발달시킬 수 있도록 하

고, 조화롭고 영속적인 사회 · 경제 · 문화적 발전에 참여하도록 그들의 태도와 행동을 변화시켜 주는 모든 교육활동을 말한다.

김수일(1987)은 성인교육을 교육의 정상적인 단계를 완료하였거나 중단한 자, 즉 본업이 학생이 아닌 청소년과 성인들에게 그리고 기간 학제에 준한 정규 학교교육과정 이외의 활동에 참여하는 학생들을 대상으로 하는 교육으로 규정하였다. 즉 성인교육은 자질 향상과 자기 충족, 건전한 사회적 관계의 증진과 사회적 활동에의 적극적 참여 등을 목적으로 하며, 기초 및 교양교육, 직업기술 전문교육, 건강 복지, 가정생활교육, 여가 선용 등의 교육 내용을 계속적인 주간 전일제 출석수업 이외의 방법에 의하여 학습편의를 직 · 간접적으로 제공하는 자와 지속적인 관계를 유지하면서 수행하는 교육활동으로 정의하였다.

한상길(1995)은 성인교육을 성인들이 사회 속에서 그들의 역할을 향상시키고 변화와 타협하는 것을 도와주며, 개인의 삶 속에서 보다 많은 성취를 이룩하고 개인이나 지역사회 문제들을 해결해 줄 수 있도록 도와주고, 궁극적으로는 강제성이나 일방적인 지시 없이 성인들이 자발적으로 자아실현을 이룰 수 있도록 돕는 의지적 노력이라고 정의하였다.

2) 계속교육

계속교육(continuing education)이라는 용어는 미국, 호주, 뉴질랜드 등에서 성인교육과 병행해서 사용되고 있다. 계속교육은 급격하게 변화하는 사회 환경 속에서 자신의 역할 수행에 필요한 역량개발이나 자아실현을 추구하는 성인들에게 학교 정규과정을 마친 후에도 계속적으로 학습할 수 있는 기회를 제공한다는 의미를 가지고 있다.

특히 미국 대학에서는 성인교육 프로그램들이 계속교육이라는 이름으로 구성되고 있으며, 종래에는 계속교육이 의무교육의 보완을 위한 보충교육의 뜻으로 사용되었으나, 최근 미국에서는 일반적으로 계속교육을 통하여 인간 유기체의 학습활동을 도와준다는 이상적인 개념으로 받아들이고 있다. 일반적으로 계속교육은 자유 교양교육을 말하며 취미, 재능, 여가활동 등을 포함한다. 또한 전문화된 특수 교육도 포함된다(권대봉, 2002).

자비스(Jarvis, 1983)에 의하면 계속교육은 학교교육의 연장선 위에서 교육의 계속성을 보장하는 것으로서 현 체제를 비판하지 않는 개념이다. 즉, 계속교육의 개념이 정치적으로 중립적이어서 기존 학교교육체제에 대해 비판하지 않는다는 것이다. 그런데 계속교육은 경제적 요소에 의해 제한을 받는 경향이 있다. 이는 계속교육이 경제 불황의 결과로 활성화되어 영국 정부가 상당한 양의 재정을 전문인 계속교육, 모든 직업교육에 제공해 온 사실로 알 수 있다. 즉 계속교육은 사회 변화에 적응하고 직업적 지식 및 기술 발달을 위한 영역에만 한정되어 일반교육 및 직업입문교육은 배제되고, 지도자 양성, 인사관리, 재무관리, 시설관리 등의 능력을 향상시키는 교육을 포함하는 개념으로 인식되고 있다.

3) 추가교육

추가교육(further education)은 영국 특유의 교육제도로서 산업화의 진전에 따른 사회적 필요와 초·중등 교육 인구의 증가로 인해 생긴 교육이다. 영국에서는 18세기 이후 전통적인 '성인교육'이라는 개념이 실무와는 관계가 없는 인문교양교육의 영역에 해당하기 때문에, 10년제 의무교육과정을 마치고 상급학교에 진학한 자를 제외한 대다수 국민의 추가적인 교육 요구에 부응하기 위해 다양한 영역의 교육 확대를 지방교육행정 당국에 부여하였다. 여기에는 주민의 취미 및 오락을 위한 교육과정이 있고, 각 대상별 단기과정이 있으며 산업기술, 과학, 해양학, 전산학 등 특정 분야의 추가교육을 위한 전문대학 수준의 테크니컬 컬리지, 폴리테크닉스 등이 있으며 또한 기존 대학이 독자적으로 운영하는 교외학위과정도 있다(김승한, 1990). 이상의 내용으로 볼 때, 추가교육은 의무교육 이후의 교육으로서 여가활용교육, 직업대비교육, 직업훈련교육 등이 포함된다고 할 수 있다.

4) 순환교육

순환교육(recurrent education)이란 OECD에서 사용하는 용어로서 산업사회에서 생산성 향상을 위해 반복적으로 실시하는 교육을 의미한다. 순환교육은 학교의 정규 교육과정을 마치고 각자 직업을 가지고 활동하고 있는 성인들에게 적절한 시기를 택하여 계속적인 재교육을 실시하게 하는 것이 필요하다는 의견에서 시작되었다. 이러한 교육에는 기업에서 사내 연수의 형태를 통해 실시되는 직업교육훈련 뿐만 아니라, 종업원에게 일정 기간 유급휴가를 주어 정규 교육기관이나 연구기관 등에 파견하여 수학하게 하는 형식의 교육 프로그램도 포함된다(차갑부, 1997).

순환교육의 핵심 개념은 인간에게 주어지는 교육기회가 일생 전체에 걸쳐 있어야 한다는 것이다. 성인에게 제2의 교육기회를 제공한다는 생각은 OECD 가맹국의 대부분인 유럽 국가들의 현실을 반영한 것이다. 이들 국가는 의무교육 단계에서 탈락한 사람들은 비교적 적었지만 중등 이후 교육이 보편화되지 못했으므로 자연히 고등교육의 기회는 소수 사람들에게만 허용된 것이었다. 이에 순환교육의 대상은 저학력자 및 중퇴자, 사회적 비특권자에게 중점을 두게 된다. 이와 같은 필요에 따라 순환교육은 다음과 같은 특성을 가지고 있다. 첫째, 현대 교육제도의 결함을 치유한다. 둘째, 미래의 요구에 부합시킨다. 셋째, 순환적 방법에 의하여 평생에 걸쳐서 교육을 배분해 준다. 넷째, 교육-직업-여가-은퇴라는 공식 같은 순서를 지양하고 이들을 서로 통합시켜 가면서 각자의 욕구를 실현한다. 다섯째, 이론과 실제, 근로자와 학생 간의 간격을 줄인다(1999, 권대봉).

3. 평생교육의 필요성

1) 인간의 성장과 발달

인간은 태어나서 죽을 때가지 전 생애를 통해 성장하고 발달한다. 인간의 발달단계는 영 · 유아기, 아동기, 청소년기, 성인기, 노년기로 이어지는데, 1990년대 이전까지는 각 발달 단계별로 의미 있는 교육이 제공되지 않았으며, 또한 각 단계의 발달에서 교육의 계속성을 경시했던 것도 사실이다. 인간이 일정한 시기에 습득한 지식 및 기술을 가지고서 그의 전 생애를 충분히 살아갈 수 있다는 생각은 거의 사라져 버렸다. 이제 교육은 내적 요구와 외적 수요에 부응하면서 참된 의미를 달성해 나가야 하는 과정에 있다. 그것은 지식을 습득하는 것이 아니라 계속적으로 다양한 경험을 통하여 자아실현을 이루어 나가는 과정이다(권두승, 1999). 따라서 인간의 발달 단계에 대한 이해를 기초로 하여 각 단계별로 필요한 교육 프로그램이나 교육방법 등이 구현되어야 할 것이다. 특히 주로 학교의 정규교육과정 이후에 해당하는 기간을 포괄하는 성인기 및 노년기의 성장과 발달을 위해서는 양적 측면이나 질적 측면 모두에서 평생교육이 적절하게 제공되어야 할 것이다.

현대의 의학, 과학, 기술, 정보의 발달 등은 인간의 발달 단계별 주기를 변화시켰다. 특히 나이가 많은 성인 인구가 증가하였고 그에 따른 사회적 · 문화적 다양성도 나타나게 되었다. 성인 인구가 증가함에 따라 평생교육에 대한 관심이 높아지고 있다. 과거에는 학습의 주요 대상이 성인이 아닌 학생이었기에 학교 교육만으로 교육이 충분하다고 보았지만, 이제는 성인 인구가 증가하고 교육수준이 향상되어 학교의 정규교육과정을 마친 성인들의 요구에 부응하는 다양한 교육기회가 제공되어야 한다. 급격한 사회변화에 적응하기 위한 직업교육 및 재취업교육, 여가활용을 위한 다양한 취미 및 여가교육, 시민으로서의 소양함양을 위한 문화교육, 예술교육, 시민교육 등 다양한 연령대에 맞는 광범위한 교육 프로그램들이 요구되고 있다. 이와 같이 성인인구의 증가와 교육수준 향상은 평생교육의 필요성에 대한 중요한 요인으로 작용한다. 성인인구가 증가한다는 것은 삶의 기간이 연장되면서 발생하는 다양한 문제들을 해결하기 위한 실질적인 평생교육 프로그램이 필요하며, 교육 수준이 높아진다는 것은 보다 전문적이고 다양한 분야의 평생교육 프로그램이 필요하다는 것을 의미한다.

인간의 평균수명이 점차 높아지고 있다. 통계청이 발표한 '2019년 생명표'에 의하면 한국인의 기대수명은 남성 80.3세, 여성이 86.3세이다. 또한 우리나라의 경우 65세 이상 인구의 비율이 1999년에 7% 이상이 되어 고령화사회가 되었고, 2017년에는 14%를 넘어 고령사회가 되었다. 향후에는 고령화 속도가 더욱 빨라져 2025년경에는 20%를 넘어 초고령사회에 진입할 것으로 전망된다. 평균수명이 늘어나고 고령자의 비율이 높아짐에 따라 노년기를 어떻게 보낼 것인가에 대한 문제는 더 이상 개인적인 문제가 아니라 사회적인 문제가 되었다.

인구의 고령화 현상은 여러 가지 측면에서 노인교육의 필요성을 제기하고 있다. 나이가 듦에 따라 일반적으로 기능적 능력이나 변화 적응력은 감소하지만, 노화가 일어나는 속도나 정도에는 개인차가 매우 심하다. 어떤 사람은 보통사람에 비해 노화가 매우 빠르게 나타나 적응력이 쉽게 떨어지기도 하고, 어떤 사람은 상대적으로 매우 느리게 나타나 정년 후에도 건강한 신체를 유지하지만 마땅한 일거리를 찾지 못하여 갈등에 빠지기도 한다. 그러므로 노인에 대한 정신적인 측면, 신체·건강 유지의 측면, 사회적인 측면, 경제적인 측면 등을 고려해 볼 때, 평생교육 차원에서 노인교육의 필요성이 제기된다(한규량, 1998).

2) 인간의 욕구 충족

인간은 미완성의 존재다. 따라서 누구나 부족한 부분을 채우고자 하는 욕구를 가지고 있다. 건강하게 살고자 하는 욕구, 무엇을 얻고자 하는 욕구, 무엇인가 되고자 하는 욕구 등이 바로 그것이다. 그리고 자신의 욕구를 충족시키기 위해 끊임없이 행동하며 살아간다. 욕구가 충족되면 행복감을 느끼고 그렇지 않으면 불행하다고 생각한다.

매슬로(Maslow)는 인간의 욕구가 5단계를 이루고 있다고 주장하였다. 그가 제시한 1단계 욕구는 생리적 욕구다. 이것은 의식주, 호흡, 배설, 성생활 등에 대한 욕구를 말한다. 2단계 욕구는 안전의 욕구다. 이것은 공포나 혼란으로부터 오는 정신적 · 육체적 위험으로부터의 보호, 경제적 · 사회적 안전의 지속에 대한 욕구 등을 말한다. 3단계 욕구는 사회적 욕구다. 이는 가족 · 친구 · 동료 등 이웃과 친근하게 사랑을 나누면서 살고자 하는 욕구이자 어느 집단 · 조직 · 사회에 속하고자 하는 욕구다. 다음 4단계 욕구는 존경의 욕구다. 이는 주변으로부터 인정을 받고자 하고 욕구이자 스스로 긍지나 자존심을 가지려 하는 욕구를 말한다. 마지막 5단계는 자아실현의 욕구다. 이 욕구는 자신의 잠재력을 이용하고 개발하며 자신의 이상이나 목표를 실현하려는 욕구다. 그런데 이들의 욕구는 단계적으로 일어난다고 하였다. 즉, 생리적 욕구가 어느 정도 충족되면 그 다음에 안전의 욕구가 나타나는 식으로 다음 단계 욕구가 나타나고 충족된다. 생리적 욕구가 가장 하위의 동물적인 욕구이고 자아실현 욕구는 가장 상위의 인간적인 욕구다. 그리고 일단 충족된 욕구는 동기유발 요인으로서 의미가 약화된다. 가장 상위의 자아실현 욕구는 자신의 잠재력을 최대한 발휘하고자 하는 욕구로서 잠재능력의 극대화라는 점에서 매우 의미가 깊다(황안숙, 1999).

매슬로의 '욕구 5단계론'과 평생교육의 필요성과의 관계를 살펴보면, 우선 사회적 욕구가 평생교육과 밀접한 관계를 가지고 있다. 가족 · 친구 · 동료 등 이웃과 친근하게 사랑을 나누면서 사는 것은 저절로 이루지는 것이 아니다. 많은 차이를 가지고 있는 사람들끼리 좋은 관계를 가지고 살아가려면 각자가 학습하고 행동해야 한다. 즉, 좋은 대인관계를 유지하는 방법, 원활한 의사소통을 위해 자신의 의견을 잘 표현하는 방법, 경청하는 방법, 대화하는 방법, 애정을 주고받는 방법 등에 대해 미디어, 서적 등을 통해 스스로 학습하거나 교육과정에 참가하여 전문가로부터 배워야 한다. 그리고 학습한 내용을 실생활에 지속적으로 적용시켜 경험을 통해 학습해야 한다. 또한 어느 집단 · 조직 · 사회에 속하고자 하는 욕구를 충족시키려면 자신이 원하는 집단 · 조직 · 사회에 들어가기 위한 자격을 얻기 위해 학습을 해야 하고 들어가서도 좋은 관계를 유지하면서 자신의 역할을 원활하게 수행하기 위해 지속적으로 학습하고 행동해야 한다. 둘째, 존경의 욕구 또한 평생교육과 밀접한 관계를 가지고 있다. 존경의 욕구는 남들로부터 인정을 받고자 하는 욕구이자 스스로 긍지나 자존심을 가지려하는 욕구다. 남들로부터 인정을 받고자 한다면 훌륭한 실적 또는 성과를 창출해야 한다. 그러기 위해서는 끊임없이 배우고 익혀 자신의 역량을 개발하고 효과적으로 일을 수행해야 한다. 셋째, 자아실현의 욕구야말로 평생교육과 가장 밀접하다고 할 수 있다. 미완성의 존재인 자신을 개발하여 이상이나 목표를 실현하려는 욕구를 충족시키고자 한다면 자신의 잠재력을 발견하고 이를 적극 개발하기 위한 다양한 학습이 이루어져야 하고 이를 뒷받침해 주는 것이 바로 평생교육이다.

허즈버그(herzberg)는 불만족 요인과 만족 요인을 구분하는 '욕구의 2요인 이론'을 주장하였다. 여기에서 불만족 요인은 조직 구성원의 불만족을 일으키는데 작용하는 요인으로서 조직 구성원들이 일하는 근무환경과 관련된다. 구체적으로는 임금, 정책, 근로조건, 상사 및 동료와의 관계 등이 포함된다. 만족 요인은 그들이 담당하는 업무 자체, 성취, 인정, 책임, 승진 등이 해당되는데, 직무 자체에 흥미를 느끼고 몰입하여 그것을 통해서 자아실현이나 성취를 이룰 때 만족에 이른다는 것이다. 그는 불만족 요인이 해결되었다고 해서 곧 만족 상태에 이르는 것은 아니라고 하였다. 따라서 조직 구성원을 동기부여 시키려면 불만족 요인보다 만족 요인에 초점을 맞추어 동기부여 할 것을 주장하였다(황안숙, 1999).

허즈버그의 '욕구의 2요인 이론'에서 먼저 불만족 요인에 대해 살펴보면, 임금, 정책, 근로조건 등은 조직 차원에서 제시하는 것으로 평생교육과 크게 관계가 없지만 상사 및 동료와의 관계 등을 원활하게 유지하여 불만족 요인을 제거하려면 대인관계, 의사소통, 리더십, 팔로워십 등에 관한 학습과 실천을 위해 평생교육이 필요하다. 다음으로 만족 요인을 충족시키기 위해 자신의 일과 관련하여 남들로부터 인정받고 성취를 이루려면 자신의 업무에 흥미를 느끼고 몰입하여 역량을 극대화해야 하는데 이를 위해서는 관련된 지식과 기술을 익히고 개발해야 한다. 이것이 바로 평생교육이 필요한 이유다.

3) 학교교육의 보완

교육은 사회의 구성원들에게 삶을 살아가는데 있어서 필요한 능력을 길러주고 사회 속에서 인간 상호간에 가져야 할 관계를 원만하게 유지하게 함으로써 바람직한 인간을 육성하고자 하는 데 그 목적을 두고 있다. 또한 사회에서의 교육의 기능은 직업적 성공을 위해 그들의 능력을 개발할 수 있도록 다양한 기회를 제공하여 적절한 직업과 역할에 배치하는데 있다. 그러나 학교교육이 이러한 기능을 제대로 수행하지 못해 기업이 재교육에 엄청난 비용을 투자해야 하는 문제가 야기되고 있다.

교육은 시대적, 사회적으로 변화하는 환경에 따라 그 실천방식과 형태가 다르게 나타나고 있다. 서구의 역사에서 볼 때 초기교육은 소수 특권층의 독점물이었다. 교육의 기회와 대상은 지배계층으로 제한되었고, 교육 내용도 소수 귀족을 위한 교양 또는 지배자 교육의 성격을 지니고 있었다. 이러한 제한된 학교교육이 일반 대중들에게 개방된 것은 18세기에 프랑스와 미국에서 일어난 민중혁명으로 자유와 평등사상이 널리 전파되면서부터다. 이 두 혁명을 계기로 교육은 인간의 권리라는 인식이 널리 퍼지게 되고 이를 바탕으로 '모든 이들을 위한(Education for All)'이라는 공교육 개념이 대두되게 된 것이다. 근대적인 학교제도는 이러한 공교육 이념의 구현을 위해 이루어진 것이었다. 따라서 공교육 이념에 근거한 학교교육은 개인에게 자유를 보장해 주고 사회평등을 실현시켜 주는 데 중요한 역할을 담당해 왔다. 그리고 이러한 사고는 지금도 이어지고 있어, 교육과 학교교육을 동일선상에 놓고 생각하는 경향이 많이 존재한다(권대봉, 1999). 즉, 최근까지 우리는 "교육은 곧 학교교육이다."라고 말할 정도로 학교교육을 교육의 중심으로 보는 사회에서 살아왔다.

이에 대해 쿰스(Coombs, 1967)는 학교에 다니면 제대로 된 인간으로 인정해 주고 그렇지 않으면 무지한 인간으로 취급하는 교육관을 비판하면서, 학교교육만으로는 학교 중퇴자나 계속교육을 요구하는 수많은 성인들에게 충분한 교육기회를 제공할 수 없다고 지적하였다. 또한 일리치(1970)는 학교가 현대사회의 여러 가지 위기, 즉 인간의 정신적 무기력, 빈부의 차, 자원 고갈과 오염 등의 원인이 되고 있다고 비판하였다. 특히 학교교육은 학교에 다니는 것 그 자체의 가치를 인정하게 함으로써 학교에 다닌 것과 능력이 있다는 것을 동일시하도록 만든다고 보았다. 이러한 경향이 학벌위주의 사회 속에서 학벌을 위한 지식 전달위주의 교육현실을 만들어 낸 것이다.

오늘날의 교육은 학교교육뿐만 아니라 다양한 기관이나 조직에서도 활발히 실천되고 있다. 이러한 추세는 학교라는 제한된 기관을 중심으로 이루어지던 교육활동이 급격하게 변화하는 현대사회에서는 그 기능을 제대로 하지 못함으로써 이제는 교육이 사회의 모든 영역으로 확대되어가고 있다는 것을 의미한다. 즉, 교육을 학교의 독점기능으로 이해하던 전통적인 교육관이 더 이상 적절하지 않다는 것이다. 학교교육 중심의 개념만으로는 현대사회의 급격한 변화에 적절히 대처할 수 없을 뿐만 아니라 다양하고 복잡하게 부각되는 개인의 교육에 대한 욕구를 충족시키기도 어렵게 되었다. 교육 대상은 아동 및 청소년에서 성인으로 확대되고, 교육 내용은 학습자를 중심으로 전문화 · 다양화되었으며 교육기회 또한 탄력성을 지니게 되어 이에 따라 새로운 환경에 걸맞은 새로운 교육실천이 필요하게 되었다. 학교교육은 이제 평생교육의 관점에서 재정립되어야만 한다(권대봉, 2002).

이제 우리는 학교교육의 한계를 인정하고 학교교육을 곧 교육으로 보는 제한된 시각에서 벗어나야 한다. 또한 일정 기간 동안만 교육을 받는다는 생각에서 벗어나 일생동안 평생교육에 참여한다는 평생교육의 의의를 인식해야 한다. 특히, 교육이란 한정된 과업의 수행에 그치는 것이 아니라, 책임 있는 자유를 누릴 수 있는 인격적 주체가 되도록 일생동안 다양한 장소와 공간에서 이루어지는 개인의 의지적인 학습활동으로 정의되어야 한다. 그러기 위해서는 평생교육의 입장에서 교육이 추구되어야 한다(홍기형 외, 2006).

4) 제4차 산업혁명시대

제4차 산업혁명이 이 시대의 화두가 되었다. 이와 관련된 기사들과 칼럼들이 연일 넘쳐나고, 각종 세미나, 포럼, 지식축제 등에서 제4차 산업혁명을 주제로 한 토론의 열기가 뜨겁다. 정부도 4차산업혁명위원회를 출범시키고 혁신 성장을 주도하기 위해 시동을 걸었다. 특히 제4차 산업혁명시대에 대응할 교육 방향, 교육 방법, 인재양성 전략 등에 대해서도 기업, 대학, 평생교육기관 등에서 활발하게 논의되고 그 해법을 찾고자 노력하고 있는 실정이다.

산업혁명이란 용어는 일반적으로 생산성이나 효율성이 급격하게 향상된 변화를 의미한다. 제1차 산업혁명은 18세기에 증기기관의 발명으로 일어난 기계화 혁명을 의미하는데 이로 인해 생산성이 급격하게 증가하였다. 제2차 산업혁명은 19세기 말에서 20세기 초까지 일어난 전기 발명에 따른 대량생산 혁명인데 공장에 전기가 보급됨으로써 컨베이어벨트를 활용한 대량생산 체제가 시행되었다. 제3차 산업혁명은 20세기 후반에 일어난 컴퓨터와 인터넷 기반의 지식정보화 혁명이다(손해용, 2017). 이로 인해 지식과 정보가 경쟁력의 원천이 되었고 글로벌화를 가속화시켰으며, 이에 따라 국가 및 기업 간 국경 없는 전쟁이 치열하게 전개되었다.

2016년 1월 스위스 다보스에서 열린 세계경제포럼(WEF)에서 클라우스 슈밥(Klaus Schwab) 회장은 "제4차 산업혁명시대는 우리가 하는 일을 바꾸는 것이 아니라 우리 인류 자체를 바꿀 것입니다."라고 강조하였다. 제4차 산업혁명을 초미의 관심사로 부각시킨 것이다. 제4차 산업혁명은 인공지능(AI), 사물인터넷(IoT), 빅데이터 등으로 특징되는 초지능성 · 초연결성 혁명을 의미한다. 상품과 서비스의 기획, 생산, 유통, 소비의 전 과정에서 모든 것이 연결되고 지능화되어 우리의 일상은 물론 전 산업에서 혁신적인 변화가 일어날 것으로 예상된다.

세계경제포럼(WEF)과 KAIST가 2017년 10월 서울에서 '제4차 산업혁명시대 일자리의 미래와 포용적 성장'이란 주제로 지식축제를 개최하였다. 이 행사에 패널로 나왔던 모 기업의 최고기술책임자는 제4차 산업혁명 기술의 발달로 주요 제조업에 기계와 장비를 전자적으로 제어하는 스마트공장이 대거 보급되면 어림잡아 400만 명의 단순근로자가 일자리를 잃을 수 있다고 하였다. 문제는 당장 현장에서 인공지능, 스마트센서, 빅데이터 같은 기술을 다룰 사람을 구할 수 없다는 현실이라는 것이다(김동호, 2017). 이러한 문제를 해결하기 위해서는 구하기 힘든 인재를 외부에서 수혈하기보다는 현재의 근로자에게 제4차 산업혁명 관련 기술을 습득하게 하는 평생교육이 절대적으로 필요하다.

제4차 산업혁명이라는 거대한 혁신의 물결이 진행됨에 따다 수많은 직업이 사라질 위기에 직면할 것이라는 것은 대다수 전문가들의 예상이다. 그러나 위기를 기회로 만들기 위해서는 보다 근본적인 대책이 필요하다. 그 중심에는 바로 평생교육이 있다. 우선 제4차 산업혁명 관련 기술을 습득할 수 있는 교육과정을 공공 교육기관, 민간 교육기관, 직업훈련학교, 기업체 등에 개설하여 기존 근로자, 취업 준비생, 대학생들을 대상으로 적극적인 교육을 실시해야 한다. 이와 더불어 제4차 산업혁명시대에 필요한 역량인 비판적 사고, 창의성, 소통 능력, 융합 및 협동 능력 등을 습득하게 하는 평생교육이 활발하게 진행된다면 제4차 산업혁명의 위기를 기회로 만들 수 있을 것이다.

☑ 학습 과제

1. 한국의「평생교육법」상 정의를 바탕으로 하여 평생교육의 개념을 설명하시오.

2. 평생교육의 특성에 대해 설명하시오.

3. 평생교육과 성인교육의 유사점과 차이점에 대해 설명하시오.

4. 인간의 욕구에 따른 평생교육의 필요성에 대해 설명하시오.

5. 제4차 산업혁명시대에 따른 평생교육의 필요성에 대해 설명하시오.

참고문헌

권대봉(1999). 평생학습사회에서의 중등사학 역할에 관한 연구. 사학연구 제19호. 대한사립중고등학교장회.

권대봉(2002). 평생교육의 다섯마당. 서울: 학지사.

권두승(1999). 평생교육론. 서울: 교육과학사.

김동호(2017. 10. 20.). 서소문포럼: 4차 산업혁명발 인력난 덮친다. 중앙일보.

김수일(1987). 사회교육학 개론. 서울: 문음사.

김승한(1990). 현대사회교육의 동향과 그 궁극적 지표. 사회교육연구, 15(1), 23-44.

손해용(2017. 11. 20.). 소비자 맞춤 상품, 3D프린터 · 로봇 활용 5시간 만에 배달. 중앙일보.

차갑부(1997). 열린사회의 평생교육. 서울: 양서원.

최운실(1990). 한국의 평생교육. 서울: 교육과학사.

한규량(1998). 평생학습과정으로서의 한국과 일본의 노인교육 프로그램. 사회교육학연구, 4(2), 205-235.

한상길(1995). 사회교육학. 서울: 교육과학사.

한숭희(1998). 성인교육이론, 교육학대사전. 서울: 하우.

홍기형, 이화정, 변종임(2006). 학습사회 구현을 위한 평생교육의 이해. 서울: 교육과학사.

황안숙(1999). 무한경쟁시대의 인적자원개발. 서울: 양서원.

황종건(1992). 사회교육 체계의 재정립. 서울: 21세기정책연구원.

Coombs, P. (1967). *The world educational crisis-a systems analysis*. Paris: International Institute for Educational Planning.

Dave, R. (1976). *Foundation of lifelong education*. New York: Pergamon Press.

Illich, I. (1970). *Deschooling Society*. New York: Harper & Row Publishers.

Jarvis, P. (1983). *Adult and continuing education*. London: Croom Helm.

Lengrand, P. (1975). *An introduction of lifelong education*. London: The UNESCO Press.

제2장 평생교육의 역사와 철학

☑ 학습 목표

- 서구의 평생교육 역사에 대해 요약할 수 있다.
- 한국의 평생교육이 발전해 온 과정을 분류할 수 있다.
- 평생교육의 철학적 배경을 설명할 수 있다.

☑ 학습 개요

평생교육의 역사에 대해 알아보는 것은 역사 속에 흐르고 있는 경향을 파악하고 현재의 평생교육을 이해하는 데 도움을 준다. 또한 평생교육 역사가 주는 많은 정보와 시사점은 평생교육의 실천 방법을 모색하는 데 도움을 준다.

철학은 인간, 우주, 진리 등에 대해 사색하고 탐구하는 학문이다. 특히 평생교육이라는 실천적 영역을 다루는 학문에서 인간과 삶에 대해 진지하게 사색하고 그 원리를 발견하고자 하는 노력은 당연한 일이라 할 수 있다. 따라서 평생교육을 바르게 이해하고 향후 나아갈 방향을 정립하기 위해서는 평생교육 속에 어떠한 인간관과 세계관이 스며 있는지에 대해 살펴보아야 한다. 우리의 개인적 관점이 철학적 맥락과 연결될 때 평생교육이 주는 가치와 필요성을 인식하고 실천에 대한 의지를 다지게 될 것이다.

따라서 이 장에서는 평생교육의 역사를 이해하기 위해 먼저 서구의 평생교육 역사에 대해 살펴보고, 이어서 한국의 평생교육 역사에 대해 살펴보고자 한다. 또한 평생교육과 관련된 다양한 철학적 관점과 특성들을 알아보고 각각의 철학적 관점들이 평생교육과 어떻게 관련되어 있는지를 살펴보고자 한다.

1. 서구의 평생교육 역사

서구에서 평생교육이 태동하여 발전한 시기는 주로 산업혁명 이후다. 산업혁명에 따른 급격한 사회경제적 변화로 인해 산업을 지탱할 평생교육의 필요성이 제기되었고, 프랑스혁명, 미국 독립전쟁을 거치며 민주주의가 성립되면서 시민사회의 중요성이 높아짐에 따라 건전한 시민사회 형성을 위한 교육의 필요성이 증가하였다. 이러한 사회경제적 변화에 따른 평생교육은 영국과 미국을 중심으로 활발하게 전개되었다.

따라서 서구의 평생교육 역사는 영국과 미국의 제도적 측면의 발전과정을 중심으로 하여 시대 순으로 17세기부터 20세기 초까지를 발생기, 20세기 중반까지를 성장기, 그리고 20세기 중반 이후 지금까지를 성숙기로 나누어 살펴본다 (김선요, 1998).

1) 발생기

영국에서 최초로 발생된 평생교육 형태는 1650년대 퀘이커 교도들이 영국 전역에 확산시킨 문해교육이다. 구체적으로 1669년에는 성경지식진흥협회 (Society for Promoting Christian Knowledge)가 운영한 '자유학교', 1780년대에는 '주일학교(Sunday School)' '성인학교(Adult School)' 등에서 성인 기초교육을 실시하였다. 종교인들이 주도하여 시작된 영국의 평생교육은 산업혁명을 거치면서 노동자들의 직업훈련 교육으로 변화되었다. 그 동안 상류계급이 전달하는 선물로 여겨졌던 노동자교육은 점차 상류계급이 주는 것이 아니라 신이 부여해준 인간의 권리로 인식하게 되었고, 이러한 사회 분위기 속에서 1854년에 노동자 대학(Working Man's College)이 설립되어 큰 영향력을 행사하게 되었다(Peers, 1988).

영국의 대표적 대학교인 옥스퍼드(Oxford)대학교나 케임브리지(Cambridge)

대학교는 13세기에 설립되었는데, 당시 그들의 교육은 주로 소수 엘리트를 대상으로 이루어졌으며 변화에 둔감한 편이었다. 이러한 분위기에서 케임브리지 대학교의 스튜어트(Suart) 등의 노력과 사회의 진보적 힘이 결합되어 일반인 대상의 대학확장 강좌가 전국대학으로 퍼지게 되었다(양병찬, 1997).

미국에서의 초창기 평생교육 활동으로는 준토(Junto), 라이시움(Lyceum), 샤타구아(Chautauqua) 등이 있다. 준토는 1680년부터 시작된 일종의 토론 클럽으로서 자연철학, 정치, 도덕과 같은 문제를 정기적으로 모여 탐구하고 논의하는 것으로 시작되었다. 그 후 점차 시민 조직체로 성장하였으며, 1741년에는 독립적인 성인교육기관으로 성장하게 되었다. 라이시움은 1861년부터 시작된 운동으로서 아리스토텔레스가 그의 제자들을 가르쳤던 신전 마당의 숲 이름에서 비롯된 것으로, 문화강좌의 성격을 띠는 활동이었다. 처음에는 지역단위 강연이나 토론활동으로 시작되었으나 점차 전국적인 연합체로 발전하게 되었다. 또한 샤타구아는 1866년부터 시작된 운동으로서 '교육과 오락을 겸한 여름학교' 라는 의미를 갖는 것으로 원래는 샤타구아 호수에서 농민교육의 일환으로 시작되었으나 후에는 여름성경학교의 형태로 발전하게 되었다. 1874년에는 샤타구아 호숫가에서 범종파적 여름캠프 프로그램이 이루어졌고, 1878년에는 전국적으로 조직된 '샤타구아 문학 과학 서클'이 창립되었다(Houl, 1992).

2) 성장기

20세기에 들어서면서 영국에서는 기존의 대학확장 운동과 더불어 노동자 중심의 노동자 고등교육진흥협회(An Association for Promoting Higher Education of Workers)가 조직되었다. 이를 토대로 1905년에는 노동자교육협회(Worker's Education Association)가 창설되어 노동자 교육을 확대하였는데 이는 현재까지도 영국 평생교육에 큰 영향력을 발휘하고 있다. 또한 1917년에 성인교육위원회(Adult Education Committee)가 설립되고, 이 위원회가 제출한 보고서에 의해 모든 대학에 교외교육부(Extramural Department)설치와 평생교육을 위한 교양교육 실시가 강조되었다(김도수, 1994).

미국에서는 1887년 존 홉킨스(John Hopkins)대학교 교수였던 아담스(Adams)가 영국에서 실시되는 대학확장 운동을 제안하였고, 1888년 듀이(Dewey)가 뉴욕 주립대학으로부터 1만 달러의 재정지원을 받음으로써 미국의 성인교육 프로그램을 발전시키는 계기가 조성되었다. 그 후 1891년부터 미국의 각 대학들이 대학확장 사업의 활성화를 모색하였으며, 대학확장부문회(University Extension Division)를 결성하게 되었다(박기언, 1989). 또한 다양한 사설기관과 자원단체들이 이 기간 중에 설립되기 시작하였는데, 이는 카네기(Carnegie)가 공공 도서관 건립을 지원하면서 공공도서관운동에 결정적인 계기를 마련해 준 것에 힘입은 것이었다. 또한 기독교청년연맹(YMCA) 등의 자원단체도 전국적인 조직 체계를 갖추게 되었다(김선요, 1998). 또한 1926년 창립된 미국성인교육협회(American Association for Adult Education)는 전국적인 평생교육조직으로서 『성인교육저널(Adult Education Journal)』을 출판하여 많은 연구를 후원하였는데, 이를 계기로 미국의 평생교육 발전을 위한 체계적인 조직 체제를 운영하게 되었다.

3) 성숙기

평생교육은 제2차 세계대전 이후 본격적으로 성숙해지고 발전을 이루게 되었는데 그 이전 시대에 비해 주제가 다양해지고 교육기관이 대폭적으로 확장되었다. 이때부터 평생교육은 정규교육과정을 마친 성인들이 계속적으로 학습하는 과정으로 이해되기보다는, 평생 동안 이루어지는 학습과정으로 그 개념이 바뀌게 되었다. 이러한 사실을 가장 잘 나타내 주는 것이 개방대학체제다. 영국의 개방대학은 성인교육제도의 발달, 교육방송체제의 확립, 교육기회의 평등을 지지하는 정책을 배경으로 등장하였다(Perry, 1976). 개방대학은 21세 이상의 성인들로 하여금 학력에 관계없이 참여하여 학위과정을 이수할 수 있게 하였으며, 대학에서 발송한 교재와 교과서, 방송 강좌 수강, 일정시간 교수와의 면접지도, 하계강좌 참여 등으로 구성되었다(김선요, 1998).

1970년대 이르러 미국의 대학에서는 성인들이 대학교에 출석하지 않고도 학위를 취득할 수 있게 하는 교외학위과정(External Degree Program)과 교외학급과정(Off-Campus Class)을 설치하여 운영하였다. 이러한 교육과정들은 특정한 시간과 장소에서 이루어지는 정규 학교과정과는 달리 시간과 장소에 제약을 받지 않는 평생교육의 특성을 잘 나타내 준다. 그 밖에도 많은 공공기관과 사설기관들이 다양한 평생교육 프로그램들을 개발하여 널리 보급함으로써 평생교육이 활발해지고 성숙해지는 시대를 맞게 되었다. 특히, 1970년대에는 경제협력개발기구(Organization of Economic Cooperation and Development: OECD)의 계속교육, 유네스코(UNESCO)의 평생교육(Lifelong Education)정책 도입 등으로 평생교육이 세계적으로 확산되면서 비약적인 발전을 이루게 되었다.

2. 한국 평생교육의 역사

한국 평생교육의 역사는 해방 이전, 해방~1950년대, 1960년대, 1970년대, 1980년대, 1990년대, 2000년대로 나누어 각 시대에 따라 평생교육이 발전해온 과정과 그 특성을 살펴보고자 한다.

1) 해방 이전

조선시대에는 향리를 중심으로 마을의 개선과 협력을 위한 활동으로 '계'나 '두레' 등의 활동들이 있었으며 정규교육기관인 향교에서는 정규교육뿐만 아니라 교육을 받을 기회를 가지지 못한 민중들을 위해 예의, 질서, 경로사상 등을 고취하는 교육활동을 실시하였다는 기록이 있다. 이러한 활동들은 지역사회 개선과 민중 교화를 통한 시민적 자질을 함양하기 위한 활동으로서 오늘날의 지역사회교육과 같은 성격을 지니고 있다.

개화기에는 동학, 독립협회, 신민회, 일진회 등에서 종교활동, 계몽활동, 단체

활동 등을 통해 교육활동을 전개하였는데 평생교육이라는 개념을 전제로 사회교육활동이 전개된 것이 아니라, 전근대와 근대라는 시대적 분기점에서 파생되었으며, 계몽과 근대화를 위하여 학교 내외에서 전개된 활동의 총체라는 특성을 가지고 있다(권건일, 김인아, 1996).

일제시대의 사회교육은 민족적 자각과 독립을 위한 자생적인 교육활동을 전개하였다. 우리 민족이 주도한 야학, 민족학교 등을 통한 교육활동 중 가장 큰 흐름은 문맹퇴치운동과 계몽운동이었다. 야학은 주로 남녀 수강생들을 대상으로 이루어진 단기교육이었으나 비교적 체계적인 교육으로 실시되었다(김신일, 1998).

2) 해방~1950년대

이 시기는 해방과 6.25전쟁을 거치면서 사회적 혼란이 극심하였고 경제적으로 어려움이 매우 컸던 시기여서, 평생교육 활동도 이러한 어려운 상황을 극복하고 국가의 기반을 세우는데 초점을 맞추었다. 이 시기의 평생교육은 문해교육, 계몽교육, 다양한 자원단체 활동이 주종을 이루었다.

첫째, 당시의 평생교육은 문맹퇴치를 위한 기초 교육과 동일시될 정도로 문맹퇴치를 위한 국문 보급교육이 강조되었다. 문맹퇴치 및 국문 보급 운동은 시 · 군 성인교육사를 중심으로 한 국문강습소 활동, 성인교육협회의 국문 강습소 활동, 정부의 문맹퇴치 5개년 사업에 따른 전국 문맹퇴치 활동, 군대에서의 문맹퇴치 활동을 통해 활발하게 이루어졌다. 이러한 관주도의 활동 이외에도, 민간 자원단체에 의해 다양한 문해교육 활동이 전개되었다. 대표적으로 조선어학회와 기독교계명협회의 한글보급 운동이 여기에 속한다. 더 나아가 독서 구락부 활동 등과 같은 문해 후 교육활동까지 병행하여 포괄적인 문해교육을 실시하였다(최운실, 1993).

둘째, 계몽교육은 대학생들의 주도하에 실시되었는데 주로 방학기간 동안 농어촌으로 내려가서 계몽 및 교육활동을 실시하였다. 대학생들로 구성된 향토

단위 또는 학교 및 단체 단위의 향토 계몽대가 실시 주체가 되었다. 이러한 대학생 계몽교육은 일제시대부터 시작된 역사 깊은 교육 활동으로서, 농어촌 지역주민을 대상으로 문맹퇴치교육, 기초 교양교육, 정신계몽 교육 등의 활동을 실시하였다.

셋째, 자원단체가 주도하여 실시한 다양한 교육활동으로는 기독교여자청년회(YWCA)의 도서관 사업, 대한여학사협회 활동 등을 살펴볼 수 있다. 먼저, 기독교여자청년회(YWCA)는 여성의 기독교운동 이외에 한글, 영어, 불어, 타자, 요리, 한국무용 등의 각종 강습을 실시하였고 여성의 법률적 · 경제적 지위를 향상시킬 수 있는 교육 프로그램을 개발하여 실시하였다. 또한 도서관은 교양 증진 차원에서의 평생교육 활동을 전개했으며, 대한여학사협회는 여권신장을 위한 사회적 노력과 더불어 여성을 위한 계몽운동을 실시하였다(홍기형 외, 2006).

3) 1960년대

이 시기는 군사정부가 들어서면서 반공을 앞세우고 경제성장과 자립경제를 위해 경제개발 5개년 계획을 시행하면서 경제 발전에 온 국가의 역량을 집중시킨 시기였다. 이때부터 교육을 경제 개발의 측면에서 보기 시작하였으며, 교육제도와 교육과정에 인력개발의 개념이 도입되어 경제적 인간, 기능적 인간의 창조가 교육의 이상으로 표방되었다(김진균, 1984). 이에 따라 이 시기에는 주로 지역사회 개발교육, 직업기술교육, 시민의식 고양교육 등이 실시되었다.

첫째, 이 시기에는 재건국민운동, 농촌청소년구락부 등의 활동을 통해 지역사회 개발을 위한 교육이 강조되었다. 농촌진흥청에서는 농촌생활 개선지도, 농촌 청소년 지도, 농사지도 보급, 협동조합 지도 등으로 의식주 생활, 육아, 부업 등을 지도하였으며, 농촌청소년구락부의 지원을 통하여 보건 위생, 안전, 부락 미화, 부락 위안 활동 등을 추진하였다(최운실, 1993).

둘째, 직업기술교육은 초등학교나 중학교를 졸업하고 진학하지 못한 미취학자를 대상으로 실시되었는데 학교교육의 보완을 위한 기초 교육과 함께 실시되었다. 특히 기술학교와 고등기술학교는 우리나라 산업 입국을 위한 기술 인력을 양성하기 위한 교육적 기반을 마련하기 위하여 시작되었다. 이 밖에 사설강습소가 직업기술 습득, 학교교육 보완, 외국어 교습 등을 목적으로 세워졌고, 특히 기술계 학원이 세분화되면서 발전되었다(홍기형 외, 2006).

셋째, 시민의식 고양교육은 기독교여자청년회(YWCA)와 기독교청년회(YMCA)를 중심으로 실시되었는데 주로 여가교육과 함께 시민의식 고양을 위한 평생교육을 실시하였다. YWCA는 윤락여성들의 문제, 여성의 지위와 권리, 「민법」에 있어서의 여성차별 조항을 홍보하고 수정하였으며, 혼인신고의 필요성 홍보 등 여성의 권리회복과 사회참여를 위한 노력을 계속하였다. 이와 함께 YMCA는 시민의식 고양을 위한 교육을 본격적으로 추진하였다(최운실, 1993).

4) 1970년대

이 시기에는 1960년대부터 시작된 몇 차례의 경제개발 5개년계획 추진의 성공으로 경제가 급속하게 성장하였고 이에 따라 국민들의 생활수준도 상당히 향상되었다. 정치적으로는 유신체제를 통한 장기 집권이 강화되어 이에 반발하여 민주화 운동이 강렬하게 일어나기도 하였다. 이 시기에 평생교육은 보다 발전된 지역사회 개발교육이 실시되었고 직업기술교육이 성숙되었으며, 다양한 여가교육 등이 활발하게 실시되었다.

첫째, 이 시기의 초창기에 실시된 온마을교육은 학교와 지역사회 사이의 유대를 강화하고 학교의 인적 · 물적 자원을 활용하여 국민 의식 계몽 및 지역사회 개발에 기여하게 할 목적으로 시작되었으며, 1972년 새마을교육에 흡수되어 보다 조직적으로 발전하게 되었다. 새마을교육은 국민정신 개조, 소득 증대 등을 목표로 지역사회 개발운동의 토대를 형성하였다(홍기형 외, 2006).

둘째, 이 시기에 활발하게 실시된 직업기술교육은 산업계에 질 좋은 인력을 공급하고, 근로자가 사회변화에 적응하고 기술발전에 대처할 수 있도록 교육함으로써 개인, 기업 및 국가의 발전도 함께 추구할 목적으로 이루어졌다. 이러한 직업기술교육은 공공직업훈련소, 사내직업훈련소, 인정직업훈련소 등에서 이루어졌으며 경제발전 추진과정에서 부족한 인력을 확충하기 위해 시작된 교육훈련으로서 근로자들의 기능 향상에 중점을 두고 추진되었다(최운실, 1993).

셋째, 다양한 여가교육은 주로 청소년단체와 대학의 평생교육원을 통해 제공되었다. 1960년대에 이어 청소년의 건전한 발전 및 육성을 목적으로 보이스카우트, 걸스카우트를 비롯한 유네스코 청년원, 청소년연맹 등의 활동이 적극적으로 이루어짐으로써 청소년의 자질 향상 및 건전 지도를 위한 교육기회를 제공하게 되었다. 1970년에는 계명대학교가 여성을 위한 시민강좌를 열면서 대학에서의 평생교육이 시작되었다. 그리고 1972년에는 서울평생교육원에서 노인학교라고 불리는 프로그램을 개설하여 처음으로 노인교육 프로그램이 실시되기도 하였다(홍기형 외, 2006).

5) 1980년대

이 시기는 상당히 발전된 경제적 풍요를 바탕으로 보다 다양한 교육적 요구에 부응하는 평생교육이 이루어졌던 시기라고 할 수 있다. 이와 관련하여 1980년 8차 개헌 시 평생교육 진흥에 대한 국가의 의무조항이 삽입되었고, 1981년 방송통신대학이 4년제로 승격되었으며, 1982년 「사회교육법」 제정, 개방대학 설치, 독학사제 실시, 사내대학 운영 등의 제도가 시행되면서 평생교육에 상당한 진전을 보여주었다. 이 시기에는 학력 보완을 위한 교육, 다양한 교양 및 여가교육, 여성 및 노인교육 등이 활발하게 진행되었다.

첫째, 학력 보완을 위한 교육은 산업체 특별학급, 방송통신대학, 개방대학 등을 통해 실시되었다. 이 시기에 산업체 부설학교와 학생 수는 크게 감소하였으나, 산업체 특별학급의 고등학교 수와 학생 수는 증가하였다. 산업체에 취업하고 있는 청소년 대다수가 중학교 졸업 이상의 학력을 가지고 있어 상급학교로의 진학을 원했기 때문이다. 또한 방송통신대학은 1980년대에 들어와서 질적으로 많이 향상되었으며, 1985년부터 TV 방송을 통해 일부 과목에 대한 강의가 실시되었다(권건일, 김인아, 1996).

둘째, 다양한 교양 및 여가교육은 대학의 평생교육 기능 활성화와 문화센터를 통해 기회가 확대되었다. 1980년대에 이르러 「사회교육법」이 제정되면서 대학별로 사회교육원 또는 평생교육원을 개설하여 자기개발 및 자아실현을 도모하는 평생교육 기회가 제공된 것이다. 교육 내용을 살펴보면, 다양한 여가 선용교육, 결혼 및 가족과 관련된 교육, 건강 교육, 일반 상식 교육 등이 대부분이다. 또한 문화센터에서의 평생교육은 1982년에 동아일보, 중앙일보, 한국일보 부설 문화센터를 중심으로 한 언론기관 문화사업의 일환으로 시작되었으며, 1980년 후반부에는 방송국, 백화점 등에서도 문화센터를 설치하여 교양, 문화, 건강, 예술, 어학, 취미, 컴퓨터 등 성인기의 삶의 질 향상을 위한 다양한 교육 기회를 제공하였다(홍기형 외, 2006).

셋째, 여성교육과 노인교육 측면에서 살펴보면, 각종 여성 단체를 중심으로 회원의 친선을 도모하고 자질을 향상시키기 위한 교육, 복지사업 및 지역사회봉사를 위한 교육, 국제친선교육, 의식화교육, 여성 지위 및 권익 향상을 위한 교육, 식생활개선 및 국민보건 향상을 위한 교육, 소비자보호 운동을 위한 교육 등 다양한 교육활동을 실시하였다. 또한 노인들에게는 노인복지관 및 노인대학을 중심으로 심신의 건강관리, 건전한 여가활동, 사회적 역할 유지 등을 통해 여생을 활기차고 의미 있게 보낼 수 있도록 하는 노인 전문 교육이 제공되었다.

6) 1990년대

이 시기에 들어서면서 세계는 공산주의 체제가 붕괴되고 국가 간 또는 권역 간 무한경쟁 시대에 본격적으로 진입하게 되었다. 또한 활발한 국제교역의 확대와 정보통신기술의 발달은 국경 없는 시대, 세계화를 더욱 가속화시켰다. 국내에서는 문민정부와 국민의 정부 출범으로 민주주의와 자유시장경제를 확립하기 위한 다양한 정책 들이 추진되었고 국민들의 다양한 요구와 기대가 증가되었던 시기이기도 하다.

이러한 시대적 추세에 부응하기 위해 문민정부의 교육개혁위원회에서는 신교육체제의 비전과 목표로 "누구나, 언제, 어디서나 원하는 교육을 받을 수 있는 길이 활짝 열려진 '열린교육사회, 평생학습사회' 건설"을 제시하고 이를 추진하기 위한 4차례에 걸친 교육개혁방안을 제출하였다. 1995년 5월의 1차 교육개혁방안에서는 열린교육사회 · 평생학습사회 기반 구축을 위한 시간제등록, 학점은행제, 원격교육 등의 방안이 제시되었다. 이어 1996년 2월에 제시된 2차 교육개혁방안에서는 신직업체제 구축, 「사회교육법」 전면 개정 방안 등이 제시되었고, 1996년 8월의 3차 교육개혁방안에서는 사회교육 추진체계와 전담기구 설치, 「사회교육법」을 「평생학습법」으로 확대 · 개편하는 방안을 제시하였으며, 이후 1996년 10월 「평생학습법」 시안 제정 연구팀을 구성하여 입법을 추진하였다.

1997년 6월에는 4차 교육개혁방안과 「평생학습법」의 기본 방향과 시안을 제시하고 이후 법제처의 심의과정을 통해 「평생학습법」을 「평생교육법」으로 법 명칭을 변경하고 「사회교육법」을 전문 개정하여 「평생교육법으로 마련하였다. 그 후 국회의 법안 심의를 거쳐 1999년 8월 31일 「평생교육법」이 제정되었고 2000년 3월 1일부터 시행됨으로써 한국의 평생교육은 본격적인 발전의 전기를 맞이하게 되었다.

1998년부터 시행된 학점은행제는 대학에 진학할 적절한 시기를 놓친 학습자들에게 대학교육의 기회를 제공하는 제도다. 학점은행제는 대학이나 학점평가인정기관으로 승인된 평생교육기관에서 학습자가 편리한 방법으로 수강하여 학점을 이수한 다음 학점은행에 저축해 두었다가 학사나 전문학사가 갖추어야 할 학점이 모두 이수되면, 학습자의 요구에 따라 대학졸업이나 전문대학 졸업장을 받게 하는 제도다. 이밖에도 대학에 진학하지 못한 사람들에게 스스로 학습하거나 평생교육 기관 또는 기타 매체를 활용하여 학습한 후 국가 기관이 실시하는 시험절차를 거쳐 학사학위를 취득할 수 있도록 하는 독학학위 취득제도도 실시되었다(홍기형 외 2006).

이 시기에는 보다 다양한 교양 및 여가교육의 기회도 확대되었다. 대학 내 평생교육은 1980년대를 이어 활발히 전개되었으며, 교육 프로그램들이 계속 다양화하면서 증가하는 추세를 보였다. 대학 내 평생교육은 대학부설 평생교육원, 사업교육원 등에서 실시하는 교육 내용을 의미한다. 대상은 주로 주부나 여성들이 주를 이루고 있으며, 교육 내용도 여성 위주의 교육 프로그램들이 상당 부분을 차지하였다. 그러나 대학 평생교육은 여타 평생교육시설의 교육 프로그램과 차별성이 크지 않아 많은 지적을 받기도 했다. 또한 프로그램이 매년 별다른 변화가 없고, 대학 간에도 별다른 차별성이 발견되지 않는다는 문제점도 지적받고 있다(노종희, 1992).

이상과 같이, 1990년대는 국가가 주도적으로 학력보완을 위한 교육 기회를 확대하였고 국민들의 삶의 질 향상을 위해 인문교양, 문화예술, 여가활용 등에 관한 평생교육 프로그램이 전문화되고 다양화되는 경향을 보여주었다. 또한 「사회교육법」이 「평생교육법」으로 전문 개정되어 2000년 3월부터 시행됨으로써 평생교육에 대한 국민적인 관심을 확대시키는 계기를 마련하였고 평생교육기관 및 평생교육사 양성 확대 등 열린 평생학습사회 구축을 위한 행보를 가속화하게 되었다.

7) 2000년대

2000년대에는 「평생교육법」이 본격적으로 시행되면서 다양한 평생교육 활동이 전개되었다. 대표적인 활동이 평생학습축제다. 전국 최초로 평생학습도시를 선언한 광명시에서 2002년 시작된 평생학습축제는 지역사회 학습 문화 축제로서 지방자치단체와 평생교육 관련 기관 · 단체가 함께 참여하여 평생학습의 성과를 공유하고 일반 시민의 평생학습에 대한 욕구를 유발하여 평생교육의 활성화에 기여하고 있다. 평생학습축제는 평생학습의 즐거움, 의미, 정보를 전달하고 공유하는 학습 문화 축제다. 생활 속의 학습, 다양한 체험 활동을 통하여 축제의 즐거움을 공유하고 배움과 나눔을 통하여 평생학습 문화의 확산을 이루고자 한다.

이러한 평생학습축제는 평생학습도시를 중심으로 전개되었는데 평생학습도시는 개인의 자아실현, 사회적 통합증진, 경제적 경쟁력을 제고하여 궁극적으로 개인의 삶의 질 제고와 도시 전체의 경쟁력을 향상시킬 수 있도록 언제, 어디서, 누구나 원하는 학습을 즐길 수 있는 학습공동체 건설을 도모하는 총체적 도시 재구조화(restructuring) 운동이며 동시에 지역사회의 모든 교육자원을 기관 간 연계, 지역사회 간 연계, 국가 간 연계시킴으로써 네트워킹 학습공동체를 형성하려는 지역 시민에 의한, 지역 시민을 위한, 지역 시민의 지역사회교육운동이다(국가평생교육진흥원, 2017). 2001년 경기도 광명시가 최초로 평생학습도시를 선언한 이후 매년 꾸준히 증가하여 2017년 6월 현재 전국에 153개의 평생학습도시가 지정되어 지역평생교육 활성화 사업에 앞장서고 있다.

2000년대 평생교육 진흥을 위한 또 하나의 행사로서 2004년부터 매년 실시하는 '대한민국 평생학습대상' 행사가 있다. 이 행사는 교육부가 주최하고 국가평생교육진흥원이 언론사와 함께 주관하는 행사로서 생활 속 평생학습을 실천하여 평생학습문화 풍토 조성에 기여한 개인 및 단체의 우수사례를 발굴하여 시상하는 제도다. 이 행사를 통해 전 국민의 평생학습에 대한 관심과 참여를 유도하고 있다.

「헌법」 제 31조 제5항에는 '국가는 평생교육을 진흥하여야 한다.' 라고 명시되어 있고 「교육기본법」 제3조에는 '모든 국민은 평생에 걸쳐 학습하고, 능력과 적성에 따라 교육받을 권리를 가진다.'라고 되어 있다. 또한 「평생교육법」 제19조 제1항에는 '국가는 평생교육진흥 관련 업무를 지원하기 위하여 평생교육진흥원을 설립한다.'라는 조항이 있다. 이러한 법규에 근거하여 2008년 2월 국가평생교육진흥원이 개원되었다. 국가평생교육진흥원은 평생교육진흥과 관련된 업무를 효율적으로 수행함으로써 국민의 평생교육 활성화에 기여함을 목적으로 설립된 기관으로서 우리나라의 평생교육 업무를 주도하고 있다. 국가평생교육진흥원의 기능은 평생교육 진흥을 위한 지원 및 조사, 평생교육진흥기본계획 수립의 지원, 평생교육 프로그램 개발의 지원, 평생교육 종사자의 양성 · 연수, 평생교육기관 간 연계체제의 구축, 시 · 도 평생교육진흥원에 대한 지원, 평생교육 종합정보시스템 구축 · 운영, 학점은행제 및 독학학위제 운영, 문해교육의 관리 및 운영 등이다(국가평생교육진흥원, 2017).

국가평생교육진흥원이 본격적으로 평생교육 진흥업무를 시행한 이후 시 · 도 평생교육진흥원이 차례로 설립되었고 그 산하에 시 · 군 · 구 평생학습관이 설치 · 운영되고 있으며 읍 · 면 · 동 평생학습센터가 설립되어 운영되고 있다. 이로써 지역평생교육체제가 구축되어 평생교육 활성화에 기여하고 있다.

3. 평생교육의 철학적 배경

1) 인문주의 평생교육

(1) 개요

인문주의 평생교육은 고대 그리스의 철학자 소크라테스, 플라톤, 아리스토텔레스의 철학이론에서 비롯되었다. 이러한 인문주의 교육의 전통은 중세를 거쳐 현대에 이르기까지 기독교 학파의 전통으로 이어져 왔다. 인문주의 교육은 유럽에서 교육이론으로 확립된 지 오래이며, 오늘날에도 여전히 교육사상에 중대한 영향을 미치고 있다. 이 전통은 자유로운 학습, 지식의 조직화, 지적 능력의 개발 등을 강조한다. 오늘날 이러한 입장을 지지하는 학자들로 아들러(Adler), 허친스(Hutchins), 마르탱(Maritian), 도렌(Doren) 등을 들 수 있다(Elias & Merriam, 1994; 기영화 역, 2002).

인문주의 교육의 목적은 지성을 갖추게 하고 도덕적인 문화시민을 양성하는 것이다. 이러한 교육목적을 달성하기 위해 학습자의 자율성보다는 교사의 역할을 강조하고 있다. 인문주의 교육원리에 대해 허친스는 다음과 같은 내용을 제시하였다.

① 진리는 보편적이며 시간, 장소. 사람 등과 같은 환경에 의존하지 않는다.
② 훌륭한 교육은 진리를 탐구하고 이해하는 것이다.

③ 진리는 위대한 고전들 속에서 찾을 수 있다.
④ 교육은 이성적인 능력을 개발하는 것이며, 이를 위해서는 교양교육이 강조되어야 한다.

이러한 인문주의 교육의 본질은 바로 교육을 통해서 인간의 이성을 개발하고 진리를 알게 하며 그것을 따르게 하는 것이다. 따라서 인문주의 교육에서는 오랜 시간에 걸쳐서 인류의 진리가 축적되어 있는 문화적 유산인 고전을 통해 영원한 진리를 깨닫도록 하기 위해서 교양교육을 강조한다. 이러한 교양과목으로는 언어학, 역사, 수학, 자연과학, 예술, 철학 등이 있다(권대봉, 2002).

(2) 인문주의와 평생교육

인문주의 교육은 초등교육, 중등교육, 대학교육과 그 이후에 이루어지는 평생교육에서도 그대로 적용되는 교육으로서 평생교육의 전 분야에서 걸쳐서 폭 넓게 활용되는 기본적인 교육이다. 특히 인문주의 교육관이 인간의 이성을 개발하고 진리에 대한 깨달음을 강조하고 있다는 점에서 인간의 삶과 관련하여 큰 의미를 가지고 있다고 할 수 있다.

프리덴버그(Friedenberg)는 인문주의가 평생교육에 기여한 점을 다음과 같이 네 가지로 정리하여 제시하였다.

① 인문주의는 인간에게 자유의 가치를 가르치고 그 가치를 활용할 수 있는 능력을 갖춘 사람이 되도록 도와준다.
② 인문주의는 성인들이 직접 경험한 사실과 그에 대한 감정 간의 차이가 발생할 때 그 차이에 대해 적절하게 이해하고 반응하도록 도와준다.
③ 인문주의는 인간이 경험하는 범위를 확대시킴으로써 인간이 반응할 수 있는 영역을 넓혀준다.
④ 인문주의는 시민의 자질 향상, 여가 선용, 자아의식 개선, 인간 존엄성 지각 등의 목적에도 기여한다(Elias & Merriam, 1994; 기영화 역, 2002).

이러한 인문주의의 평생교육에 대한 기여를 볼 때, 인문주의는 인간은 지속적으로 성장하고 자아의식을 개발할 수 있다는 믿음을 기반으로 하고 있다. 그러나 인간의 자율성을 경시하고 교사의 절대적인 지위와 영향력을 강조하는 입장을 가지고 있음으로써 평생교육의 이념과는 상반되는 점이 있다. 그럼에도 불구하고 인문주의에서 중요시하는 진리, 이성, 교양, 예술 등은 평생교육의 목적과 과정 등에 지대한 영향을 미치고 있다.

2) 진보주의 평생교육

(1) 개요

진보주의 평생교육은 역사적으로 볼 때 정치, 사회, 교육 분야에서 일어난 진보주의 운동에서 시작되었다. 교육철학에 대한 접근은 교육과 사회의 관계, 경험중심 교육, 직업교육, 민주주의 교육 등과 같은 개념을 강조하는 측면으로 이루어졌다. 주요한 진보주의 교육자로는 제임스(James), 듀이(Dewey), 킬패트릭(Kilpatrick) 등을 들 수 있다. 진보주의 성향을 갖고 있는 성인교육 철학자들로는 린드만(Lindeman), 벌거빈(bergevin), 벤(Benne), 그리고 블랙클리(Blakely) 등이 있다(Elias & Merriam, 1994; 기영화 역, 2002).

진보주의는 인문주의와 대비되는 이론을 제시한다. 진보주의 학자들은 인문주의가 교사 중심적이고 수동적인 학습자의 모습을 제시한다고 비판하면서 아동중심의 교육, 경험중심의 교육을 강조하였다. 아동중심 교육은 학습자중심 교육이라는 측면을 강조한 이념이다. 이는 인문주의 교육이 교수자 중심의 교육이었기 때문에 학습자의 요구와 흥미를 반영하지 못하고 있다는 반성에서 비롯된 것이다(권대봉, 2002).

이러한 진보주의의 교육원리를 반영한 것이 진보주의교육협회에서 제시한 일곱 가지 강령인데 그 내용을 살펴보면 다음과 같다.

① 아동은 외적인 권위에 의하지 않고 자신의 사회적 필요에 따라 자연스럽

게 성장할 자유를 누려야한다.

② 학습자의 흥미와 욕구의 충족이 모든 학습과 활동의 동기가 되어야 한다.

③ 교사는 아동의 활동을 격려하고 적절한 정보를 제공하는 안내자가 되어야 한다.

④ 아동에 대한 평가는 아동의 신체적 · 정신적 · 도덕적 · 사회적 특징에 대한 평가를 포함해야 하고 아동의 발달과 지도에 도움이 되어야 한다.

⑤ 가장 중요하게 간주되어야 할 것은 아동의 건강이며, 이를 위해 학교의 시설 · 환경 · 인적 조건은 적절해야 한다.

⑥ 학교는 학부모와 긴밀하게 협조하면서 아동의 교육에 노력해야 한다.

⑦ 진보주의 학교는 좋은 전통을 기반으로 새로운 것을 담아내는 실험학교로서 교육개혁운동의 중추가 되어야 한다.

이상과 같은 강령을 바탕으로 진보주의 교육운동은 1920년대와 1930년대에 널리 확산되었으나 1940년대에 이르러 그 영향력이 약화되기 시작하였다(강선보 외, 1993).

(2) 진보주의와 평생교육

진보주의 교육철학은 아동교육뿐만 아니라 평생교육에도 많은 영향을 미치게 되었다. 즉 직업능력 향상을 위한 실용적 훈련, 경험에 의한 학습, 과학적 연구, 지역사회 참여와 사회문제에의 대응 등 진보주의에서 강조하는 점들은 평생교육의 발전과정에서 잘 나타나고 있다. 크레민(Cremin)과 노울즈(Knowles)는 직업교육, 대학확장교육, 이민자 정착교육, 미국화교육 등을 진보주의 교육형태로 간주하였다. 특히 노울즈는 성인교육 운동의 변혁 동인 중 하나로서 진보주의 운동의 유입을 지적하였는데, 그는 "새로운 사상이 확장교육 사상에 주입되었는데, 이는 학문적 교과에 대한 강조에서 모든 인생문제, 즉 농업적 · 정치적 · 사회적 · 도덕적 문제와 관련을 갖는 모든 사람들을 위해 봉사하는 새로운 대학의 역할 개념을 포괄하려는 방향으로 변하였다."라고 하였다(Elias &

Merriam, 1994; 기영화 역, 2002).

직업능력 향상교육, 학력보완교육, 시민참여교육, 가족교육 등 여러 형태의 평생교육이 진보주의 교육철학을 바탕으로 시작된 교육들이다. 특히, 교육과정 개발 시 학습자의 요구와 흥미를 적극적으로 반영하고, 학습자의 경험을 중시하며, 실생활에 활용할 수 있는 교육을 강조하는 것과 실험적 교육방법, 문제해결적 교육방법을 선호하는 것들은 진보주의 교육철학을 기반으로 하고 있다.

이처럼 진보주의에서 주장하는 주요 교육원리들은 평생교육의 이론과 실제에서 많이 활용되고 있다. 그러나 진보주의가 지나치게 학습자의 경험을 중시한 나머지 기초 교양과목에 대해 가볍게 보는 태도를 가지고 있을 뿐만 아니라 교사의 역할을 너무 경시한다는 비판을 받고 있다.

3) 행동주의 평생교육

(1) 개요

행동주의 평생교육은 20세기 초부터 발전하기 시작한 심리학 이론에 근거를 두고 있다. 1920년대에 왓슨(Watson)은 실험실을 이용하여 자극에 대한 인간의 정서 반응에 대한 연구를 통해 인간의 정서와 행동은 외부의 자극에 의해 영향을 받고 결정된다는 주장을 제기하였다. 또한 1930년대에 스키너(Skinner)는 인간의 성격과 행동은 외부의 자극에 의해 결정되거나 수정될 수 있다는 이론을 주장하였다. 이것은 적절한 자극을 이용하면 인간을 원하는 방향으로 개발할 수 있고 변화시킬 수 있다는 것을 의미한다.

이러한 행동주의 교육철학은 교육에 큰 영향을 미쳤다. 즉 학습자에게 자극과 강화를 계획적이고 적절하게 배치 또는 제공함으로써 교육목적을 달성할 수 있다는 주장이 교육에 큰 반향을 불러일으킨 것이다. 이러한 행동주의의 영향은 교육목표의 사용, 교육의 책무성 강조, 능력위주 교육 등의 현상을 나타나게 하였다(Elias & Merriam, 1994; 기영화 역, 2002).

① 교육목표의 사용

교육목표의 사용은 자극을 제공하여 발생되는 학습자의 반응을 교육목표로 설정하는 것이다. 이를 통해서 교육이 어떻게 구성되고 진행되어야 하는가를 명확하게 설정할 수 있기 때문에 교육의 효과성을 제고시킬 수 있다.

② 교육의 책무성

교육의 책무성이란 교육목표를 달성함으로써 교육의 역할을 다해야 한다는 것이다. 특히 행동주의에서 교육의 책무성은 교육실시 결과에 대한 평가를 강조한다. 교육목표를 설정하고 이에 맞는 교육과정과 방법을 개발하여 실시하고 그 결과를 평가해서 평가결과를 다시 교육에 반영하는 피드백 과정까지 모두 교육의 책무성 제고를 위한 방법으로 제시하고 있다.

③ 능력위주의 교육

능력위주 교육은 교육목표 수준을 정해놓고 그 수준에 도달하도록 하는 교육을 실시하는 것이다. 능력위주의 교육은 일정수준까지 도달해야 한다는 기준을 적용하고 그 기준에 도달한 개인들의 능력에 초점을 둔다. 따라서 능력위주의 교육은 학습자 간의 상대평가보다는 일정기준 이상의 교육목표가 달성되었는지를 기준으로 하는 절대평가의 방식을 채택한다.

(2) 행동주의와 평생교육

행동주의의 영향으로 능력위주의 교육, 교수학습체제의 정립, 강화 및 조건화 등의 방법들이 평생교육에서도 다양하게 활용되고 있다. 능력위주의 교육은 수업을 시작할 때 개인차를 인정하고 학습자가 능력을 습득하는 데 소요되는 시간을 융통성 있게 조정한다. 또한 정식 수업에서부터 인생경험이나 직업경험에 이르기까지 다양한 방법에 의해 이루어진다. 능력위주의 교육은 직업능력 향상교육, 계속교육, 문해교육 등에 널리 활용되었다. 또한 행동주의는 다양한 교수방법의 개발에도 영향을 미쳤다. 강화 및 조건화를 활용한 효과적인 교수방법, 프로그램 학습(Programmed Instruction: PI), 컴퓨터 보조수업(Computer-Based Instruction: CBI), 개별화수업(individualized instruction), 개인별 처방수업(Individually Prescribed Instruction: IPI) 등이 바로 그것들이다.

4) 인본주의 평생교육

(1) 개요

인본주의 평생교육은 실존주의 철학 및 인본주의 심리학의 발달과 관계가 있다. 인본주의 교육이 강조하는 개념들은 자유와 자율, 능동적인 협동과 참여, 자기주도적 학습 등이다. 그 철학적 뿌리는 하이데거(Heidegger)나 사르트르(Sartre), 카뮈(Camus), 마르셀(Marcel), 부버(Buber) 등의 실존주의에서 찾을 수 있다. 또한 제3세력의 심리학자라고 할 수 있는 매슬로(Maslow), 로저스(Roges), 메이(May), 알포트(Allport)와 프롬(Fromm) 등은 교육에 대한 인본주의 접근방식이 발전하는데 실존주의 철학자들 못지않은 공헌을 하였다. 한편 성인교육자들 가운데 노울즈(Knowles)같은 학자는 이러한 입장을 지지하여 성인을 학습시킬 때 그들의 욕구를 충족시키면서 학습자 중심의 접근을 시도해야 한다고 주장하였다(Elias & Merriam, 1994; 기영화 역, 2002).

인본주의에서는 인간은 본래 선한 존재이고 각자가 자율성을 가지고 있다고 간주한다. 또한 인간은 자유롭게 자신의 태도를 선택할 권리를 가지고 있고 그 자체에 개인차와 무한한 잠재력을 가지고 있다. 이러한 개인차를 인정하고 잠재력을 키워주기 위한 지적인 활동으로서 교육이 강조되며, 그 바탕에 인간존중의 철학이 있다. 따라서 인본주의 관점에서 교육은 인간이 자신의 잠재력을 발견하고 이를 개발하여 자아실현에 도달할 수 있도록 하는 것이다.

(2) 인본주의와 평생교육

패터슨(Patterson, 1973)은 인본주의 교육과 관련하여 두 가지 측면을 강조하였다. 첫째, 인본주의 교육방법은 인간을 존중하는 방법으로 교과목을 가르치는 것이다. 즉, 학습자들의 요구에 의해서 교과목이 결정되고 학습이 조장되는 것이다. 둘째, 인본주의 교육은 학습자들이 자신들의 감성적인 측면을 개발하도록 유도한다는 것이다. 즉, 학습자들은 단지 지적인 능력을 개발하는 것을 넘어서 타인과의 관계에서 타인을 이해하고 동시에 자신을 이해하는 교육이 이루어져야 한다는 것이다. 이러한 관점에서 볼 때, 인본주의 교육은 학습자중심의 교육이고 학습활동은 감성의 발견을 통해서 이루어진다.

인본주의 교육에서 학습자중심의 교육을 강조하는 것은 평생교육과 매우 밀접한 관계를 갖는다. 따라서 인본주의 평생교육은 교수자에 의해서 이루어지기보다는 학습자 활동을 통해서 이루어지고 교수자는 촉진자 또는 조력자로서의 역할을 주로 수행하게 된다. 또한 인본주의 평생교육은 학습자가 자신을 발견하면서 수행하는 학습을 최고의 학습으로 간주한다. 따라서 학습자들이 가지고 있는 흥미, 요구, 동기, 가치관, 신념, 목표들이 학습활동에서 매우 중요한 역할을 담당한다.

5) 급진주의 평생교육

(1) 개요

급진주의 평생교육은 18세기 이후 일어났던 급진주의 운동들, 즉 무정부주의, 마르크스주의, 사회주의, 좌파 프로이트주의 등에 그 역사적 근거를 두고 있다. 급진주의 교육자들은 교육을 급진적인 사회 변화를 성취하기 위한 하나의 수단으로 전제하였다(Elias & Merriam, 1994; 기영화 역, 2002). 급진주의 교육학자로는 프레이리(Freire), 일리치(Illich), 굿맨(Goodman) 등이 있다.

대표적인 급진주의 교육자인 프레이리는 마르크스의 사상을 바탕으로 의식화(conscientization)라는 개념을 제시하였다. 그는 인간을 하나의 객체로서의 존재가 아니라 주체로서의 존재로 인식하고 인간의 주체성을 중시하였다. 인간은 동물과는 달리 자신의 역사와 문화를 창조하고 자신의 의식수준을 스스로 높일 수 있는 주체적인 존재인 것이다. 특히 그는 제3세계에서의 억압적이고 모순된 상황을 해결하는 것이 교육의 과제라고 하면서 해방적 교육학을 주장하였다 (Elias & Merriam, 1994; 기영화 역, 2002).

(2) 급진주의와 평생교육

급진주의에서 제기한 비판과 제안들은 평생교육 측면에서에도 적용이 가능하다. 급진주의에서 학교를 벗어나고자 하는 입장, 시민의식교육에 대한 제안, 학교교육에 대한 비판적 시각 등은 평생교육과 많은 관계가 있다. 또한 억압받는 계층을 대상으로 하는 프레이리의 문해교육은 제3세계의 교육에 지대한 영향을 미쳤을 뿐만 아니라 미국의 여성, 흑인, 인디언에 대한 교육까지 영향을 미쳤다.

그럼에도 불구하고 급진주의 교육은 평생교육을 실천하는 측면에서 큰 영향을 미치지는 못하였다. 미국 평생교육의 경우 그러한 경향은 더욱 강하게 나타났다. 특히 성인교육자들은 사회의 변화와 개혁보다는 학습자 개인 차원의 변화와 개발에 관심을 갖기 때문에 급진주의 교육사상은 성인교육학자들에 의해서 수용되는 데 한계가 있었다. 그러나 급진주의의 사회 전반에 걸친 거시적인 개혁사상과 장기적인 안목은 성인교육학자들이 갖기 쉬운 단기적 시각과 사회병리에 대한 비판적 태도에 대한 대안을 제시한다(Merriam & Brockett, 1997).

6) 분석철학 평생교육

(1) 개요

분석철학 평생교육은 그 기원을 논리실증주의나 과학적실증주의 그리고 영국의 분석철학에서 찾을 수 있다. 분석철학적 접근방법은 평생교육 분야에서 사용되고 있는 개념이나 주장, 정책 또는 설명 등을 명확히 해야 할 필요성을 강조한다. 이러한 전통을 따르는 교육철학자들로는 쉐플러(Scheffler), 피터스(Peters), 그린(Green) 등이 있다. 또한 로우슨(lawson)과 패터슨(Paterson)은 영국의 성인교육 철학자로서 분석철학적 입장에서 성인교육철학에 접근해 간 선구자들이다(Elias & Merriam, 1994; 기영화 역. 2002).

분석철학은 철학을 탐구하는 방법 또는 태도라고 할 수 있다. 형이상학적인 전제를 배제하고 논리적 분석을 통해 문제를 명확하게 하고 그 해결책을 찾으려 한다. 특히 분석철학에서 추구하는 분석은 사상을 전달하는 수단인 언어분석을 가장 중요시한다. 분석철학에는 다음과 같이 크게 두 가지의 입장이 있다. 그 하나는 논리실증주의(logical positivism)이고 다른 하나는 일상언어(ordinal language)철학이다(강선보 외, 1993).

① 논리실증주의

논리실증주의는 경험적 실증주의(empirical positivism)또는 과학적 경험론(scientific empiricism)이라고도 하는데, 경험적으로 관찰 가능한 사실에 대한 명제를 분석명제 (analytic proosition)로 정의하고 수학적 논리와 같이 논리적 증명이 가능한 명제를 종합명제(synthetic proposition)라고 한다. 따라서 형이상학 명제와 같이 경험적 관찰이나 논리적 사고에 의해서 명제의 진위가 판명되지 않는 명제는 분석의 대상에서 제외된다.

② 일상언어철학

일상언어철학은 논리실증주의가 분석 과정에서 실제언어의 의미를 경시하는 점을 극복하기 위해 제안되었다. 예를 들어, 논리실증주의자들은 '국가'라는 말은 '국민'으로 구성되었다고 생각할 것이다. 그리하여 만일 '영국은 1939년에 선전을 포고하였다.'라는 명제 분석을 통해서 '각 영국인은 1939년에 선전포고를 하였다.'고 한다면 그 의미는 달라지지 않을 수 없다. 이처럼 '국가'라는 언어가 '국민'이라는 언어로 분석되는 것은 일상언어체계에 있어서는 합당하지 않은 것이다.

(2) 분석철학과 평생교육

패터슨과 로우슨은 성인교육에서 언어적 분석에 초점을 맞추고 있다. 패터슨에 의하면 성인은 아동보다 더 나이가 많음으로 인해서 정신적 · 감정적인 측면에서 발전하는 규범적 존재로 분석한다. 따라서 그는 성인교육을 인문주의 성인교육으로만 제한하고 이외의 교육은 성인교육이 아니라고 분석함으로써 직업교육, 여가교육과 같은 교육들은 성인교육에서 배제하였다. 또한 로우슨은 성인들을 위한 교육이 성인들이 참여하는 모든 형태의 교육을 의미하며 패터슨과 마찬가지로 성인교육을 인문주의 성인교육으로 제한하였다(Elias & Merriamm, 1994; 기영화 역, 2002).

패터슨과 로우슨의 평생교육에 대한 관점은 평생교육을 인문주의 교육으로 한정함으로써 직업교육이나 기타 다양한 성인교육을 평생교육의 범주에서 제외하는 한계점을 지니고 있다. 그러나 분석철학에서 교육의 과학화를 주장하는 관점을 평생교육 방법에 적용한다면 평생교육 분야에서 사용되고 있는 개념이나 주장, 정책 또는 설명 등을 보다 명확하게 하여 평생교육의 효과성을 높이는 데 기여할 것이다.

☑ 학습 과제

1. 서구 평생교육의 발생기에 일어난 미국의 주요 평생교육 활동에 대해 설명하시오.

2. 한국의 1990년대 평생교육의 발달과정에 대해 설명하시오.

3. 평생교육 인문주의와 진보주의를 비교 설명하시오.

4. 행동주의 철학과 평생교육과의 관계를 설명하시오.

5. 인본주의 철학과 평생교육과의 관계를 설명하시오.

참고문헌

강선보 외(1993). 교육의 역사와 철학. 서울: 동문사.

국가평생교육진흥원(2017). 홈페이지.

권건일, 김인아(1996). 사회교육의 이해. 서울: 양서원.

권대봉(2002). 평생교육의 다섯마당. 서울: 학지사.

김도수(1994). 사회교육학. 서울: 교육과학사.

김선요(1998). 사회교육사: 서양사회교육사, 교육학대사전. 서울: 하우.

김신일(1998). 사회교육사: 한국, 교육학대사전. 서울: 하우.

김진균(1984). 한국의 교육문화에 대한 사회학적 접근. 서울: 민중사.

노종희(1992). 대학의 사회교육 실태 및 발전과제, 교육월보(8).

박기언(1989). 대학사회교육론. 광주: 전남대학교 출판부.

양병찬(1997). 영국의 대학확장 연구-대학사회교육의 이념 형성과 제도화 과정을 중심으로. 박사학위논문. 단국대학교 대학원.

최운실(1993). 한국사회교육의 실상과 미래전망연구(1). 서울: 한국교육개발원.

홍기형 외(2006). 학습사회 구현을 위한 평생교육의 이해. 서울: 교육과학사.

Elias, L. & Merriamm, S. (1994). *Philosophical foundations of adult education* 기영화 역(2002). 성인교육의 철학적 기초. 서울: 학지사.

Houl, C. (1992). *The literature of adult education: A bibliographic essay*. San Francisco: Jossey-Bass.

Merriamm, S. & Brockett, R. (1997). *The profession and practice of adult education*. San Francisco: Jossey-Bass.

Patterson, C. (1973). *Humanistic education*. Englewood Cliffs, NJ: Prentice-Hall.

Peers, R. (1988). *Adult education: a comparative study*. London: Routeledge Kegan Paul.

Perry, W. (1976). *Open university*. Milton Keynes: Open University.

제3장 평생교육의 학문적 배경

☑ 학습 목표

- 성인학습자의 발달단계와 발달과제에 따른 학습과제를 이해할 수 있다.
- 평생교육을 사회학적인 거시적 관점에서 객관적으로 분석하여 이해할 수 있다.
- 기능론적 관점과 갈등론적 관점을 통합적 관점에서 비평할 수 있다.

☑ 학습 개요

평생교육이 학문적으로 정립되기 위해서는 그 근거가 될 이론이 제시되어야 한다. 이 장에서는 심리학적 이론과 사회학적 이론으로 나누어 평생교육의 학문적 배경을 살펴볼 것이다. 평생교육은 학습의 주체인 개별 학습자와, 학습자에게 영향을 미치는 사회적 구조와 밀접한 관계를 맺고 있다. 따라서 개별학습자에 대한 학문적 접근은 교육심리학적 측면에서, 사회구조에 대한 접근은 교육사회학적으로 설명할 수 있다.

심리학적 측면에서는 '생애주기이론'을 근간으로 하는 발달심리학적 이론에 입각하여 성인 학습자의 특성을 살펴보고, 교육사회학적 측면에서는 거시적 접근의 사회학적 패러다임 중 기능론적 패러다임과 갈등론적 패러다임을 중심으로 살펴볼 것이다.

평생교육의 심리학적 접근을 통하여 우리는 성인학습자의 신체적, 인지적, 성격적, 정서적 특성과 발달단계별 과제가 무엇인지 더욱 잘 이해할 수 있을 것이며, 평생교육의 사회학적 접근을 통하여 거시적 관점에서 평생교육을 통합적으로 바라보는 안목을 갖게 될 것이다.

1. 심리학적 배경

평생교육의 주체인 학습자와 평생교육 학습이론은 다양한 심리학적 이론에 기초하고 있다. 그러므로 심리학적 이해는 성인 학습자의 특성과 학습능력을 이해하고 학습을 설명하는 데 도움이 된다. 특히 성인의 학습능력은 곧 평생교육의 가능성과 한계 그리고 성인학습 방법과 관련되어 있으므로 성인학습자에 대한 심리학적 이해는 중요하다.

학습자를 심리학적으로 이해하기 위한 학문 영역에는 교육심리학과 학습심리학이 있다. 이 학문은 모두 학습자의 학습요구 및 동기 상태, 학습내용 조직, 학습 환경 조성, 교사와 학습자 간의 상호작용 등 제반 학습활동 과정을 심리학적으로 연구한다. 그러나 성인학습의 경우 전 생애 발달 중 성인기 이후의 발달에 초점을 맞추므로 성인기까지의 상승적, 진화적 과정을 변화로 보고 있는 교육심리학은 평생교육에 많은 시사점을 주고 있지만 성인의 변화와 발달을 충분히 설명하기 어렵다.

발달심리학은 수태에서부터 사망에 이르기까지의 전 생애를 변화로 보고 있다. 즉, 청년기까지의 상승적 혹은 긍정적 의미의 변화뿐 아니라 청년기 이후의 지속적인 변화과정까지도 포함하므로 계속적인 발달과정에 있는 성인 학습자의 특성을 이해할 수 있다. 따라서 평생교육의 심리학적 접근은 인간의 학습능력이 생애의 어느 일정한 시기에 한정되지 않고 평생에 걸쳐 이루어진다는 전생애 발달심리학 및 학습이론이 평생교육의 심리학적 배경이론으로 볼 수 있다(권이종, 2001).

이 장에서는 발달심리학을 이론적 기반으로 하여 성인학습자의 발달단계별 특성을 이해하고 나아가 발달과업에 따라 학습자의 발달과제가 무엇인지 살펴볼 것이다.

1) 성인학습자에 대한 발달심리학적 접근

인간은 태어나면서부터 외부 환경과의 상호작용하면서 양적 · 질적으로 끊임없이 변화하고 발달한다. 즉, 심신의 형태, 구조, 기능이 시간이 흐름에 따라 양적으로 질적으로 변화한다. 이현림과 김지혜(2006)는 인간은 전 생애에 걸쳐 유전과 환경의 상호작용에 의해 변화되어 가는데 이와 같이 변화의 과정에서 점차 자기의 모습을 찾아가는 과정을 발달이라고 하였다.

일반적으로 협의의 발달은 청년기에 이르기까지 상승적으로 진화하고 진보하는 변화를 말하며, 광의의 발달은 상승적 변화와 함께 청년기 이후 하강적 변화인 쇠퇴, 감소 등 부정적 변화까지도 포함된다. 그러나 긍정적 변화는 청년기뿐 아니라 노년기에도 지속적으로 나타난다. 그러므로 인간발달을 상승 혹은 하강, 긍정 혹은 부정으로 단정하기는 어렵다(권이종, 2001).

발달심리학에서는 변화의 대상에 대하여 수태에서부터 사망에 이르기까지 전 생애를 변화로 보고 있다. 발달심리학이 주로 아동과 청소년을 대상으로 하는 학문(림영철, 림광명, 2002)이라는 지적도 있지만 인생의 주기로 볼 때 성인의 전기, 중기, 후기에 따른 신체적, 인지적, 정서적 측면의 특성을 규명한 발달심리학의 연구들은 성인 학습자에 대한 심리적 이해를 도울 수 있다. 또한 성인이 발달단계마다 수행해야 할 발달과업을 이해하는 것은 평생교육의 학습내용 선정에 있어서 유용한 지침이 될 수 있다.

2) 성인학습자의 발달단계별 특성

인간이 태어나서 죽음에 이르기까지 계속적으로 심신의 발달이 이루어지는 과정에서 몇 가지 구분되는 특징이 있다. 예를 들면, 신생아기, 영유아기, 아동기, 청소년기, 성인기, 장년기, 노년기에 이르게 된다. 이처럼 일정한 연령에 도달하면 그 전후 시기와는 구별되는 특징을 지니게 되는데 이러한 특징에 따라 인간의 발달과정을 단계로 구분한 것이 '발단단계'다. 발달단계는 이론적 타당성과 실증적 증거 제시가 필요하고 개인차가 있으므로 각 단계 간의 분명한 구분은 한계가 있다. 그러나 각 시기에서의 인간의 특징과 달성해야 할 과업을 알 수 있으며 변화 단계를 예상할 수 있다는 점에서 유용하다.

발달단계와 발달과업은 학자들 마다 구분의 기준과 관심이 각기 다르지만 일반적으로 인간의 발달에는 일정한 방향성이 있으며 보편성과 법칙성, 즉 발달원리가 존재한다. 인간이 어떻게 성장하고 발달하는가를 설명하기 위한 보편적 발달원리는 다음과 같은 특징이 있다. 첫째, 발달은 유전요인과 환경요인(학습)의 상호작용하며 이루어진다. 둘째, 발달에는 단계적으로 일정한 방향과 순서가 있다. 그러므로 이전단계의 발달은 다음 단계의 발달을 위한 기초가 되며, 다음 단계는 보다 높은 차원의 발달이 이루어진다. 셋째, 발달의 각 요소 즉, 신체, 언어, 인지, 정서 등은 상호 영향을 주고받으며 발달한다. 넷째, 발달은 연속적이지만 그 속도는 일정하지 않다. 즉, 신체 각 부위와 영역에 따라 발달 속도는 각기 다르게 나타날 수 있다. 다섯째, 발달에는 학습하기에 좋은 결정적인 시기가 있으며 대부분 초기발달이 중요하며 발달 시기를 이후에 해당 특성을 발달시키려면 더 많은 시간과 노력이 필요하다. 마지막으로 발달에는 성, 연령, 성장배경 등 개인 차이가 있다.

성인의 발달은 연속성이 있어 계속적으로 이루어지며 여기에는 몇 가지 구분되는 특징이 있다. 이러한 특징에 따른 발달단계의 구분은 학자들의 관심 영역과 기준이 각기 다르지만 발달시기를 구분함으로써 각 단계에서 인간의 전체적인 모습이나 특징을 직관적으로 파악할 수 있다는 점 그리고 각 발달단계별 달성해야 할 과업이나 척도를 알 수 있다는 점에서 유용하다. 각 발달단계별 성인학습에 영향을 미치는 개인적 변수인 신체적 영역, 지적 영역, 정서적 영역, 성격적 영역을 중심으로 성인의 특성을 살펴보면 다음과 같다.

(1) 성인전기(25~35세)의 특성

성인전기는 일반적으로 청장년기를 말한다. 이 시기는 신체적 변화가 점차 안정되는 상태이며 복잡한 사회관계 속에서 타인과 자신의 존재에 깊이 자각하는 시기다.

신체적으로는 신체발달과 조화가 이루어지는 시기이며 여러 기관이 생리적 균형을 이룬다. 30대에 들어서 생리적 균형의 부조화로 체중의 증가와 신진대사 기능의 저하를 가져온다. 또한 규범에 억압되었던 성적욕구가 강하게 나타난다.

인지적 변화는 성인기 이후에도 계속 일어나는데 청소년기의 이분법적 사고가 아닌 다양성을 수용하는 다면적사고와 현실에 대한 실용적 전략을 탐색하는 문제해결 사고로의 변화가 두드러진다. 또한 변인을 체계적으로 찾아내고 분석하는 비판적 사고와 독창적인 사고를 이끌어 내는 발산적 사고가 발달한다. 특히 카텔(Cattell, 1963) 유전적 요인에 의해 결정되는 유동적 지능은 30대 이후에 감퇴되는데 반하여, 후천적 경험, 학습, 문화적 영향에 의해 학습되는 지능인 결정지능은 서서히 증가한다고 주장한다.

성격적으로는 타인과 접촉하며 경험을 공유하는 능력이 발달하는 시기로서 전환기를 잘 극복하면 안정기로서 직장, 가정, 기타 사회 활동에서 열성적으로 일하며 자신의 삶의 양식을 확립하고 인생의 뿌리를 내리게 된다.

(2) 성인중기(35~60세)의 특성

성인 중기에 대한 구분은 학자마다 다르지만 대부분의 연구자들은 40~50세를 인생에서 전환의 시기 혹은 변동의 시기로 보고 있다. 40대는 기존의 가치와 목표에 대한 재정의와 자아성찰이 증가한다. 여성은 자녀의 독립과 폐경 등으로 상실감, 과업완수에 대한 안도감 및 두려움이 수반된다(Rubin, 1979). 남성은 신체적 노화에 따른 긴장감, 직업적 승진의 제한, 가족생활의 변화를 겪게 된다(Weller, 1983).

신체적으로 남성의 경우는 호르몬분비의 점진적 감소로 체력과 성생활에 영향을 받으며 머리와 치아가 빠지거나 근육이 약화되어 감각 능력과 반응 속도가 저하된다. 여성의 경우는 50세 전후하여 폐경을 맞이한다.

인지적으로는 45세 이후 지능에서 완만한 하락세를 보이지만 적절한 교육을 통하여 유동지능의 감소를 막을 수 있으며 증가 시킬 수도 있다(Schaie, 1994). 이는 곧 성인의 학습능력이 교육을 통하여 발달할 수 있다는 긍정적 가능성을 제시하는 지적 기반을 제공한다.

성격적으로는 자신의 신체적 변화에 따른 체력 감소에 민감하게 반응하여 건강에 대한 관심과 노력이 증가한다. 또한 시간의 변화에 따른 질병, 죽음 등을 현실적으로 인식하게 되며 준비하게 된다. 또한 기존의 가치와 신념에 대한 의문을 제기하며 정서적 혼란을 수반하게 된다. 이 시기는 직업적으로 전문가로서의 자신감이 넘치는 시기이지만 퇴직이 강요당하는 사회한경에서는 심리적 박탈감과 상실감을 겪게 된다.

(3) 성인후기(60세 이후)의 특성

일반적으로 성인 후기는 노년기로 설명되고 있다. 이 시기의 신체적, 지적, 정의적 변화는 성인 중기의 변화가 지속되는 경향이 있다.

신체적으로 노화과정이 전개되어 시각적, 청각적 능력이 급격히 쇠퇴하게 된다. 이러한 신체적 특징의 변화는 행동과 성격특징에도 부정적 영향을 미칠 수 있다.

인지적으로는 지능은 별다른 쇠퇴가 일어나지 않는다. 지능이 연령에 영향을 받는 영향보다는 교육 수준, 생활 경험, 불안 수준, 신체적 건강 수준, 동료집단 등의 요인에 영향을 받는다. 기억은 노년기에 서서히 감퇴하며 과거의 기억보다는 최근의 기억 상실이 더 많이 일어나게 된다. 학습능력은 저하될 수 있으나 학습기간과 반응기간이 충분한 경우에는 청년층 보다 학습증진이 더 많이 일어나며 학습이 의미 있고 동기가 충분할수록 청년과의 차이는 줄어든다. 최근의 연구결과 창의성은 연령과 관계없는 것으로 나타났으며 여가, 철학, 문학 분야는 노인도 높은 창의력을 보인다고 하였다(김태현, 1994).

성격적으로 노인기는 사고의 경직성과 변화에의 저항감 등 성격변화를 보인다. 내향성과 수동성이 증가하고, 감각 능력이 상실되면서 조심성의 증가를 보여 옛것을 유지하려는 보수적인 경향을 띠게 된다. 노령화에 대한 스트레스는 우울증을 증가하게 되고 이로써 불면증, 체중 감소, 강박감 등 구체적 증상이 유발된다. 타인에의 의존성과 사물에 대한 애착 및 과거에 대한 집착이 증가하게 된다.

앞서 성인기를 전기, 중기, 후기의 세 단계로 나누어 이해했으나 인간의 수명이 연장되면서 최근 유럽에서는 우리의 생애를 네 단계로 나누는 것에 대한 논의가 활발하게 진행되고 있다.

퍼스트 에이지(First Age)는 제1연령기로 '배움'을 위한 단계다. 태어나서 학창 시절까지의 시기를 포함한다. 이때 학습을 통해 기본적인 1차 성장을 이루는데 주로 10대에서 20대 초반까지의 청년기가 이에 해당한다. 세컨드 에이지, 즉 제2연령기는 '일과 가정'을 위한 단계로, 제1연령기에 획득한 1차 성장을 바탕으로 자신만의 생산성을 발휘하고 사회적으로 정착 생활을 하는 시기로 규정된다. 20~30대의 시기가 이 연령대에 해당한다. 네 단계 중 가장 긴 기간을 차지하는 서드 에이지(Third Age), 즉 제3연령기는 '생활'을 위한 단계로 청년기인 제1연령기의 학습을 통한 '1차 성장'과 달리 '2차 성장'을 통한 일종의 자아실현을 추구해 나가는 시기다. 장수혁명으로 새롭게 생겨난 우리 생애 중간쯤의 시기로서 40대에서 70대 중후반의 시기가 이 단계에 해당된다. 이전의 세대는 제3의 연령기라는 것이 없었으나 중기와 후기를 통합하여 중년의 2차 성장을 강조하는 서드에이지(Third Age)라는 개념이 등장한 것이다(Sadler, 2001). 마지막으로 제4연령기는 '노화'의 단계다. 그러나 노화는 성공적 노화의 의미로 나이 들수록 젊게 사는 것, 최대한 오래 살다가 젊게 죽는 만족스러운 인생과정으로 보는 가능성을 열어둘 필요가 있다.

3) 성인학습자의 발달과업

발달과업은 자기가 속한 발달단계에서 각 개인이 학습하지 않으면 안 되는 여러 가지 과제이며 개인의 건전한 성장과 발달을 위해 반드시 필요한 사항이다. 버나드(Bernard)는 발달과업이 평생단계의 특정시기에 나타나며 개인이 문화적 압력을 감당하기 위해 성취해야 할 학습과제라고 하였으며, 해비거스트(Havighurst)는 정상적인 성장과 발달을 위해 자기가 위치한 발달단계에서 이루어 내야만 하는 과업이자 정해진 시기에 반드시 풀어야하는 숙제라고 정의하였다(권이종, 2001). 발달과업은 각 발달단계에서 개인이 건전한 성장 발달을 위해 반드시 필요하다는 점에서 평생교육의 단계별 과제가 될 수 있다.

인간발달에 대해서는 관점에 따라 여러 이론이 있다. 피아제(Piaget)는 인지발달과 언어발달에 초점을 두었으며, 프로이트(Freud)와 에릭슨(Erickson)은 사회문화적 정서발달에 초점을 두었다. 여기서는 발달과업을 처음 제안한 해비거스트와 여러 연령층의 남자들의 자서전과 전기를 심층 분석한 조사결과에 의해 정립한 레빈슨(Levinson)의 발달과업을 먼저 살펴보고, 심리사회적 발달이론을 주창한 에릭슨의 이론을 대표적으로 소개한다. 마지막으로 권이종이 제시한 발달과제를 정리하여 한국 성인의 발달과제가 무엇인지 살펴보기로 한다.

(1) 해비거스트의 발달과업

해비거스트(1972)는 개인의 일생에서 일정한 시기에 발달과업을 훌륭하게 성취하면 행복하게 되고 이후 과업도 성공하지만, 실패하게 되면 불행하게 되며 사회적 인정 또한 받을 수 없고 이후의 과업성취에도 곤란을 초래하게 된다고 주장한다. 또한 학습자가 어떤 과업을 성취할 준비가 되어 있을 때가 학습의 적정 시기가 되며, 이 시기에 노력하면 짧은 기간에 최대의 효과를 얻을 수 있다고 보았다. 성인학습자와 관련한 발달단계별 과업을 요약하면 〈표 3-1〉과 같다.

표 3-1 해비거스트의 단계별 발달과업

성인초기	배우자를 선택하고, 결혼 후 배우자와 함께 생활하는 방법을 배운다. 가정생활을 준비하고 가정관리를 학습하며 자녀를 양육한다. 직업생활을 하며 적절한 사회집단에 참여 및 공민적 책임의 부담을 가진다.

중년기	성인으로서 사회적 책임을 수행하며 경제적 수준의 확립을 유지한다. 부모로서 자녀에게 지원하며 여가생활에 적극 참여한다. 인격자로서 배우자와 관계를 맺으며 생리적 변화를 인정하고 적응한다.
노년기	체력과 건강의 쇠퇴 및 퇴직과 수입의 감소에 적응한다. 배우자의 사망에 적응하며 동년배 노인들과 친밀한 관계를 맺는다. 만족할만한 생활조건을 구비하고 사회적 책임을 이행한다.

출처: Havighurst(1972). *Development task and Education.*

이상의 해비거스트의 발달과업은 첫째, 학습자의 당면한 문제가 무엇인지 확인하고 조력할 수 있다는 관점을 성인학습에 시사하며, 두 번째로 교육적 노력이 투입되어야 할 최적의 시기를 결정하는 기초 자료를 제시한다.

(2) 레빈슨의 발달과업

레빈슨(1978)은 자아나 능력의 부분적인 발달이 아닌 생활구조 전체로서의 발달을 의미하는 '라이프사이클론'을 제기하였다. 그는 생애구조의 변화에 따라 20년 기간의 네 단계로 구분하였다.

성인의 라이프사이클은 과도기와 안정기로 구분하여 과도기는 생활구조의 변화가 현저하게 나타나는 시기이며 일부는 전단계가 끝나기 전에 다음 단계로 접어들어 가면서 중복되는 부분이 해당된다. 안정기는 생활구조가 구축되는 시기로 대개 6~7년 정도 계속된다. 이 시기는 인생에서 중요한 선택이 이루어지며 자신의 목표와 가치간이 정립되는 시기다. 성인학습자와 관련한 레빈슨의 발달과업을 요약하면 〈표 3-2〉과 같다.

표 3-2 레빈슨의 단계별 발달과업

성인전기 (17~39세)	• 17~22세: 성인을 향한 과도기, 자아개념을 확립, 성인의 가능성 모색 • 23~28세: 성인의 라이프사이클를 만들기 위해 노력 • 29~33세: 자신의 한계를 해결하고 만족할만한 생활 토대를 마련 • 34~39세: 인생을 확립하고 자신의 목표성취에 전력

중년기 (40~59세)	• 40~44세: 중년의 과도기, 지난 시간을 돌아보고 변화를 모색함 • 45~49세: 새로운 선택을 통해 생활구조를 만드는 과제 • 50~54세: 중년 안정기, 인생 절반의 과도기 과제를 실행함 • 55~59세: 중년기 제2의 생활구조를 구축하는 시기
노년기 (60세~)	• 60~65세: 노년에의 과도기 • 66~ : 생활주기에서 중요한 전환기로 작용

출처: Levinson(1978). *The Season of a man's life.*

이상의 발달과업은 아동 청소년기에서 종결되는 것이 아니라 인생의 각 단계마다 해결해야 하는 과제로 연속적으로 제기된다. 즉, 인간은 완성된 인격체가 아니라 발달과정에서 계속 변화하는 존재라고 본다. 레빈슨의 이론은 성인학습자에게 계속적인 학습 가능성과 평생교육의 필요성을 뒷받침하고 있다. 또한 학습자가 처한 발달단계에서의 발달과업을 규명함에 따라 성인학습의 기본적 자료를 얻는 데 중요한 지침을 제공해 주고 있다.

(3) 에릭슨의 심리사회적 발달과업

프로이트는 주로 청소년기까지의 성적욕구 충족이 성격발달에 미치는 과정을 설명하였다. 에릭슨은 프로이트의 이론을 바탕으로 하고 있지만 프로이트와 달리 인간의 문화적 환경적 요인을 강조하여 발달에는 부모뿐만 아니라 가족, 친구, 사회, 문화적 배경이 중요하게 작용함을 주장하였다. 그는 인간이 심리 사회적 위기의 극복을 통하는 과정에서 발달되는 것으로 보았으며 인간의 발달단계를 총 8단계로 구분하였다. 그중 6단계부터 8단계까지의 세 단계를 〈표 3-3〉과 같이 각각 성인초기, 성인중기, 노인기로 구분하였다.

표 3-3 에릭슨의 단계별 발달과업

6단계 성인초기 (20~25세)	친밀감 대 고립감 -배우자의 선택기 -획득된 친밀감은 성공적 결혼 생활 수행 -친밀감을 형성하지 못하면 직장, 친구, 사회적 고립감의 위기를 맞이함
7단계 중년기 (26~65세)	생산성 대 침체감 - 결혼 후 자녀를 성장 시키는 시기 - 다음 세대를 교육하고 전통과 가치관 전달하는 과정에서 생산성 획득 - 직장에서 후 세대를 지도하고 교육하며 생산성 발휘
노년기 (65세~)	자아 통합감 대 절망감 -생애를 뒤돌아보는 시기 -자신의 삶에 가치를 느끼고 지혜를 획득하면 자아통합감을 얻음

출처: Erickson(1963). *Childhood and Society*.

6단계인 성인초기 단계는 20~25세로 이 시기에는 이성과의 친밀감을 획득하여야 결혼생활을 성공적으로 수행하는데 결정적이라고 보았다. 친밀감은 이성적 친밀감뿐만 아니라 친구나 직장에서 얻어지는 사회적 친밀감도 포함하였다. 7단계는 26~65세까지의 성인중기로 다음 세대를 교육시켜 사회적 전통과 가치관을 전달하는 과정에서 자신의 역할에 대한 생산성을 획득하며 창의적 학문적 성취와 예술적 업적을 통해서도 생산성을 발휘한다. 마지막으로 8단계인 노년기로는 65세 이후로서 생애를 뒤돌아보고 보람과 가치를 느끼며 노련한 지혜를 획득하게 되면 자아통합감을 얻게 되지만 그렇지 않은 경우 지나온 삶이 무의미했다고 느끼면 무력감, 절망감으로 인생을 마감하게 된다.

(4) 새들러의 발달과업

하버드대 성인발달연구소에서 중년에 관한 연구를 진행한 새들러는 유럽에서의 생애주기별 분석을 도입하여 중년기 성인의 발달과업에 대하여 새로운 시각과 함께 발달과제를 제시하고 있다. 특히 서드 에이지에서 낡은 인습을 버리고 새로운 생활양식을 찾기를 강조한다.

표 3-4 새들러의 발달과업

First Age (20~30)	청년기, 배움의 단계, 학습을 통한 1차 성장
Second Age (30~40)	생산성과 정착기, 일과 가정을 위한 정착단계
Third Age (40~70)	마흔 이후 인생의 새로운 성장기, 학습을 통해 깊이 있는 2차 성장을 통해 삶을 재편성하는 시기, 개인의 잠재능력 실형, 자신의 낡은 시각을 바꾸고 쇄신을 즐기기(쇠퇴, 질병, 의존, 우울을 당연하게 받아들이지 않고 갱신, 재탄생, 쇄신, 원기회복의 새로운 생활양식 찾기, 일과 여가, 진지한 성찰과 실행, 자신과 타인에 대한 배려 등 대립되는 요소들에 균형을 맞추고 통합하며 실생활에 접목시키기
Fourth Age (80 이후)	성공적인 노화를 추구하는 시기

출처: Sadler(2001). *The Third Age*.

(5) 한국 성인의 발달과업

앞서 버나드는 발달과업에 대하여 개인이 문화적 압력을 감당하기 위해 성취해야 할 학습과제라고 정의하였듯이 한국의 성인학습자는 한국의 문화적 사회적 환경에 따른 발달과업을 살펴볼 필요가 있다. 권이종(2001)은 한국성인의 발단단계를 성인전기(25~35세), 성인후기(35~60세) 그리고 노년기(60세 이후)로 나누고 각 단계별 발달과업은 지적영역, 정의적 및 사회적 영역, 신체적 영역으로 구분하여 제시하였다. 발달과업을 정리하여 소개한다.

표 3-5 한국 성인의 발달과업

영역		발달과업
성인전기 (25~35세)	신체적 영역	신체기능 유지를 위한 운동하기 과로, 과음, 흡연 삼가기 규칙적으로 생활하기 가정과 주위의 청결한 환경 유지하기

	지적 영역	수입에 맞는 합리적인 가정관리 지식 갖기 직업적으로 발전할 수 있는 지식, 정보, 기능 발전하기 원만한 사회 생활을 위한 상식과 식견 넓히기 원만한 가족, 부부 생활을 위한 성지식 습득
	정의적 영역	배우자와의 원만한 관계 가지기 자녀를 성공적으로 출산하고 양육, 부모 역할 다하기 보람있고 만족한 직장업무 수행하기 원만한 인간관계 맺기와 풍부한 사회생활 영위하기
성인후기 (35~60세)	신체적 영역	중년의 생리적 변화를 받아 들이기 적당한 섭생과 휴식으로 신체적 기능을 보전하기' 규적 운동으로 체력을 유지하기 질병에 대한 지식을 갖고 가족의 건강을 유지하기
	지적 영역	경제적으로 일정한 수준을 유지하기 직업적 지식과 능력의지속적 추구 자녀의 건전한 양육과 교육 사회변화에 따른 지식과 기능 갖기 사회제도, 규범 등에 대한 지식과 활용능력 갖기
	정의적 영역	배우자 및 자녀와 인격적 관계유지하기 새로운 가족을 맞아들이고 융화하기 취미를 살려 여가를 유용하게 보내기 젊은 층을 이해하고 함께 어울리기
노년기 (60세~)	신체적 영역	체력과 건강에 적응하기 노년기에 맞는 간단한 운동을 규칙적으로 하기
	지적 영역	세대차와 사회적 변화를 이해하기 은퇴생활에 필요한 지식과 생활 배우기 건강 증진을 위한 폭넓은 지식 갖기
	정의적 영역	적극적으로 일하고 생활하려는 태도 유지하기 취미를 살리고 여가를 즐겁게 보내가 수입감소에 적응하기 동료 또는 자신의죽음에 대하여 심리적으로 준비하기

출처: 권이종(2001). 평생교육(이론편).

한국도 중년과 노년이 연장됨에 따라 중년기를 40대부터 70대 후반으로 보는 관점을 받아들일 때가 되었다. 중요한 것은 중년과 노년기를 삶의 하향곡선을 그리는 시기라는 인습적 사고부터 버릴 때가 되었다. 이 시기에 중년기의 정체성을 다시 한번 확립하여 나이 들고 퇴보한다는 부정적 통념에서 벗어나 가장 멋진 시기가 될 수 있다는 관점을 가질 필요가 있다. 삶의 방식을 어떻게 선택하느냐에 따라 재탄생과 재성장의 시기가 되는 것이다. 한국의 중년은 그동안 성장의 걸림돌이었던 사회적 기대와 역할규범에서 벗어나 숨겨져 있던 자신의 특성을 발견하며 정체성을 진화시키는 과제를 수행할 필요가 있다. 한국에서 중년의 정체성을 재확립하는 것은 제3의 연령기에 도전 과제다.

2. 교육 사회학적 배경

1) 평생교육의 사회학적 이해

인간은 태어나는 순간부터 사회적 관계를 형성하게 된다. 인간은 사회적 동물(Homo socius)이라고 하였듯이 사회와의 상호작용에 영향을 받으며 성숙한 인격체와 사회인으로 성장 · 발달하는 것이다. 즉, 인간은 존재(being)한다기보다 사회에 의해 점차적으로 인간으로 되어가는(becoming) 존재인 것이다. 기딩스(Giddings)는 이처럼 인간의 사회적 성격이 형성되는 과정을 사회화(socialization)라고 하였다(Giddings, 2001). 학자에 따라 사회화를 다양하게 정의하고 있으나 일반적으로 사회화란 인간이 사회집단의 특정한 관습이나 가치 · 규범 · 행동양식 · 문화를 학습하여 사회인으로 성장 · 발달해 가는 과정이라고 이해할 수 있다. 즉, 사회화란 사회적으로 성숙해 가는 사회적 학습과정이라고 할 수 있으며 이는 생애과정에서 계속적인 변화과정이다. 듀크하임(Durkheim)은 교육을 사회화 과정이며 사회적 성숙과정이라고 주장하였듯이 교육은 인간의 사회화를 돕는 사회적 기능을 수행하고 있다(Durkheim, 1984).

평생교육은 사회구조와 밀접한 관계를 맺고 있다. 그러므로 평생교육의 실재와 관계를 밝히고 설명하고자 접근하는 데는 사회학적 이해가 필요하다. 사회학의 다양한 이론들은 평생교육을 바라볼 수 있는 몇 가지 패러다임을 제공한다. 교육에 대한 사회학적 이론은 크게 거시적 이론과 미시적 이론으로 구분되는데 거시적 이론들은 교육현상의 사실을 다루고자 접근 하였으며 구조기능주의 이론과 갈등이론이 대표적이다. 구조기능주의 이론의 패러다임은 1960년대 이전까지의 주류 이론으로서 보수적 관점에서 사회현상을 질서와 안정과 통합으로 보는 패러다임이며, 갈등이론의 패러다임은 기능론에 대한 대안이론 또는 비판이론으로 사회현상을 진보적 관점에서 변동과 갈등 및 불일치로 이해하며 1960년대 이후 관심을 끌게 된 이론이다. 이 장에서는 우리의 평생교육을 거시적 관점의 이론인 기능주의와 갈등주의가 바라보는 인간관, 평등관, 사회관, 그리고 교육관은 무엇인지 객관적으로 살펴볼 것이다.

2) 기능론적 패러다임과 평생교육

기능주의는 일명 구조기능주의 또는 사회통합이론, 질서모형, 합의이론이라고도 한다. 이들 이론과 모형은 콩트(Comte), 스펜서(Spencer), 듀크하임(Durkheim)의 실증주의와 유기체론에서 근원을 두고 있어 사회질서 · 균형과 조화 · 안정을 추구하며 사회체제의 유지에 가치를 둔다. 이 이론들은 현존의 정치 경제체제를 정당화하고 자본주의와 산업사회를 합리화하는 보수적인 이론이며 자유민주주의 체제의 발달과 함께 발달한 과학적이고 체계적인 체제긍정의 이론이다. 실증주의의 영향을 받아 인간의 의식보다는 사회적 사실에 입각한 객관적 교육현상에 관심을 집중한다.

(1) 기능주의 인간관

기능주의는 인간을 인격체와 자유의지의 주체로 이해하려는 시도보다는 사회체제와 구조인 외부 환경에 자극을 받아 행동하는 관찰 가능한 객체로 이해한다. 인간과 사회와의 관계에서 사회는 실재하는 주체이며 인간은 사회의 객체가 된다. 따라서 인간을 사회와 문화의 거대한 구조의 틀에 갇혀 길들여지고 사회화되는 타율적 존재로 인식한다. 사회에는 적자생존의 냉엄한 현실이 존재하며 능력을 갖춘 개인이 사회 발전에 더 기여하며 능력을 갖춘 사람이 사회적 지위, 경제적 지위를 성취할 수 있다는 것이다. 인간은 그 과정에서 개인의 자아실현이 가능하다고 인식한다. 교육받은 사람이 교육받지 못한 사람보다 사회발전에 기여고 사회체제를 유지하는 데 기여하므로 사회는 전문적 지식과 기술을 지닌 사람을 요구한다. 결론적으로 기능주의는 생산성 높은 인간, 능률적으로 일하고 성취하는 인간을 존중한다.

(2) 기능주의 사회관

기능주의는 사회를 유기체로 본다. 인간의 신체가 각각의 호흡기관, 순환기관, 소화기관 등이 있고 신체를 유지하기 위하여 각각의 기관이 맡은 바 기능을 수행하여야 생존활동이 가능하듯 사회도 사회체제를 유지하기 위하여 각각의 부분들은 전체 사회의 유지·발전을 위하여 질서가 유지되고 자기가 맡은 기능을 수행하여야 한다고 본다. 또한 유기체와 같이 사회도 생성하고 성장·발달하며 쇠퇴하는 과정을 겪는다고 인식한다.

더불어서 현존하는 자유민주주의 사회에 대하여 개인의 자아를 실현할 수 있고 다양성이 존중되는 평등한 민주사회이자 개방된 자유경쟁사회로 인식한다. 세습적 신분보다 개인들에게 균등한 기회가 제공되는 개인의 능력을 존중하는 학력주의 사회로서 교육받은 인구가 사회 전체의 경제발전에 기여한다고 인식한다. 사회발전의 원동력은 개인의 성취 동기이므로 능력에 따른 성취와 계급 불평등이 사회적으로 기능적이고 긍정적이라고 본다. 사회 구성원은 이러한 사회구조에 합의하고 긍정적으로 수용하고 있으며 교육적 투자와 지출이 노동력의 질과 생산성 향상에 정적 상관관계를 가짐으로 교육을 통하여 사회발전, 경제발전, 개인의 발전이 이루어진다고 본다.

(3) 기능주의 평등관

기능주의 관점에서 인간은 생물적 존재이며 사회적 존재다. 생물적 유기체적 존재인 인간의 능력의 차이는 당연하며 이러한 차이에 따른 사회적 차별적 보상은 당연하다는 관점이다. 이러한 관점에서 사회적 불평등체제는 인간으로 하여금 능력과 사회적 지위를 획득하고자하는 동기를 부여하며, 이는 사회발전에 기능적이라고 본다. 철학자 흄(hume)은 천부적 불평등은 불가피하며, 기능주의 사회학자 파슨스는 사회 불평등도 필연적인 것으로 보고 있다. 기능주의 사회학자들은 사회적 조건을 균등하게 하여도 각자의 노력과 능력이 상이하여 절대적 평등은 불가능하게 되므로 사회적 불평등의 도입은 사회적 효용과 공익의 목적에 의해 허용되어야 한다고 보고 있다. 사회적 상층과 하층의 차이는 사회를 움직이는데 기능적 기여도가 높고 낮은 차이이며 그러므로 사회적 불평등은 사회 제도적 결함이 아니라 개인적 결함에 있는 것이다. 성취동기가 약하거나 능력이 부족하거나 남보다 성취가 낮은 사람은 사회적 보상이 낮아 가난하고 피지배를 받는 다는 것을 지지하는 관점으로 이들의 평등관은 절대적 평등이 아닌 능력에 따른 상대적 평등관이다.

(4) 기능주의 교육관

사회체제를 유지하기 위하여 각각의 부분들이 고유의 기능을 수행하며 상호작용한다는 기능주의 사회관은 교육과 생활, 학교와 사회집단 간의 관계를 순기능적 관계로 파악한다. 이러한 인식에 따라 교육과 생황, 학교와 사회, 부분과 전체와의 유기적 상관관계를 존중한다. 따라서 교육의 목적은 사회가 요구하는 능력을 갖춘 전문인의 육성하는 것이며, 산업사회가 요구하는 지식인과 기능인 및 자유롭고 통합된 인격을 갖춘 인간육성을 교육목표로 한다. 학교는 인간이 사회 적응에 필요한 지식과 기술을 전수하여 사회의 직업 구조에 배치하고 사회이동을 촉진하고 교육 평등의 이념을 실현하는 도구적 기능을 수행한다. 학교는 직업적 역할 수행에 필요한 지식과 기술을 제공하는 사회기관이며 사회관계의 유지 · 존속에 필요한 인지적 능력과 정의적 특성을 습득하게 하는 장소인 것이다. 듀크하임은 도덕성 함양을, 파슨스(Parsons)는 적응력, 사회통합, 목적 성취, 잠재성 개발을 기능주의 교육의 목표로 두고 있다. 교육적 가치로는 복종, 권위, 통제, 질서, 안정, 사회적응에 가치를 둔다. 따라서 교사의 권위를 존중하며 교사는 사회적 가치를 전수하고 사회적 역할을 수행하는 표본적 인물로 간주하는 것이 기능주의적 입장이다(최정웅, 2006).

기능주의 관점에서 교육은 사회성의 실현과 성적 평등과 계층 간의 평등화에 긍정적으로 기여하는 장치다. 따라서 교육과정에는 산업사회가 요구하는 전문인, 성취인, 기술인, 지식인이 되기 위한 객관화 되고 과학적이며 직업적 가치를 가진 상품으로서의 지식과 기술이 중시된다. 아울러 그 가치를 측정할 수 있는 학습결과의 측정에 큰 비중을 두며 표준화 검사와 자격증이 보편적 사회가치로 널리 활용된다.

(5) 기능주의 관점에서의 평생교육

기능론적 관점에서 평생교육의 기능은 지식정보화 사회, 기술혁신과 직업구조의 변화, 사회구조의 변화, 세계화 및 개방화와 같은 사회적인 변화에 따른 문제를 해결하기위한 제도적 장치로 작용함으로써 현존 사회체제의 질서 유지와 통합을 위한 시민 양성 기능을 담당하며 개인적 측면에서의 평생교육은 개인의 삶을 향상시키는 데 초점을 두고 개인적 욕구 충족과 개인의 성장 발달을 위해 지속적이고 조직적으로 교육기회를 제공하여 사회생활에 적응하도록 돕는 기능이 있다.

사회적 측면에서 평생교육은 사회공동체 의식과 책임의식 윤리의식을 함양하여 체제의 안정과 유지에 및 사회통합 그리고 국가발전에 기여할 수 있는 기능을 담당한다. 따라서 교육과정은 기존 사회의 안정에 위해하지 않는 내용으로 제한되며 직업훈련과 같은 사회 구성원의 재사회화 및 지역사회 발전과 특정 집단의 유지 발전에 기여하는 데 필요한 기술 및 가치를 중심으로 구성된다. 평생교육은 학교교육의 보완적 역할로서 교육기회의 균등이념을 수행하여 사회정의 실현에 기여한다. 또한 인적자원의 개발을 통하여 경제적 효율성에 기여하며 나아가 경제성장을 통한 국가발전에 기여한다. 기초교육을 통하여 질서 확보 및 사회통합에 기여하는 특성을 갖는다(권두승, 2000).

개인적 측면에서 평생교육은 개인의 삶의 질 향상 및 자아실현 그리고 환경 변화에 대처할 수 있는 개인의 적응능력 함양에 초점을 둔다. 따라서 교육과정은 개인적 욕구충족을 위하여 건강증진, 개인의 문화, 여가활용, 문맹퇴치 등 사회변화에 적응하고 자아실현을 중시하는 내용으로 준비되며 사회적 요구를 적절히 반영하여 개인의 삶을 향상 시키는 데 기여한다. 결과적으로 현재의 평생교육은 기능론자인 파슨스가 주장하는 적응력, 사회통합, 목적성취, 잠재성 개발을 목적으로 학교교육의 보완적 기능을 수행하고 있다고 볼 수 있다.

3) 갈등론적 패러다임과 평생교육

갈등(葛藤)은 칡나무와 등나무와 같이 뒤얽히고 불화하며 경쟁 또는 투쟁의 의미로 사용되는데 갈등의 원인에 따라 사회적 갈등, 심리적 갈등, 정치 이념적 갈등, 종교 및 문화적 갈등이 있다. 갈등이론은 이처럼 다양한 갈등의 원인과 결과를 분석하고, 종속변수로서의 다른 힘에 의하여 갈등이 일어나는 현상이나 독립변인으로서의 갈등이 다른 과정에 변화를 일으키는 문제를 체계적·이론적으로 규명하는 이론이다. 갈등이론은 기능론이 인간을 객체로 이해하며 사회적 불평등을 불가피한 것으로 보면서 학교에서는 복종과 경쟁으로 인간성이 상실되고 사회불평등을 재생산하며 비인간화 된다는 점에 문제의식을 갖고 제도교육을 비판한다. 이 이론은 주체정신으로 무장하고 인간주의와 인도주의 가치를 근본으로 하여 체제 비판적이고 현실 비판적인 이론으로서, 기능론에 대한 대안이론 또는 비판이론이며 1960년대부터 관심을 끌게 된 이론이다.

(1) 갈등론적 인간관

갈등론은 인간은 객체로서 사회화의 타율적 존재로 인식하는 기능주의적 인간관을 비판한다. 갈등론은 인간의 생물학적 결정론을 거부하며, 인간은 환경에 의해 지배 받는 수동적 존재가 아니라 사회를 창조하는 존재이며 자신의 잠재력을 주체적으로 발전시키는 존재로 인식한다. 갈등론은 인간주의 정신을 기치로 비인간적인 것과 인간적인 이원적 대립구도에서 비인간적인 것을 비판하고 인간적인 것을 존중한다. 갈등론은 기능론적 인간관이 인간을 사회와 문화의 거대한 감옥에 갇힌 힘없는 존재로 보기 때문에 인간성이 상실되고 인간의 비인간화와 소외가 생긴다고 지적하며, 기능론에 입각한 자본주의의 시장경제는 인간을 교환 가치로 평가하고 도구화하므로 인간의 인격이 목적적 가치에서 수단적 가치로 전락했다고 비판한다. 따라서 갈등이론의 목표는 인간성의 회복이다.

(2) 갈등주의 사회관

기능주의가 사회를 유기체로 보고 조화와 균형이 유지된 질서와 통합된 사회로 보는 반면 갈등주의는 사회의 실체를 경쟁하고 투쟁하면서 상호 대립하고 분열하는 것으로 해석한다. 사회의 본질은 갈등과 대립 그리고 투쟁하는 것이며 지배계급과 피지배계급의 이분된 계급사회로서 한 계급이 이익은 다른 계급의 불이익을 가져옴으로 계급 간 갈등은 필연적이라고 본다.

갈등주의는 현존하는 사회를 모순과 불합리한 사회로서 극복해야하는 대상으로 인식한다. 특히 현존 자본주의 시장경쟁 사회는 자본가가 지배계급이 되어 피지배계급인 노동자를 억압하고 지배하는 불평등한 사회이기 때문에 평등한 사회를 실현하고 자유롭고 정의로운 사회를 건설하기 위하여 타도하고 극복해야 하며 자본주의 사회의 붕괴가 불가피하다고 주장한다. 현존하는 사회는 자본주의 경제구조를 재생산하는 계급사회이므로 지배계급이 자신의 이익을 유지하기 위하여 기회균등의 가치와 업적주의, 성취 지향의 가치를 내세워 지배계급의 높은 사회경제적 지위를 정당화하고 엘리트 중심의 사회를 지향하여 불평등 구조는 더욱 심화되고 계속될 것으로 본다. 갈등이론은 사회 집단과 제도가 서로 다른 목적으로 기능하므로 갈등은 불가피하다고 본다. 그리하여 사회는 각 집단 간 갈등의 장이 되어 권력투쟁과 대립이 일어나며, 사회변동과정에서 양극화 현상이 일어나 사회적 불평등, 경제자본의 불평등 분배 그리고 문화자본의 불평등한 분배가 갈등을 촉발하는 근원으로 작용한다. 즉, 갈등의 근본적인 원인은 사회적 불평등이라고 인식하며 기능이론은 친 자본주의 이론이며 자본가 옹호이론으로서 피지배집단을 억압하고 통제하며 복종을 정당화 하는 전체주의 사회를 지향한다는 위기의식과 비판의식을 갖고 있다.

(3) 갈등주의 평등관

기능주의 관점에서 인간은 생물적 존재이므로 인간의 능력의 차이에 따른 사회적 불평등은 당연하다는 관점이다. 반면 갈등론은 인간의 생물학적 결정론을 거부한다. 사회불평등은 자연적 현상 혹은 개인적인 문제가 아니라 사회조직, 경제조직, 정치체제에 의한 산물로 본다. 즉, 개인 간의 불평등을 만들어 낸 것은 집단적이고 전체적인 사회구조의 모순이며 자본주의 경제체제에서의 필연적인 산물이 불평등이라고 인식한다.

정통 마르크스주의자들은 불평등은 자본주의 계급구조의 모순으로 인하여 근본적으로 존재하므로 점진적 개혁으로 극복이 불가능하기 때문에 혁명에 의한 체제변혁이 불가피하다고 주장한다. 베버(Weber)는 사회불평등의 원인을 경제만으로 설명하기 어려우며 정치적, 경제적, 사회적인 다요인에 의하여 불평등이 발전하게 된다고 주장 한다.

갈등주의 평등관은 기회의 평등, 상대적 평등이 아니라 절대적 평등을 가치로 삼는다. 즉, 절대적 가치로서 평등이 실현되지 않은 사회는 모순과 착취와 억압이 지배하는 사회로 간주하며 사회정치적 혁명에 의해서 평등사회와 정의사회가 구현될 수 있다는 관점이다.

(4) 갈등주의 교육관

갈등론은 교육과 학교를 구분한다. 학교는 제도교육 형식교육으로서 자본주의 체제의 정당화, 합법화하는 교육적 기능을 수행하는 도구이며 인간을 억압하고 인간의 자유 의지를 구속하고 소외시키고 비인간화 하는 사회 통제적 기능을 수행한다고 규정한다. 즉, 학교는 자본주의 사회의 거울로서 사회의 불평등과 계급갈등, 모순과 부조리를 그대로 반영하고 있다. 그러므로 학교 교육은 현존 사회질서를 유지하고 산업사회 요구를 지원하는 사회화 역할을 수행한다. 학교는 노동력의 재생산과 계급의 재생산 기능을 통해 사회 통합을 유지시키는 통제장치이며 억압적 국가기구이기도 하다. 학교는 계열 간의 이동이 거의 불가능한 폐쇄체제다. 가령 인문계 및 실업계와 같은 계열화되고 차별화된 장치에 따라 교육과정을 마련하고 가정환경의 위계구조에 따라 학생을 배치하여 장래 그들이 상승 지향적 사회이동의 기회를 제한하고 중상계층의 자녀들은 현재의 계층을 계속 유지하도록 하는 불평등 교육체제라는 것이다. 나아가 위계화된 사회관계를 정당화한 것으로 내면화한다. 따라서 교육기회의 균등은 본질을 외면한 허구이며 객관적인 표준화 검사 또한 기만적이라고 기능론을 비판한다. 학생선발의 내용에는 업적요인보다 가정배경과 같은 귀속요인이 작용하고 문화적 계층 간의 배타성이 함축되어 있다고 본다. 민주주의 이념인 교육기회 균등도 계급적 차별화를 정당화하는 이념이요 불평등을 재생산하는 통로 구실을 한다고 비판한다. 학교는 학생을 상벌체계로 통제하면서 복종심과 유순한 성격을 기르고 자본주의 경쟁구조는 창의성과 비판적 사고를 억압하며 성공 지향적, 출세 지향적, 현실 지향적 인간이 형성된다. 학교는 민주적 인본주의를 가르치고 인격을 도야하는 곳이 아니다 단지 조직인으로서 기능하는 생존전략을 학습한다.

(5) 갈등론적 관점에서의 평생교육

갈등론적 관점에서 평생교육의 기능은 학습자가 그들이 처한 억압적 비인간적 상황을 깨닫고 극복하게 하는데 초점을 두고 있다. 아델만(Adelman, 1981)은 평생교육이 기존의 학교교육에서의 한계를 극복하고 인간성 해방을 위한 비판의식 함양과 사회적 종속성의 극복을 위한 노력을 강조해야 한다고 주장한다. 이처럼 갈등론은 교육을 사회발전과 개인의 계층이동에 기여하는 관점을 부정하고 인간해방의 관점에서 교육을 바라봄으로써 평생교육을 학교교육의 대안으로 이해한다. 이처럼 교육기회의 불평등을 조장한다는 학교교육의 대안으로서 평생교육에서 기회균등의 의미는 특히 중요하다. 따라서 평생교육은 교육기회 확대를 통한 모든 국민이 언제 어디서나 교육을 받을 수 있는 교육기회를 제공하는 체제로서 평생교육은 기능을 수행 할 수 있다. 학교교육을 완료한 사람들에게는 계속교육의 역할을 수행하고 학교교육을 누리지 못한 사람들에게는 계속적인 자기성장과 사회생활에 적응을 도와 학교교육의 교육기회 불균형을 해소할 수 있는 대안으로서 평생교육은 기능할 수 있다.

사회적 측면에서 평생교육은 사회변화와 사회적 갈등해소를 목표로 하고 있으며 이를 위한 교육과정으로는 환경운동, 여성운동, 노인운동 등 사회구조적 모순 극복을 통하여 정의로운 사회를 구현하려는데 초점을 두고 있다. 그러나 현실적으로 평생교육기관은 국가나 지배집단의 통제로부터 벗어나기 힘들고 정치적 · 개인적 선전을 위한 방편으로 이용되어서는 안 된다는 「평생교육법」의 중립성 원리에 따라 자비스(Jarvis, 1985)가 제시한 급진적 성인교육의 형태를 실현하기에는 한계가 있다.

갈등론은 사람들로 하여금 그들 자신의 문제 상황을 인식하게 하고 그러한 문제 상황을 극복하게 이끌어 주는 데 초점을 둔다. 개인적 측면에서 평생교육은 문제 상황 극복을 위한 개별적 인간의 개인의 해방, 비판의식 및 개인의 의식변화를 중시한다. 이는 현재의 심리적 속박에서 자유롭도록 도와주어 그들의 잠재력을 실현하는데 초점을 둔다. 대표적 학자인 프레이리(Freire, 1973)는 인간해방을 위해서는 의식화 교육이 필요하다고 주장하면서 기계적 주입식 교육을 거부하고 의식개발과 관련된 독서법을 가르치는 동시에 비판적인 의식을 갖는데 초점을 둔 문맹퇴치교육을 주도하였다. 메지로우(Mezirow, 1990)는 해방적 학습을 성인학습의 고유한 특성으로 제시하면서 전환학습을 개인의 의식전환을 목적으로 하는 학습이론 및 방법으로 제시하였다. 갈등론적 관점에서 전환학습은 개인의 의식 전환과 의식의 해방을 위한 프로그램으로 평생교육에 사용될 수 있다. 결과적으로 갈등론의 관점에서 평생교육은 민주주의 교육의 가치인 교육기회의 균등을 실현할 수 있는 대안으로서 또한 개인이 도구가 아닌 주체로서 자발적 참여와 자기 주도적 학습을 보장하고 비판의식과 의식전환을 도울 수 있는 학교교육의 대안으로서 의미 있다.

☑ 학습 과제

1) 평생교육의 심리학적 배경을 발달심리학에서 찾을 수 있는 근거는 무엇인가?

2) 성인의 발달과업이 평생교육에 주는 시사점은 무엇인가?

3) "인간은 생물학적으로 평등하게 태어났지만 사회발전과 진보를 위해 불평등한 사회가 정의로운 사회다."라고 주장할 수 있는 근거를 기술하시오.

4) 현재의 평생교육 체제는 사회평등의 가치실현에 기능하는가? 역기능 하는가? 그 근거는?

5) 학교교육의 대안으로서 평생교육의 역할은 무엇인가?

참고문헌

권두승(2000). 성인학습 지도방법의 이론과 실제. 서울: 교육과학사.
권이종(2001). 평생교육(이론편). 서울: 교육과학사.
김태현(1994). 노년학. 서울: 교문사.
림광철, 림광명(2002). 평생교육개론. 서울: 형설출판사.
이현림, 김지혜(2006). 성인학습 및 상담. 서울: 학지사.
최정웅 외(2006). 교육사회학. 서울: 양서원.

Adelman, A. H. (1981). Evaluation Perspective in Consciousness-Raising Education. *Comparative Edcation Review, 25*(1)

Cattell, R. B. (1963). The of Fluid and Crytallized Intelligence: A Critical Approach. *Journal of Educational Psychology, 54*(1), 71-88

Durkheim, E. (1984). *The Division of Labour of Society.* Baingstoke: Macmillan.

Erickson, E. H. (1963). *Childhood and Society.* New York: North and Co.

Freire, P. (1973). Education as Practice of Freedom. *Education for Critical Consciousness.* New York: Continumm Publishing.

Giddings, F. H(2001). Principles of Sociology: An Analysis of the Phenomena of Assiciation and of Social Organization. University Press of the Pacific.

Havighurst. R. J.(1972). *Developmental tasks and Education.* New York: Longmans Green.

Jarvis, P. (1985). *Adult and Continuing Eucation,* London: Croom Helm,

Levinson, D. (1978). *The season of a man's life.* New York: Konpf.

Mezirow, J. (1990). How Critical Reflection Triggers Transformative Learning. *Fostering Critical Reflection in Adulthood.* San Francisco: Jossey-bass.

Piaget, J. (1966). *Psychology of Intelligence.* Totowa, N. J.:Littlefield, Adams.

Rubin, B. L. (1979). *Women of Certain Age.* New York: Harper & Row.

Sadler, W. A. (2001). *The Third Age: Six Principles of Growth and Renewal After Forty.* 김경숙 역(2015). 서드 에이지, 마흔 이후 30년. 서울: 사이

Schaie, K. W. (1994). The Course of Adult Intellectual Development. *American Psycologist. 49*(1)

Weller, E. K. (1983). The course of Adult Intellectual Development. *American Psycologist. 49*(1)

제4장 평생교육과 성인학습

☑ 학습 목표

- 평생학습사회에서 성인학습의 개념과 필요성을 이해한다.
- 성인의 학습 참여 동기와 장애 요소를 이해한다.
- 성인학습이 이루어지는 학습환경의 종류와 특성을 이해한다.
- 성인학습의 다양한 학습이론과 모델을 설명할 수 있다.

☑ 학습 개요

성인들은 성인기에도 지속적인 직무능력 향상 또는 자기개발을 위해 성인들은 다양한 학습에 참여하고 있다. 성인학습이란 경험의 결과로 인하여 사회에서 성인으로 간주되는 사람들의 지식, 태도, 그리고 행동이 비교적 지속적으로 변화되는 과정이라고 정의할 수 있다. 페다고지와 비교되는 개념으로 안드라고지의 등장은 성인교육을 대표하는 학습이론으로 평가되고 있다. 성인학습이 필요한 이유로는 크게 세 가지를 들 수 있는데 인구 통계적 변화, 세계화 그리고 테크놀로지의 발달에 따른 다양한 학습 유형의 등장을 들 수 있다. 성인학습은 형식적 학습뿐만 아니라 비형식학습, 무형식학습 등을 통해 다양하게 이루어지고 있다. 성인들이 학습에 참여하는 가장 큰 이유는 학문적 연구가 아닌 실용적인 지식이나 기술 습득을 목적으로 한다. 하지만 성인학습자가 학습에 참여하지 못하는 이유는 시간 부족과 경제적인 이유가 가장 크다. 다양한 성인학습이론 또는 모델들이 연구되고 있는데 안드라고지가 대표적이다. 안드라고지의 몇 가지 가정은 현재도 성인학습의 정석으로 받아들여지고 있다. 이외에도 McClusky의 마진이론, Illeris의 3차원 모델, Jarvis의 학습과정, 자기주도학습, 전환학습, 경험학습 등이 대표적인 성인학습 이론 또는 모델로 제시되고 있다.

1. 성인학습의 개념과 필요성

1965년 유네스코 국제회의 이후 대두된 평생교육의 이론과 사상은 국제적으로나 국내적으로 광범위한 지지를 받아 확산되어 왔다. 이는 성인기에도 지속적이고 역동적인 발달이 계속적으로 이루어지기 때문에 그에 따른 교육의 필요성이 인식되었기 때문이다. 이 평생교육 또는 성인 계속교육은 국내에서도 활성화되어 많은 사람들이 정규 학교교육 이후 성인이 되어서도 직업을 위한 교육이나 직장에서의 재교육, 연수교육, 각종 복지기관에서의 교양교육 등 끊임없이 교육을 받고 있다.

1) 성인학습의 개념과 의의

성인학습은 문자 그대로 성인들이 행하는 학습을 의미한다. 아동과 차별화된 의미로서의 성인 그리고 학습에 대한 의미를 살펴보는 것은 성인학습을 이해하는데 필요하다.

성인은 생물학적, 심리 사회적, 법적 관점으로 정의를 내릴 수 있는데 생물학적 성숙의 관점에서 보면 성인은 생식을 할 수 있는 시기부터이며, 심리 사회적 성숙의 관점에 볼 때 일반적인 판단능력이라든가 자율, 책임감, 성인생활의 역할, 사회적 심리적 성숙을 보이는 때, 즉 자신의 삶에 대해 스스로 책임을 지는 존재로 인식할 때부터라고 본다. 법적으로는 부모의 동의 없이 결혼할 수 있고 각종 면허를 취득할 수 있으며 스스로 재판을 받을 수 있는 등의 규정에 다다른 시기의 사람을 의미한다. 사회적으로는 그 사회가 요구하는 역할을 수행하고 본질적으로 자신의 삶을 책임질 수 있을 때부터를 성인이라고 말한다.

이러한 다양한 관점을 종합해 볼 때 성인이란 신체적으로는 발육을 마치고 재생산의 능력을 가지며 사회적으로는 자신의 사회적 역할을 감당하고 책임질 수 있는 성숙한 사람을 의미한다. 이러한 성인은 각각이 독특한 개성을 지니고 있으며 동시에 공통적인 특성을 소유한다.

학습은 사전적 의미로서는 연습이나 경험의 결과로 일어나는 행동의 지속적인 변화로 이해된다. 쉽게 말해 좋은 방향이건 나쁜 방향이건 학습은 결과로써 행동의 변화를 일으킨다. 그 변화된 행동을 학습으로 보기 위해서는 그 효과가 비교적 오래 지속되어야 한다. 또 변화된 행동이라는 것은 겉으로 드러나는 외형적 행동뿐만 아니라 가치 · 신념 · 태도 등과 같은 내면적 행동까지도 포함된다.

성인학습을 정의함에 있어 모든 사람들에게 완전히 받아들여질 수 있는 보편적인 정의란 있을 수 없지만 Mayer가 규정한 학습의 개념을 원용하여 성인학습을 '경험의 결과로 인하여 사회에서 성인으로 간주되는 사람들의 지식, 태도, 그리고 행동이 비교적 지속적으로 변화되는 과정'이라고 말할 수 있다. 정리하면 성인학습의 특징은, 첫째, 성인의 행동 변화를 꾀한다. 둘째, 성인의 행동변화를 위해 경험이나 훈련 또는 연습을 활용한다. 셋째, 이러한 성인들의 행동변화가 비교적 오래 지속되도록 한다는 점이다.

이런 성인학습이 지니는 의의는 몇 가지가 있는데, 첫째, 학습자의 제반 경험에 근거한 학습활동이 전개된다는 점이다. 둘째, 일정한 목적 달성을 위한 특정 계획 과정으로 이루어지는 의도적 활동이라는 점이다. 셋째, 다양한 학습에 의해 자기실현을 가능하게 한다는 점이다.

2) 성인교육학의 기원

역사적으로 소크라테스나 공자와 같은 고대 성현들은 학습을 학습자가 능동적인 역할을 하는 '질의'의 과정으로 보았다. 이에 따른 교사의 역할은 학습자의 질의를 인도하고 촉진하는 것이다. 그러나 중세 수도원 학교에서부터 교육은 아동을 대상으로 한 지식 전달의 주입식 교육으로 바뀌었고 그 뒤를 이은 세속학교가 수도원 학교 모형을 모방하게 되었다. 1779년 트랩이 교육학 강좌를 창설하면서부터 하나의 학문으로 정립된 이래 페다고지(pedagogy)는 교육방법에 대한 이론적 준거를 제공하여 왔다. 그러나 1920년대 성인교육이 체계적으로 시행되면서 읽기, 강의, 암기, 시험 등의 페다고지 교육방법은 반발에 부딪히게 되었으며 성인 교육학의 이름을 독자적으로 사용하려는 움직임이 일게 되었고 미국 성인교육협회가 창설되면서부터 성인교육이론에 대한 연구가 진행되었다.

성인학습을 하나의 통합된 개념으로 파악하려는—분리된 개념과 인식, 그리고 연구조사 결과들을 통합하려는—시도들이 1949년 이후 다음과 같은 출판물을 통하여 시작되었다. 그것들은 1949년의 Overstreet의 『성숙한 인간』, 1950년 Knowles의 『비형식적인 성인교육』, 1954년에 Brunner의 『성인학습이론』, 1959년에 Kidd의 『성인은 어떻게 배우는가』, 1960년에 『미국의 성인교육 핸드북』에 있는 『성인학습 이론』에 관한 Gibb의 장, 그리고 1964년에 Miller의 『성인교육의 교수와 학습』이다. 하지만 이들 연구의 한계점은 이해력 있고 조직적이며 통합된 이론적 구성이었다기보다는 서술적인 기초에 그쳤다는 점이다. 이후 성인학습은 유럽에서 통합적인 개념으로 발전되어왔다. 성인 학습의 통일된 이론이라는 개념을 지닌 안드라고지(andragogy)라는 호칭은 초기학습이론인 페다고지로부터 그것을 구별하기 위해 만들어졌는데, 이것은 유고슬라비아 성인교육가인 사비스릭에 의해 1967년에 처음으로 그 호칭과 개념이 소개되었다. 그 후 이 단어의 사용 유래를 추적하는 것이 많은 학자에 의해 활발히 전개되었다(김동위, 2000).

3) 성인학습의 필요성과 사회적 맥락

성인학습을 요구하는 사회적 맥락을 이해하면 성인학습의 필요성을 이해할 수 있다. 오늘날 성인의 학습요구를 형성하는 현재의 사회문화적 맥락의 특성으로는 인구 통계적 변화, 세계화, 테크놀로지의 발전, 부단한 조직 변화를 들 수 있다.

첫째, 인구 통계적 변화의 주요한 특징은 성인인구의 증가와 이로 인한 학습요구의 증대다. 미국을 포함한 대부분의 선진국에서 성인의 수가 청소년의 수를 능가하게 되었고 이에 따라 노인의 수가 급속도로 증가하게 되었다. 그리고 인구 전체적인 학력수준이 높아지고 문화적인 다양성과 인종적인 다양성이 증가하게 되었다. 우리나라도 점차 성인 후기 연령에 해당하는 인구 비중이 증대되고 있으며, 이들 증대된 성인 인구는 과거의 세대보다 훨씬 더 많은 교육을 받은 세대이기도 하다. 이전에 받은 교육정도가 성인의 학습활동에 대한 참여를 결정짓는 가장 중요한 요소라는 것을 감안한다면 성인인구 그 자체가 증가하는 것과 그들이 교육수준이 증가했다는 것은 곧 성인학습에 대한 요구가 높아졌다는 것을 의미하는 중요한 사회적 요인이라는 것을 알 수 있다.

둘째는 세계화, 특히 경제의 세계화를 들 수 있다. 경제적인 면에서의 세계화는 선진국에서의 저임금 제조업의 손실을 후진국에서 만회하려는 것, 국경을 초월한 다국적 기업, 모든 이익을 탈취하는 소비주의와 상업주의와 관련이 있다. 세계화는 일반적으로 경제적인 측면에만 국한적으로 사용되어 왔는데, 좀 더 확장된 개념으로 Brysk(2003)는 연결(connection), 코즈모폴리터니즘(cosmopolitanism), 소통(communication), 상품화(commodification)의 네 가지 요소의 조합을 세계화라고 보았다. 우리나라의 경제문제는 세계의 경제문제와 고립시켜 생각할 수 없는 시대가 이미 도래하였다. IMF 외환위기 사태나 미국의 불량주택채권에 의한 경제위기는 곧바로 한국 경제의 위기를 불러왔다. 갈수록 한국의 경제는 세계 경제에 의존적으로 변하고 있으며 특히 자본시장에서의 의존도는 심각하다고 할 수 있다. 이와 같은 과정에서 한국의 사기업은 물론 공공 기관에서조차 구조조정이나 조직개편 등과 같은 명목 하에 대량 해고를 일반화하고 있다. 이제 평생직장이라든가 평생직업이라는 말은 찾아보기 힘들게 되었으며 경제전쟁에서 살아남기 위해서 성인들은 자신의 능력을 개발하지 않으면 안 되게 되었고, 이것이 성인학습을 촉진하는 요인으로 작용하고 있다.

셋째는 테크놀로지의 비약적인 발전을 들 수 있다. 컴퓨터와 IT 기술의 발전은 기술변화에서 있어 대표적인 변화 사례다. 성인학습에 관한 우리의 접근 방법도 이제는 이러닝과 같은 컴퓨터나 인터넷의 도움을 빼놓고 생각하기 힘들게 되었다. 이러한 기술의 진보에 수반하는 것이 정보의 급증이다. 산업화 사회에서 정보화 사회로의 사회 변화는 사회구조를 바꿔 놓았다. 즉, 일의 주체 세력을 산업노동자에서 서비스와 지식노동자로 바꾸어 놓았다. 일터에서의 신체적 기능 발휘를 기본 중심으로 하던 일들이 이제는 대뇌의 기능발휘를 주축으로 하는 일들로 대체되기에 이르렀다. 기술우위 사회에서의 시민들은 어떤 교육적인 틀에서 배우고 익힌 지식에 대하여 결코 만족하거나 안주할 수 없고 더 높은 수준의 전문지식을 배워야만 한다는 압박을 받게 된다. 따라서 한 사회의 인적개발은 그 사회발전을 위한 필수적인 과업으로 대두하게 되었다. 그러므로 성인들은 오늘날과 같은 기술우위 시대에서 조직으로부터의 고용관계 형성과 유지를 위해 계속해서 학습하지 않으면 안 된다.

넷째는 부단한 조직변화로서 모든 조직이 끊임없이 변화한다는 점이다. 급속한 변화를 특징으로 하는 현대사회의 발전은 모든 조직의 끊임없는 변화를 불러일으키고 있다. 이때, 조직의 기본 요소라고 할 수 있는 물적 자원, 재정적 자원, 인적자원 중, 앞의 두 가지는 변하지 않고 영속적인 상태로 그대로 존재한다. 이러한 물적 재정적 자원의 한계성을 극복할 수 있는 최적의 돌파구는 인적자원을 최대한으로 개발하는 길이라는 사고가 점차 보편화 되어가고 있는 실정이다.

2. 성인학습 환경

대부분의 성인에게 학습에 대해 질문하면 대개 직장, 대학, 학교, 다른 공식적 기관에서 제공받는 교육이나 훈련 프로그램을 언급한다. 가장 먼저 학생과 가르치는 교사가 있는 교실을 떠올리는 것이다. 하지만 이러한 공식적 교육 환경을 벗어나 비공식적인 상황, 즉 집을 짓는다든지, 병을 치료한다든지, 이혼, 부모로서의 역할 등과 같은 삶 속에서 배우는 비공식적인 방식이 학습으로 이어지는 경우가 많다.

성인교수자가 성인의 삶 속에 존재하는 다양한 장소에서 학습이 발생하는 것을 인식하는 것은 매우 중요한데 그 이유로는 첫째, 학습자의 이전경험과 지식을 인정하고 고려하는 것은 성인교수자로서의 역할을 수행하는 데 기본적인 가정이 되기 때문이다. 둘째, 만약 교수자가 학습자들이 성인이 되어 학습하였던 장소와 방식에 대해 인식하도록 도와줄 수 있었다면, 성인들은 자신을 적극적인 학습자로 인식할 수 있었을 것이다.

성인학습이 발생하는 환경으로 Coombs(1989)는 형식적 기관, 무형식적 장소, 비형식적 맥락을 대표적으로 든다. 이에 Merriam, Caffarella 그리고 Baumgartner (2007)는 자기주도학습과 토착학습의 개념을 추가하였다.

형식적 학습(formal learning)은 학교교육 등과 같이 조직적이고 의도적인 과정을 통해 이루어지는 학습으로서 대부분의 사람들이 학습하면 떠올리는 교실이 이 범주에 속한다. 형식적 학습은 매우 제도화되어 있고 관료주의적이며 교과과정을 중시하고 학점, 학위, 수료증 등으로써 공식적으로 인정된다. 형식교육은 유치원부터 대학원까지 밟아가는 제도적인 단계로서 지정된 교과과정을 따르고 자격증 있는 교사를 고용하는 성인기본교육 프로그램이 여기에 포함된다.

비형식학습(informal learning)은 자발적이고 비구조적인 학습으로서 Coombs (1989)는 가정이나 이웃에서, 학교 밖이나 놀이 장소에서, 직장, 시장, 도서관, 박물관에서 다양한 대중매체를 통하여 일상적으로 일어나는 학습으로 정의하고 있다. 이러한 비형식학습이 가장 일반적으로 행해지는 성인학습의 형태이다. Illeris(2004)는 이러한 비형식학습을 일상적 학습이라고도 명명하였는데 이는 사적이고 비조직적인 일상생활의 맥락에서 발생하기 때문이다. 실제 이러한 비형식학습은 실생활에서 학습으로 인지되기가 쉽지 않다. 성인들은 엄청난 시간의 비형식학습에 참여하고 있지만 이러한 비형식학습이 우리 생활 깊숙이 자리 잡고 있기 때문에 성인들은 이러한 활동을 거의 학습이라고 부르지 않는다. 직장인의 경우 매년 기업에서 형식적 훈련 프로그램에 수많은 비용을 지불하고 있지만, 직장에서 이루어지는 학습의 대부분(70%)이 비형식적인 것으로 추정되고 있다(Kim et al., 2004).

무형식학습(nonformal learning)은 형식적인 학습 환경에서 발생하지만 공식적인 인정을 받지 못하는 학습을 의미한다. 이러한 무형식학습은 워크숍, 지역사회 평생교육, 취미 활동 과정, 단기 과정, 콘퍼런스 형식의 세미나 등이 대표적인 예다. 무형식학습은 많은 경우 교육 기관과 같이 교육 시설이 갖춘 곳에서 이루어지기도 하지만 학교교육에서의 커리큘럼과 같은 정규교육 방식을 따르지는 않는다.

무형식학습은 단기간에 걸쳐 자발적으로 행해지며 필요조건이 거의 없다. 무형식적 교육 기회는 학습자를 둘러싼 삶의 영역의 다양한 기관들 예를 들면 박물관, 도서관, 서비스 클럽, 종교단체, 시민단체 등이 제공하는 프로그램처럼 대개는 지역을 기반으로 두고 있으며, 매스미디어 또한 무형식적 전달체제로 분류된다. 무형식학습은 형식교육 밖에 위치하면서 다음과 같은 세 가지 유형을 보인다(Brennan, 1997). 첫째는 형식교육에 대한 보완물(complement)로서의 유형이고, 둘째는 형식교육에 대한 대안(alternative)이며, 셋째는 형식교육에 대한 보충(supplement)으로서의 유형이다.

이외에도 성인들의 학습 환경으로는 지역사회 기반 학습과 토착학습이 있는데 지역사회 기반 학습의 목표는 사회적 행동과 공동체 발전을 위한 개선이다. 지역사회 기반 학습은 사람들이 자신의 공동체에서의 삶을 개선하기 위해 중요하다고 생각되는 특정한 문제나 이슈를 해결하기 위해 교회나 지역센터, 도서관에 모여 이루어지는 경우가 많다.

토착학습은 문화와 관련된 학습이다. Graveline(2005)는 이를 특정 사회의 사람들이 역사를 통해 문화에 대해 학습하는 과정과 구조라고 지칭한다. 무형식학습이나 형식적 학습 프로그램의 질을 높이기 위하여 종종 구전이나 예술의 형태를 띠고 있는 토착학습 형태를 의식적으로 사용하게 되며 이때 효율적인 전달방식으로 스토리텔링을 활용하는 경우가 많다.

최근 정보 통신 기술의 발전은 학습 환경에 지대한 영향을 주고 있는데 대표적인 것이 온라인 학습이다. 온라인 학습은 직장, 학교, 가정 등 장소와 시간, 학습 대상자의 제한을 받지 않고 이루어지는 장점이 있다. 또한 온라인 학습은 대부분 형식교육 영역에서 연구되고 이론화되고 있지만 온라인 학습은 무형식학습 영역에서도 진행되고 있다.

3. 성인학습 참여 동기와 장애 요인

성인교육 활동에 어떠한 성인들이 참여하는지 그리고 왜 참여하는지를 이해하는 것은 성인학습 프로그램 제공자뿐만 아니라 정책입안자 그리고 성인학습 교수자에게 유용한 정보를 제공한다.

1) 성인교육 참여 동기

성인교육 참여 동기를 파악하기 전에 성인교육 활동을 정의하는 것이 중요한데 Johnstone과 Rivera(1965)는 이와 관련한 연구에서 체계적인 학습활동은 성인학습 활동의 범주에 포함될 수 있지만 상당수의 실질적인 성인학습이 무수히 많은 여러 형태의 학습 활동임을 감안할 때 이를 아우를 만한 성인교육의 정의는 쉽지 않다는 결론에 도달한다. 그들 연구에 의하면 대부분의 성인들이 학문적 연구를 목적이 아닌 실용적인 지식이나 기술 습득을 목적으로 한다는 결론을 이끌어 냈고, 형식적 학습의 44%가 직업교육, 가정 또는 가족문제를 다루는 범주의 학습이었으며 아울러 47%의 학습자들이 특정 주제를 독립적으로 학습하고 있다는 것을 밝혔다. Valentine(1997)도 미국 성인을 대상으로 실시한 연구결과 설문 응답자의 90.6%가 직업과 직장 관련 이유를 들었으며 단지 9.4%만이 개인적 관심 때문에 학습 활동에 참여한다고 답하였다. 이와는 다른 시각으로 성인교육의 참여 이유를 조사한 Aslanian과 Brickell(1980)은 성인의 학습참여 동기는 인생의 전환이라는 가설을 검증하였다. 이들은 응답자의 83%가 삶의 과거, 현재, 미래의 변화가 학습에 참여하게 한 이유라고 응답했음을 제시하였다. 나머지 17%는 자신의 정신적 건강을 위해 또는 학습에서 오는 만족감 때문에 학습 활동에 참여한다고 응답했다.

Houle(1988)은 자신의 저서『The Inquiring Mind』에서 학습자 유형을 교육을 목표 달성 수단으로 간주하는 '목표 지향적 학습자', 활동 자체를 즐기며 사회적 상호작용 추구하는 '활동 지향적 학습자', 지식을 탐구하는 '학습 지향적 학습자' 등의 세 가지로 구분하였다. 성인들의 교육참여 연구를 위한 모델로는 Boshier(1991)의 48가지(나중에 42개로 개정됨) 교육참여 동기 측정항목이 대표적이다. 그는 42개 항목에 대한 요인 분석을 통하여 다음과 같은 여섯 가지의 참여 동기를 내놓았다. ① 어휘와 작문 실력 증진을 통한 의사소통 능력 향상, ② 사람들과의 교제, 친구 사귀기 등의 사회적 접촉, ③ 과거에 이루지 못한 교육적 결함을 보완하는 교육 참여, ④ 승진이나 이직을 위한 전문성의 향상, ⑤ 세대 간의 갈등이나 가족 관계 개선 등의 가족 문제 해결, ⑥ 지식의 탐구 자체를 즐기는 인지적 관심이 그것이다.

2) 교육 참여 방해 요소

성인교육에 참여하지 않는 학습자들은 자신의 삶에 만족하기 때문에 학습에 참여하지 않는 것이라고 판단해서는 안 된다. 성인이 학습에 참여하지 못하는 가장 큰 이유는 시간 부족과 경제적 문제 때문이다. 성인은 자신뿐만 아니라 가족을 부양하기 때문에 시간적으로 경제적으로 여유롭지 못하다(Merriam, Caffarella, & Baumgartner, 2007). Johnstone과 Rivera(1965)의 연구는 이를 명확히 하는데 학습 활동에 참여하지 않는 응답자의 43%가 비용 문제를, 39%가 시간의 문제를 꼽았다고 언급한다. Valentine(1997)의 연구에서도 학습 활동에 참여하지 않는 응답자의 45%가 직업 관련 교육의 필요성을 알면서도 시간이 없어서 참여하지 못한다고 응답했다. 직업과 직접적인 관련성이 없는 프로그램의 경우 60.1%가 시간 때문에 참여하지 못한다는 응답을 하였다.

3) 사회학적 관점의 참여문제

성인교육 참여에 영향을 주는 요인들에 대한 연구도 다양하게 전개되었다. Rubenson(1998)은 두 가지 차원으로 사회구조적 요인에 접근하였는데 첫째는,

사회적 배경, 학력 등과 교육 프로그램에의 참여의 관계를 반영하는 가족 요인, 둘째는, 투자로써 간주되는 성인교육과 프로그램에의 참여를 반영하는 직업 요인을 지적한다. Boudard와 Rubenson(2003)은 문해능력이 성인 교육의 참여를 결정한다고 예측했다. 아울러 교육 정도가 성인교육에의 참여를 결정하는 가장 중요한 단일 요인이라고 주장했다. Gorard와 Selwyn(2005)은 부모의 배경이 참여를 결정하는 핵심적 요소라고 밝히고 있다.

4. 성인학습이론과 모델

1970년 이후 성인교육자들은 성인과 아동의 차이를 성인학습 원리, 성인학습 모델, 혹은 성인학습 이론으로 체계화하려는 시도가 있었고 이러한 노력은 지금까지 계속되고 있다.

1) 안드라고지

학습자로서의 성인을 이해하고자 하는 노력 중에서 가장 잘 알려진 것이 안드라고지(andragogy)다. 안드라고지는 Knowles(1980)가 유럽으로부터 1968년 미국에 도입하면서 정확한 개념 정의가 내려지게 되었다. 안드라고지는 아동 교육을 의미하는 페다고지와 대비하여 이해를 하여야 하는데 페다고지가 아동들이 학습하는 것을 돕기 위한 기술과 과학을 뜻한다면 이와 대비하여 안드라고지는 성인들의 학습을 돕기 위한 기술과 과학을 의미한다.

안드라고지의 정의는 크게 두 가지로 나눠볼 수 있다. 우선 성인교육에 관한 정책, 제도 및 실시 과정 전체를 포괄하는 동시에 하나의 독립된 학문으로서 성인교육 이론의 연구로 보는 광의의 입장과 성인학습자의 학습활동을 촉진시키기 위한 실천 원리와 방법을 강조하는 협의적 차원으로 나눌 수 있다.

안드라고지는 성인학습자에 대한 몇 가지 가정에 기초하고 있는데 Knowles

(1980)는 다음과 같이 여섯 가지를 제시하고 있다. 첫째, 사람들은 성숙해 가면서 자아개념이 의존적에서 자기 주도적으로 변한다. 둘째, 성인들은 시간이 흐를수록 더욱 많은 경험을 축적하게 되며 그 경험은 귀중한 학습자원이다. 셋째, 성인들의 학습 준비성은 그 사람의 발달과업 또는 사회적인 역할과 깊은 관계가 있다. 넷째, 사람들은 성숙해 감에 따라 시간 관점이 변화한다. 즉 학습한 지식을 미래에 적용하는 것으로부터 즉각적인 적용으로 바뀐다. 따라서 성인들은 학습에 있어서 과목 중심적이기보다는 문제 중심적이다. 다섯째, 가장 강력한 동기는 외적 동기가 아니라 내적 동기다. 여섯째, 성인들은 자신들이 왜 그것을 배워야 하는지를 알아야 한다. Knowles는 이 가정들이 성인들의 학습 프로그램을 설계하는 데 기초가 된다고 확신했다.

성인학습자에 관한 전제는 전통적인 교육학이 의거하여 왔던 아동학습자에 대한 기본 전제와 명확하게 대비된다. 이들 양자 간의 기본 전제를 간단하게 비교해보면 〈표 4-1〉과 같다.

표 4-1 페다고지와 안드라고지의 특성 비교

구분	페다고지	안드라고지
학습자	• 의존적 성향 • 교사가 학습내용, 학습시기, 학습방법, 학습평가 등을 지시, 주도함	• 독립적 성향 • 자기주도적 • 교사는 학습자를 조력 지원하는 관계
학습자의 경험	• 학습자원으로서 그다지 가치를 지니고 있지 않음 • 교수법은 강의식	• 경험은 풍부한 학습자원 • 교수법은 토론, 문제 해결식
학습에의 준비성	• 표준화된 교육과정 • 사회가 그들에 요구하는 것을 학습	• 학습자 자신이 원하는 것을 학습 • 실제 적용 위주의 학습 프로그램 구성
학습에의 경향성	• 미래를 위한 준비, 교과중심성	• 즉시적인 활용, 문제중심성
학습에의 동기	• 외재적 동기	• 내재적 동기

안드라고지의 기본 가정에 입각하여 다음과 같은 실천 방법을 고려하고 시도해 볼 수 있다. 첫째, 성인교육자는 학습자가 무엇을 배우고 싶어 하는지 그 요구를 인식할 수 있도록 도와주어야 한다. 둘째, 성인학습자가 의존성을 극복하고 자기주도성을 지닌 존재로 변화하도록 이끌어 주어야 한다. 셋째, 성인학습자는 다양하고 개별적인 경험을 지닌 존재이므로 이것을 활용하기 위한 다양한 경험 학습 방법을 활용할 필요가 있다. 넷째, 학습요구 진단에 학습자를 참여시키고 진단 결과에 따른 학습 내용을 제공해야 한다. 다섯째, 교육을 통해 습득한 것을 실제 삶에 적용할 수 있도록 지원해 주어야 한다. 여섯째, 삶의 질 향상과 같은 내재적 동기 촉진을 위한 전략을 교육 활동의 계획과 실천에 반영해야 한다.

2) McClusky의 마진이론

McClusky(1970)의 마진이론은 성인기가 성장, 변화, 통합의 시기로서, 사람들은 성인기에 필요한 에너지량과 사용 가능한 에너지 사이에서 지속적으로 균형을 구하고 있다는 생각에 기초하고 있다. 이 균형은 에너지를 분산시키는 삶의 부하(load)와 그 부하를 처리할 수 있도록 해 주는 삶의 힘(power)의 비율로 개념화된다. 즉, 삶의 마진(margin of life)이란 부하와 힘의 비율이다. 더 큰 힘은 학습에 참여할 수 있는 더 큰 마진(여유)을 의미한다.

부하와 힘은 둘 다 외적, 내적 요인들로 구성되는데, 외부의 부하는 일상적인 삶이 주는 과제들, 가정, 일, 공동체에 대한 책임 등으로 구성되고 내부의 부하는 사람들이 만든 삶에 대한 기대, 즉 꿈, 욕구, 미래에 대한 기대 등을 의미한다. 힘은 가족의 지원, 사회적 능력, 경제적 능력 등과 같은 외부 자원들의 조합이다. 힘은 또한 어려움을 극복하는 능력, 대처 기술, 성격 등과 같이 효과적인 수행에 도움을 주는 내적으로 습득되거나 축적된 다양한 기술과 경험을 포함한다. 따라서 학습에 참가하기 위해서 성인들은 학습 상황이 요구하는 프로세스에 사용할 수 있는 일정한 힘의 마진을 갖지 않으면 안 된다(McClusky, 1970).

3) Illeris의 학습의 3차원 모델

Illeris(2004)의 모델에서는 3가지 차원, 즉 인지, 정서, 사회가 학습에 관여한다.

그는 이 3가지 차원을 역삼각형으로 묘사한다. 인지와 정서가 위에 있고 환경이 아래에 있는 삼각형의 꼭짓점에 위치한다. 이들 학습의 세 가지 차원 모두가 삼각형을 둘러싼 원으로 표시되는 사회 안에서 일어난다. 인지 차원은 지식과 기술을 말하고 정서 차원은 감정과 동기부여로 구성된다. 인지와 정서는 내적 프로세스로서 지식과 기술의 습득에 있어서 동시에 상호작용한다. Illeris가 삼각형에서 환경이라고 이름을 붙인 차원은 참여, 의사소통, 협력 등과 같은 외부와의 상호작용을 말한다. 환경은 커뮤니티와 사회 안에서 개인을 통합시키는

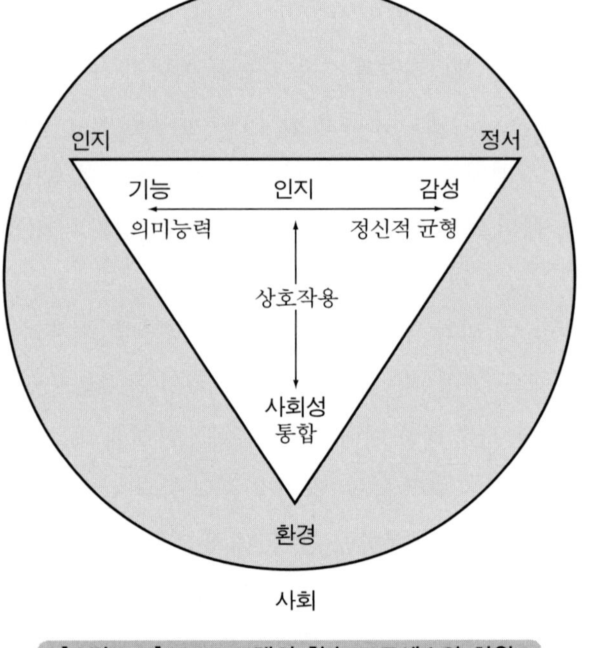

[그림 4-1] Illeris 모델의 학습 프로세스와 차원

출처: 기영화 외 역(2009). 성인학습론, p. 81.

역할을 하고 그것을 통해서 동시에 학습자의 사회성을 축적한다. 학습의 세 가지 측면을 모두 감싸는 사회는 우리 학습의 맥락이다. 즉 우리의 학습은 항상 우리가 살아가는 사회 혹은 사회적 맥락 안에서 이루어지며 이 맥락이 우리의 학습과 상호작용하면서 우리의 학습의 모습을 만든다(Illeris, 2004).

4) Jarvis의 학습 과정

비록 비교육적인 경험일지라도 모든 성인들의 경험에서 학습은 시작된다는 것이 Javis(2004)의 모델이다. 그는 총체적 인간(신체, 정신, 자아, 생애사적 역사)을 그 사람의 사회적 맥락에서 겪은 경험과 연결시킨다. 그 사람의 역사와 경험의 불일치는 정서, 사고, 행동을 포함하는 학습으로 연결된다. 결과는 그 사람에게 생기는 어떤 변화다. 이전의 학습이 현재의 상황에 더 이상 대처할 수 없을 때 사람들은 자신이 어떻게 대처해야 할지 모른다는 것을 인식한다. 이때 성인들은 무엇인가 새로운 것을 생각하거나 계획하고, 학습을 해야 한다는 것을 의식한다. 따라서 학습은 항상 경험하기에서 시작된다고 할 수 있다(Jarvis, 2004). Jarvis는 모든 학습이 소리, 시각, 냄새, 맛, 접촉이라는 인간의 다섯 가지 감각으로 시작된다고 역설하였다. 성인의 학습은 결과적으로 신체에 의존하므로 생물학이 학습에 대단히 중요한 요소이며 성인의 감각이 기능함으로써 학습이 이루어진다. Jarvis에게 있어서 모든 경험은 실제의 세계가 아닌 학습자의 세계 안에서 일어난다. 그리고 성인 개인의 세계는 항상 변하고 있다.

5) 자기주도학습

자기주도학습(self-directed learning)이 중요성을 인정받기 시작한 것은 Tough (1971)가 '자기계획학습'이라고 이름 붙인 학습 형태로서 자기주도학습의 첫 번째 포괄적인 모습을 제공하면서부터다. 자기주도학습에 대한 정의는 다양한데 Knowles(1975)는 학습자가 스스로 학습 요구를 진단하고, 학습 목표를 설정하고, 관련학습 자원을 선택하고, 학습전략을 수립하고, 학습을 실행한 후 평가하는 과정에서 타인의 도움을 받거나 혹은 자신이 전적으로 학습을 진행시켜 가는 것이라고 정의하였다. Penland(1979)는 자기주도학습을 학습자, 계획자, 관계 집단, 학습 평가의 요소를 고려하면서 정의하였는데, 자기주도학습이란 학습자가 학습 요구 결정, 학습 정보 수집, 학습 자원 활용, 학습 방법 구안 등에 대한 책임을 지고, 계획자는 학습자가 기대하는 수준에 도달하도록 도와주며, 관계 집단은 학습자가 무엇을 학습하고 어떻게 행동해야 할 것인가에 대한 방향을 제시하고, 학습 평가는 학습자가 협력적으로 실시하게 되는 학습을 의미한다고 보았다.

자기주도학습의 세 가지 주된 목표는, 첫째, 성인학습자들이 학습에 있어서 주도적이 되는 능력을 향상시키는 것, 둘째, 전환 학습이 자기주도학습의 중심이 되도록 촉진하는 것, 셋째, 해방학습과 사회운동이 자기주도학습의 핵심 부분이 되도록 하는 것이다.

(1) 자기주도학습의 필요성

자기주도학습의 필요성은 다음과 같이 설명할 수 있다.

첫째, 학습에서 주도권을 가진 사람들은 가만히 앉아서 가르쳐 주기를 기대하는 사람들보다 더 많은 것을 학습하고 더 잘 배우게 된다. 그들은 뚜렷한 목적의식과 동기를 가지고 학습에 임한다. 그들은 또 수동적 학습자 보다 학습한 내용을 더 오래 파지하고 그것을 더 잘 활용하는 경향이 있다.

둘째, 자기주도학습은 21세기 정보화시대에 꼭 필요한 능력이며 이러한 능력은 모든 성인 학습자가 보유하고 있는 능력이다. 현대의 사회에서는 누가 어떤 정보를 효과적으로 암기하고 풀어내는 것보다 스스로 탐구하고 문제를 발견하며 이를 해결할 수 있는 능력이 무엇보다 중요하다. 정보화 사회에서의 교육의 목표는 이미 알려진 내용을 전달하는 것이 아니고, 새로운 지식을 쉽고 효율적으로 습득할 수 있는 능력을 갖추는 것이다.

셋째, 자기주도학습은 자연적, 심리적 발달 과정이라는 것이다. 인간은 처음

모체에서 태어날 때 의존적인 존재에 불과하다. 그러나 성숙해지면서 인간은 점차적으로 부모, 교사 및 다른 성인들의 통제로부터 독립해야 한다. 성숙의 본질은 자신의 삶에 대해 책임을 지는 능력을 개발하는 것, 즉 점차적으로 자기 주도적 존재가 되는 것이다.

넷째, 교육에서 새로운 발전, 예컨대 새로운 교육과정, 개방교실, 무학년제 학교, 학습지원센터, 독학, 비전통적 학습 프로그램, 벽 없는 대학 등은 학습자가 그들 자신의 학습에 대해 많은 주도권을 가져야 한다는 무거운 책임을 주고 있다. 자기 주도적 탐구 기술을 익히지 않고 이러한 프로그램에 참여하는 학생들은 불안, 혼란, 실패를 경험할 수밖에 없다.

(2) 자기주도학습의 모델

자기주도학습 모델은 선형모델과 상호작용 모델로 나눌 수 있다. Tough(1971)와 Knowles(1975)의 모델처럼 자기주도학습의 초기 모델은 그 성격이 선형이었다. 학습자들은 자신들의 학습 목표에 도달하기 위해서 자기주도적인 일련의 단계를 거쳐서 움직였다. 그 결과 이 모델들의 학습 프로세스의 틀은 전통적인 교수 프로세스의 많은 요소들을 포함했다. Knowles가 생각하는 자기주도학습은 6개의 큰 단계로 구성된다. 6단계는 ① 분위기 만들기, ② 학습 필요점 진단, ③ 학습 목표 체계화, ④ 학습을 위한 인적 · 물적 자원 파악, ⑤ 적절한 학습 전략의 선택과 실행, ⑥ 학습 결과의 평가의 6단계로 구성된다.

상호작용 모델은 성인들이 자신의 환경에서 찾는 기회, 학습자들의 성격적인 특성, 그리고 학습의 환경 등 두 가지 혹은 그 이상의 요소들을 강조하며 그러한 요소들이 공동으로 상호작용하여 자기주도학습 사건을 만든다고 본다.

상호작용 모델의 대표적인 세 가지 모델은 Spear 모델, Brockett와 Hiemstra 모델 그리고 Garrison 모델을 들 수 있다. 첫 번째 Spear 모델은 세 가지 요소, 즉 사람들이 자신의 환경에서 발견한 기회, 과거 혹은 새로운 지식, 그리고 우연한 발생이라는 세 가지 요소에 기초한 모델이다. 각각의 자기주도학습 프로젝트는 이 요소들의 세트 혹은 클러스터로 이루어져 있다. 예를 들면, 아파트에서 개인주택으로 이사하는 것은 정원을 가꿀 기회를 제공한다. 이런 우연한 행위는 정원 가꾸기에 관한 선행지식과 함께, 그리고 아마도 우연히 만난 정원 가꾸기의 달인인 친구와의 만남과 결합되어 자기주도적인 학습 프로젝트라는 결과로 나타난다(Spear, 1988).

Brockett와 Hiemstra 모델은 PRO(Personal Responsibility) 모델로 대변될 수 있는데 이들은 학습에서의 자기주도성이라고 부르는 틀을 제시한다. 학습에서의 자기주도성은 교수 방법적 프로세스(자기주도학습)와 함께 개인 학습자의 성격(학습자 자기주도성)으로 구성된다. 교수 방법적 프로세스 차원에서, 학습자들은 자신의 학습 경험의 계획, 실행, 평가의 일차적인 책임을 진다. 이들이 제시한 개인적 책임의 개념은 자신들의 사고와 행동에 대한 주인은 자신이라는 것을 받아들이는 사람이라고 정의하고 있는데, 이러한 개인적 책임 개념이 성인학습에 있어서 자기주도성에 대한 이들의 개념을 이해하는 출발점이다(Brockett & Hiemstra, 1991).

Garrison(1997)은 협력적 구성주의자 관점에 기초하여 자기주도학습에 의미있고 가치 있는 접근 방식을 반영시키기 위하여 자기관리(환경적 통제), 자기관찰(인지적 책임), 그리고 동기부여(진입 과제) 차원을 통합한다. 자기관리는 학습자들이 자신들이 기술한 목표와 목표에 도달하기 위하여 통제력을 갖고 환경조건을 만들어가는 것을 말한다. 자기관찰과 동기부여는 자기주도학습의 인지적 차원을 나타낸다. 자기관찰은 자신들의 인지적, 초인지적 프로세스들을 모두 관찰할 수 있는 학습자들의 능력을 말하며, 동기부여 차원은 사람들이 자기주도학습 활동에 참여하고 진입하는 데 영향을 미치는 것 그리고 그들이 계속해서 활동 혹은 과제에 참여하도록 하는 것이다.

(3) 교수 모델

Grow(1991)은 단계별 자기주도학습 모델을 통해 학습자의 명확한 네 단계를 설명한다.

- 1단계–의존적 학습자: 자기주도성이 낮은 학습자로서 자신들에게 무엇을 하라고 이야기해 주는 권위 있는 사람(교사)이 필요하다.
- 2단계–흥미를 가진 학습자: 평범한 수준의 자기주도성을 가진 학습자로서 동기부여가 되어 있고 자신감이 있지만 학습해야 할 내용에 대해서 대부분 모른다.
- 3단계–몰두하는 학습자: 중간 수준의 자기주도성을 가진 학습자로서 기술과 기본적인 지식을 다 갖고 있으며 자신이 준비가 되어 있고 좋은 안내자가 있으면 특정한 주제를 탐색할 수 있는 능력이 있다고 생각한다.
- 4단계–자기주도적 학습자: 높은 수준의 자기주도성을 가진 학습자로서 전문가의 도움이 있거나 혹은 없더라도 스스로 자신의 학습을 계획하고, 실행하고, 평가할 수 있는 의욕과 능력을 갖고 있다.

자기주도학습에서 학습자들은 다음과 같은 활동을 주도한다(Hammond & Collins, 1991). 첫째, 협력적인 학습 분위기 구축하기, 둘째, 자신과 자신이 위치하고 있는 곳의 사회적, 경제적, 정치적 환경을 분석하고 비판적으로 성찰하기, 셋째, 자신들의 능력 프로파일 만들기, 넷째, 개인적 사회적 환경 모두를 포함하는 틀 안에서 자신들의 학습 니즈 진단하기, 다섯째, 학습 계약을 체결하기 위해서 사회적, 개인적으로 관련이 있는 학습 목표 만들기, 여섯째, 자신들이 학습한 것을 실행에 옮기고 관리하기, 일곱째, 자신들의 학습을 성찰하고 평가하기 등이다.

6) 전환학습

Transformational Learning 혹은 Transformative Learning이라고 불리는 전환학습은 학습자가 자신과 세계를 보는 방식을 근본적으로 극적으로 변화시키는 과정에 대한 이론이다. 단순히 지식을 습득하는 전통적인 학습방식과 달리 전환학습은 학습자의 인지적 과정에 초점을 맞추면서 인식변화에 따른 실천을 이끌어 내고자 한다. 일정한 인지능력을 새로운 영역으로 확장시키는 정보학습과 달리 전환학습은 우리가 알고 있는 무엇인가를 변화시키는 것을 말한다. 경험의 정신적인 구성, 내적인 의미, 그리고 성찰은 이러한 접근방식에서 공통된 구성 요소다.

(1) 주요 전환 학습 이론

Mezirow(2000)의 이론은 성인들이 자신들의 삶의 경험을 어떻게 이해하는가에 관심을 갖는다. 그는 학습을 미래의 행동 방향을 결정하기 위하여 과거의 해석을 사용하여 자신의 경험의 의미를 새롭게 혹은 수정해서 구성하는 프로세스라고 정의한다. 그는 준거틀(생각 습관 그리고 관점)을 포함한 의미구조들의 형태를 구분하여 정의하였다. 준거틀은 두 가지 차원으로 구분할 수 있는데 하나는 생각 습관이고 다른 하나는 관점이다. 생각 습관이란 가정의 묶음으로서 경험의 의미를 해석하는 필터로 작용하는 넓고, 일반화되고, 방향을 설정하는 성향이다. 관점은 의미 체계로 이루어져 있다. 의미 체계란 즉각적이고, 구체적인 신념, 감정, 태도 그리고 가치 판단의 묶음을 말한다.

Mezirow 외에 대표적인 전환학습 이론가는 Freire(1970)이다. 브라질의 교육가인 Freire의 전환학습에 대한 철학은 전환학습에 대한 가장 널리 알려진 사회문화적 접근법이다. 그의 관점은 20세기 중반 브라질 시골 농부들에 대한 문해교육으로부터 시작된다. 중산층 백인 여성의 경험에 기반을 두고 주로 개인적인 전환에 집중하는 Mezirow의 이론과 달리, Freire의 이론은 가난, 문맹, 억압으로부터 나오고 급진적인 사회개혁이라는 더 큰 틀에 자리한다. Freire의 접근방법에서 개인의 임파워먼트와 사회변혁은 서로 분리할 수 없는 프로세스다. 의식화와 임파워먼트의 개념은 밑에 깔려 있는 전환학습의 이론적 틀에 커다란 공헌을 했다. Freire는 교육의 궁극적 목적을 해방 혹은 프락시스(praxis) 즉 남자들과 여자들이 그들이 살고 있는 세계를 혁신하기 위한 목적으로 하는 행동과 성찰로 보았으며, 비판적 성찰을 그 핵심 요소로 보았다.

(2) 전환학습의 핵심 개념

전환학습의 세 가지 핵심 개념은 인생 경험, 비판적 성찰 그리고 전환학습과 발달 사이의 연결이라 할 수 있다.

경험은 학습에 필수적인 요소로서, 안드라고지의 여러 가정들 중의 하나는 성인들이 넓고 깊은 경험을 가지고 있고 그 경험은 그들과 다른 사람들의 학습 자원으로 활용될 수 있다는 것이다. 경험의 종류에는 직접적인 신체경험과 대리 경험, 모의 경험, 공동 경험, 그리고 명상과 같은 내적인 경험 등이 있다. 경험을 학습에 활용하는 방법으로 Tennant(1991)는 몇 가지를 제시하였다. 첫째, 교사들은 그들의 설명과 사례를 학습자들의 기존 경험과 연계시킬 수 있다. 둘째, 교사들은 학습활동을 학습자들의 현재 직장, 가정, 혹은 공동체에서의 경험과 연계시키려고 할 수 있다. 셋째, 교사들은 시뮬레이션, 게임, 역할극 등과 같은 활동을 만들어 낼 수 있다.

개인의 기존 삶의 구조로는 수용할 수 없는 경험을 하면서 전환학습 프로세스는 시작되는데 이때 필요한 것이 비판적 성찰이다. 효과적인 학습은 긍정적인 경험으로부터 나오는 것이 아니라 효과적인 성찰에서 나온다. Mezirow (2000)는 성찰을 세 가지 형태로 구분하면서 이들 중의 하나만이 전환학습으로 연결된 수 있다고 말한다. 첫 번째 형태인 내용 반추(content reflection)는 실제 경험 자체에 대해서 생각하는 것이다. 프로세스 반추(process reflection)는 그 경험을 처리했던 방식 즉 문제해결 전략에 관해서 생각하는 것이다. 전제 반추(premise reflection)는 그 경험 혹은 문제에 관해서 오랫동안 갖고 있던 사회적으로 구성된 가정, 신념 그리고 가치를 점검하는 것을 포함한다.

발달은 전환학습의 결과다. 개인 발달은 프로세스 안에 내재되어 있기도 하고 프로세스의 결과이기도 하다. 비판적으로 생각할 수 있는 능력은 전환을 실천하는 데 필수적으로서 그 자체가 발달적이다. 즉, 우리는 보다 뛰어나고, 더욱 비판적인 사고를 하는 사람이 될 수 있다.

7) 경험학습

수많은 성인교육자들이 성인기 학습에서 경험의 핵심적인 역할을 강조했다. Lindeman(1961)은 성인교육에서 최고의 가치를 가진 자원은 학습자의 경험이라고 하였으며, Knowles(1989)의 연구에서도 가장 기초가 되는 가정은 성인들은 젊은이들에 비해서 더 많은 경험 그리고 다른 품질의 경험을 함께 갖고 교육활동에 참가한다는 것이다.

Dewey(1938)는 경험을 통하여 학습이 일어나기 위해서는 그 경험이 계속성과 상호작용이라는 두 가지 주요 원칙과 일치해야 한다고 주장했다. 경험의 계속성 원칙이란 학습을 제공하는 경험들은 시간의 관점에서 고립된 사건들에 지나지 않는 것이 결코 아니다. 오히려 학습자들은 현재의 경험들에서 학습한 것들을 과거의 경험들은 물론이고 미래에 발생할 수 있는 일에까지도 연결시켜야

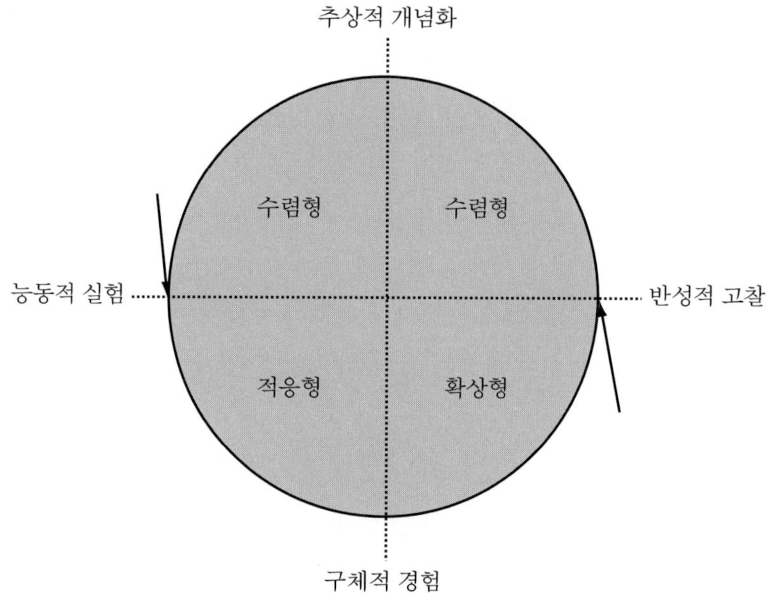

[그림 4-2] Kolb의 경험학습과 학습 스타일

출처: 한승희(2009). 평생교육론(2판), p. 334.

한다. 상호작용의 원칙은 경험은 항상 어떤 사람과 그 경험이 일어날 때 그 사람을 둘러싼 환경 사이의 상호작용에서 일어난다는 것이다.

경험학습은 Mezirow(2000), Freire(1970), Kolb와 Fry(1975)와 같은 학자들에 의해 1980년대에 이르러서야 학습의 인지과정으로 인정받기 시작하였다. 학습을 경험의 전환을 통해서 이루어지는 과정으로 규정하고 있는 Kolb는 정보를 습득하는 과정의 두 가지 상반되는 논리, 즉 구체적 경험(concrete experience) 대 추상적 개념화(abstract conceptualization)를 가정하였다.

Kolb에 따르면 경험학습은 4단계 주기를 통해서 발생한다. 첫째 단계는 새롭고 구체적인 경험을 겪는 구체적 경험(concrete experience) 단계이며, 둘째 단계는 서로 다른 관점에서 경험을 해석하고 반성하는 반성적 관찰(reflective observation)이다. 이러한 관찰을 논리적으로 통합시키기 위하여 아이디어와 개념을 창출하는 추상적 개념화(abstract conceptualization) 단계가 세 번째이며, 마지막이 새로운 도전을 받고, 문제를 해결하고, 의사결정을 위해 새롭게 파생되는 이론이나 학습을 활용하는 능동적 실험(active experimentation) 단계다. 즉, 실제적인 경험은 관찰과 반성을 위한 기초가 되며, 이러한 관찰을 통해 새로운 의미가 창출될 수 있는 행동은 이론으로 융합되고 다시 새로 창출된 의미나 가설은 새로운 경험을 만들기 위해 영향을 주는 지침서로 활용된다. 따라서 Kolb의 모델에 의하면, 반성적 사고가 이루어지지 않은 경험은 학습으로 연결되지 않으며, 학습은 네 가지 과정이 연계 및 순환되면서 쉬운 단계에서부터 어려운 단계로 진행된다.

☑ 학습 과제

1. 평생교육 차원에서 성인학습의 개념과 필요성에 대하여 정의하시오.

2. 성인학습에서 학습이 발생하는 형식적 학습, 무형식학습, 비형식학습에 대하여 기술하시오.

3. 성인들이 학습에 참여하는 주된 동기와 학습참여의 방해 요인에 대하여 기술하시오.

4. 안드라고지와 페다고지는 어떻게 다른지 그 차이점에 대하여 기술하시오.

5. 성인학습 이론과 모델에는 어떠한 것이 있는지 제시하고 각각에 대하여 설명하시오.

참고문헌

권대봉(2006). 성인교육방법론. 서울: 학지사.
권두승(2000). 성인학습 지도방법의 이론과 실제. 서울: 교육과학사.
권두승(2006). 성인교육자론. 경기: 교육과학사.
권두승, 조아미(2007). 성인학습 및 상담. 경기: 교육과학사.
김동위(2000). 평생교육개론. 서울: 교육과학사.
김종서, 김신일, 한숭희, 강대중(2009). 평생교육개론. 경기: 교육과학사.
김청자(2007). 성인학습 및 상담. 서울: 태영출판사.
배을규(2006). 성인교육의 실천적 기초. 서울: 학지사.

차갑부(2004). 평생교육의 이해. 서울: 학지사.

차갑부(2009). 텔리아고지: 성인교육방법의 새로운 지형. 경기: 교육과학사.

한상길(2001). 성인평생교육. 서울: 양서원.

한숭희(2009). 평생교육론(2판). 서울: 학지사.

Aslanian, C. B., & Brickell, H. M. (1980). *Americans in transition: Life changes as reasons for adult learning*. New York: College Entrance Examination Board.

Boshier, R. (1991). Psychometric properties of the alternative form of the education participation scale. *Adult Education Quarterly*, *41*(3), 150-167.

Boudard, E., & Rubenson, K. (2003). Revisiting major determinants of participation in adult education with a direct measure of literacy skills. *International Journal of Educational of Educational Research*, *39*(3), 265-281.

Brennan, B. (1997). Reconceptualizing non-formal education. I*nternational Journal of Lifelong Education, 16*(3), 185-200.

Brockett, R. G., & Hiemstra, R. (1991). *Self-direction in adult learning: Perspectives on theory, research, and practice*. New York: Routledge.

Brysk, A. (2003). Globalization and human rights: It's a small world after all. *Phi Kappa Phi Forum, 83*(4), 21-24.

Coombs, P. H. (1989). Formal and nonformal education: Future strategies. In C. J. Titmus (Ed.), *Lifelong education for adults: An international handbook*(pp. 57-60). New York: Pergamon Press.

Dewey, J. (1938). *Experience and education*. New York: Collier Books.

Freire, P. (1970). *Pedagogy of the oppressed*. New York: Seabury Press.

Garrison, D. R. (1997). Self-directed learning: Toward a comprehensive model. *Adult Education Quarterly*, *48*(1), 18-33.

Gorard, S., & Selwyn, N. (2005). Towards a learning society? The impact f technology on patterns of participation in lifelong learning. *British Journal of Sociology of Education, 26*(1), 71-89.

Graveline, F. J. (2005). Indigenous learning. In L. M. English (Ed.), *International encyclopedia of adult education* (pp. 304-309). New York: Palgrave Macmillan.

Grow, G. (1991). Teaching learners to be self-directed: A stage approach. *Adult Education Quarterly*, *41*(3), 125-149.

Hammond, M., & Collins, R. (1991). *Self-directed learning: Critical practice*. London: Nichols/GP Publishing.

Houle, C. O. (1988). *The inquiring mind* (2nd ed.). Madison: University of Wisconsin Press & Norman: Oklahoma Research Center for Continuing Professional and Higher Education. (Original work published 1961).

Illeris, K. (2004). Transformative learning in the perspective of a comprehensive learning theory. *Journal of Transformative Education*, *2*(2), 79-89.

Jarvis, P. (2004). *Adult education and lifelong Learning: Theory and practice* (3rd ed.). London and New York: Routledge/Falmer Press.

Johnstone, J. W. C., & Rivera, R. J. (1965). *Volunteers for learning: A Study of the educational pursuits of adults*. Hawthorne, NY: Aldine de Gruyter.

Kim, K., Collins, H. M., Williamson, J., & Chapman, C. (2004). *Participation in adult education and lifelong learning: 2000-01* (NCES 20004-050). U.S. Department of Education , National Center for Education Statistics. Washington, DC: U.S. Government Printing Office.

Knowles, M. S. (1975). *Self-directed learning*. New York: Association Press.

Knowles, M. S. (1980). *The modern practice of adult education: From pedagogy to andragogy* (2nd ed.). New York: Cambridge Books.

Knowles, M. S. (1989). *The making of an adult educator: An autobiographical journey*. San Francisco: Jossey-Bass.

Kolb, D. A., & Fry. R. (1975). Toward an applied theory of experiential learning. In *Theories of group processes, edited by Cary Cooper*. London, UK: John Wiley & Sons.

Lindeman, E. C. (1961). *The meaning of adult education in the United States*. New York: Harvest House.

McClusky, H. Y. (1970). An approach to a differential psychology of the adult potential. In S. M. Grabowski (Ed.), *Adult learning and instruction* (pp. 80-95). Syracuse, NY: ERIC Clearinghouse on Adult Education. (ERIC Document Reproduction Service No. ED 045 867).

Merriam, S. B., Caffarella, R. S., & Baumgartner, L. (2007). *Learning in adulthood* (3rd ed). San Francisco: Jossey-Bass. 기영화, 홍성화, 조윤정, 김선주 공역 (2009). 성인학습론. 서울: 아카데미프레스.

Mezirow, J. (2000). Learning to think like an adult: Core concepts of transformation theory. In J. Mezirow & Associates, *Learning as transformation: Critical perspectives on a theory in progress* (pp. 3-33). San Francisco: Jossey-Bass.

Penland, P. R. (1979). Self-initiated learning. *Adult Education*, 29, 170-179.

Rubenson, K. (1998). Adults' readiness to learn: Questioning lifelong learning for all. *Proceedings of the Adult Education Research Conference, No. 39*(pp. 257-262). San Antonio: University of the Incarnate Word and Texas A&M University.

Spear. G. E. (1988). Beyond the organizing circumstance: A search for methodology for the study of self-directed learning. In H. B. Long & others, *Self-directed learning: Application and theory*. Athens: Department of Adult Education, University of Georgia.

Tennant, M. C. (1991). The psychology of adult teaching and learning. In J. M. Peters, P. Jarvis, & Associates (Eds.), *Adult Education: Evolution and achievements in a developing field of study* (pp. 191-216). San Francisco: Jossey-Bass.

Tough, A. (1971). *The adult's learning projects: A fresh approach to theory and practice in adult learning*. Toronto: Ontario Institute for Studies in Education.

Valentine, T. (1997). United States of America: The current predominance of learning for the job. In P. Belanger & S. Valdivielso (Eds.), *The emergence of learning societies: Who participates in adult learning?* (pp. 95-108). New York: Elsevier.

제5장 평생교육의 세계적 동향

☑ 학습 목표

- 유네스코의 평생교육 활동에 대하여 설명하고 한국의 평생교육을 어떠한 방향으로 전개할 수 있을지 설명할 수 있다.
- 평생교육의 세계적 동향에 대하여 이해하고, 이론과 현장의 차이에 대하여 설명할 수 있다.
- 주요 선진국의 평생교육 정책을 한국의 평생교육 정책과 비교하고, 우리나라 평생교육 정책에 접목할 수 있는 정책 몇 가지를 제시할 수 있다.

☑ 학습 개요

지금 우리는 지난해, 지난달, 또는 극단적으로는 어제 배웠던 지식이 곧바로 구태의연한 것이 되어 버리는 환경 속에서 살고 있다. 이렇게 격변하는 환경은 사회는 물론 구성원 개개인에게도 '앎'의 답보를 허락하지 않고 지속적인 계발을 요구하게 된다. 이러한 견지에서 '평생교육'은 개인에게는 삶의 질을 결정하고 개선시켜 보다 인격적이고 만족스러운 삶을 영위하도록 하고, 사회적으로는 구성원 대부분이 조화롭고 발전되는 면모를 갖추도록 할 수 있는 불가결의 사회적 요소가 되었다. 이런 까닭에 대부분의 문명국가에서는 국민 모든 계층에서 평생교육을 이행하는 것을 가치 있는 중요한 국가적 과제로 여기게 되었다. 이러한 시대적 요구에 부응하여 평생교육을 국가 차원에서 체계적으로 구축하려는 일련의 정책적 노력들을 선진 여러 나라들에서 볼 수 있다. 평생교육의 실현은 사회 구성원인 개인의 인격의 실현과 경제의 성공, 미래를 담보하는 사회적 과제이기 때문에 각국에서의 평생교육에 관한 정책은 이를 통하여 개인과 국가 발전의 저변을 다지고자 노력하고 있다. 한편 국민들에게 교육의 수혜를 어렵게 해 왔던 기존의 많은 장애들을 없애고 각 개인의 교육 동기와 교육능력을 촉진하거나 배양하고 여러 관련 교육과정들의 수준과 질을 보장할 수 있는 기준을 확립하여 피교육자들이 쉽게 교육상품들에 접근할 수 있도록 하는 일들이 모두 평생교육이라는 미래의 개선된 교육 모델이 가능해지기 위해 선행되어야 할 일들이다. 이러한 관점에서 평생교육의 정착을 위한 영국, 미국, 독일, 덴마크, 일본 등의 주요 선진국들이 역점을 두고 추진하고 있는 평생교육 관련 정책 및 그 추진 체제들을 살펴보기로 한다.

1. 국제기구의 평생교육 활동

1) UNESCO

(1) UNESCO 설립 개관

유네스코(United Nation Educational, Scientific, and Cultural Organization: UNESCO)는 유엔교육과학문화기구다. 유네스코는 정의, 법의 지배, 인권 및 기본적 자유에 대한 보편적 존중을 고양시키며 교육, 과학, 문화를 통하여 국가 간의 협력을 촉진함으로써 세계평화의 발전에 기여하는 것을 목적으로 삼았다. 두 차례 세계대전의 참화를 겪으면서 항구적인 평화는 정치, 경제, 군사 등 물리적 힘만으로는 이룩할 수 없으며 인류의 지적, 도덕적 연대에 기초해야 한다는 공감대가 형성되었고, 교육, 과학, 문화 분야에서 국제협력을 증진함으로써 세계평화에 기여하는 국제기구를 창설하기로 뜻을 모았다. 이를 근거로 1945년 11월 16일 열린 유네스코 창설준비위원회에서 37개국 대표들이 영국 런던에 모여 「유네스코 헌장」을 채택하였다. 유네스코는 1945년 창설된 이래 지금까지 교육, 과학, 문화 분야에서의 국제규범(협약, 권고, 선언 등) 제정자, 지식과 정보의 보급자, 그리고 국제협력의 조정자로서의 역할을 수행하고 모든 이를 위한 평생교육, 인류의 번영에 기여하는 과학, 세계유산 보호와 창의성을 바탕으로 하는 문화발전, 정보와 지식의 공유를 통한 정보 격차 해소를 위해 노력하고 있다.

유네스코 조직에는 총회와 집행이사회 그리고 사무총장이 있다. 총회(General Conference)는 2년에 1회 개최되고, 유네스코의 주요 정책과 사업에 관한 중요한 방침 결정 및 예산 승인 등을 담당한다. 집행이사회(Executive Board)는 총회에서 선출하는 임기 4년의 58개국 대표로 구성되고, 1년에 2회 또는 3회(총회 개최되는 해) 개최되며, 총회가 채택한 사업의 계획 및 실시 책임이 있다. 그리고 사무국(Secretariat)에는 임기 6년의 사무총장이 있고, 사무총장은 총회에서 선출하며 임기는 6년이다.

유네스코는 2007년 현재 193개 정회원국과 6개 준회원국이 가입되어 있으며, 프랑스 파리에 본부가 있고 전 세계에 걸쳐 58개의 지역사무소와 11개의 산하기구를 두고 있다. 한국은 1950년 6월에, 북한은 1974년 10월에 유네스코에 가입하였다.

유네스코 산하에는 국제교육국(International Bureau of Education: IBE), 국제교육계획연구원(International Institute for Education Planning: IIEP), 유네스코 평생학습연구소(UNESCO Institute for Lifelong Learning: UIL), 정보기술교육연구원(Institute for information Technologies in Education: IITE), 중남미지역 국제고등교육연구원(International Institute for Higher Education in Latin America and the Caribbean: IESALC), 아프리카지역 국제능력개발연구원(International Institute for Capacity Building in Africa: IICBA), 유럽고등교육센터(Europe Centre for Higher Education: CEPES), 기술훈련교육연수국제센터(International Centre for Technical and Vocational Education and Training: UNEVOC), 유네스코 통계연구원(UNESCO Institute for Stastics: UIS)의 여섯 개 산하 연구기관과 두 개의 센터가 있다. 독일 함부르크에 위치한 유네스코 평생학습연구소(UIL)는 유엔과 유네스코 평생교육의 확산과 지원을 위한 다양한 활동과 사업을 추진하고 있다.

(2) UNESCO의 평생교육사업

유네스코 평생학습연구소(UNESCO Institute for Lifelong Learning: UIL)는 1952년 전쟁 후 독일의 교육 시스템을 개편할 목적으로 유네스코 교육연구소(UNESCO Institute for Education: UIE)라는 이름으로 설립되었다. 이후 UIE는 문해교육 및 비형식교육에서의 국제협력과 다양한 평생교육사업을 수행하다가 2007년 UIL로 명칭을 변경하였다.

UIL은 평생학습의 확산 및 지원을 위하여 유엔과 유네스코의 다양한 활동과 사업을 추진하고 있다. UIL의 주요 사업으로는 정책 연구 및 조사 활동, 세계성인교육회의(CONFINTEA), 모든 이를 위한 교육사업(Education for All: EFA), 문해교육사업(Literacy Initiative For Empowerment: LIFE), UN 문해를 위한 10년 사업(United Nation Literacy Decade: UNLD), UN의 지속가능 발전을 위한 10년 교육(United Nation Decade of Education for Sustainable Development: DESD), 새천년발전목표(Millennium Development Goals: MDGs) 등이 있다. 각 사업별 주요 내용은 다음과 같다.

① 정책 연구 및 조사 활동

UNESCO는 UIL의 평생교육 관련 정책 연구 및 조사 활동을 지속적으로 추진해 왔다. 이러한 노력이 1970년대에는 포르(Fàure, 1972) 보고서에, 1990년 중반에는 들로(Delors, 1996) 보고서에 반영되었다. UIL은 국제정책논의(International Policy Dialogue)를 통하여 국가별 정책 연구가들이 각각의 관련 사례에 대하여 발표하고 토론하는 가운데 서로의 경험을 통해 배울 수 있는 장을 마련하였다. 2007년 9월 2일부터 9월 6일까지 한국의 창원에서 UIL가 주최하고 한국교육개발원(Korean Educational Development Institute: KEDI)이 주관하여 '평생학습을 위한 효과적인 파트너십 구축(Building Effective Partnerships for Lifelong learning)'을 주제로 국제 평생교육정책 파트너십 회의(International Policy Dialogue)가 개최된 바 있다(평생교육진흥원, 2008, 해외 평생교육 정책동향 자료 시리즈 5: 46).

② 세계성인교육회의

유네스코는 1949년부터 세계성인교육회의(Conference Internationale sur l'education des Adultes, International Conference on Adult Education: CONFINTEA)를 개최하고 있다. 세계성인교육회의는 12, 13년 간격으로 성인교육, 평생학습과 관련된 세계적인 현황을 점검하고 향후 정책 방향을 논의하는 정부 간의 공식회의다. 이 회의는 덴마크 엘시노어에서 열린 제1차 회의를 시작으로 2009년 브라질의 벨렘에서 제6차 회의가 열렸다.

제1차 엘시노어 회의는 제2차 세계대전 후 유럽 재건을 위한 성인교육의 역할에 초점이 있었고, 제2차 몬트리올 회의는 평생교육이라는 용어를 공식적으로 사용하지 않았지만 기초교육 이후의 성인교육의 중요성에 합의한 분기점이 되었다. 제3차 도쿄 회의는 북미와 유럽이 아닌 제3국에서 열리게 된 것으로 이 회의 보고서에서는 통합적 평생교육체제에서의 성인교육 지위를 확립하게 되었다. 제4차 파리 회의에서는 국제성인교육협회(ICAE)가 제안한 학습권(the right to learn)을 만장일치로 채택하였고, 제5차 함부르크 회의에서는 '21세기의 열쇠가 되는 성인교육'을 주제로 평생학습의 관점에서 정부와 비정부기구, 민간부문의 파트너에 기반한 통합적이고 전체적인 성인학습의 비전을 채택하였다.

CONFINTEA는 회의 준비과정으로 국가별로 보고서를 작성하여 성인교육 현황을 발표하고 본회의에 앞서 지역별 준비회의를 개최하여 지역별 논의를 거치게 된다.

지난 세계성인교육회의(CONFINTEA) 연혁은 〈표 5-1〉과 같다.

표 5-1 세계성인교육회의(CONFINTEA) 연혁

구분	제1차	제2차	제3차	제4차	제5차	제6차
개최 연도	1949년	1960년	1972년 7월	1985년 3월	1997년 7월	2009년 12월
개최 장소	덴마크 엘시노어	캐나다 몬트리올	일본 도쿄	프랑스 파리	독일 함부르크	브라질 벨렘
참가국	25개국 총 79명 (서유럽과 북아메리카 주도. 소련 등의 공산권 국가 불참)	51개국 총 112명 (공산권 국가, 라틴아메리카, 국제기관, 비정부 사회기관 참석)	85개국, 42개 국제기구 총 400여 명 (개발도상국의 참여 증가)	전체 122개의 회원국, 비회원국, 국제협력기관 총 841명	전체 130개의 회원국, 비회원국, 국제협력기관, 협회, 비정부조직 총 1,507명	전체 155개국의 정부 · 국제기구 NGO 관계자 등 총 2,000명
시대적 배경	제2차 세계대전 직후 전쟁 경험과 사회적 여망	탈식민화	냉전	경제 상황의 악화	글로벌화	금융위기 극복

의의	성인교육 분야의 세계적인 결속과 국제협력의 계기 마련	정책목표로서 평생교육 이념의 강력한 대두	회원국의 성인교육 관계 법규 제정·정비와 각종 성인교육 활동 보급	'학습권' 선언 채택	교육권과 학습권	'실현 가능한 미래를 위한 삶과 학습 — 성인학습의 힘, 주제 채택

출처: 이희수 외(2000). 평생학습 지원체제 종합발전방안 연구 (I), p. 84에서 일부 수정.

③ 모든 이를 위한 교육

모든 이를 위한 교육(Education for All: EFA)은 세계 모든 국가는 나이, 성, 계층, 지역 등의 차이에도 불구하고 누구나 평등한 양과 질의 교육을 받을 수 있도록 하자는 취지에서 시작된 국제적 사업이다. 이 EFA를 통해서 유네스코 평생교육의 목적하는 바를 알 수 있다. 1990년 태국 좀티엔에서 '모든 이에게 교육(EFA)'이라는 주제로 열린 세계회의에서 처음 제기되었으며, 2000년 세네갈 다카에서 열린 세계교육포럼에서는 2015년까지 실천할 '모든 이를 위한 교육 다카 실천계획(Dakar Framework for Action)'이 181개국 정부대표단의 동의하에 채택되었다. UNESCO의 지도하에 4개의 국제사무소(UNDP, UNFPA, UNICEF, The World Bank)가 이 사업에 협력하고 교육목표를 위해 국제사무소, 국가의 각 부처들, 시민연대와 방송매체와 함께 국제적 협력과 노력을 동원하여 실천하고 있다.

④ 문해교육사업

LIFE(Literacy Initiative for Empowerment, 2005~2015) 사업은 비문해자가 인구의 50% 이상이거나 비문해 성인의 수가 천만 명을 넘는 국가의 문해능력을 향상시키기 위한 UNESCO 사업이다. LIFE는 UNLD 사업과 밀접하게 연관되어 추진 중이다. 2005년 10월 제33회 총회에서 마련되었다. LIFE는 35개국이 참가하고 있으며 주로 비도시 지역에 거주하는 비문해 여성의 능력 향상에 주력하고 있다. UIL은 LIFE를 통해 국가의 부처들과 NGO, 시민연대, UN 사무국, 그리고 기부금 원조국가들의 협력으로 국가별 문해지원 사업을 위한 파트너십 형성을 도모하고 있다(〈표 5-2〉 참조).

표 5-2 LIFE 참여 국가 현황

지 역	참여 국가
아시아 · 태평양	아프가니스탄, 방글라데시, 중국, 인도, 인도네시아, 이란, 네팔, 파키스탄, 파푸아뉴기니
아프리카	베닌, 부루키나파소, 중앙아프리카공화국, 차드, 콩고민주공화국, 지부티, 에티오피아, 에리트레아, 감비아, 기니아, 세네갈, 시에라리온
아랍	이집트, 이라크, 모리타니아, 모로코, 수단, 예멘
라틴아메리카 · 카리브	브라질, 하이티

출처: 김종서 외(2009). 평생교육개론, p. 327.

⑤ UN 문해를 위한 10년 사업

UNLD(United Nation Literacy Decade, 2003~2012) 사업은 EFA의 여섯 가지 목표를 달성하기 위한 전제조건이며 EFA 사업의 하나로 간주된다. 문해력은 학습을 위한 필수도구로서 모든 형태의 교육실현 조건이므로 충분한 수준의 읽기, 쓰기 능력 없이는 체계적인 학습기회를 의미 있게 활용할 수 없다. UNLD 사업은 2001년 12월 UN 총회에서 발표되었다. 이후 성인 비문해자 7억 7,400만 명과 7,200만 명의 학교 정규교육을 받지 못한 비문해 유년과 학습부진 아동을 대상으로 하고 있다. UNESCO의 LIFE와 국제적 사업 추진력을 강화하기 위해 UNLD와 LIFE의 상호연관성을 활용하여 좋은 효과를 거두고자 노력하고 있다.

⑥ UN의 지속가능 발전을 위한 10년 교육

2002년 12월 UN 총회에서는 지속가능 발전을 위한 10년 교육(United Nation Decade of Education for Sustainable Development: DESD, 2005~2014)을 채택하고 협력 주관기관으로 유네스코를 지정하였다. DESD의 목표는 지속 가능한 발전

의 원칙, 가치, 방침을 모든 학습과정에 통합시켜 전 인류의 삶의 많은 부분에 변화를 이끌어 내는 것이자 지속 가능성을 위협하는 복잡한 문제들에 대응하는 방법을 교육하는 것이다. 국제실행계획(International Implementation Scheme: IIS)은 DESD를 통해 성취할 수 있는 세부사항이 UNESCO의 지휘하에 작성된 국가 수준별 전략문서다. UIL은 평생교육의 총체적 전망을 근본으로 하여 DESD 활동을 진행하고 있으며, 문해교육, 비형식교육, 다양한 성인교육 프로그램에 지속 가능한 발전을 위한 교육의 개념이 포함될 수 있도록 노력하고 있다.

⑦ 새천년발전목표

2000년 9월 UN 총회는 새천년발전목표(Millennium Development Goals: MDGs)를 새천년선언의 일부로 채택하였다. MDGs는 인간의 존엄성과 평등성, 공평성을 기본 원리로 하고 교육, 과학, 문화 등의 혜택을 전혀 받지 못했던 기초능력을 필요로 하는 집단, 나라, 지역에 초점을 맞추어 추진한다. MDGs의 8개 목표와 18개 구체적 목표들은 유엔 차원에서 합의한 발전공조를 위한 틀이다. 새천년발전목표들 중 초등교육 제공과 교육에서의 양성평등은 모든 사람을 위한 교육(EFA)과 겹치는 부분이며 문해교육, 양질의 교육, 비형식교육 등 기초교육의 다른 측면들이 새천년목표 실현을 위한 조건으로 제시되고 있다(권대봉, 2005).

향후 유네스코의 평생교육사업 전개 방향은 '모든 이를 위한 교육(EFA)'이라는 큰 주제 속에 담겨 있다. 유네스코는 평생교육을 인간의 기본 권리로서 인정하고 모든 이들이 보다 윤택하고 평화로운 삶을 위하여 성이나 계층에 상관없이 사회적, 경제적 자유를 누릴 수 있게 하는 강력한 수단으로 본다. 유네스코는 평생교육의 실천기구인 동시에 세계 평생교육을 이끄는 선도기구다. 유네스코는 평생학습사회 구현을 위한 책임 있는 사회공헌 기구로서, 영향력 있는 지식창조 기구로서, 유효성 있는 평생교육 프로그램의 개발과 분석에 관련된 전문성을 발휘하는 평생교육 전문기구로서 역량 발휘가 요구된다. 앞으로 유네스코는 '존재를 위한 학습'을 기본 토대로 하고 기초교육에서 계속교육으로, 교육자 중심에서 학습자 중심으로, 교육권 강조에서 학습권 강조로, 형식교육에서 비형식교육과 무형식교육으로 확대하는 방향으로 전개될 것이다.

2) OECD

(1) OECD의 설립 개관

경제협력개발기구(Organization for Economic Cooperation and Development: OECD)는 경제성장, 발전도상국 원조, 무역 확대를 목표로 1960년 12월에 발족하였다. OECD 설립목적은 개방된 시장경제와 다원적 민주주의라는 가치관을 공유하는 국가 간 경제사회정책 협의체로서 경제사회 부문별 공통문제에 대한 최선의 정책 방향을 모색하고 상호의 정책을 조정함으로써 공동의 안정과 번영을 도모하는 데 있다. OECD는 발족 당시부터 교육문제에 깊은 관심을 가졌으며 회원국들의 교육 정책에 중요한 영향을 미쳤다. 한국은 1996년 12월에 29번째 회원국으로 가입하였다.

(2) OECD의 평생교육 활동

개방된 시장경제와 다원적 민주주의라는 가치관을 공유하는 국가 간 경제사회정책 협의체로서 OECD는 1973년 미래 교육을 위한 정책문서로 「순환교육: 평생학습을 위한 전략(Recurrent Education: A Strategy for Lifelong Learning)」을 발표하고 OECD 부속연구기관인 교육연구혁신센터(Center for Education Reserch and Innovation: CERI)의 전문가와 학자들이 순환교육 이론과 실천 방안을 개발하였다.

OECD는 1973년 UNESCO의 평생교육 이념을 보다 현실적으로 구현하기 위한 실천적 교육정책을 제안한 OECD의 1973년 순환교육을 발표하였다. 당시 순환교육이 제창된 배경은 ① 교육은 팽창하였으나 예상과는 달리 사회평등에는 별 다른 기여를 하지 못하였으며, ② 급속한 사회 · 경제적 변화로 인하여 개인들은 그에 적응해야 하기 때문에 계속교육이 필요하며, ③ 형식적인 학교교육과 경험에 의한 학습 간의 괴리로 인하여 어떤 형태로든 탈학교 교육이 필요하며, ④ 순환교육이 청소년층에 과도하게 집중되어 있는 교육기회를 재분배함으로써 청소년층과 장 · 노년층 간의 교육 격차를 줄이는 데 기여할 것 등에서였다(이희수, 2005).

1996년 파리에서 열린 OECD 교육위원회에서는 21세기의 평생학습이 모든 사람에게 필수적이며, 또 그 기회가 모두에게 부여되어야 한다고 선언한 바 있다. 2001년 파리에서 열린 OECD 교육부장관회의에서는 '모든 이를 위한 능력개발에의 투자(Investing Competencies for ALL)'를 주제로 삼았다. OECD 교육부장관들은 지식사회에서 요구되는 직업 기술과 능력의 함양은 모든 이를 위한 평

표 5-3 유네스코와 OECD의 비교

	UNESCO	OECD
이념적 지향성	• 주요 이념: 이상주의 학습사회론, 인간중심 평생교육론 • 핵심 모토: 모든 이를 위한 교육 (Education for All) • 핵심 주제: 존재를 위한 학습 (Learning to Be) • 주요 회의: 세계성인교육회의	• 주요 이념: 경제주의 학습경제론, 전략적 인간자원개발론 • 핵심 모토: 모든 이를 위한 평생학습 (Lifelong Learning for All) • 핵심 주제: 평생학습 전략, 순환교육 (Recurr ent Education) • 주요 회의: OECD 교육장관회의
이론적 배경	• Lengrand: 새로운 평생교육 패러다임 • Paure's : Learning to be • Delor's: Learning: the treasure within	• 인간자본론 (human capital theory) • 사회자본론 (social capital theory)
관심 영역	• 교육기회의 확장: 기초교육 → 계속교육 • 교육 내용과 주도권의 확장: 교수자 공급중심 → 학습자 선택중심 • 교수-학습 메커니즘의 확장: 형식교육 → 비 · 무형식교육	• 평생에 걸친 직업능력 개발 • 인적 자본과 사회적 자본 개발 • 일과 학습의 연계 모델 • 투자로서의 평생학습정책

출처: 한준상(2003). 유네스코한국위원회 평생학습사회 정책포럼 자료, p. 28에서 일부 수정.

생학습 전략이 무엇보다도 중요하다는 것을 확인하였다.

결국 OECD의 평생학습 전략은 개인과 국가 모두가 배움을 통한 직능개발을 통해 삶의 질을 높이고 일자리를 얻는 데 도움을 얻을 수 있으며, 국가는 평생학습을 통해 경제성장과 사회 응집력을 강화하는 공통의 가치를 창출하는 것으로 보고 있다. 유네스코와 OECD의 차이는 〈표 5-3〉과 같다.

2. 주요 선진국의 평생교육 동향

여기에서는 평생교육 선진국이라 할 수 있는 영국, 미국, 독일, 덴마크, 일본 등 5개국의 평생교육 발전과정을 소개한다. 역사적 맥락은 다르지만 이들 국가의 발전 경험과 평생교육에 대한 근대적 의미의 생성과정을 살펴보고 그들의 경험으로부터 우리나라가 접목할 수 있는 것이 무엇인지를 고찰한다.

1) 영국

(1) 관련법 개관

영국은 1944년에 제정된 「교육법(Educational Act)」을 통하여 전체 교육체계 내에 계속교육의 근거조항을 처음으로 마련하였다. 또한 1946년 「성인교육규정(Adult Education Regulations)」의 제정 이후 1975년 「계속교육규정(Further Education Regulation)」을 제정하면서부터 유네스코의 평생교육정책과 OECD의 순환교육 정신을 반영한 법 정비가 이루어져 다양한 형태의 성인교육 사업이 전개되고 있다. 이어 1988년 「교육개혁법(The Education Reform Act)」, 1992년 「계속·고등교육법(Further and Higher Education Act)」, 2000년 「학습기술법(Learning and Skills Act)」 제정을 통해 계속교육 개념이 분명해지고 체제가 정비되었다. 1988년 「교육개혁법」 조항에서는 "계속교육이란 의무교육 연령이 넘은 이들을 위한 전일제 혹은 정시제 교육과 조직적인 여가활동으로 고등교육은 여기에서 제외된다."고 규정함으로써 고등교육 수준에서 계속교육을 담당하였던 폴리테크닉(Polytechnic)을 계속교육에서 제외시켰으며, 이에 계속교육은 지방교육당국(LEA)에 의하여 설치 · 운영되는 기관에서 실시하는 모든 형태의 학교 후 교육(post-schooling)을 의미하게 되었다. 그리하여 대부분의 폴리테크닉은 유니버시티로 개칭되었고, 계속교육과 관련해서 컬리지에서의 학습과 직장에서의 업무를 연결시키는 산학연계과정(sandwich course)과 유급교육휴가(release)제도가 탄생한다. 한편 영국 정부는 학습의 시대에 대한 각계의 반응을 종합적으로 검토하여 1999년 6월 교육백서(White paper) 「성공을 위한 학습(Learning to Succeed: A New Framework for Post-16 Learning)」을 발표하였다. 이 백서에 기초하여 2007년 7월 「학습 · 기술법(Learning and Skills Act)」이 제정되었다. 이는 평생학습을 위한 법적 기초를 마련하고, 인적 자본의 역할이 극대화되는 지식기반 사회에서 경쟁력을 확보하기 위해 평생 인적자원개발을 체계적으로 추진하는 준거가 되었다(배석영 외, 2007).

영국의 평생학습체제 구축의 기반이 되고 있는 1980년대 말 이후의 평생학습 관련법의 정비와 함께, 1990년대 말부터는 1998년 「학습의 시대(Learning Age)」와 「성공을 위한 학습(Learning to Succeed)」, 2001년 「21세기에 요구되는 성인의 기술(In Demand: Adult Skills in the 21st Century, 2001)」, 2003년 「21세기 기술: 우리의 가능성 실현(21st Century Skills: Realizing Our Potential)」, 2006년 「세계 일류의 숙련(Further Education: Raising Skills, Improving Life Changes)」 등 평생학습 관련 보고서가 계속해서 발표되고 있다.

(2) 담당기구

① 혁신 · 대학 · 기술부

영국 교육을 총괄적으로 담당하는 정부기구는 노동당 집권 후 교육과학성(Department for Education and Science: DES)으로부터 교육고용부(Department for Education and Employment: DfEE), 교육기술부(Deparment for Education and Skills: DfES)로 그 명칭이 바뀌었다. 그러다 2007년 6월 Gordon Brown 총리 내각이

들어서면서 교육기술부를 '아동 · 학교 · 가족부(Department for Children, Schools and Families)'와 '혁신 · 대학 · 기술부(Department for Innovation, Universities and Skills)'의 두 개 부처로 분리되었다. Brown 내각의 정부 부처인 혁신 · 대학 · 기술부는 모든 사람에게 균등한 교육기회를 제공함으로써 개인이 자신의 능력을 최대한 발휘하여 자신의 삶과 직업을 영위해 나갈 수 있도록 돕는다는 것을 목표로 하면서 지금까지의 '인재개발' 중심의 평생교육정책을 보다 강화해 나갈 것으로 전망된다.

② 학습기술협의회

대학교육을 제외한 16세 이후 교육 · 훈련에 대하여 2000년까지 계속교육재정위원회(Further Funding Council: FEFC), 산업훈련위원회(Training and Enterprise Council: TECs) 및 지방교육당국(LEAs)이 분담하여 기획하고 공공재정을 지원해 왔다. 이 분담체계는 각기 다른 정부기관에 의해 설립되고 관장되기 때문에 복잡하고 국민들의 평생학습을 효율적으로 지원하는 데 한계가 있다는 지적이 있었으며, 관료주의로 인한 폐해가 나타나고 각 기구 간의 유기적인 협력이 구조적으로 어려웠다. 이와 같이 기존 기구들 간의 문제점을 근본적으로 개혁하기 위하여 영국 정부는 2008년 8월에 제정된 「학습 · 기술법(Learning and Skills Act)」에 근거하여 학술기술협의회(Learning and Skills Council)를 설립하였다. LSC는 공공재정을 집행하지만 정부기관이 아닌 공공기구(non-departmental public body)이며, 대학교육을 제외한 모든 교육 및 훈련 기관에 대한 정책의 기획과 재정지원을 총괄하는 중추적인 역할을 담당하고 있다. LSC는 FEFC가 담당했던 계속교육, TECs가 담당했던 직업 현장에서의 훈련, 그리고 LEA가 관장해 왔던 성인들의 인문교양교육 모두를 수임하여 관장하고 있다. LSC는 2006년과 2007년 예산 규모가 10.4조 파운드(약 22조 원)에 이르러 5백만 청소년 및 성인에 대한 교육 · 훈련을 총괄하는 막강한 권한과 책임을 동시에 가진다. LSC 산하에는 성인학습위원회(Adult Learning Committee)와 청소년학습위원회(Young People's Learning Committee)를 두어 청소년 및 성인 교육의 기회 제공과 효과적인 재정

지원에 관한 자문을 구하도록 한다. 이 기구는 위원장과 정부부처인 아동·학교·가족부와 혁신·대학·기술부 장관이 임명하는 15명 내외의 인사로 구성되었다. 이 위원회는 청소년과 성인의 요구, 미래의 노동시장 및 기술 변화를 파악할 수 있는 능력을 갖춘 인사들로 구성되고 있다. 이 외에도 평등과 다양성 위원회(Equality and Diversity Committee)와 자본위원회(Capital Committee) 등과 같은 집행을 위한 위원회들이 중앙위원회를 구성하였다. LSC는 8개 권역의 약 100여 개 지역 네트워크를 구축하여 운영되고 있다.

(3) 주요 정책

① 국가자격제도

국가자격제도(National Qualification Framework: NQF)는 기술자격인 직업자격구조를 고등교육 자격인 국가직업능력구조에 맞추어 하나로 통합하여 인증하려는 것이다. 영국 정부는 2004년부터 직업자격체계와 기존의 학력체계(중졸, 고졸, 대졸 등의 학력)를 연계시켜 직업능력과 학력을 단일 국가자격구조 체제로 구축하였다. 영국의 자격제도는 크게 고등교육 자격수준구조(Framework for Higher Education Qualification Levels: FHEQ)와 국가자격구조(National Qualification Framework: NQF)의 두 가지로 구분된다.

1996년 「16~19세를 위한 자격제도 검토(Review of Qualifications for 16~19 years old) 보고서」에서는 16~19세 청소년에게 적용되는 국가자격체계의 개선을 주장하였고, 그 후 16세 이후 일반 학습자에게도 국가자격체계에 통합하여 수여되거나 인증되는 학업능력과 직업능력을 구조적으로 연계할 필요가 있다고 제안하였다. 1997년 「교육법(Education Act)」이 공포되었고, 이 제안을 실행하기 위하여 1997년 10월 국가직업자격위원회(NCVQ)를 학교교육과정평가원(SCAA)과 통합하여 자격 및 교육과정원(Qualificational and Curriculum Authority: QCA)을 신설하고 국가자격 인증체계를 혁신적으로 개편하였다. 이 국가자격 인증체계의 목적은 교육·훈련에 대한 접근을 통하여 동기와 성취를 높임으로써 국제경쟁력 강화, 더 높은 수준의 자격을 얻을 수 있는 통로를 이해시킴으로써 평생학습 증진, 학습자의 모든 요구에 부응하는 동시에 다양한 자격의 중복을 배제, 국가 자격의 성실성과 적합성에 대한 신뢰 증진 등이 있다. 한편 유럽연합은 직업교육과 고등교육의 연계를 위해 평생학습을 위한 유럽자격체계(European Qualification Framework for Lifelong Learning: EQF)도 도입하였다(김종서 외, 2009).

② 산업대학

산업대학(University for Industry: UfI)은 1997년 영국 정부의 교육 녹서인『학습의 시대(Learning Age)』에서 제안된 것으로 1999년 제정된「학술 · 기술법(The Learning and Skills Bill)」에 근거하여 2000년 10월 새로운 형태의 학습기관으로 설립되었다.

영국은 역사적으로 엘리트 양성 위주의 교육정책을 펼쳐온 이유로 미국이나 유럽 국가들과 비교하여 국민들의 평균 교육연수가 짧고 고등교육의 기회도 제한되어 있었다. 1981년 당시 영국의 고등교육 해당 연령 인구(18~20세)의 취학률은 29.7%(2000년 46%)에 불과하였으며, 계속교육 부문(non-university sector)에 재학 중인 학생은 전체 고등교육기관 학생 74만 5,000명의 46.4%에 해당하는 34만 6,000명이었다(평생교육진흥원, 2008: 18). 따라서 영국 정부는 이러한 학습의 장애를 제거하고 노동시장의 요구와 개인의 학습수요를 촉진시킬 목적으로 UfI를 설립하였다. UfI는 온라인학습과 학습자에 대한 정보 제공을 위해 온라인 네트워크인 '런디렉트(Learndirect)'를 통하여 이루어진다. UfI는 학습자가 가까운 런디렉트의 서비스에 쉽게 접할 수 있도록 스포츠센터, 회사 내, 지역사회센터, 도서관, 계속교육대학, 쇼핑센터, 축구클럽, 기차역 등에 설치하여 운영되고 있다. 학습자는 전화, 편지, 팩스, 웹 사이트에서 모든 학습 관련 정보에 관한 서비스를 받는다. 2008년 현재 잉글랜드와 웨일즈 전역에 690개의 런디렉트 학습센터가 설치되어 있으며, 2007년 한해 약 250만 학습자가 680만 개의 런디렉트 강좌를 수강했다. 전 교과목의 약 75%는 온라인으로 제공되었다(김종서 외, 2009).

③ 개인학습계좌

개인학습계좌(Individual Learning Accounts: ILA)는 2000년 9월 잉글랜드 지역에서 처음 실시되었다. ILA는 저소득층의 학습자들을 위하여 민간·공공 파트너십으로 Ufl 후원을 통해 조달된다. 기업이 근로자의 학습을 위하여 Ufl를 사용하면 훈련기업협의회(Training and Enterprise Councils: TECs)의 지원을 받을 수 있다. 개인(19세 이상)이 금융기관에서 제공하는 학습계좌를 개설하면 정부가 훈련기업협의회 재원으로 최대 150파운드를 지원하고 개인은 25파운드를 부담한다. 학습자들은 개인학습계좌를 활용하여 학교의 전일제 강의와 고등교육 강의 등을 제외한 광범위한 학습 프로그램에 등록할 수 있다. 잉글랜드 정부는 100만 개의 학습계좌를 지원하였다(김종서 외, 2009). 그러나 이 개인학습계좌제도는 교육을 실시하는 기관들이 개인학습계좌를 개설하여 수강한 것처럼 허위로 정부지원금을 타내는 사기행각 때문에 시행 1년 만에 중단되었다. 잉글랜드 지방에서는 2007년부터 일부 지역에 학습계좌제가 다시 시범 실시되고 있다. 스코틀랜드 지방에서는 연간 최대 200파운드를 지급하는 학습계좌제를 2004년부터 시행하고 있으며, 2008년 1월 현재 약 9만 개의 계좌가 개설되어 있다(이황원, 2008).

2) 미국

(1) 관련법 개관

미국의 평생학습은 곧 성인교육이라고 할 수 있다. 성인교육제도는 연방법에 의해 발달하였다. 1914년 「스미스-레버법(Smith-Lever Act)」, 1917년 「스미스-휴즈법(Smith-Hughes Act)」, 「스미스-뱅크헤드법(Smith-Bankhead Act)」을 제정하여 각각 농촌발전을 위한 대학의 참여, 성인교육을 위한 공립학교의 사용, 성인의 직업교육제도의 발달을 이루었다.

1944년에는 제대군인의 재적응을 돕기 위한 「전역군인적응법(Servicemen's Readjustment Act)」, 1962년 「인력개발 및 훈련법(Manpower Development and

Training Act)」, 1966년 성인교육의 법적 기초를 마련한 「성인교육법(Adult Education Act)」에 이어, 빈곤과 성인 기초교육 지원을 위한 「경제기회법(Economic Opportunity Act)」, 1976년 「평생학습법(Lifelong Learning Act)」이 각각 제정되었다. 이들 법은 많은 성인교육기관을 탄생시키고 하위계층의 성인 기초교육 수준 향상 등 미국의 성인교육에 직간접적으로 영향을 미치게 되었다. 미국 정부는 「평생학습법」이 1980년 「고등교육법」 개정으로 폐지되자 1991년 문해교육과 성인 기초교육 강화를 위한 「문해교육법(National Literacy Act)」을 제정하였다. 1998년에는 「성인교육법」이 폐지되었고, 「직업능력투자법(Workforce Investment Act)/성인교육 및 가족문해교육법(Adult Education and Family Literacy Act)」 제2장으로 통합되었다(평생교육진흥원, 2008). 현재 미국 성인교육의 근간이 되는 「직업능력투자법/성인교육 및 가족문해교육법」은 매년 연방기금을 지원받는 4,000개 이상의 주정부, 기초자치단체, 지역사회 등 산하기관에게 연방정부의 지침 역할을 하고 있다. 한편 「고등교육법(Higher Education Act)」에서는 고등교육을 받으려는 성인들에게 교부금 등을 지원하게 되어 있으나 금액이 충분하지 못하고 출석요건을 정하고 있어 제한적이다. 또한 「납세자 조세감면법(Taxpayer Relief Act)」에서는 성인에 대한 평생학습을 촉진시키기 위하여 생애학습 조세감면 크레딧(Lifetime Learning Tax Credits: LLTC)을 지원하도록 되어 있는데, 이 역시 법의 엄격성 때문에 성인들이 충분하게 지원받지 못하고 있다. 이 밖에 「빈곤가구 한시부조법(Temporary Assistance to Needy Families Act)」에서는 공적인 보조를 받지 않고 직장을 얻도록 연방정부가 주정부를 지원하는 정책도 명시하고 있다.

(2) 담당기구

미국의 성인교육 추진체제의 경우 국가 및 지방의 평생교육 전담기구가 없지만 연방정부와 주정부의 행정부서가 평생교육정책을 지원하고 실행한다. 연방정부는 법령에 의거해 주정부의 성인교육정책을 지원하고, 주정부는 지방의 기관 및 단체들과 함께 평생교육정책을 기획하고 집행한다. 미국의 성인교육 추진체제를 살펴보면 다음과 같다.

연방정부의 성인교육 관련 직접적인 부처는 교육부(Department of Education)다. 교육부에는 직업성인교육국(Office of Vocational and Education), 중등후 교육국(Office of Postsecondary Education), 도서관 서비스국(Office of Livrary Services)이 있다. 직업성인교육국은 주의 성인교육 프로그램을 확인하고 연방의 기금을 배부하는 책임을 지며, 「성인교육 및 가족문해법」에 명시된 '국가적 리더 활동(national leadership activities)'을 수행한다. 직업성인교육국에는 성인교육 및 문해교육과와 직업기술교육과가 있다. 중등후 교육국은 중등 이후의 성인교육을 직간접적으로 지원하고 있으며, 특히 소외계층 성인의 형식·무형식교육에 대한 지원을 담당한다. 도서관 서비스국은 국 산하에 박물관과 도서서비스원을 두고 도서 서비스 및 기술법에 의거한 연방기금을 배분하며, 도서서비스의 확대와 도서 프로그램 지원을 담당한다. 한편 연방정부의 성인교육 관련 간접적인 부처는 노동부(Department of Labor)와 후생부(Health and Human Services) 등이다. 노동부는 「직업능력투자법(WIA)」에 근거하여 직업 관련 기술훈련 또는 직업준비훈련에 참여하는 성인의 직업훈련 활동을 위하여 기금을 지원하고 있다. 후생부는 모든 헤드스타트(Head Start) 프로그램들이 빈곤가정들에 대해 문해교육 서비스를 제공하도록 하고 있다.

미국의 성인교육 지원체제는 주별로 다르다. 펜실베이니아주를 보면, 교육부 산하의 성인기초 및 문해교육국(Bureau of Adult Basic and Literacy Education)에서 성인교육을 지원한다. 펜실베이니아주는 성인교육과 직업교육을 위하여 여섯 개 지역으로 구분하여 지역별 허브(Hub) 기관을 두어 각 지역 내 기관 및 단체들의 네트워크를 구축하고 행정 및 재정을 지원하고 있다.

(3) 주요 정책

① 문해교육 프로그램

미국의 AELS(Adult Education and Literacy System)는 「직업능력투자법/성인교육 및 가족문해교육법(WIA/AEFLA)」에 근거하여 운영된다. 이에 사용되는 기금은 연방정부가 전부 또는 부분적으로 지원하고 있다. 문해교육은 소외계층(disadvantaged individuals)의 성인학습 활동에 초점을 둔다. 소외계층은 전국성인 문해력평가(National Assessment of Adult Literacy)에서 '기초 이하(below basic)'의 문해력을 지닌 자를 말하며, 문해교육은 중등학력을 가지지 못한 사람, 외국인으로서 영어를 공부하는 사람, 그리고 국민으로서 문해력을 향상시키려는 16세 이상인 자에게 제공된다. 성인기초교육제도(AELS)로 제공되는 문해교육 프로그램은 성인기초교육(Adult Basic Education: ABE), 성인중등교육(Adult Secondary Education: ASE), 영어문해교육(English Literacy: EL)을 제공하고 있다.

② 성인학위제도

미국에서 학위수여는 대학의 고유 권한이다. 미국 대학에서 성인학위제도(Adult Degree)는 평생교육 개혁 차원에서 대학들에 의해 널리 수용되고 있다. 미국 대학의 성인학위제도에는 확장교육학위, 성인학위, 대학평가학위, 교외학위의 네 가지가 있다(배석영 외, 2007). 그 종류별로 살펴보면 다음과 같다. 먼저 성인 학생들이 직접 출석이 어려울 경우 접근하기 쉬운 장소나 시간에 필수과목과 선택과목을 이수하여 학점을 이수하면 학위를 주는 확장교육학위(Extension Degree) 제도가 있다. 또한 성인은 젊은이와 학습발달에 있어 뚜렷한 차이가 있다는 전제하에 입학 허가부터 교수법, 평가방법까지도 완전히 다른 형태의 학위인 성인학위(Adult Degree), 학점인정제도하에 학습습득 능력의 평가와 논증에 의해 수여하는 학위인 대학평가학위(Assessment Degree), 그리고 대학에서 시험 외에도 다양한 수단에 따라 학생들의 학업성취도를 평가하고 그에 합당한 학점을 인정하고 학위를 수여하는 교외학위(External Degree) 제도가 있다.

③ 노인 및 은퇴자 교육

미국은 노인이나 은퇴자들이 개인이 필요로 하는 교육에 참여할 수 있는 다양한 교육제도를 갖추고 있다. 미국의 노인인구는 2030년에 지금보다 2배 이상 증가할 것으로 전망된다. 한편 베이비붐 시대에 태어난 사람은 2012년에 66세가 되는데, 그 수가 7,600만 명으로 추정됨에 따라 그들의 갑작스러운 퇴직으로 인한 취업인력의 부족이 우려되고 있다(평생교육진흥원, 2008).

노인 및 은퇴자 교육과 관련해서는 대학이 지역사회 노인들의 요구를 반영하여 설립한 은퇴자 학습기구(Institute for Learning in Retirement), 노인들이 10대 청소년들의 멘토가 되거나 컴퓨터를 함께 배우는 등 다른 세대들과 함께 학습공동체 구축을 시도하는 세대간 교육 프로그램(Intergenerational Program), 학습의 기회를 가지면서 동시에 여행을 즐길 수 있는 노인을 위한 엘더호스텔 교육 프로그램(Elderhostel Program) 등이 있다.

④ 전역군인의 은퇴 및 직업 교육

미국 국방부는 전역군인들에게 은퇴 및 직업 교육을 직접적으로 실시하지 않는다. 실제 교육·훈련 프로그램은 보훈부(Department of Veterans Affaires)에서 운영하고 있다. 연방정부의 보훈부는 퇴역군인을 위하여 직업재활교육과 특별한 전문훈련을 지원하며 실시하고 있다. 보훈부의 퇴직서비스국(Retirement Services Office)은 퇴역을 앞둔 군인과 퇴역군인, 그 가족들을 위한 정보 제공처다. 퇴역군인들은 퇴직서비스국에 방문하거나 상담을 통하여 퇴직 전후의 삶에 필요한 다양한 정보를 얻을 수 있다.

퇴역준비 군인과 퇴역군인들은「제대군인원호법(GI Bill)」에 근거하여 여러 형태의 교육에 참여할 수 있다. 퇴역군인들은 전문대학이나 대학 등에서 학비지원을 받으면서 수업을 받을 수 있으며, 트럭운전이나 미용학교 등 비학위기관의 훈련, 항공훈련, 독학·원격학습 및 인터넷훈련 지원, 창업훈련 등을 위한 교육적 편의를 제공받을 수 있다. 우리나라 제대 군인들에게도 취업 또는 직업향상 교육이 제공될 수 있는 정책의 수립에 시사점이 있다.

3) 독일

(1) 관련법 개관

독일의 평생교육은 민중교육, 성인교육, 계속교육 등의 역사적 배경을 가지고 있다. 독일 패망 이후 산업국가로의 경제발전이 순조로이 이루어지면서 민중교육에 해당하는 성인교육이라는 말이 등장하게 되지만, 성인교육이라는 용어가 정식으로 채택된 것은 독일 교육제도위원회가 1960년「독일 교육의 현황과 과제」라는 감정서를 발표하면서부터다(허혜경 외, 2007). 독일에서 평생교육이라는 용어는 1990년 중반부터 사용하게 되었는데, 독일어로 '평생'을 의미하는 'lebenslang'이라는 말에는 '종신형'이라는 특유한 어감이 내포되어 있기 때문에 다른 나라에 비하여 평생교육 용어 사용이 상대적으로 늦었다. 독일은 1947년 연합군에 의해「독일성인교육규정」이 마련되어 정신적 · 물질적 변영을 이루면서 국민의식의 현대화를 모색하였다. 독일은 100여 년의 전통 속에서 성장해 온 '국민대학(Volkshoch Schule)'을 중심으로 하여, 1969년 실업자를 포함하여 취업을 원하는 사람들을 위한 직업능력 개발훈련을 지원하기 위한「노동촉진법(Arbeitsforderungsgesetz)」이 제정되었고, 1970년대에는 주별로 지방정부 내의 성인교육 기관과 단체를 운영하고 지원하기 위한「성인교육법」혹은「계속교육법」을 시행하고 있다. 독일은 현재 바이에른 주와 바덴뷰르템베르크 주를 제외하고는「교육휴가법」과「교육비면제법(Freistellungsgesetz)」에 따라 근로자들이 1년에 5일 동안 주정부가 인정하는 계속교육기관에서 무상으로 교육을 받을 수 있으며, 사주는 교육 내용을 이유로 교육휴가를 거절할 수 없게 되어 있다. 1996년 1월「직업계속교육조성법」이 제정되어 직업자격을 취득하는 자에게도 장학금을 지급하게 되었다. 2005년부터 시행된「직업훈련법(BBiG, Vocational Training Act)」은 직업 계속훈련과 재훈련의 실행 및 적절한 조직지원, 그와 관련된 책임을 다루고 있다. 교육과 훈련에의「연방정부 지원 관련법(BaföG, The Federal Education and Training Assistance Act)」에는 의무학교 교육과 직업훈련 과정을 마친 청소년과 성인들이 대안적인 경로를 통해 아비투르(Abitur, 대학입학자격시험)를 준비하는 만학도 지원을 담고 있다(김종서 외, 2009).

2000년 리스본에서 열린 유럽연합 정상회담에서는 '2010년까지 세계에서 가장 역동적이고 경쟁력 있는 지식기반 경제공간으로 탈바꿈'이라는 원대한 목표를 천명하였다. 다음 해인 2001년에는 유럽연합위원회에서 '평생교육 공간으로서의 유럽 만들기'라는 제하의 발표문을 냈고, 2002년 6월에는 유럽연합협의회가 '유럽 평생교육 결의안'을 발표하여 리스본 정상회담의 결정에 힘을 실었다. 독일은 이 유럽연합의 결정에 신속히 대응하였고, 2004년 7월 연방정부와 16개 주정부는 평생교육 전략으로 유년부터 노년까지의 모든 삶의 단계에서 평생교육의 본질에 주목하고 비형식적 학습을 평생교육에 포섭, 학습자 주도의 평생교육, 직능개발, 평생교육의 네트워크화, 기회균등교육 등을 강조하였다.

(2) 담당기구

① 연방교육연구부

독일의 평생교육은 연방정부가 아닌 16개 주정부의 독자적 결정과 책임에 의해 이루어진다. 연방정부 차원에서의 계속교육은 일차적으로 연방교육연구부(Federal Ministry of Education and Research: BMBF)다. 연방교육연구부는 중앙서비스 부서와 7개 부서로 조직되어 있다. 7개 부서는 전략과 정책 발간, 교육연구에서의 유럽연합 및 국제적 협력 추진, 직업훈련(평생학습), 과학 시스템, 핵심기술 · 혁신을 위한 연구, 생명과학 · 건강을 위한 연구, 문화 · 지속 가능성에 대한 연구 업무로 구분된다. 성인교육 및 직업교육 업무는 연방 노동 · 사회부(BMAS, Federal Ministry of Labour and Social Affairs)와 연방 이주 · 난민국(BAMF, Federal office for Migration and Socisl Affairs)과 같은 타 부서와 연계하여 이루어진다. 연방정부와 주정부의 평생교육 사업 연계를 위해 2007년부터 주정부연합위원회(Bund-Lander Commission for Educational Planning and Research Promotion)가 구성되어, 계속교육과 관련하여 연방정부와 주정부 사이의 협력 업무를 담당한다(김종서 외, 2009).

② 독일성인교육연구소

독일성인교육연구소(Das Deutche fur Erwachsenenbildung: DIE)는 연방정부와 주정부가 50 대 50 공동 재정 출연으로 후원하는 라이프니츠 학술공동체(Wissenschaftsge meinschaft Gofffreid Wilgeim Leibniz: WGL) 소속의 독립된 기구다. 이 연구소는 계속교육에 대한 이론과 실제를 연결하는 학술서비스를 제공하고, 실천 지향적인 연구와 계속교육의 개혁적 구상을 과제로 삼고 있다.

(3) 주요 정책

① 2008년 평생학습 형성전략

독일 연방교육연구부는 2006년 5월 계속교육혁신위원회(Innovationskreis Weiterbildung)를 결성하고 계속교육과 평생교육의 미래를 위한 실현 가능한 제안을 임무로 부여했고, 그 결과 2008년 3월 독일의 평생교육 형성전략이 발표되었다. 이 제안서에는 국가와 사회가 평생교육 현장 중심에 서 있는 학습자를 평생교육의 장으로 이끌어 내어 일상과 직장에서 원하는 학습에 참여할 수 있도록 학습환경을 조성할 의무가 있음을 밝혔다. 이를 위해서 국가는 기존 계속교육의 장애 요인을 찾아 제거하고 매력적인 지원책을 강구해야 하며, 수요 중심의 지속적 직업능력의 향상을 꾀해야 한다고 하였다. 한편 43%인 형식적 계속교육에의 참여율 목표를 2015년까지 50%로 올리고, 28%인 교육 수준이 낮은 집단의 계속교육 참여율 목표는 40%까지 올릴 것을 제안하였다. 이를 위해 기업과 노조, 교육기관, 주정부와 언론사들의 공동 노력이 필요하며, 계속교육의 확대를 위한 정부의 지속적 투자가 필요하다고 하였다.

② 학습지역(Lernende Regionen)

학습하는 지역 사업은 독일 연방정부가 주도하고 주정부가 함께 추진하는 사업이다. 학습하는 지역으로는 현재 76개 지역들이 있다. 이 사업은 독일 평생교육 실현 근간이자 독일 역사상 가장 큰 규모의 평생교육 사업으로, 계속교육과 평생학습에 관련된 공적 · 사적 영역의 모든 지역 관계자들을 하나로 묶어 네트워크를 구축하여 평생교육 체계와 내용의 질적 수준과 투명성을 보장하기 위한 프로그램이다. 2000년 교육연구부가 1억 3천만 유로의 예산을 책정하여 2001년부터 실시해 온 이 사업은 2008년 9월에 마무리되었다. 전체 예산의 50%는 유럽 사회기금을 지원받았으며, 시작 단계에서부터 교육연구부와 16개 주정부들의 재정지원이 단계적으로 감소하도록 계획됨에 따라 학습하는 지역 사업이 마무리된 후에는 각각의 지역 네트워크들은 자체적으로 재원을 조달해야 한다(평생교육진흥원, 2008). 전체 프로그램의 지도는 16개 주정부의 대표와 지역사회 관계자들로 구성된 지도위원회(Lenkungsausschu)에서 이루어지며, 전체 관리는 연방정부 교육연구부의 위탁을 받아 헬름홀츠(Helmholtz) 조합의 연구기관인 독일 항공우주비행센터가 맡는다. 학술지원의 경우 초기에는 독일성인교육연구소(DIE)가 연구 컨소시엄을 맡아 프로그램의 영향과 지역 네트워크의 정착 동인을 조사하여 2006년 「지역교육 네트워크(Regionales Netzwerk)」라는 중간보고서를 발간하였다. 2005년부터는 뮌헨 소재 루드비히-막시밀리안 대학과 덴마크 컨설팅 회사 람볼 매니지먼트(Ramboll Management) 사가 학술지원을 맡았다.

이 사업은 독일의 지역 평생교육 네트워크 사업을 통하여 짧은 기간에 지역교육 인프라의 중요한 부분으로 정착되었고, 지역사회 주민들과 노동시장의 요구, 경제계 모두에게도 매우 중요하게 사용되고 있다. 2008년 9월 학습지역 사업이 마감된 이후에도 이미 결성된 지역 네트워크들을 존속시키고 지역사회 현장의 계속교육 공급구조의 개선이라는 목표를 효과적으로 수행할 수 있는 질적 관리가 필요하다.

③ 교육상여금(Bildungspramie)

노동시장의 요구에 대응하기 위해서는 직업능력 향상을 위한 자발적인 계속교육 참여가 필요하다. 또한 교육은 미래를 위한 투자라는 인식이 필요하다. 이러한 관점에서 마련된 교육상여금제도는 정부가 교육비의 일부를 지원해 계속교육의 위상과 참여율을 높이려는 시도다. 교육상여금제도에는 다음의 세 가지 종류가 있다.

첫째, 교육상품권(Pramiengutschein) 제도는 개인이 30유로 이상의 계속교육 과정의 수료 비용을 50% 부담할 경우 국가가 1년에 154유로까지를 상품권 형태로 부담하는 제도다. 이는 개인의 연수익이 1만 7,900유로 이하(기혼자는 3만 5,800유로 이하)인 경우 교육상담소에서 간단한 온라인 심사를 통해 발급받을 수 있는 제도다.

둘째, 계속교육적금(Weiterbildungssparen) 제도는 기존의「재산형성법(VermBG)」에 추가조항을 넣어 적금해약 없이 적립금을 계속교육 비용으로 사용할 수 있도록 한 제도다. 독일 적금은 보통 7년 계약이고 만기 시 높은 만기 보너스를 받게 되는데, 계속교육적금에 가입되면 만기이자 보너스를 그대로 받으면서 기존 적립액을 계속교육 비용으로 사용할 수 있도록 하는 제도다.

셋째, 계속교육대출(Weiterbildungsdahlen) 제도는 개인에게 수익의 고저와 형태에 상관없이 계속교육 참가 경비를 대출해 주는 제도다. 이는 상대적으로 고가인 교육 서비스까지도 이용 가능하며 개인 신용검사를 거치지 않고 낮은 이자율로 대출받는 제도다. 이 교육상여금은 원칙적으로 세 가지 상품을 동시에 이용할 수 있고 온라인상담만으로도 손쉽게 공적 자금을 이용할 수 있어 독일 계속교육 참여율 제고에 영향을 미치고 있다.

④ 교육휴가청구권

독일은 현재 바이에른 주와 바덴뷰르템베르크 주를 제외하고는「교육휴가법」과「교육비면제법(Freistellungsgesetz)」에 근거하여 근로자들이 산업체의 계속교육과는 별도로 1년에 5일 동안 주정부가 인정한 계속교육기관에서 무상으로 교육을 받을 수 있다. 교육휴가 기간에도 임금을 받을 수 있다. 고용주는 교육 내용을 이유로 이 교육휴가를 거절할 수 없게 돼 있다. 하지만 실제 이 제도를 이용하는 노동자는 주별로 차이가 있으나 극소수인 0.8~5%의 이용률을 보이고 있다. 그러나 낮은 참여율에도 불구하고 실제로 이 제도를 통해 계속교육을 받은 자들이 상당히 많으며, 참가자들은 대부분 교육휴가를 개인 삶의 풍요로움으로 이해해 긍정적인 반응을 보이고 있어 이 부문 역시 성인교육의 중요 측면임을 간과할 수 없다.

4) 덴마크

(1) 관련법 개관

덴마크는 1840년대부터 국민고등학교 운동으로부터 시작하여 오늘과 같은 복지국가를 건설하게 되었다. 덴마크는 국민고등학교 이외에도 야간학교, 보습학교, 도서관 등 많은 성인교육기관이 발달되어 왔다. 국민고등학교는 농민을 위하여 만들어진 교육기관이다. 보습학교는 의무교육을 수료한 14세 청소년들에게 18세까지 보습교육을 실시하며, 야간학교는 도시민을 위한 위해 만들어진 성인교육기관이다. 이어 1930년에 「야간학교법」과 1954년에 「청년학교법」이 제정되었다. 1941년에는 성인교육심의회(Danish Folkeoplysnkngs Samard)가 설립되어 성인교육기관 간 연락과 조정을 맡았으나 실제 성인교육의 중심은 교구청이나 민간단체, 조합, 개인들이었다.

덴마크의 성인교육은 통일된 법체계 없이 운영되어 왔으나, 1960년대부터 공업화에 따른 여가 증대와 사회문제들로 성인교육체제의 변화 필요성이 증대됨에 따라 새로운 형태의 성인교육 관련법이 개정 또는 제정되었다. 1960년에는 「청년학교 및 야간학교법(Act of Youth and Evening Schools)」과 「미숙련자 직업훈련법」, 1970년에는 「국민고등학교 · 보습학교 · 농업대학 및 가정과학대학에 관한 법(Action Folk High Schools, Continuation Schools, Agricultural Colleges and Domestic Science College Act)」이 제정되었다. 특히 1968년 개정된 「여가교육법(Leisure Time Education Act)」에는 민중의 계몽을 촉진하기 위한 인문교양교육, 비직업적 여가이용교육 활동에 역점을 두었다고 할 수 있다. 1989년에는 「성인교육지원법」이 제정되면서 그동안 교육 경험이 부족했던 성인들이 일을 하면서 일반교육이나 직업중심 교육을 받을 수 있게 되었다. 성인들은 자신의 필요에 따라 일반교육이나 직업교육에서 자유롭게 교육 내용을 선택할 수 있다. 법에 근거하여 노동자는 고용주와의 협의하에 근무 중 학습휴가를 받을 수 있다. 성인들이 근무기간 중 유급학습휴가를 가게 될 경우, 고용주는 정부로부터 교육지원비를 받을 수 있다.

덴마크의 평생교육에 기초가 된 법은 일반국민을 대상의 인간성 확립과 국민적 의식계발을 중심으로 한 인간교육을 목적으로 하는「여가교육법」과「국민고등학교 · 가정과학대학 · 농과대학 및 보습학교에 관한 법」이다. 특기할 만한 내용은 이 법이 정규대학과 직업기술 교육과정을 수료한 것과 동등한 상급학교 응시자격을 획득할 수 있는 교육과 신체장애인을 위한 교육에 관한 제 규정을 포함하고 있다는 점이다.

(2) 담당기구

덴마크의 교육행정은 중앙정부, 광역자치단체, 기초자치단체가 책임을 나누어지고 있다. 중앙정부에서는 교육부가 책임을 지고 있으며, 모든 교육기관은 교육부에서 제시한 교육 목표와 규칙을 따라야 한다. 그러나 교육기관별로 광역자치단체나 기초자치단체에서 관리하기도 한다(김종서 외, 2009). 고등교육과 성인교육은 중앙정부에서 운영한다. 고등교육의 경우 입학허가 절차, 학생 수의 결정 등과 같은 행정적인 부분은 교육부가 관리하고, 교육 내용에 관련된 부분은 과학혁신기술부에서 관리한다. 시민사회교육, 학력 취득을 위한 성인교육, 직업훈련과정의 성인교육 부문은 모두 교육부에서 담당한다. 직업훈련 과정의 경우 2001년 이전에는 노동부의 노동시장위원회에서 관할하였으나, 이후 성인교육 분야의 종합적이고 체계적인 관리를 위해 노동부의 직업교육 분야가 교육부로 이관되었다.

① 국민고등학교

국민고등학교(Folk Highschool)는 1944년 보급되기 시작한 성인교육의 대표적인 기관이다. 국민고등학교는 대부분 사립이며 자치적인 운영기구를 가지고 중앙정부나 지방정부의 보조를 받는다. 국민고등학교에는 기숙형 국민고등학교와 주간형 국민고등학교가 있다. 기숙형 국민고등학교는 전일제 학습자 수에 따라 정부의 지원을 받는다. 초창기 농민들을 계몽하고 교육시킬 필요가 생기면서 농민계몽운동으로 생겨났다. 그러나 점점 농민계몽의 수준을 넘어서 삶의 의미를 발견하고 삶에 대한 이해의 폭을 넓히는 데 초점을 두게 되면서 교육센터 역할과는 달리 현재는 일종의 문화센터로서의 기능을 담당하고 있다. 주간형 국민고등학교는 정부의 재정지원을 받으며 지역의 필요에 따라 다양한 교육과정을 제공한다. 교육과정은 인문교양교육 성격을 가지며, 강의식 교육방법이고 교재는 중요시되지 않는다.

② 대학 교외교육부

대학 교외교육부는 1966년 코펜하겐에 독립적인 교외확장국(Extra-mural Department)이 설치된 것을 계기로 덴마크의 고등교육기관이 각종 성인교육 프로그램을 실시하는 계기가 되었다. 대학 교외교육부는 교양교육(liberal education)과 관련된 비형식 성인교육 공개강좌를 제공한다. 코펜하겐, 오르후스, 오덴세, 올보르의 네 개 대학 도시에 교외교육부가 있고, 대학 도시 이외의 지역에도 100개 이상의 대학 교외교육위원회가 활동하고 있다. 강사료, 출장비, 행정활동을 정부가 지원하며, 2006년에는 약 14만 명이 수강하였다.

(3) 주요 정책

① 평생학습을 위한 국가적 전략

덴마크의 평생학습을 위한 국가적 전략은 2006년에 발표된 「진보, 혁신과 통합-세계 경제에서의 덴마크의 전략(Progress, Innovation and Cohesion Stratehy for Denmark in the Global Economy)」 보고서에 포함되어 있다. 이 보고서는 덴마크를 선도적인 지식사회로 만들기 위하여 경쟁력 확보와 사회적 통합을 이룩하기 위한 전략들을 제시하고 있다. 세계 최고 수준의 성인학습 참가율을 보이고 있는 덴마크이지만, 이 보고서에서는 정부가 한 사람도 예외 없이 평생학습에 참가할 것을 목표로 내걸고 있다(김종서 외, 2009).

5) 일본

(1) 관련법 개관

일본의 교육 관련법은 헌법을 최상위에 두고「교육기본법」아래에「학교교육법」과「사회교육법」이 있다. 한국이 1982년에「사회교육법」이 제정된 것에 비해, 일본은 1949년에「사회교육법」이 제정되어 이를 기반으로 평생교육 추진체제를 갖추게 된다. 1946년에 제정된 일본의「헌법」은 제26조에 "모든 국민은 법률이 정하는 바에 의해 그 능력에 따라 평등하게 교육을 받을 권리를 가진다."고 규정하고 있다. 이「헌법」조항을 근거하여 1947년에 제정된「교육기본법」제7조에서는 "가정교육 및 근로의 장소, 그 외 사회에서 이루어지는 교육은 국가 및 지방공공단체에 의해 장려되지 않으면 안 된다."고 하면서, 제2항에서는 "국가 및 지방공공단체가 도서관, 박물관, 공민관 등 시설의 설치, 학교시설의 이용 등 그 외 적당한 방법에 의해 교육목적의 실현에 힘쓰지 않으면 안 된다."라고 규정하고 있다. 그리고 1949년에 제정된「사회교육법」제1조에서는「사회교육법」의 목적을 "사회교육에 관한 국가 및 지방공공단체의 임무를 명확히 하는 것"이라고 규정하였다. 이어서 1950년에「도서관법」이, 1951년에는「박물관법」이 제정되는 등 일본의 사회교육 관련 법 체제는 1950년대에 정비되었다. 1988년 문부성의 사회교육국이 생애학습국으로 확대 개편되고 생애학습정책의 기획, 조정을 소관하는 생애학습진흥과가 신설되는 등 생애학습이라는 개념이 널리 퍼지게 된다(평생교육진흥원, 2008).

이와는 별도로 평생교육과 밀접한 관계가 있는 법에는「생애학습진흥법」과「특정비영리활동촉진법」이 있다. 1990년 제정된「생애학습진흥법」은 생애학습의 진흥을 위해 도도부현의 사업에 생애학습에 관한 기회를 종합적으로 제공하고 도도부현 생애학습심의회 사무를 정하는 등 생애학습의 진흥에 기여할 것을 그 목적으로 한다. 2006년「교육기본법」이 개정된 후 2008년「사회교육법」이 개정되었다. 개정된「교육기본법」에서는 생애학습 이념을 "국민 한 사람, 한 사람이 자신의 인격을 갈고 닦아 풍요로운 인생을 보낼 수 있도록 그 생애에 걸쳐 모든 기회에 모든 장소에서 학습할 수 있게 하며 그 성과를 적절하게 살릴 수 있는 사회의 실현을 도모하지 않으면 안 된다."고 하였다.

1998년에 제정된 「특정비영리활동촉진법」은 민간에 의한 시민활동을 지원하기 위한 법이다. 「특정비영리활동촉진법」 제1조에서는 법제정의 목적을 "특정 비영리활동을 하는 단체에 법인격을 부여함으로써 자원봉사 활동을 비롯해 시민이 하는 자유로운 사회공헌 활동으로서 특정 비영리활동의 건전한 발전을 촉진하고 그러함으로써 공익 증진에 기여하는 것"이라고 밝히고 있다. 이처럼 「사회교육법」에 기반한 지방자치단체의 공민관, 도서관과 같은 평생교육시설의 설치와 강좌 개설, 1980년대 이후 제정된 「생애학습진흥법」에 근거한 생애학습 용어의 확산과 민간교육산업을 포함한 생애학습 진흥, 그리고 1998년에 제정된 「특정비영리활동촉진법」에 의거한 민간단체의 활발한 평생교육 활동 등 공익을 추구하는 비영리 분야가 평생교육의 일환을 담당하고 있다(평생교육진흥원, 2008).

(2) 담당기구

일본 평생교육을 주관하는 중앙정부 조직은 문부과학성이며, 문부과학성의 생애학습정책국에서 주도하고 있다. 생애학습정책국에는 정책과, 조사기획과, 생애학습추진과, 사회교육과, 남녀공동참획학습과로 구성되어 있다. 생애학습정책과는 평생학습의 추진을 위한 보급, 계발, 정보 제공, 다양한 학습기회의 정비, 학습결과의 적절한 평가를 위한 행정을 펼치고 있다. 각 도에는 평생학습 거점시설로서 평생학습추진센터가 있다. 이 센터는 평생학습 정보 제공, 학습 상담체제 정비, 학습수요 파악과 학습 프로그램 연구 · 기획, 관계기관과의 연계 · 협력과 위탁사업, 평생학습 지도자의 양성 · 연수, 평생학습 성과에 대한 평가, 지역 실정에 맞는 강좌 제공, 방송대학 등과의 연계 · 협력 등을 담당하고 있다(변종임, 2005). 그리고 문부과학성 자문기관으로 중앙교육심의회가 있다. 이 심의회는 생애학습 관련 기회의 정비에 관한 중요 사항의 조사, 심의 등 사무를 담당하는데 임기 2년의 30명 내외의 위원으로 구성된다. 중앙교육심의회는 〈표 5-4〉와 같이 설치되어 있다.

표 5-4 일본의 중앙교육심의회 분과회

분과회 명칭	주요 소장사무
교육제도분과회	• 풍요로운 인간성을 가진 창조적인 인재육성을 위한 교육개혁에 관한 중요 사항 • 지방교육행정제도에 관한 중요 사항
생애학습분과회	• 생애학습에 관련된 기회의 정비에 관한 사항 • 사회교육의 진흥에 관한 중요 사항 • 시청각교육에 관한 중요 사항
초등 · 중등교육분과회	• 초등 · 중등교육의 진흥에 관한 중요 사항 • 초등 · 중등교육의 기준에 관한 중요 사항 • 교육직원의 양성 및 자질의 보유 및 향상에 관한 중요 사항
대학분과회	• 대학 및 고등전문학교의 교육진흥에 관한 중요 사항
스포츠 · 청소년분과회	• 학교보건, 학교안전 및 학교급식에 관한 중요 사항 • 청소년교육의 진흥에 관한 중요 사항 • 청소년의 건전한 육성에 관한 중요 사항 • 체력의 유지 및 증진에 관한 중요 사항 • 스포츠 진흥에 관한 중요 사항

(3) 주요 정책

① 공민관

공민관은 일본에서 중심이 되는 평생학습기관이다. 공민관은 1946년 문부성 차관 통첩인 「공민관의 설치 운영에 관해」가 나온 후부터 태동의 기미를 보이다가 1949년 「사회교육법」이 제정되면서부터 법적 근거를 가진 평생교육기관으로 설치되기 시작하였다. 「사회교육법」 제20조에서는 공민관의 설치목적을 "시정촌, 그 외 일정 구역 내의 주민을 위해 실제 생활에 맞는 교육, 학술 및 문화에 관한 각종 사업을 행함으로써 주민의 교양의 향상, 건강의 증진, 정서의 순화를 도모하고 생활문화의 진흥, 사회복지의 증진에 기여하는 것"이라고 정하였다.

공민관은 지역주민을 위하여 실제 생활에 유용한 교육 · 학술 · 문화에 관한 각종 사업을 실시한다. 주요 사업 내용은 청년학급 실시, 정기강좌 개최, 토론회 · 강습회 · 실습회 · 강연회 · 전시회의 개최, 체육 · 레크리에이션 집회 개최, 각종 단체 · 기관 등의 연락지원, 주민집회나 기타 공공목적으로의 시설 이용 등으로 규정되어 있다(김종서 외, 2009).

2005년 10월 1일 현재 공민관 시설 수 및 이용자 현황은 〈표 5-5〉와 같다.

표 5-5 공민관 시설 수 및 이용자 수

연도	시설 수	기간	이용자 수
1993년	18,339	1992년 4월~1993년 3월	219,468
1996년	18,545	1995년 4월~1996년 3월	219,958
1999년	19,063	1998년 4월~1999년 3월	221,797
2002년	18,819	2001년 4월~2002년 3월	222,677
2005년	18,182	2004년 4월~2005년 3월	233,115
증감 수			10,438
국민 1인당 이용 횟수			1.8

출처: 평생교육진흥원(2008). 해외 평생교육 정책동향 자료 시리즈 5(국제기구 편), p. 7.

② 지정관리자제도

지정관리자제도는 지방자치단체가 운영해 온 공공시설을 민간이 운영할 수 있도록 하는 제도다. 2003년 「지방자치법」이 개정되면서 실시하게 되었다. 「지방자치법」 제244조에서는 보통 지방공공단체가 공공시설의 설치목적을 효과적으로 달성하기 위해 필요하다고 인정할 때 조례에서 정한 바에 따라 법인, 그 외 단체가 해당 공공단체가 지정하는 지정관리자에게 해당 공공시설을 관리 · 운영할 수 있게 하였다.

2005년 1월에는 지정관리자제도가 평생교육시설에도 적용되는가와 관련해 문부과학성 소관부과장회의를 개최하였고, 공민관 · 도서관 · 박물관의 평생교육시설에 대해서도 지정관리자제도를 적용하여 주식회사 등 민간사업자도 평생교육시설의 관리가 가능하다는 결정을 내렸다. 「지방자치법」 개정으로 지정관리자제도는 교육시설뿐만 아니라 보육원, 장애자 시설, 고령자 시설 등에 도입되고 있다.

③ 평생학습축제

일본의 평생학습축제는 평생학습의 의의에 대한 시민의 이해를 증진하고 스스로 학습하는 의욕을 환기시키기 위한 문화운동이라고 할 수 있다. 또한 다양한 세대의 사람들이 배움의 즐거움을 느끼는 것으로 배움의 폭을 넓이도록 하는 전국 규모의 체험형 이벤트로서 1989년부터 매년 개최되고 있다.

☑ 학습 과제

1. 이 장에서 제시되지 않은 유럽 국가를 하나 선택하여 평생교육 제도와 정책을 정리해 보시오.

2. 이 장에서 제시하지 않은 중국과 호주 중 한 국가를 선택하여 평생교육 제도와 정책을 주요 선진국과 비교해 보시오.

3. 유럽 · 북미 국가와 아시아 국가의 평생교육제도를 비교 · 분석하여 유사점과 차이점을 제시하고 그 배경을 설명하시오.

4. 유네스코와 OECD의 평생교육 지원활동과 관련하여 유사점과 차이점을 비교하고, 그것이 한국의 평생교육정책에 주는 시사점을 기술하시오.

5. 유네스코, OECD 등 국제기구들의 평생교육 확산정책이 개별 국가에 어떻게 적용되는지에 대하여 사례를 들어 설명하시오.

참고문헌

권대봉(2005). 유네스코와 평생학습사회. 유네스코한국위원회 평생학습사회 정책포럼, pp. 451-475. 유네스코한국위원회.

김종서, 김신일, 한숭희, 강대중(2009). 평생교육개론. 경기: 교육과학사.

배석영, 박성희, 박경호, 황치석(2007). 미래사회를 위한 평생교육개론. 경기: 양서원.

변종임(2005). 한국의 평생학습도시 발전방안. 유네스코 평생학습정책 및 학술세미나, pp. 394-448. 유네스코한국위원회.

이황원(2008). 법적 관점에서 살펴본 평생교육론. 경기: 교육과학사.

이희수 외(2000). 평생학습 지원체제 종합발전방안 연구 (1). 서울: 한국교육개발원.

이희수(2005). 교육 패러다임의 변환 요약. 유네스코한국위원회 평생학습사회 정책포럼, pp. 91-108. 유네스코한국위원회.

평생교육진흥원(2008). 해외 평생교육 정책동향 자료 시리즈(1~5). 시리즈 1(북미, 권인탁), 시리즈 2(영국, 김가영), 시리즈 3(독일, 양대종), 시리즈 4(일본, 김윤정), 시리즈 5(국제기구, 박인주).

한준상(2003). 한국 평생교육론의 위상과 방향. 유네스코한국위원회 평생학습사회 정책포럼, pp. 21-57. 유네스코한국위원회.

허혜경, 박성열, 구병두(2007). 평생교육학개론. 서울: 창지사.

Delors, J. (1996). *Learning: The treasure within*. Paris: UNESCO.

Fàure, E. et al. (1972). *Learning to be: The World of Education Today and Tomorrow*. Paris: UNESCO.

제2부
평생교육 실천의 장

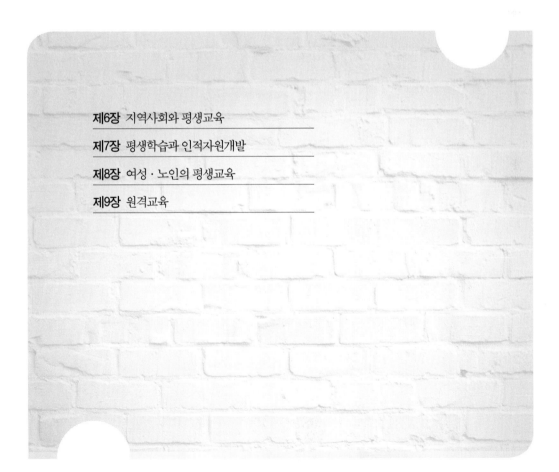

제6장 지역사회와 평생교육

☑ 학습 목표

- 지역의 의미를 이해한다.
- 지역사회에서 평생교육의 원리와 역할을 이해한다.
- 지역사회 내의 다양한 평생교육을 이해한다.

☑ 학습 개요

지역을 배제하고서는 존립할 수 없는 평생교육의 현실과 평생학습사회라는 거대한 흐름이 밀려든 지역사회교육의 새로운 패러다임 속에서 지역사회교육(community education)은 지역사회의 평생교육(community lifelong education)과 동일한 의미로 사용되는 경향이 있다. 지역사회 평생교육의 개념은 지역성, 공동체성과 함께 사회경제적 문제 해결을 통해 개인, 조직, 지역사회가 함께 성장하여 삶의 질을 향상시키는 활동이다. 지역사회 평생교육의 목적은 급변하는 사회에서 주민의 학습 요구를 충족하며 삶의 질 향상, 지역의 경쟁력 강화 측면에서의 지역사회발전, 그 핵심 가치로서 사회적 정의와 경제적 평등, 참여민주주의에 대한 책임이라는 사회적 목적을 달성하고자 하는 것이다. 지역사회 평생교육은 지역사회에서 지역발전을 위한 전략의 하나로 채택되고 있다. 지역사회 발전을 위해 지방정부와 민간부문이 협치(governance)를 통해 주민통합을 이루는 과정이 지역사회 평생학습의 과정이다.

국내외의 정치 · 사회적 흐름 속에서 지역사회는 어느 때보다도 그 중요성이 증대되고 있다. 다양한 형태의 평생교육들이 그 내용과 형식에 무관하게 지역사회 속에서 이루어지므로 지역사회는 평생교육의 토대이며, 평생교육을 진행함에 있어 지역사회를 이해하는 일은 반드시 필요하다. 특히 세계화와 맞물려 국내적으로도 지방화가 가속되고 있어 지역발전을 위한 평생교육이 지방자치와 지방행정의 맥락 속에서도 관심의 초점이 되고 있다. 한 국가에 교육받은 사람의 비율이 크면 클수록 그 국가는 더욱 강력해지고 부유해진다는 믿음과 함께 한 지역의 발전도 교육의 영향하에 있다는 확신이 널리 퍼져 있다.

지역사회가 평생교육을 배제하고 존립할 수 없는 환경이 되었듯이, 이제 평생교육 분야도 지역사회라는 공간을 담은 새로운 패러다임으로 이루어 나가야 할 것이다. 지역은 일정한 사회문화적 환경을 지닌 공간으로서 지역민들에게 생활 속에서의 무의도적 · 무형식학습을 가능하게 하며 의도적 교육 · 훈련으로서의 평생교육을 제공하는 장이다. 평생교육이 지역사회에 초점 맞추는 것의 매력적인 부분은 지역사회가 요구하는 다양성을 허용하는 것이다. 지역사회교육에 평생교육을 더함으로써 지역에서 학교 이외의 학습을 강조할 수 있고, 학습의 다양성에 대해 토론하고 발전시키며, 학습과 행동이 밀접하게 연결됨을 인식하는 기회를 가질 수 있다. 그 근원적 가치와 정책의 기준점은 지역사회교육의 그것과 다르지만, 이론적 · 실질적 수준에서 수립되고 개발되기 위한 유용한 교환에 대한 평생학습의 방법, 출발점, 목적과 함께 충분한 공동 영역이 있다.

이러한 과정에서 지역사회교육이 그 가치, 사회적 목적, 현대 위기사회의 맥락 속에서 지역사회교육의 발전에 대해 자기 비판적이고 성찰적인 특유의 인식론과 방법론을 지녔음은 고무적인 일이다. 지역사회교육에 대해 평생학습이라는 담론은 비판적이되 생산적으로 관여하며 도전적이다. 또한 평생학습은 지역사회교육을 다양화하고 급진화할 수 있을 것이다(Field & Leiceste, 2003).

1. 지역사회 평생교육의 개념과 의의

1) 지역사회 평생교육의 개념

(1) 지역사회의 개념

우리는 지역사회(community)에서 생활하면서 이웃과 접촉하고 지역사회의 공동의 문제들을 해결하는 노력을 하고 있다. 지역사회란 우리의 삶의 공간이며 정치, 경제, 문화, 교육, 행정이 이루어지는 곳이다. '지역사회'는 다양한 의미로 사용되는 만큼 정의하기 힘든 용어다. 또한 지역사회는 local community, regional community, national community, international community와 같이 그 범주에 따라 지칭하는 경우마다 다르게 이해되기도 한다.

테트(Tett, 2002)에 의하면 지역사회의 개념에는 세 가지 주요 측면이 있다. 첫째는 지리적으로 사람들이 거주하는 공간으로서의 지역이며, 둘째는 지역 활동가나 환경운동가처럼 공통의 관심과 활동을 하는 사람들에게 적용되는 관심 영역이고, 셋째는 같은 물리적 반경에 있지 않더라도 교사나 지역사회 대표처럼 보편적 정체감을 갖는 동일한 직업군에 적용되는 개념이다. 지역사회라 함은 이 장에서는 물리적으로 같은 공간 내에서의 그것을 의미하므로 세 번째 개념은 적절치 않다. 오혁진(2006)은 공동성을 강조하기 위하여 영어의 community를 지역공동체로 번역하면서, "비교적 넓은 지역에서 많은 주민들이 특정한 이념이나 신앙의 장벽을 넘어 지역의 역사와 문화에 대한 정체성을 공유하며 정치, 경제, 사회 · 문화, 교육 등 생활 전 영역에 걸쳐 지속적으로 서로 긴밀하게 상호작용하는 공동체"라고 하며 지역적 동일성, 상호작용 외에 지역에 대한 정체성을 중요한 개념적 요소로 보았다.

이상에서와 같이 지역사회의 개념은 물리적 공간의 공유, 구성원들 간의 상호작용, 공동의 유대감이라는 세 가지 요소를 포함하는 것으로 인식되고 있다. 지역사회의 개념이 전통적으로 공동성, 공동체성을 포함하고 있음에도 현대 도시사회에서는 개인주의, 익명성, 비인격성으로 인해 단순한 거주지 이상의 기능을 하지 못하고 있는 경우가 많다. 지역사회의 전통적 개념이 개인주의가 증대됨에 따라 도전받고 있는 것이다.

사회의 흐름이 빠르게 변하고 있지만 지역사회는 여전히 ① 생산, 분배 및 소비의 기능을 담당하며, ② 어려운 문제가 있을 때에 스스로 돕는 상부상조의 기능을 하며, ③ 규범에 순응토록 강제력을 행사하는 사회통제의 기능을 가지며, ④ 상호 연계로 결속함으로써 전체 사회 발전과 통합에 기여하는 사회통합의 기능을 지닌다(김남선, 2003). 지역사회는 평생교육과의 관계에서 제도, 콘텐츠, 인적자원, 형태적 활동과 함께 평생교육 활동의 다섯 가지 차원 중의 하나다. 교육과 관련하여 지역사회는 ① 개별 학습자의 자아실현의 장, ② 고유의 문화전수의 장, ③ 교육을 통한 사회화의 장, ④ 공동체 정신을 구현할 수 있는 장, ⑤ 관계 형성을 위한 상호작용의 장이다(윤여각, 이희수, 양병찬, 2004).

(2) 지역사회 평생교육의 개념

지역사회교육(community education)과 평생학습(lifelong learning)은 명백한 유사성을 가진다. 이 둘은 광범위하고 애매하며 넓은 범위의 사람들과 관점에 어필할 수 있는 '융통적' 용어다(Field & Leiceste, 2003). 지역을 배제하고서는 존립할 수 없는 평생교육의 현실과 평생교육이라는 거대한 흐름이 밀려든 지역사회교육의 새로운 패러다임 속에서 지역사회교육은 지역사회의 평생교육(community lifelong education)과 같은 의미로 사용되는 경향이 있다. 따라서 이 장에서는 지역사회 평생교육을 지역사회교육과 유사한 의미로 사용하되, 현대사회에서의 지역사회 속 평생교육 추세에 따라 지역사회 평생교육으로 명명하기로 한다.

자비스(Jarvis, 2006)는 지역사회교육의 개념을 지역사회의 실천(community action) 및 지역사회 발전을 위한 교육, 지역사회 내에서의 교육, 학교 등 교육기관 밖의 성인교육의 세 가지로 구분하되, 뒤의 두 가지는 지역사회교육의 범주이기보다는 평생교육의 범주에 속하는 것으로 보아 지역사회교육을 첫 번째 경우로 한정하여 협의로 해석하였다.

이순형(1989)은 지역사회교육을 "긍정적인 지역공동체 개념을 발전시키고, 지역사회 생활을 개선하며, 지역사회의 실현을 목적으로 지향하면서 지역사회의 과정을 발전시키고자 노력하며, 지니고 있는 지역사회의 자원을 지역의 문제 해결에 효과적으로 관련시키는 촉매기관으로서 봉사할 수 있도록 지역의 학교를 활용하는 것"이라 함으로써 학교중심 지역사회교육의 개념으로 사용한다. 주성민(2002)에 의하면, 지역사회교육이란 공동체를 형성할 수 있는 일정한 지역주민을 대상으로 지역사회의 모든 자원과 역량을 동원하여 평생교육을 통한 자기 성장의 기회를 제공하며, 지역사회의 문제를 공동의 노력으로 해결하고 충족시키는 과정을 말한다.

최근의 평생교육 흐름에서는 지역사회교육을 '지역사회를 기반으로 이루어지고 있는 평생교육'(배석영 외, 2007)으로 인식하고 있다. 김남선(2003)은 지역사회교육을 지역사회 단위에서 전개되고 있는 학교교육을 제외한 모든 체계적인 교육활동으로 정의하며, 특히 정규 학교교육과 가정교육과 같은 무형식교육도 포함하여 개념화하고 있다. 오혁진(2006)은 지역사회교육이 우리나라에서 초기의 학교 역할을 확대할 정도였다고 전제하면서, 학교교육을 벗어나 평생교육의 차원에서 지역사회를 조망하는 분명한 의미를 가지는 것으로서 지역사회 평생교육을 제안한다. 그는 지역사회 평생교육을 지역사회 운동과 유사한 개념으로 설명하면서, 일정한 지역을 중심으로 지역주민이 주도하는 것으로 지역문제 해결, 지역 정체성 확립, 공동체 의식 함양 등이 이루어지는 평생교육이라 정의한다. 곽삼근(2005)은 지역사회교육이 인간의 사회적 존재를 재인식하고, 그에 합당한 교육목적에 입각하여 현실 문제를 해결하는 방법이라고 이해하고 있다.

이처럼 지역사회교육의 개념에는 지역사회의 공동체적 성격, 지역사회의 자원 활용, 평생학습, 지역사회의 성장과 발전이라는 요소가 포함된다. 지역사회교육이란 공동체를 형성할 수 있는 일정한 지역의 주민을 대상으로 지역사회의 모든 교육적 자원과 역량을 동원하여 평생교육을 통한 자기 성장의 기회를 제공하며, 지역사회의 문제를 공동의 노력으로 찾아내고 그 문제를 지역사회의 통합적 노력으로 해결하고 충족시키는 과정이라 하겠다(김종서, 주성민, 1990). 따라서 지역사회 평생교육은 지역사회 주민들의 교육적 필요에 대비함으로써 전체 지역사회에 봉사하는 철학적 개념으로 지역성, 공동체성과 함께 지역의 사회경제적 문제 해결을 통해 개인, 조직, 지역사회가 함께 성장하여 삶의 질을 향상시키는 활동으로 개념화할 수 있다.

2) 지역사회 평생교육의 의의

가상공간의 창출과 지식기반사회의 대두라는 사회적 흐름 속에서 한편으로는 정치 · 사회적으로 지역사회의 중요성이 대두되고 있다. 특히 우리나라에서 1991년부터 시행된 지방자치제도는 지역에 대한 관심을 증대시켜 오고 있다. 지방자치는 '풀뿌리 민주주의(gross-root democracy)'의 정신에 기초한 주민의 참여를 통해 지역의 특성을 반영한 가운데 지역의 일을 주민 자신이 행할 것을 요구하고 있다. 지역사회는 국가의 부분집합이기 이전에 독립적인 유기체로서 그 역할을 다할 수 있으며, 지역은 정부나 행정가들의 행정 대상이 아닌 지역주민 스스로의 주체적 공간이 되어야 함을 요구받고 있다. 이러한 사회적 흐름에 따라 지역사회 주민은 평생교육의 필요성과 학습의 요구를 지니게 된다.

한편 지식기반사회 속에서 평생학습의 요청은 지역사회도 예외가 아니다. 기관이나 조직 중심으로 이루어져 오던 우리나라 평생교육의 흐름에서 그간 평생학습 영역에서 배제되었던 지역민의 학습 요구를 반영하며 지역발전에도 기여하는 평생교육의 역할에 관심이 증대되고 있다. 지역사회 평생교육은 지역발전을 이루는 방법의 하나로서 지역발전과 동시에 지역민의 삶의 질 향상에도 기여하는 것이다. 지역사회 전체의 종합적인 학습기회와 학습지원 서비스를 체계적으로 공급하는 동시에 일상의 생활과 활동을 유지하면서 학습기회를 계속적으로 증진시켜 나갈 수 있도록 교통체계, 주거 공간, 근로자 근로시간 등의 사회생활 기반을 학습의 중심으로 재정비하는 것이 필요하다(이희수, 2001).

프레리(Freire, 1970)는 지역사회교육의 목적에 대해 저항적 문화행동의 역동적 이론과 함께 사회적 지위를 유지하고 문화적 재생산을 유지하는 데 있어 교육체제의 이념적 기능을 비판하는 명백히 정치적인 것이라고 설명한다. 지역사회 평생교육의 사회적 목적은 더욱 문제화되고 파괴적이 될 것이 요구된다. 주요 이슈는 사회적 계층문제로 전통적 성인교육 내에 만연된 개인주의를 문제 삼으면서 지역사회에 대한 강조를 한다. 프레리에게 지역사회교육 내에서 경제적 측면의 사회계층은 중요하며 심오한 의미를 지녔다. 사회적 목적을 중시하는 교육자들은 20세기 말의 다양한 불평등의 존재와 함께 증대되는 사회적 다양성, 착취와 차별에 대해 주목하였다. 김남선(2003)은 지역사회 평생교육의 목적으로 ① 지역사회의 급속한 과학기술 변화에의 대처, ② 지역사회 주민들의 가치관 변화, 지역사회 주민집단의 역할변화, 지역사회조직의 변화, 지역사회 자체의 변화 등 지역사회 문화구조 변화에의 적응, ③ 지역사회 학교교육의 보완을 들고 있다. 그리고 오혁진(2006)은 지역사회 평생교육의 목적으로 ① 모든 주민의 학습 요구 충족, ② 지역 공동체성의 회복, ③ 지역문화 및 환경의 보호와 발전, ④ 주체적 주민자치 능력의 강화를 들고 있다.

이상의 내용들을 종합할 때, 지역사회 평생교육의 목적은 급변하는 사회에서 주민의 학습 요구를 충족하고 삶의 질을 향상시키며, 지역의 경쟁력 강화 측면에서 지역사회의 발전에 기여하고, 그 핵심 가치로서 사회적 정의와 경제적 평등, 참여민주주의에 대한 책임이라는 사회적 목적을 달성하고자 하는 것이다.

2. 지역사회발전과 평생교육

1) 지역사회발전과 지역사회개발

지역사회발전을 이해하기 위하여 사회발전의 의미를 알아보기로 하자. 사회발전이란 한 사회 내에서 개인들의 행복을 증진시키는 과정이다. 구체적으로는 물질적 풍요와 정신적 건강이라는 '삶의 질', 이러한 가치가 모든 사람에게 고루 돌아갈 수 있도록 하는 '삶의 기회', 그리고 각 개인이 보다 높은 차원의 가치를 추구하고 자기실현을 기할 수 있는 '교육의 기회'의 세 가지 가치가 증대되는 과정이다(김경동, 1979). 지역사회발전은 지역주민의 삶의 질을 향상시키는 일이지만 지역 이기주의처럼 타 지역의 침체를 전제로 하는 것이 아닌 선도적 개념이므로 결과적으로 여러 지역이 함께 발전하여 국가적 발전을 이룬다는 개념이다(윤여각, 이희수, 양병찬, 2004).

우리말의 '발전'이나 '개발'은 영어로는 동일하게 development로 번역된다. 그러나 지역사회발전은 보다 나은 상태로 발전되어 있는 정적인 개념이지만 지역사회개발은 사회·경제적으로 보다 나은 상태로 발전시켜 나아가는 역동적인 개념이다. 지역사회발전을 이루기 위해서는 지역사회개발이라는 과정을 거치게 되는 것이다. 지역사회개발은 지역사회의 총체적 변화를 통하여 국가의 발전을 이루고자 하는 것이다. UN 경제사회이사회는 1955년에 개최된 10차 회의에서 지역사회개발을 "지역사회의 경제적·사회적·문화적 제반 조건을 향상시키기 위하여 주민의 노력이 정부기관의 노력과 결합되고 지역사회를 국민생활에 결합시켜 그들로 하여금 국가발전에 충분히 공헌할 수 있도록 하는 과정"으로 정의하였다. 지역사회개발의 일반적 개념에는 욕구창출 과정을 포함한 주민의 자발적 참여, 지역사회 문제를 공감하기 위한 교육적 접근에 의한 의식화, 주민의 태도변화와 사회 운동적 성격을 포함하고 있다. 종합하면, 지역사회개발은 '일정한 지역사회 주민 개개인이 스스로 욕구를 느끼게 함으로써 나타난 지역사회의 공통적 욕구를 해결하기 위하여 노력하는 일련의 체계적인 공동활동'이라 정의할 수 있다(김남선, 2003).

지역사회개발은 사전 준비, 계획 수립, 수행, 평가의 과정으로 이루어진다. 사전준비 과정에서는 동기화와 의식화된 문제의식으로 문제를 공유하고 문제 해결을 위한 노력에 합의하는 것을 말한다. 계획수립 과정에서는 필요성을 추출하여 계획실천에 따른 문제점을 제기하고 문제의 원인 해결책을 제시한 후 수행의 우선순위를 결정한다. 수행과정에서는 주민 동기화와 의견 집약을 통해 공평한 운영관리를 하며 소분과 위원회를 조직하고 활용하여 다양하고 흥미로운 프로그램을 운영한다. 그리고 평가과정에서는 목표 달성에 대한 평가와 이후의 수행계획에 따른 측정이 이루어진다(예지각, 1985).

표 6-1 지역사회개발의 과정

	과정	내용
1	사전 준비	문제의식과 동기화, 의식화/문제 공유/문제 해결을 위한 노력 합의/계획수립 준비
2	계획 수립	필요성 추출/계획실천에 따른 문제점 제기/문제의 원인 해결책 제시/우선순위 결정
3	수행	주민 동기화와 의견 집약/공평한 운영관리/소분과 위원회 조직과 활용/ 다양하고 흥미로운 프로그램
4	평가	목표 달성/수행계획에 따른 측정

출처: 예지각(1985). 농촌지역사회개발론에서 재구성.

2) 지역사회발전을 위한 평생교육

평생교육은 지역사회에서 지역발전을 위한 전략의 하나로 채택되고 있다. 지역사회 발전을 위해 지방정부와 민간부문의 협치(Governance)를 통해 주민통합을 이루는 과정이 평생학습의 과정이다. 이러한 과정에서 행정 공무원과 지역민은 다 함께 지역발전의 주체가 된다. 지역사회 평생교육이 지역사회발전으로 직결되기 위해서는 평생교육의 과정에 지역사회를 이해하고 지역 정체성을 확립하는 내용이 포함되어야 하고, 지역의 생활과제가 평생교육의 학습과제로 전환되어야 한다. 학습과제에는 지역의 생활과제 중에서 지역의 정치, 경제, 사회, 문화 등과 연결하여 여성, 청소년, 보육, 환경 등 지역주민의 생활 속의 다양한 과제들이 포함될 수 있다.

지역사회개발을 위해 필요한 요소는 지역주민의 참여를 위한 주민 조직화와 주민교육, 지방정부의 행정 등이다. 또한 지역사회개발의 과정 자체가 주민교육의 과정이기도 하다. 그러므로 지역사회발전을 위한 평생교육 프로그램에서는 다음의 사항들이 함께 고려되어야 한다. 첫째, 지역사회의 문제점을 발견 ·

인지하여 태도 및 행위를 변화시킨다. 둘째, 주민의 공동체 의식을 향상시키는 것이어야 한다. 셋째, 소득을 향상시키는 것이어야 한다. 넷째, 생활환경의 개선과 문화시설의 확충을 이룰 수 있도록 하는 것이어야 한다(김남선, 2003).

3) 평생학습사회: 학습사회론과 학습하는 지역

교육이 사회를 발전시킬 것으로 기대됨에도 불구하고 제도화된 교육은 그 자체로 한계가 있다. 한 사회의 교육은 사회 · 정치적 한계 속에 놓여 있으므로 지역발전과 지역자치라는 정치 · 사회적 맥락에서의 평생학습의 요구와 별개로 인간 본연의 교육에 대한 요구 또한 필요하다. 이러한 관점에서 허친스(Hutchins)가 주장하는 학습사회는 급변하는 역사 속에서 인간이 인간답게 되도록 학습을 계속하는 사회다. 그것은 정치, 경제, 기술의 속박으로부터 교육을 해방하는 일이며, 바꾸어 말하면 해방된 교육이야말로 자유롭고 창조적인 인간을 만들어 내는 일이다(최혁순 역, 1986). 학습하는 사회는 성인생활의 모든 단계에 있는 모든 사람들에게 정시제의 성인교육을 제공하는 것과 더불어 학문, 성취, 인간성이 교육의 목표가 되고 모든 기관이 이러한 목표를 위해 노력하는 방식으로 가치관을 전환시키는 데 성공한 사회다. 이것은 아테네인이 성취한 사회다. 아테네인들은 인생의 모든 시기에 있는 모든 사람에게 정시제의 성인교육을 제공하는 데 있어 부분적이고 지엽적인 노력에 만족하지 않았다. 그들은 사회 구성원이 그들 각자의 능력을 최대한으로 개발하기 위한 사회를 만들었다. 아테네에서 교육은 특정한 시간과 장소, 인생의 특정한 시기에 실시하는 격리된 활동이 아니었다. 그것은 사회의 목표였으며 도시국가가 인간을 교육했다. 아테네인들은 문화, 즉 파이데이아(paideia)에 의해 교육을 받았던 것이다(최혁순 역, 1986).

OECD 국가들은 지역개발 모델로서 '학습하는 지역(learning region)'의 개념을 사용한다. 이 개념은 지식기반 경제의 도래에 대응하기 위한 지역 단위의 평생교육체제라는 관점이다. 학습지역 개념은 개인의 성장과 삶의 질 향상은 물론이고 경제적 성장과 사회통합에 이르는 종합적인 지역 재생에 그 초점이 맞추어져 논의되고 있다(OECD, 2001). 학습지역 개념은 지역의 학습공동체를 지향한다. 학습공동체는 학습을 통한 번영, 통합성, 지속 가능성을 목적으로 하는 네트워킹 학습사회를 의미한다. 학습공동체는 파트너십을 통하여 지역사회 주민의 요구를 찾아내고, 학습의 가치에 대한 관념에 있어서 문화적 변화를 가져오기 위하여 사회적 관계와 제도적 관계의 강점을 활용하고, 지역사회의 모든 부분을 포괄하는 사회적 결속, 경제적 발전을 증진시키는 방편으로 학습을 적극적으로 활용하는 공동체를 말한다(Longworth, 1999). 이러한 학습공동체는 지역 기업체 주도의 산업 혁신형, 지역사회 재생형, 이웃공동체 형성을 위한 시민교육형, 교육 · 훈련 제공 및 이용자를 위한 학습 파트너십형으로 분류된다. 지역 기업체 주도의 산업 혁신형은 지역을 위하여 주로 기업체가 주도하는 산업 단지 및 복합단지에서 혁신을 증진하려는 것을 주된 접근으로 한다. 지역사회 재생형은 현대사회와 같은 급속한 변화의 시대에 새로운 역할 또는 정체성 탐색을 목표로 시 · 군 · 구 범위에서의 종합적이고도 광범위한 재생전략을 기본 특징으로 한다. 이웃공동체 형성을 위한 시민교육형은 이웃을 위하여 형식적 학습, 비형식적 학습, 성찰적 학습을 활용하여 새로운 형태의 이웃공동체를 관리해서 시민정신의 쇠락을 막고 적극적인 시민정신을 주도하는 것을 특징으로 한다. 그리고 교육 · 훈련 제공 및 이용자를 위한 학습 파트너십형은 교육 · 훈련 제공자와 학습자를 위하여 자원, 지역사회 학습 파트너십 체제를 형성하여 협력을 증진하고 학습에의 참여를 심화시키는 것을 특징으로 한다(이희수, 2001).

4) 지역사회 평생교육자의 자질과 역할

지역사회 평생교육은 성인학습이므로 평생교육자는 성인학습과 성인학습자의 특성을 이해하는 가운데 그 역할을 수행해야 할 것이다. 노울즈(Knowles, 1990)는 지역사회 성인학습자의 특성에 대해 다음과 같이 제시하였다. 첫째, 성인이 성숙함에 따라 자아상이 자기가 설정하는 것으로 변화하므로 자아상은 변화가 가능하다. 둘째, 성인은 학습의 자원인 경험과 성장을 촉진하는 지식을 축적한다. 셋째, 성인의 학습을 위한 준비는 사회적 역할의 발달과제와 밀접하게 관련되어 있다. 넷째, 성인은 지식의 미래 응용부터 즉시 적용까지 성숙한 사람들로서 적절한 변화를 꾀하며, 학습에 있어서 주제보다는 문제에 집중한다. 다섯째, 성인의 가장 유력한 동기는 외형이 아닌 내면적인 것이다. 여섯째, 성인들은 학습의 이유와 목적을 알고 있어야 한다.

이러한 성인학습자의 특성에 따른 지역사회 평생교육자의 자질은 다음과 같다. 첫째, 학습촉진자로서 학습자의 욕구와 발달을 고려하고 자기주도성을 증진시키며 모델링, 신뢰 있는 분위기, 상호작용을 중요하게 취급해야 한다. 둘째, 프로그램 개발자로서 개인과 조직의 욕구에 알맞은 프로그램을 설계 · 실행 · 평가해야 한다. 셋째, 행정가로서 다양한 이론을 적용하고 조직발전을 고려하며 재정지원과 홍보, 예산을 효과적으로 사용해야 한다(Knowles, 1990). 이 밖에도 지역사회 평생교육자는 평생교육기관 및 사회조직을 이해하고 평생교육에 관한 사회적 추세 및 쟁점을 이해함으로써 평생교육 영역 전반에 대한 인식을 지녀야 하며, 성인학습자, 성인학습자의 참여 동기, 학습방법, 학습환경 등을 이해함으로써 성인학습자와 성인학습에 대한 인식을 갖춰야 하고, 평생교육자 자신의 다양한 배경, 전문성을 성인교육 실천에 적용함으로써 사람들과의 관계를 통한 창의적 실천에 숙달되어야 한다(Knox, 1989).

지역사회 평생교육자의 역할은 ① 상황에 맞게 예술가, 촉진가, 비판적 분석가의 역할을 하는 교수 역할, ② 프로그램 개발, 수업 설계, 프로그램 효과성 평가를 하는 프로그램 개발가의 역할, ③ 교육방법을 개발하고 학습 동기를 유발하는 인적자원 개발가의 역할을 동시에 수행하게 된다(Brookfield, 2005).

3. 지역사회 평생교육 추진체계 (국가평생교육진흥원 홈페이지)

우리나라의 법률상 지역사회 평생교육 활성화를 위한 추진체계는 중앙에 국가평생교육진흥원을 중심으로 시 · 도의 평생교육진흥원, 시 · 군 · 구의 평생학습도시, 읍 · 면 · 동의 행복학습센터로 이어지는 추진체제 및 다모아 평생교육 정보망 등의 평생교육 추진기반이 구축되어있다.

1) 지역 평생교육 활성화 사업의 목적

① 인생 100세 시대에 대비하여 지역 평생학습체제를 구축함으로써 전 생애에 걸쳐 국민의 삶의 질을 향상시키고 국민행복을 증진시킨다. 읍 · 면 · 동까지 이어지는 국가 평생교육 추진체제 완성을 통하여 모든 국민의 학습권을 보장한다.

② 평생학습자원 간 네트워크 구축, 주민의 평생학습 기회 확대 등을 통해 지역의 사회통합, 경제발전, 지속가능성 확대를 유도하는 창조적 '학습공동체' 형성을 도모한다. 마을 단위 풀뿌리 평생교육을 통한 학습문화 조성으로 지역사회 혁신과 발전을 도모하며, 경력단절 여성, 은퇴(예정)자 및 베이비붐 세대를 포함한 중 · 장년층에 초점을 두어 경제적 자립역량 강화 및 사회공헌 확대를 위한 '제2차 학습' 기회를 지원한다.

③ 지방자치단체가 주민의 평생학습 활성화를 위하여 세대별 · 계층별 맞춤형 평생교육 프로그램을 지원한다. 지방자치단체의 특성과 연계한 평생교육 서비스를 제공하여 학습형 일자리를 확대한다.

2) 지역 평생교육 활성화 사업의 추진방향

① 2014년「평생교육법」의 일부개정으로 평생교육 추진체제가 읍 · 면 · 동 단위로까지 확대되었다. 국가/시 · 도/시 · 군 · 구/읍 · 면 · 동으로 이어지는 촘촘한 평생교육 추진체제를 구축하고 운영 안정화를 유도한다. 이를 위해 국민 누구나 생활 속에서 평생학습 서비스를 받을 수 있도록 읍 · 면 · 동 단위의 '행복학습센터'를 본격 운영 및 확대를 추진한다. 또한 지역 내 평생교육기관의 기능 중첩에 따른 비효율성을 극복하고, 산재한 평생교육 자원 간 네트워크를 활성화하는 체제를 구축한다.

② 100세 시대에 대비하여 창조적 평생학습을 통한 국민행복 실현을 위해 세대별 · 계층별 맞춤형 평생교육 프로그램을 제공하고 지속적으로 관리한다. 구체적으로 경력단절 여성, 은퇴(예정)자 등 대상별 맞춤형 평생학습 프로그램 지원으로 국민 개개인의 역량 개발 및 경력단절 극복을 지원하며, 학습자에 대한 상담 지원 및 사후관리를 통한 평생학습 성과 및 만족도를 제고하는 일이다.

시 · 도 평생교육진흥원의 사업은 시 · 군 · 구 평생교육 컨설팅, 연수, 사업지원 및 공동사업 추진, 행복학습센터 운영 유관 사업, 학습동아리 활성화와 지역수요에 기반한 시 · 도 평생교육 정책 및 사업 개발 · 운영(다모아 평생교육정보망 확대, 광역 규모 취 · 창업 등 학습형일자리 창출) 등이다.

표 6-2 시 · 도평생교육진흥원 운영 현황

설립형태	시 · 도	설립/지정시기	지정 기관
법인 설립	대전평생교육진흥원	'11. 06. 13	-
	경기평생교육진흥원	'11. 12. 28	-
	광주평생교육진흥원	'15. 02. 27	-
	서울평생교육진흥원	'15. 03. 12	-
	충남평생교육진흥원	'16. 05. 31	-
	부산인재평생교육진흥원	'17. 01. 01	-
지정	충북평생교육진흥원	'11. 04. 20	충북연구원
	울산평생교육진흥원	'12. 07. 01	울산발전연구원
	제주평생교육진흥원	'12. 07. 18	제주발전연구원
	인천평생교육진흥원	'13. 05. 09	인천인재육성재단
	경북평생교육진흥원	'13. 06. 27	대구대학교
	대구평생교육진흥원	'14. 02. 20	대구경북연구원
	강원평생교육진흥원	'14. 03. 25	강원발전연구원
	전남평생교육진흥원	'14. 03. 19	전남인재육성재단
	경남평생교육진흥원	'15. 01. 01	경남발전연구원
	세종평생교육진흥원	'16. 02. 05	세종인재육성재단
	전북평생교육진흥원	'16. 08. 01	전북연구원

출처: 국가평생교육진흥원 홈페이지(2017)

4. 지역사회 평생교육의 실제

지역사회 평생교육은 지역 학습공동체를 형성함으로써 가능해지므로 지역사회 평생학습을 위해 학습공동체를 이해하는 일이 반드시 필요하다. 학습공동체란 학습을 통한 번영, 통합성, 지속 가능성을 목적으로 하는 네트워킹 학습사회를 의미한다(Longworth, 1999). 정민승(1999)은 학습공동체를 “학습자의 자발적인 의지에 입각하여 구성되며 개인의 상실된 자아, 혹은 체계의 논리에 침윤된 주체성의 복원을 목적으로 하는 조직의 형태”로 정의하였다. 학습자 간의 상호작용에 기초하는 학습공동체는 평생학습 이념의 실현기제로써 유연하면서도 강력한 역할 수행의 소임을 맡게 된다. 이는 멀리는 평생교육의 인본주의적 전통에 뿌리를 두고 있고, 가까이는 김신일 등(1995, 2001)이 강조해 온 학습자 중심주의와 맥을 함께한다. 지역사회 학습공동체는 학습동아리, 학습조직, 지역학습공동체의 세 가지 차원으로 이루어진다. 학습공동체는 학습동아리나 지역평생학습 문화를 진작시킬 것이며, 이는 곧 사회적 자본(social capital)을 강화하는 결과를 낳을 것으로 기대된다. 사회적 자본이란 개인 간의 관계, 사회적 네트워크, 그것들로부터 생겨나는 상호성과 신뢰의 규범을 말하는 것으로 지역주민의 다양한 집단참여 활동이 필수적이기 때문이다(김민호, 2001).

⊙ 지역사회	→ 지역 학습공동체(평생학습도시)
⊙ 조역사직	→ 학습조직(learning organization): 기업 등의 프로젝트 기반 학습팀, 실천학습팀
⊙ 소 집 단	→ 학습동아리(learning circle): 스터디 모임, 연구회, 동호회

[그림 6-1] 학습공동체의 세 가지 차원

출처: 오혁진(2006). 지역공동체와 평생교육.

1) 학습동아리

(1) 학습동아리의 개념과 의의

학습동아리(learning circle 혹은 study circle)란 스터디 모임, 연구회, 동호회 등으로도 불리며, 정해진 주제에 대해 학습이나 토론을 하는 자발적으로 함께 학습하는 소모임 일반을 가리킨다. 정지웅(2001)은 학습동아리가 단순히 친목 위주로 모이는 소모임과는 구분된다고 하였다. 비록 학습동아리가 소규모로 학습에 목표를 두고 시작되었지만 그 학습 내용이 사회적 호응을 받아 그 규모가 크게 확대되고 있는 성향을 보이고 있으며, 그 목적도 단순한 학습만이 아니라 거국적 사회운동으로까지 발전하는 경우가 많다고 하였다. 이지혜 등(2001)은 학습동아리에 대하여 본래 같은 지역사회에 살고 있는 사람들이 함께 부딪히는 문제에 대하여 공동의 해결방안을 찾거나 생각해 보는 이슈 위주의 토의가 중심적이며 일정한 규칙에 따른 지속성을 원칙으로 하는 소모임이라고 정의하였다. 학습동아리는 자발적 학습모임으로 상호학습 효과를 가져오며, 조력자가 필요하고, 교수자와 학습자의 역할 바꾸기에 의한 순환적 의사소통이 가능하다.

학습동아리는 지역사회 평생교육에서 중요한 의의를 지닌다. 학습동아리가 가지는 평생교육에서의 가장 중요한 의의는 우선 그것이 학습자 중심의 학습방법이라는 점이다. 기존의 학습방법들이 교수자 중심인 데 반해서 학습동아리는 학습자가 갖는 자발성과 자기주도성에 의해 학습이 이루어진다. 둘째, 학습동아리는 개인적 학습이 아닌 공동의 학습이기에 학습자들 간의 상호작용에 의해 자신의 학습 경험을 타인과 공유함으로써 학습의 시너지를 얻게 된다. 이러한 상호작용은 지식, 가치, 신념, 지역의 문제해결이나 실천의 방법 등 여러 방면의 것에 작용한다. 셋째, 참여자들은 학습동아리 활동을 통해 다른 사람과 협력하고 연대하는 것을 배우게 된다. 이 과정에서 참여자들의 리더십이 개발된다. 지역사회 평생교육에서 이 같은 의의를 갖는 학습동아리를 운영하는 경우, 구성원이나 리더가 모두 인성적으로 성숙성을 지녔을 때 목적한 바를 달성할 수 있음을 유념해야 할 것이다.

(2) 지역사회 학습동아리의 활용

지역에서 지역사회 학습동아리를 구현하려는 시도를 실체화하기 위해서는 '현실'에 기초한 새로운 접근이 필요하다. 지역사회에서의 지역사회 학습동아리에는 평생학습을 통한 인적자원개발과 사회통합뿐 아니라 사회변화를 도모할 수 있는 시민참여의 장으로서 삶 속의 실천으로서의 평생학습을 세우려는 노력이 깔려 있기 때문이다(김남선, 2003). 학습동아리가 일정한 지역사회에서 활동하는 것이라면 활동 자체가 지역 주민자치의 한 부분이 될 것이고, 밑으로부터의 민주주의를 실현하는 한 시범적 행위가 될 것이다. 따라서 지역사회 안에 많은 학습 동아리들을 활발하게 육성시키는 것이 지역사회발전을 민주적 · 효율적으로 이룩할 수 있는 지방사회의 중요한 전략이 될 수 있을 것이다. 지역사회 주민이 중심이 된 공부하고 실천하는 학습동아리는 자연스럽게 개인의 성장과 더불어 그들로 하여금 지역사회 문제에 자연스럽게 참여하게 하는 기회를 제공해 줄 것이다. 지역사회 내에 여러 다양한 동아리들이 있으면 그들을 학습동아리로 발전시켜 지역자치단체의 복지 증진을 위한 풀뿌리의 역할을 수행하도록 할 수도 있을 것이다(정지웅, 2001).

학습동아리는 학습자들이 가장 선호하는 방법이나 학습자들이 그에 적합한 자질을 갖춰야 한다. 학습동아리의 운영에는 몇 가지 전제조건이 필요하다. 즉, 구성원들의 지적 · 인격적 성숙성, 선수학습 필요, 그리고 학습 내용이 아닌 인간관계의 전문성을 가진 리더가 필요하다. 학습동아리는 리더와 구성원 모두 지적 · 인성적 훈련이 요구되며, 형식적 개방성에도 불구하고 폐쇄성을 지녔다고 볼 수 있다. 학습동아리는 평등과 민주주의 원리, 구성원의 경험 공유와 능력 발휘의 원리, 협업(協業)과 교우(交友)의 원리, 자유로운 목표 설정의 원리, 지속성과 계획성의 원리, 주체적 참여의 원리 등에 의해 움직이는 것으로 인식된다(Oliver, 1987). 학습동아리를 운영하기 위해서는 몇 가지 구성 요소가 필요하다. 첫째는 의식이다. 의식은 공동으로 조직의 목적을 재인식하기 위한 선서, 구호 낭독, 노래 부르기, 집단 명상과 같은 것들이다. 둘째는 지적 탐구를 위한 학습이다. 셋째는 구성원 간의 유대관계를 위한 교제다. 넷째는 사회를 위해 공동체의 역량을 발휘하기 위한 봉사다(오혁진, 2006).

(3) 학습동아리의 사례

▶ 사례 1: 청주시 재능기부 학습동아리

청주시는 2004년 평생학습 도시로 지정되었고 2006년부터는 평생학습동아리를 육성하기 시작하여 학습동아리가 매년 증가한 가운데 2008년의 '배움 나누기' 활동에서부터 시작되었다. 2017년 현재 470개의 학습동아리가 운영 중이며, 2018년에는 이러한 학습동아리 34개에 대한 보조금 예산이 확보되어있다. 동아리의 구성원들은 배운 것을 다시 재능기부의 형태로 이웃의 학습 소외계층과 나누면서 지속적인 학습과 실천을 강화하여 이웃과 함께 성장하는 상생학습을 해나갈 뿐 아니라 지역공동체 형성에도 기여하고 있다. 배우는 것에서 나아가 가르치게 되면서 그 과정에서 구성원들의 학습 내용도 심화되고 전문성도 강화되는 것으로 나타나고 있다. 동아리의 학습 내용은 제과 제빵, 오카리나, 미용, 논술, 자수, 서예, 컴퓨터, 가야금, 영어 등이다.

▶ 사례 2: 남원시 산내면 판소리 모임 '소리향'

(2016 행복학습센터 결과보고 & 우수사례집, 전라북도 평생교육진흥원)

남원시 산내면은 인구 2,200명 중 18%인 400여명이 귀농 인구다. 젊은 귀농인구 비율이 높고 교육적 욕구가 높은 편이나, 지리적 여건 때문에 학습 기회를 접하지 못하는 실정이다. '소리향'은 2011년에 결성되어 그간 동아리 발표회에서 여러 차례 발표해왔다. 학습활동은 농한기인 겨울에는 매주 월요일 오후 2시에 모여 두 시간정도 공부하고 있으며 겨울 외는 매주 화요일 저녁 7시에 모여 학습을 해왔다. 회원은 10명 내외로 근처에 거주하는 판소리 박도연 선생이 지도해오고 있다. 2016년에는 명창 박순천 선생을 초빙해 숙박 과정을 포함한 집중 학습을 하였고 한 여름 생태 음악회인 '모기향문화제'에 참여하여 〈수궁가〉와 〈춘향가〉의 한 대목을 발표하는 기회를 가졌다. 2016년 가을에는 경로잔치에 초대되어 발표하였는데, 이러한 행사는 과거에는 외부의 초청 가수를 초대하였으나 지역 주민이 초대된 것은 이때가 처음이라한다.

2) 평생학습도시

(1) 평생학습도시의 성립과 성격

'학습'과 '교육도시'라는 개념은 1970년대 초 이래로 시작되어 1990년대 이후부터 지방자치제가 시행되는 것과 맞물려 지역사회 변화에 큰 영향을 미치며 최근까지 존재하고 있다. 평생학습도시는 지역사회교육을 평생학습으로 구체화한 학습도시 혹은 마을이다. 평생학습도시의 개념은 Hutchins의 『학습사회론(The Learning Society)』(1968) 이후 평생학습 건설의 슬로건이 확대되어 온 것에서 찾을 수 있다. '학습하는 사회'에 대한 생각은 경기회복과 정치인들을 위한 사회, 교육위원회, 교육과 훈련에 대한 보고서, 시정책 책임자, 기업정책과 산업체의 직업훈련 트레이너에게 하나의 전제된 조언을 제공하였다.

'학습도시'라는 개념은 1992년 OECD/CERI 연구에서 처음 제시되었다. 그것은 유럽에서의 '학습도시 네트워크'의 발전에 중대한 영향력을 끼치게 되었으며, 특히 학습에 대한 풍부하고 넓고 다양한 생각들을 갖고 있는 영국인들 사이에서 발달되어 왔다(Hirsch & Mohl, 1993). OECD에서는 평생학습도시를 "도시의 학습 역량에 따른 경제적 성공이 가능한 도시"로 개념화하였고, ELLI(Europe Lifelong Learning Initiative)는 평생학습도시를 "개인의 성장을 촉진하고 사회통합을 유지하며 경제적으로 번영하기 위해 시민 모두의 잠재력을 풍부히 개발하는 사업에 모든 자원을 동원하는 도시, 마을, 지역"으로 개념화하였다. 1998년 영국의 사우스햄턴에서 열린 유럽학습도시회의(The European Conference on Lifelong Learning Cities)에서는 평생학습도시를 ① 지역공동체의 비전 제공자, ② 경제발전의 정책입안자, ③ 지역공동체 학습요구 파악자, ④ 학습성과 수월성을 인정하여 주는 자, ⑤ 시민들의 학습동기 유발자로서의 학습도시로 정의한다.

EU는 1997년 학습도시국가연합체(Europe Lifelong Learning Initiative: ELLI)를 구성하여 정책 수립에 학습전략을 반영토록 하고 있다. 교육도시에 대한 첫 국제 회의였던 1990년대 바르셀로나 도시회의에서 공표한 '학습도시'의 개념은 다음과 같은 사항을 요구한다(김남선, 2003). 첫째, 도시가 전망 있는 장소가 되기 위해서는 다양한 교육기관들을 포함한 장소가 되어야 하고, 도시는 자체로도 학습의 전달자이며, 도시 자체를 포함하여 '학습의 목적'이 되어야 한다. 따라서 도시는 이 점을 알고 변화되어야 한다. 둘째, 교육과정의 복잡성과 학습은 구체적으로 계획되어 무의식적으로, 의도치 않게도 이루어진다는 두 가지 상황의 상호작용을 알고 넓은 교육환경에 대해 이해해야 한다. 이에 따라서 교실을 넘어선 학습을 참되게 인정할 수 있다. 셋째, 학습의 계획을 통합하기 위해서, 교육에 있어 형식교육과 무형식교육 시스템의 관계 그리고 교육의 형평성에 대한 열망들을 창조하기 위해서 더 많은 가능성들을 발전시켜야 한다.

세계적인 평생학습도시 조성 운동은 OECD가 1970년대에 교육도시 프로젝트를 지원하는 데서 시작되었다고 본다. OECD의 교육도시 지원은 캐나다(에드먼턴), 유럽(고센버그, 비엔나, 에든버러), 일본(가케가와), 호주(애들레이드), 미국(피츠버그) 등지에서 이루어졌다. 이후 1992년의 고센버그 시 OECD 회의 후에 확대되었는데, 영국, 스페인, 호주, 일본, 캐나다, 미국, 남미, 아프리카 등 250여 개 회원국이 있다. 평생학습도시는 독일의 경우 2003년 기준으로 전국 22개 지역에 5년간 연 2,500마르크를 지원하고 있으며, 일본은 전국적으로 140여 개 지역을 선정하여 지원하고 있다.

(2) 우리나라의 평생학습도시

우리나라에서 평생학습도시는 학습을 통한 도시의 번영과 사회적 통합, 지속가능한 발전을 지향하는 네트워킹 학습사회를 의미한다(한국교육개발원, 2005). 개인과 관련하여 평생학습도시는 '개인의 자아실현, 사회통합 증진, 경제적 경쟁력을 높여 궁극적으로 개인의 삶의 질을 제고하고 도시 전체의 경쟁력을 향상시킬 수 있도록 언제, 어디서, 누구나, 원하는 학습을 즐길 수 있는 학습공동체의 건설을 도모하는 총체적 도시재구조화 운동'이다(한국직업능력개발원, 2006). 동시에 지역사회의 모든 교육자원을 기관 간 연계, 지역사회 간 연계, 국가 간 연계시킴으로써 네트워킹 학습공동체를 형성하려는 지역 시민에 의한, 지역시민을 위한, 시민의 지역사회교육운동이다(국가평생교육진흥원 홈페이지, 2017).

우리나라의 평생학습도시는 1990년대 초 경남 창원시가 독자적으로 조례를 제정하여 시작한 이후 김해시, 마산시, 함안군, 경기도 군포시로 이어졌고, 1999년에는 광명시가 평생학습도시를 선언하고 대전 유성구, 전북 진안군으로 이어졌다. 2001년에는 교육인적자원부의 평생학습도시 조성 사업이 시작되어 국가적 정책사업으로 본격화되었고 2017년까지 153개의 도시가 선정되었다.

평생학습도시의 목적은 지자체 및 교육청의 인적·물적 평생학습 자원을 공동으로 활용하는 지역 학습공동체를 구축하는 것, 그리고 지역사회 평생교육 시설 및 단체 간의 협력을 도모하여 지역주민의 평생학습 기회를 확대하고 교육 서비스의 질 향상을 위한 평생학습 인프라를 구축하고 붐을 조성하는 것이다. 주요 사업은 다음과 같다(한국교육개발원, 2005).

- 행·정적 추진체제 구축: 조례제정, 지방자치단체 내의 전담부서 설립, 시·도 교육청 등 유관기관과의 네트워크 구축
- 평생학습 지원 인프라 구축: 평생학습센터 설립 및 지정, 평생학습 정보지원 시스템 구축, 마을 단위 교육기관 정비
- 지역주민을 위한 평생학습 지원 사업: 우수 프로그램 지원사업, 학습동아리 지원사업, 교육 통화 사업 등

평생학습도시의 등장으로 우리나라의 교육체제도 학교교육 중심에서 평생학습체제로 전환되었다. 학교가 아닌 지역사회 전체가 교육의 장이 되었으며 지방자치제도와 맞물려 지역의 문제를 지역주민이 참여하여 스스로 해결해야 한다는 관점이 강화되었다.

(3) 평생학습도시 사례

▶ 사례 1: 전남 순천시(순천시청 홈페이지, 2018)

도·농 통합도시로서 지역공동체 의식이 약화되어 있던 전남 순천시는 2003년 9월 평생교육도시로 선정되면서 평생학습을 전 도시 차원의 정신문화 운동으로 정착시켰다. 평생학습도시 선정의 취지는 생태환경도시라는 지역 특성과 광역 광양만권 경제자유구역 지정 등으로 경제자유구역 내 외국인 학교, 국제화 교육단지 등 교육도시로서의 가능성을 발전시키고자 하는 것이었다. 행정적으로는 전국 최초로 국 단위 행정체제인 평생학습문화지원센터가 설립되었으며, 그 산

하에 평생학습지원과, 예술진흥과, 여성 능력개발과가 있다.

▶ 사례 2: 충남 금산군(금산군청 홈페이지, 2018)

충남에서 최초로 평생학습도시로 선정된 금산은 전국에서 유일하게 종합학습센터를 확충하여 7개 중앙기관과 12개의 단위사업이 통합되어 있다. 평생학습운영조례를 제정하고, 전국 최다 평생학습 인력 육성을 위해 2담당별 1평생교육사 배치를 목표로 50명의 평생학습사 확보를 추진하고 있다. 현재 금산군의 평생학습조직은 36명으로 구성되어 있다. 평생학습에 관한 대규모 행사와 주민 6,500명의 정보화 자격증 지원 등을 목표로 학습공동체 건설을 도모하는 총체적 도시 재구조화 운동이 전개되고 있다.

표 6-3 평생학습도시 조성 현황(2017.6 기준, 국가평생교육진흥원 홈페이지)

광역	평생학습도시	기초자치단체	지정연도[1]													
			'01	'02	'03	'04	'05	'06	'07	'11	'12	'13	'14	'15	'16	'17
서울	15	25	–	–	–	관악구	성북구 양천구	영등포구	강동구 강서구 마포구	–	은평구	강남구 금천구 노원구 도봉구 서문구 송파구	–	–	용산구	–
부산	13	16	–	해운대구	–	–	–	연제구	사상구	영도구	부산진구	금정구 남구 사하구 서구	기장군	–	동구	북구 중구
대구	4	8	–	–	–	–	달서구 동구	–	–	수성구	–	북구	–	–	–	–
인천	6	10	–	–	연수구	–	부평구	남구	–	남동구	–	–	서구	–	–	계양구
광주	5	5	–	–	–	–	남구	광산구 동구	–	북구	–	–	–	서구	–	–
대전	4	5	유성구	–	–	–	–	–	대덕구	–	동구	서구	–	–	–	–
울산	4	5	–	–	–	–	–	울주군	중구	–	북구	–	–	–	동구	–

경기	26	31	광명시	부천시	-	이천시	구리시 수원시	시흥시 안산시 용인시 평택시	과천시 안양시	남양주시	포천시	가평군 군포시 김포시 성남시 양주시 의왕시 의정부시 화성시	고양시 양평군 연천군	오산시	-	여주시
강원	10	18	-	-	-	-	-	삼척시 화천군	강릉시 횡성군	-	동해시	인제군 평창군	홍천군	철원군	영월군	-
충북	8	11	-	-	-	청주시	단양군 제천시	진천군	-	-	-	옥천군 음성군	증평군	충주시	-	-
충남	12	15	-	-	-	금산군	부여군	서산시 아산시 태안군	서천군 천안시	-	당진시	홍성군	예산군	논산시	공주시	-
전북	9	14	진안군	-	-	전주시	익산시	김제시 남원시 정읍시	군산시	완주군	-	-	-	-	-	부안군
전남	12	22	-	-	순천시	목포시[2] 신안 무안	-	곡성군 광양시 여수시	강진군 영암군	-	-	-	담양군	화순군	고흥군	영광군 완도군
경북	10	23	-	-	안동시	칠곡군	-	-	경산시 구미시	-	포항시	경주시 영주시	청도군	김천시	-	의성군
경남	13	18	-	-	거창군	창원시	김해시 남해군	양산시 하동군	진주시 통영시	-	-	창녕군	합천군	-	함안군	밀양시 산청군
제주	2	0[3]	-	-	제주시	서귀포시	-	-	-	-	-	-	-	-	-	-
계	153	226	3	3	5	8	14	24	19	6	8	28	11	7	7	10

1) 2008~2010년에는 신규 평생학습도시 지정이 이루어지지 않음

2) 목포시(신안,무안)는 하나의 평생학습도시로 지정되어 1개로 계산

3) 제주특별자치도는 2006년 기초자치제도를 폐지하여 시 · 군 · 구 수를 0으로 처리

3) 지역단체

(1) 비영리조직 대두의 배경

비영리 조직들이 조직의 목적 달성을 위해 지역사회에서 회원이나 지역주민들에 대해 수행하는 활동의 많은 부분이 평생교육이라 할 수 있다. 1980년대 말부터 전 지구적으로 비영리단체(Non-Governmental Organization: NGO)에 대한 관심이 급속히 높아진 가운데 최근 우리나라에서도 NGO들이 복지, 여성, 인권, 환경, 평화 등 분야에서 다양한 활동을 벌이고 있다. 전 지구적으로 정보화가 급속히 진행되는 한편 민주주의와 시민의식의 성장이 확산되면서 각종 사회문제나 사회복지 제도와 같은 국가의 정책에 시민의 참여가 증대되었고, 이러한 시민의 참여가 조직적으로는 NGO의 활동을 통해서 이루어지는 것을 볼 수 있다. 최근에는 NGO에 대하여 입법부, 사법부, 행정부, 언론의 4부에이어 제5부라고 칭할 만큼 그 역할과 영향력이 증대되었다.

NGO가 대두된 배경을 구체적으로 보면 다음과 같다(電通總硏, 2000).

- 전 지구적으로 복지국가 시스템의 한계가 노출되고 위기를 맞게 되었다. 오일쇼크의 긴축, 고령화, 불황과 실업자 양산, 가족 붕괴 등으로 이전까지의 국가사회 정책은 수정이 불가피해졌으며, 복지국가 시스템은 보수와 진보 양쪽으로부터 비판을 받게 되었다. 이에 따라 국가중심적인 복지가 아닌 자조 및 지역 공동체 내에서의 상호부조 촉진정책이 공통으로 채택되었다.
- 사회복지 행정 체제의 변화가 필요하였다. 영국의 경우 국가가 주도하는 복지국가의 효율성에 문제가 제기되었고, 사회복지를 민간이 수행하는 것이 효율적이라는 판단을 하게 되었다. 그리하여 민간 건강보험의 인센티브제, 국민보험 서비스제에의 영리 병원 참가 등의 사회서비스 민영화가 이루어지게 되면서 비영리 민간조직은 기획 입안 및 자금조성 서비스의 주체가 될 수 있었다.

- 지방 분권화로 지방 행정이 과거의 지방 유지들 주도의 방식으로부터 효율과 효과성 중심의 기업적 경영방식을 도입하는 것으로 변화하였다. 다양한 시민의 요구에 부합하기 위해 서비스의 외주화와 지방자치단체의 민간단체 조성금 교부가 활발해졌다.
- 자원봉사의 새로운 흐름으로 자선적 봉사로부터 사회 변혁적 환경, 여성, 식품안전, 국제문제 등에서의 자조활동이 활발해졌다.
- NGO의 활동이 촉진된 데에는 심각한 국제 문제나 분쟁들에도 기인한다. 유럽과 미국은 물론이고 사회주의 국가가 많은 동구에서도 공공정책에 있어 국가중심이기 보다는 민간 중심의 사회정책이 이상적 대안으로 채택되었다.

(2) 지역단체 평생교육의 의의

세계적 비영리조직(Non-Profit Organization: NPO) 섹터의 대두는 지역에서도 민간단체(NGO) 또는 비영리조직(NPO)의 활성화로 나타나고 있다. 과거에 중앙에서의 이슈 중심으로 활동을 해 오던 민간단체 활동들이 지역의 중요성이 대두되면서 점차 지역주민들의 교육과 조직을 위주로 하는 지역기반 조직으로서 지역에서 다양한 활동들을 펼치게 되었다. 지역단체들의 활동은 지역사회의 문제해결과 지역사회 발전에 도움을 줄 뿐 아니라 그 자체가 민간에 의한 자발적인 성인교육 활동이므로 지역사회교육을 연구하는 데 있어서 관심 있게 다루어야 할 분야다.

지역단체들에 의한 평생교육은 ① 지역주민과 지역사회의 발전을 위한 평생교육의 장이며, ② 평생교육을 통해 문제해결의 대안을 제시하고, ③ 이러한 활동을 통해 단체 자체가 지닌 목적 면에서도 단체 스스로의 발전을 가져올 수 있다는 점에서 의의가 있다(오혁진, 2006).

(3) 지역단체 평생교육 사례

평생교육 활동을 하는 지역단체들로는 YMCA, YWCA, 흥사단, 한국여성의 전화 등과 같이 전국적 규모의 조직을 지닌 단체들의 지역 지부들과 지역 특유의 자생적 조직들이 있다. 공공기관들 중에서 지역에서 평생교육 활동을 하는 기관들로는 지역평생학습관, 주민자치센터, 여성회관, 여성인력개발센터 등이 있다.

▶ 사례 1: 고양시민회

고양시민회는 1988년 7월 지역단체들의 연대 하에 설립되었고 공정선거 운동 등 지역 민주실천 활동을 전개하고 있다. 교양강좌와 논술지도사, 독서 지도사, 창작 북아트 등의 전문 강좌를 하는 시민교양교실, 글쓰기와 역사여행 교실 등의 어린이 강좌와 다양한 체험학습을 하는 학생 배움 마당, 교사를 위한 다양한 프로그램들을 제공하는 교사아카데미 등을 운영하고 있으며, 지역연대 활동을 통한 나눔 공동체를 지향한다. 교육원은 어린이와 청소년 행사, 특별기획 강의, 토론회 및 소모임 활동지원 계획도 갖고 있다.

▶ 사례 2: 영광여성의 전화

'영광여성의 전화'는 전국적 규모의 여성운동단체인 '한국여성의 전화'의 지부로 2000년에 설립되었다. '한국여성의 전화'는 중앙조직이 역사적으로 여성인권운동을 표방하고 활동해 온 것에 반해 지역의 지부들은 지역 여성운동을 기치로 내걸고 활동하면서 지역에서 각종 교육사업을 벌이고 있다. 교육활동으로는 정규적 혹은 상시적 교육으로 여성주의 상담원교육, 성교육, 영어소모임, 풍물소모임, 여성과 음식 소모임 등이 있고, 농촌여성다지기 사업의 하나로 농한기를 이용해 지역으로 찾아가는 농촌여성 마을 한글교실, 농촌여성 정보화 교실을 운영하고 있다.

☑ 학습 과제

1. 현대의 정치 · 사회적 맥락에서 지역사회가 가지는 의미는 무엇인가?

2. 지역발전을 위한 지역사회 평생교육의 역할은 무엇인가?

3. 지역사회 공동체학습의 사례들을 조사하시오.

참고문헌

경기개발연구원(2006). 경기도 평생학습도시 기반 조성에 관한 연구. 경기: 경기개발연구원.
곽삼근(2005). 지역경쟁력 강화와 지역사회교육. 지역사회교육연구, pp. 40-57. 서울: 한국지역사회교육협의회.
광주전남발전연구원 부설 인적자원개발지원센터 역(2006). 평생학습과 지역사회교육(末本誠, 松田武雄 編著). 광주: 전남대학교출판부.
국가평생교육진흥원 홈페이지(2017). http://www.nile.or.kr/contents/contents.jsp?
금산군청 홈페이지(2018). https://www.geumsan.go.kr/html/kr/guide/guide_0601.html
김경동(1979). 정치 · 사회발전을 위한 교육의 역할: 분석 모형 탐구. 서울: 한국교육개발원.
김남선(2003). 지역사회교육론. 서울: 형설출판사.
김민호(2001). 지역 평생학습 문화 활성화 방안. 지역 공동체 형성을 위한 평생교육의 과제, pp. 25-40. 한국평생교육학회 추계학술대회.
김신일 외(1995). 시민의 교육학. 서울: 한길사.
김신일, 한숭희(2001). 평생교육학: 동향과 과제. 서울: 교육과학사.
김정린(2005). 비영리조직 경영. 서울: 아르케.
김종서, 주성민(1990). 지역사회학교의 이론과 실제. 서울: 교육과학사.
김지자, 정지웅(2001. 7.). 경험학습의 개념 및 이론과 발전방향. 평생교육학연구, 7(1), 1-18.

배석영, 박성희, 박경호, 황치석(2007). 미래사회를 위한 평생교육개론. 경기: 양서원.
순천시청 홈페이지(2018). http://www.suncheon.go.kr/kr/open/content/unicipa/municipalnews/notice/index.html.
양은아(2003). 지역사회 평생교육의 현황 및 발전방안: 구리시 · 남양주시 평생교육시설을 중심으로. 서강대학교 교육대학원 석사학위논문.
예지각 편집부(1985). 농촌지역사회개발론. 서울: 예지각.
오혁진(2006). 지역공동체와 평생교육. 서울: 집문당.
윤병준(2000. 2.). 평생교육도시 선언으로 전 시민 학습기회 부여 2: 경기도 광명시. 지방행정, 556, 135-141. 대한지방행정공제회.
윤여각, 서덕희(2004. 7. 31.). 지역교육연계의 성격에 관한 사례연구: 난곡지역을 중심으로. 교육인류학연구, 7(2), 29-54. 한국교육인류학회.
윤여각, 이희수, 양병찬(2004). 지역사회교육론. 서울: 한국방송통신대학교출판부.
이근섭(1977). 지역사회의 이해와 개발. 서울: 이화여자대학교출판부.
이순형 편저(1989). 교육적 사회론. 서울: 양서원.
이지혜, 홍숙희, 박상옥(2001). 성인여성의 학습동아리 활동 시범지원방안에 관한 연구. 서울: 교육인적자원부.
이희수(2001). 학습사회에서 학습경제로의 전환 논리와 그 의미. 평생교육학연구, 7(1), 211-238.
전라북도 평생교육진흥원(2016). 행복학습센터 결과보고 및 우수사례집.
정민승(1999). 학습집단의 두 경향: 학습조직과 학습공동체. 평생교육연구, pp. 99-119. 서울대학교 교육연구소.
정지웅(2001). 지역주민자치와 성인학습동아리. 한국지역사회교육협의회 제19차 평생교육 심포지엄 자료집. 서울: 한국지역사회교육협의회.
주성민(2002). 평생학습 실현: 지역사회교육. 한국지역사회교육협의회 평생교육 심포지엄 주제강연 모음집.
최혁순 역(1986). 학습하는 사회. 서울: 범조사.
한국교육개발원(2005). 제1회 평생학습대상 수상 사례집. 서울: 한국교육개발원.
한국지역사회교육협의회(2005). 지역사회교육연구. 서울: 한국지역사회교육협의회.
한국직업능력개발원(2006). 21세기 한국인의 직업의식과 직업윤리. 개원 9주년 기념 심포지엄 자료집.

電通總硏(2000). NPO: 지속 가능한 사회를 위한 시민경영학. (제진수 역). 서울: 삼인. (원전은 1996년 출판).

Batten, T. R. (1967). *The non-directive approach in group and community work.* [by] T. R. Batten with the collaboration of Madge Batten. London: Oxford University Press.

Brown, K. (2002). *The right to learn: alternatives for a learning society.* London: Routledge Falmer.

Brookfield, S. D. (2005). T*he power of critical theory for Adult Learning and Teaching*. England: Open University Press.

Bills, D. B. (2004). *The sociology of education and work.* Malden: Blackwell.

Field, J., & Leiceste, M. (2003). *Lifelong learning: Education across the lifespan.* London: Routledge Falmer.

Freire, P. (1970). *Pedagogy of the oppressed.* New York: Seabury Press.

Hirsch, A. R., & Mohl, R. A. (1993). *Urban policy in twentieth-century America.* New Brunswick: Rutgers Univ, Press.

Ilina, O. S. (2007). *A clash of transitions: Towards a learning society.* New York: Peter Lang.

Jarvis, P. (2001). *Learning in later life: An introduction for educators & careers.* London: Kogan Page.

Jarvis, P. (2006). *From adult education to the learning society.* New York: Routledge Taylor & Francis Group.

Jarvis, P. (2007). *Globalization, lifelong learning and the learning society: sociological perspectives.* Abingdon, OX: New York, NY: Routledge.

Juceviciene, P., Merkys, G., & Reinert, G. B. (2002). *Towards the learning society: Educational issues.* Frankfurt am Main: Peter Lang.

Knowles, M. S. (1990). *The adult learners* (4th ed.). Houston: Gulf Publishing Company.

Knox, A. B. (1989). *Adult development and learning.* San Francisco: Jossey-Bass.

Longworth, N. (1999). *Making Lifelong Learning Work: Learning Cities for a Learning Century.* London: Kogan Page.

Lidstrom, A., & Hudson, C. (2002). *Local education policies: Comparing Sweden and Britain.* Basingstoke: Palgrave.

OECD (2000). *Center for Educational Research and Innovation. Knowledge management in the learning society.* Paris: Organization for Economic Co-operation and Development.

OECD (2001). *Cities and regions in the new learning economy.* Paris: OECD.

Oliver, L. (1987). *Study Circle*. Seven Locks Press.

Tett, L. (2002). *Community education, lifelong learning and social inclusion*. Edinburgh: Dunedin Academic Press.

제7장 평생학습과 인적자원개발

☑ 학습 목표

- 평생학습과 인적자원개발의 변천과정을 이해한다.
- 평생학습과 인적자원개발의 관계를 이해한다.
- 제4차 산업혁명시대 평생학습과 인적자원개발의 실제를 이해한다.

☑ 학습 개요

제4차 산업혁명시대의 도래와 더불어 파괴적인 변화가 지속되는 상황에서 조직은 물론 개인도 수많은 변화에 직면하고 있다. 특히 변화에 대한 대응은 기존의 패러다임이 아닌 새로운 패러다임에 적응하기 위한 끊임없는 의식의 전환과 혁신을 요구하고 있다. 이러한 변화와 혁신을 위한 도구로서 학습은 선택이 아닌 우리 삶의 일부가 되었다.

지속적인 평생학습을 통하여 초연결사회와 불확실한 변화에 따른 주변의 환경속에서 삶의 질을 개선하고 서로의 가치를 공유할 수 있는 새로운 노력이 절실하다. 평생학습은 역사적으로 되돌아보면 오늘날에만 요구된 것이 아니라 과거에도 끊임없이 요구되어 왔다.

이러한 측면에서 평생학습과 인적자원개발의 전개과정과 평생교육과 인적자원개발의 관계, 평생학습과 평생교육의 의미 등을 살펴보고, 평생교육과 인적자원개발의 현황을 통하여 제4차 산엽혁명시대 우리나라의 평생학습과 인적자원개발의 실제를 확인하고자 한다.

하지 않을 수 없어서 한다.

학문은 우리가 하지 않을 수 없는 일이다. 옛사람은 1등의 의리(義理) 라고 말했지만, 나는 이 말에 문제가 있다고 생각한다. 마땅히 유일무이(唯一無二)한 의리라고 바로잡아야 한다. 대개 사물에는 법칙이 있게 마련이다. 사람이 되어 배움에 뜻을 두지 않는다면 그 법칙을 따르지 않겠다는 말이다. 그러므로 금수(禽獸)에 가깝다고 말하는 것이다.

– 정약용이 제자 반산 정수칠을 위해 써준 증언

學問是吾人所不得不爲之事. 古人謂第一等義理. 余謂此言有病, 當正之曰唯一無二底義理. 蓋有物有則, 人而不志於學, 是不循其則也. 故曰近於禽獸爾.

출처: 정민(2017). 다산의 제자교육법, p. 162.

1. 평생학습과 인적자원개발의 전개

제4차 산업혁명시대의 도래와 더불어 평생학습과 인적자원개발(human resources development: HRD)의 중요성은 더욱더 증대되고 있다. 여기에서는 이러한 평생학습과 인적자원개발이 어떻게 전개되어 왔는가 살펴보고자 한다. 아울러 이러한 전개 속에서 향후 평생학습과 인적자원개발의 바람직한 방향을 모색하고자 한다.

1) 평생학습의 전개

평생학습의 역사는 고전적 측면은 물론 근대적 측면에서 살펴볼 수 있다. 평생학습은 19세기 말에서 20세기 초에 개인들이 국가에 대한 애국심을 고취하거나 학습 요구에 따라 성인들이 스스로 학습을 시작한 것에서 그 유래를 찾아볼 수 있다(최은수, 배석영, 2008). 대학에서의 평생학습은 1960~1970년경에 기초가 마련되었으나 소그룹 형태의 개인 학습 동아리 형태의 개인학습과 평생교육기관의 학습 형태로 분리되는 현상으로 나타났다. 그 가운데 평생교육기관의 경험적이며 분석적인 현장학습 형태는 평생학습으로서 매우 다양하게 발전하기 시작하였다. 교육 현장과 전문 분야에서의 평생학습은 구체적인 지식 형태에서 행위 지향적인 연구로 발전되기 시작하였고, 이론과 원칙을 중심으로 한 인식 지향적 연구에서 학습의 구조적인 다양성과 분석을 중심으로 한 연구가 이루어지기 시작하였다(배석영 외, 2007). 특히 19세기부터 유럽에서는 다양한 방식의 성인교육이 실천되어 왔다. 성인교육은 학교 밖 교육으로서 영국에서는 'adult education'으로 불렀으며, 직업교육을 배제한 인문계 교육을 지칭하는 것이었다. 이때의 성인교육은 비판적 의식화를 위한 계몽의 성격이 강했고, 이와 같은 경향성은 영국은 물론 유럽 전반에서 나타났다(최은수, 배석영, 2008).

(1) 고전적 평생교육

평생교육은 동서양에서 오래전부터 지속되었음을 알 수 있다. 동양에서는 공자의 『논어』 편에서 "15세에 학문에 뜻을 두고, 30세에 독립하고, 40세에 불혹하며, 50세에 하늘의 뜻을 알고, 60세에 남의 말을 순순히 듣고, 70세에 마음 내키는 대로 좇아도 법도를 넘어서지 않는다."라는 뜻을 통하여 평생학습의 의미를 알 수 있으며, 고대 인도의 『우파니샤드(Upanishad)』와 같은 경전이나 불교의 경전 속에서 평생교육의 의미를 알 수 있다(김도수, 2001). 서양의 경우는 Moore가 『유토피아(Utopia)』에서 평생교육을 구상하였고, 프랑스의 Condlorecet는 1791년에 '교육에 관한 다섯 가지 각서'와 '공교육의 전반적 조직에 관한 보고서 및 법안'이라는 교육개혁안을 국민의회에 제출하면서, 가르치는 것이나 배우는 것은 자유이며 각자에게 보장하는 공교육의 조직과 정비는 국민에 대한 의무라고 주장하였고, 교육은 어떤 일정한 연령단계에서 종료되지 않고 모든 연령에 걸쳐 행해져야 한다고 주장 하였다(김도수, 2001).

Condlorecet의 이러한 주장은 국민의 교육기회를 확충하여 평생교육체제를 국가가 구축해야 한다는 최초의 제안이었으며, 공교육으로 평생교육체제를 구축하는 현대적 의미의 평생교육 아이디어를 최초로 담은 구상이었다(조화태 외,

2004). 이와 같은 것들을 살펴볼 때, 평생교육은 어느 날 갑자기 우리 주변에 등장한 것이 아니라 아주 오래전부터 사람들이 실천하고 있었고 점차 체계화시키고 발전시켜 온 것임을 알 수 있다(최은수, 배석영, 2008).

(2) 근대적 평생교육

근대적 평생교육으로는 1940~1950년대에 고전적 평생교육이 발전하는 과정에서 성인교육론과 사회교육론이 등장하게 되었다. 성인교육은 정규 학교교육에서 소외된 성인들은 물론 학교교육을 받은 성인들을 대상으로 계속적인 교양교육이나 직업교육의 중요성을 강조하였다(조화태 외, 2004). 제2차 세계대전 후 UNESCO는 성인교육과 사회교육을 촉진하기 위한 국제적인 사업 활동을 활발하게 전개하였다. 1949년에 덴마크의 엘시노어, 1960년 캐나다의 몬트리올에서 성인교육국제회의(UNESCO World Conference on Adult Education)를 각각 개최하였다. 이 두 회의는 성인교육 사업의 새로운 전기를 마련했을 뿐만 아니라, 성인교육의 중요성과 학교교육의 문제점을 재검토함으로써 평생교육의 이념을 발전시키는 데 중요한 계기가 되었다(김도수, 2001; 조화태 외, 2004).

(3) 현대적 평생교육론

평생교육의 현대적 개념은 1965년 12월 UNESCO 파리 회의에서 당시 UNESCO 성인교육부장인 Lengrand의 「영속교육(L'deucation Permanente)」이라는 기조논문이 시초가 되었다. 이 논문이 Lifelong Education이라는 영문 제목으로 번역되어 전 세계 UNESCO 회원국에 배포된 것이 평생교육에 대한 국제적인 관심을 유발한 계기가 되었다. 현대적 평생교육에 대한 대표적인 자료는 1967년에 발표된 Jessup의 『평생학습(Lifelong Learning)』, 1968년에 발표된 Hutchins의 『학습사회(Learning Society)』, 1972년 UNESCO에서 간행한 Fa`ure의 보고서인 「존재를 위한 학습(Learning to Be)」, 1973년에 OECD에서 발표한 보고서 「리커런트 교육(Recurrent Education)」 등을 들 수 있다 (김도수, 2001). 이러한 UNESCO와 OECD의 평생교육에 대한 관심은 현대적 평생교육론의 주축이 되고 있음을 알 수 있다.

표 7-1 평생교육이념의 출현과 우리나라 도입과정

1965년	• 성인교육추진국제위원회 개최 (P. Lengrand가 「평생교육에 관하여」라는 보고서 제출)
1976년	• UNESCO총회에서 평생교육을 교육원리로 채택
1968년	• R. M. Hutchins의 『The Learning Society』 출판
1970년	• P. Lengrand의 『Introduction to Lifelong Education』 출판
1971년	• 교육발전 국제위원회(일명 Fàure 위원회) 조직
1972년	• 제3차 세계성인교육회의 개최(동경): Fàure보고서(Learning to be) 제출
1973년	• CERI. 『Recurrent Education: A Strategy for Llfelong Learning』 출판 • CERI. 『Equal Educational Opportunity』 출판 • UNESCO. 『Toward a Conceptual Model of Lifelong Education』 출판 • 평생교육발전세미나 개최(*) • R. H. Dave. 『Lifelong Education and School Curriculum』 출판
1974년	• ILO 총회에서 유급교육 휴가에 관한 조약(제140호) 채택
1976년	• Dave(편). 『Foundations of Lifelong Education』 출판 • UNESCO. 성인교육 발전에 관한 권고 • 한국사회교육협회 창립(*)
1979년	• E. Gelpi. 『A Future for Lifelong Education』 (vol. 1. 2) 출판
1980년	「헌법」 제29조 5항에 평생교육진흥 조항이 삽입(*)
1981년	• 한국평생교육기구라는 자원단체가 창설(*) • 한국지역사회학교 후원회 주최 평생교육 목요논단 개최(1981.4.9.~6.11)(*)
1982년	• 평생교육체제 확립의 일환으로 「유아교육진흥법」과 「사회교육법」이 제정(*)
1983년	• 유네스코한국위원회 · 한국평생교육기구 공편, 평생교육의 기초와 체제출판(*)
1985년	• Gelpi. 『Lifelong Education and International Relations』 출판 • 제4차 세계성인교육회의 개최(파리): 학습권 선언 (Declaration of the Right to Learn)이 재안
1990년	• 모든 이를 위한 교육 세계회의 개최(타일랜드 좀 테엔) (모든 이를 위한 교육 세계선언: World Declaration on Education for All)
1995년	• 5 · 31교육개혁안 발표: 평생학습사회를 교육개혁의 이념으로 설정(*)
2000년	2000년 「평생교육법」 및 동 시행령 제정(*)

출처: 조용하, 안상현(2004). 평생교육의 이해, p. 44에서 재구성. (*) 표는 한국 관련 내용.

2) 인적자원개발의 전개

환경변화는 사고방식과 행동양식에 새로운 변화가 요구된다. 또한 이에 부합한 가치체계와 경영 패러다임(management paradigm)의 전환은 환경변화에 중요한 과제다. 특히 제4차 산업혁명시대의 도래는 인적자원개발에 있어서 더욱더 중요성이 가중되고 있다. 인적자원 개발의 시대적 흐름을 살펴보면, 1930년대까지는 생산성 향상과 작업의 합리화를 위한 생산중심이 중요한 과제가 되었고, 1950년대까지는 조직 구성원들의 인간화를 위한 인간중심 사고 등 기업의 내적인 문제에 관한 과제가 주된 것이었다. 그러나 1960년대 중반부터는 급격한 환경의 변화로 기업의 외적인 문제가 주된 과제가 되면서 전략적 경영(strategic management)이 대두되었다. 즉, 기업의 환경 적응을 위한 변화와 혁신을 위하여 인적자원의 가치 등이 강조되고 재인식됨에 따라 인적자원개발이 새로운 패러다임으로 부각된 것이다.

이러한 패러다임의 전환에 따라 HRD는 많은 조직에서 핵심적인 요소로 성장해 왔으며, 생산성, 효율성, 수익성을 제고시키기 위한 전략적 접근방법으로 인식되고 있다(노남섭, 박양근, 2008). 1970년대에는 교육학자인 Nadler가 사람을 물적 자원과 재무자원으로 비유하고는 인적자원이라 하였다. 교육 · 훈련 개발을 묶어서 인적자원개발(HRD)이란 용어를 사용하였다. 이후부터 교육학계는 물론 경영학계에서도 인사관리란 용어가 인적자원관리로 바뀌었다. Nadler는 HRD란 교육 · 훈련 개발을 포함한 학습활동이라고 했다. 그리고 교육 · 훈련, 개발을 직업과 관련시켜 교육이란 가까운 미래에 일을 수행하기 위한 학습이고, 훈련이란 현재의 일을 더 잘하기 위한 학습이며, 개발이란 먼 미래를 준비하는 학습을 말한다고 하였다. 1980년대 이후 Johnes, Nadler 등을 비롯한 많은 학자들이 HRD에 관한 연구를 하였으며, 1987~1989년에 미국의 맥레이건 인터내셔널(McLagan International)과 훈련개발협회(American Society Training and Development: ASTD)는 전문가들을 대상으로 한 조사결과를 바탕으로 "인적자원개발이란 개인, 집단, 조직의 효율 향상을 위한 훈련 및 개발, 경력개발, 조직개발을 통합한 조직적인 학습활동이다."라고 정의했다. 이러한 광의의 HRD 개념은 지금까지 일반적으로 사용되고 있다.

표 7-2 **HRD의 세계적 전개**

년도	주요 전개 내용
1750년	산업혁명: 새로운 노동자계급 탄생
1872년	공장학교(Hoe and Company 시초), 그후 GE, Ford, NCR Ford 자동차컨베이어시스템, Charles R. Allen-4단계교육지도법
1940년대	감독자훈련(TWI/JIT, JRT, JMS, JST) ASTD(American Society for Training and Development) 형성
1950년대	Business Game AMA, 교육매체 Recorder, TV, VTR사용
1960년대	CDP-Assessment Center, ST, OD, Motivation
1970~1980년대	OD활성화 1972년: 제1회 ASTD 국제 Conference (제네바)
1990~2000년대	리더십, 마케팅, 세계화교육 웹 활용을 통한 교육강화: 온라인교육, 사이버교육 등

출처: 김기혁(2006). HRD가 경쟁력이다, p. 30.

HRD란 용어가 한국에 소개된 것은 1990년대 초였는데 기업 연수원의 명칭을 인력개발원으로 바꾸는 등 인재육성에 대한 관심이 증대되었다. 1990년대 이후부터는 교육과 훈련을 조직의 변화와 혁신의 도구로 보고 인적자원개발 활동으로 그 패러다임을 바꾸어 가고 있다. 그리고 인적자원개발 활동의 대상도 내부 종업원뿐만 아니라 협력업체의 직원, 가족, 지역사회 주민, 교직원과 학생, 공무원들로 확대하여 대내외적인 인적자원개발 활동을 통하여 조직의 경쟁력을 제고하고 있다. 2000년대 이후 인적자원개발을 통한 경쟁력 강화를 위한 범정부적 차원의 주요 정책으로는 2001년 6월 29일 대통령 자문기구인 교육인적자원정책위원회에서 보고한 「21세기 지식강국을 주도할 국가인적자원개발 정책보고서」와 2001년 교육인적자원부에서 발표한 '국가인적자원개발기본계획' '제

2차 국가인적자원개발기본계획' 등이 있다. 이를 통하여 국가인적자원개발의 비전을 '2010년 세계 10대 지식강국으로 도약'으로 설정하고, 그 목표는 '국민기초능력을 함양하는 토대 위에 경쟁력 있는 인재를 양성하며 이를 위해 인적자원개발 인프라를 구축'하는 것으로 설정하였다. 인적자원 분야 국가경쟁력 10위권 진입을 목표로 한 학습사회, 인재강국 건설이라는 슬로건하에 핵심인력 양성, 평생학습 능력 향상, 사회통합 달성, HRD 추진체제 혁신 등을 위해 국가인

표 7-3 HRD의 한국적 전개

년도	주요 전개 내용
1950년대(태동기)	1957년 한국생산성본부(KPC)창립 '경영자 아카데미' 개설 미 8군 내 한국인 종사자를 위한 훈련과정 개설
1960년대	경제개발과 생산성 향상운동기 • 1962년 제1차 경제개발 5개년계획 실시 • ILO 프로젝트 기업교육시장 • 1962: 한국능률협회(KMA) 탄생 / 한국표준협회 (KSA)창립 • 품질관리(QC) 도입, •「직업 훈련법」반포(1967) • 전국경제인연합회(KFI) 창립 • 한국경영자총연합회 창립
1970년대	새마을운동과 HRD 연동기
1980년대	경영환경 격변기 • 교육 · 훈련의 다앙화 • 계층, 직능, 과제별 교육(다주제 조합식 교육) • 조직개발훈련의 전성기: 산악극기훈련, 신념화교육 등
1990년대	구조조정기 • 경영관리, 리더십 교육 등
2000년대	지식사회 진입과 평생학습시대 • 2000년 3월:「평생교육법」시행 • 고용보험에 의한 직업능력 개발 확대 • 경영성과 창출을 위한 교육 · 훈련

출처: 김기혁(2006). HRD가 경쟁력이다, p. 31.

적자원개발 전략을 펼쳐가고 있다(최돈민, 2009).

2. 평생교육과 인적자원개발의 관계

1) 평생교육과 평생학습의 차이

(1) UNESCO의 용어 사용

평생학습이라는 말을 처음 사용한 것은 1976년 미국의 나이로비에서 개최된 제19차 UNESCO 총회에서 결의한 권고문에서였다. 이 회의에서 '성인교육 발전에 관한 권고'를 결의하는 권고문을 작성하는 과정에서 평생교육과 평생학습의 개념을 하나의 용어로 규정하는 것을 둘러싸고 서로의 의견을 달리하였고, 결국 타협적으로 평생교육과 평생학습을 병기하여 '평생교육 및 학습(lifelong education and Iearning)'이라는 용어를 사용하게 되었다.

현재는 "평생교육은 한 개인의 인간 및 제 집단의 생활의 질을 높이기 위해 전 생애를 통하여 인간적, 사회적, 직업적 발달을 이룩하는 과정이다. 그것은 여러 인생단계 및 생활 영역에서 될 수 있는 한 충분한 발달을 할 수 있도록 하기 위한 형식적, 비형식적, 무형식적 학습 모두를 포괄하는 종합적이고 통일적인 개념이다."라는 Dave(1976)의 정의를 받아들이고 있다(차갑부, 2004).

(2) 평생학습과 평생교육의 의미

평생교육과 평생학습의 개념은 유네스코에서 처음 개념 정의를 논의하면서부터 어려움을 겪었던 것처럼 현재도 한 용어로 구분하기는 어렵다. 평생학습은 형식적인 학교교육을 넘어 인간 스스로 계속적으로 교육을 전개할 수 있도록 기술이나 역량 등을 갖추게 하는 것을 목적으로 하고 있다(Candy, 1991). 평생학습은 단순히 사람들을 훈련하거나 지도하는 것 이상의 개념으로, 인간은 훈련이나 교육만이 필요한 것이 아니며 스스로 새롭게 변화하는 환경에 적응하기 위해 지속적으로 학습해야만 하기 때문이다(Fisher, 2000). 평생학습은 다양한 환경에서 지식과 기술을 획득하고 적용하기 위해 모든 나이에 걸쳐 이루어진다고 볼 수 있다. 이러한 평생학습은 인간의 삶 자체와 변화되는 가치관 모두에 영향을 미친다.

평생학습은 인간의 평생에 걸친 여러 가지 학습활동의 총칭이고, 평생교육은 평생에 걸친 학습을 지원하는 것이 총칭이라고 할 수 있다(차갑부, 2004). 평생학습은 전문용어나 법률용어가 아니라 새로운 시대의 변화에 따른 패러다임을 의미하는 것으로 공급자 중심의 강요받는 교육이 아니라 수용자 중심의 자율적이고 개별화된 학습과정이라고 할 수 있다. 평생학습은 학습자의 자발적 · 자립적인 학습활동을 가리킨다(岩永雅也, 2002). 최근에는 평생교육보다 평생학습이 더 중요시되고 강조된다고 보는 학자들도 있다. 그 이유는 교육이 계획된 활동에 초점을 둔다면 학습은 형식적인 교육적 활동과 비형식적인 사건 중심의 활동 모두를 포함할 수 있기 때문이다(Merriam & Brockett, 1997).

최근 지식기반사회에서의 사회적 변화와 더불어 평생교육의 중요성에 대해서는 학자에 따라 시각을 달리하고 있다. Smith(2004)는 평생학습과 평생교육의 관계성에 대해 평생교육에서 평생학습의 중요성으로 패러다임이 바뀌고 있다며 OECD의 예를 들고 있다. Hager(1995) 역시 평생학습을 더 큰 개념으로 생각하고 이러한 학습을 위해 제도적인 평생교육이 필요하다고 주장하고 있다. 그러나 EURYDICE 조사(2000)는 반대로 평생학습이 점차 평생교육의 제도권에서 이해되어야 함을 강조하고 있다.

이러한 차이점이 발생하는 이유는 교육은 잠재적인 교육 수요자가 존재하고 그들에게 특정 기관이 의도적으로 접근하고 교육의 기회를 제공해야 하기 때문이다. 즉, 학습에 대한 지원은 단순히 학교교육에 의해서만이 아니라 한 개인의 일생에 있어 지속적으로 이루어지는 것이 바람직하기 때문이다. 이러한 의미에서 평생교육은 학교교육의 확장이나 연장, 또 학교교육 중심의 학습관이 아니라 학습자가 언제 어디에서나 학습할 수 있는 기회를 갖도록 하는 것이다. 즉, 평생교육을 국민을 위해 제도화시켜 인간적 요청과 사회 · 경제적 요청을 통합하고,

국민교육의 권리를 평생을 통해서 보장해 주고, 나아가 교육기능을 전 사회적으로 극대화시키는 교육복지 차원이라 할 수 있다(장진호, 1979).

표 7-4 평생교육과 평생학습의 비교

평생교육	평생학습
교육자 중심	학습자 중심
조직적 · 구조적	우발적 · 무형식적
강제적 강요	필요에 따라 자기에게 적합한 수단 · 방법을 선택
학습자의 학습에 대한 환경정비와 다양한 지원활동	학습자의 자발적 · 자립적인 학습활동

출처: 차갑부(2004). 평생교육의 이해, p. 32.

2) 평생학습과 인적자원개발 관계

평생학습이 인적자원개발의 일부분이냐, 인적자원개발이 평생학습의 일부분이냐는 개인 삶의 질을 강조하는 평생학습 대 조직의 생산성을 강조하는 인적자원개발의 목적 차이에 불과하다. 현재 평생학습 이념과 정책의 중요한 역할을 하는 UNESCO, OECD, EU에서는 영역을 구분하기보다는 주로 성인기를 대상으로 평생학습의 3대 정책이념인 자아실현(개인발달), 고용 가능성, 사회적 포용(적극적 시민정신)에 초점을 두고 있다(진미석 외, 2008).

그러나 전통적으로 인적자원개발은 주로 기업조직에서 인사관계자 또는 기업의 HRD 전문가가 담당해 온 반면, 평생학습은 교육 분야에서 종사하는 성인교육 전문가들이 담당해 온 것으로 이해되고 있다. 즉, 전자가 경제 · 경영 측면에서의 효율성을 추구해 왔다면, 후자는 교양 증진과 의식화, 자아실현 등 보다 계몽주의적이고 인본주의적인 접근을 취해 왔다고 할 수 있다(김영화, 1999). 우리나라에서는 현재 평생학습, 평생직업 능력 개발, 인재개발, 인적자원개발의 개념이 혼용되고 있다. 그러나 강조점의 차이일 뿐(차갑부, 2004) 정책적으로 평생학습과 인적자원개발은 동전의 양면과 같은 관계로 다양한 측면에서 다양한 교육과 학습이 지속적으로 이루어지면서 인적자원개발, 직업교육, 평생학습이 이루어지고 있다([그림 7-1] 참조).

<table>
<tr><td colspan="4">← 생애 교육 (career education) →</td></tr>
<tr><td>진로 인식
(career
awareness)</td><td>진로 탐색
(career
exploration)</td><td>진로 준비
(career preparation)</td><td>진로 유지 및 개선
(career maintainment &
improvement)</td></tr>
<tr><td>초등교육</td><td>중등일반교육</td><td rowspan="2">중등직업교육
고등직업교육
사회교육</td><td rowspan="2">인적자원개발
(HRD: ID, OD, CD)
훈련 및 개발
(training and
development)</td></tr>
<tr><td colspan="2">기초능력함양
(key competency based learning)</td></tr>
<tr><td colspan="2">보통교육
← (general education) →</td><td>직업교육훈련
← (vocationa
education and
training) →</td><td>성인교육
← adult education →</td></tr>
<tr><td colspan="4">← 평생 학습 (lifelong learning) →</td></tr>
</table>

[그림 7-1] 인적자원개발, 직업교육, 평생학습의 관계

출처: 이무근(2006). 직업교육학원론, p. 47.

3) 인적자원개발의 필요성 및 제4차 산업혁명

농경사회에서 산업사회로, 산업사회에서 지식정보화 사회로의 변화에 따라 경쟁력의 원천도 변화하고 있다. 산업시대에서는 토지와 자본 그리고 노동이 주요 생산 요소였지만 제4차 산업혁명 시대는 초연결 및 초지능화가 핵심 요소가 되고 있다([그림 7-2] 참조). 따라서 기업은 물론 국가의 경쟁력도 AI, 빅데이

터, 로봇 등에 의해 결정되는데 이러한 핵심 요소의 확보는 결국 인적자원개발에 달려있다. 이러한 인적자원의 개발을 통하여 얻어진 인적 자본은 설비 · 자본의 생산능력과 R&D 투자와 동등하거나 그 이상의 효과를 낸다(Phillips, 2005). 따라서 기업은 급속한 환경변화와 다양한 경쟁의 노출에 대한 변화와 경쟁을 위한 전략으로서 인적자원개발의 필요성이 제기된다. 주변 환경의 변화를 영역별로 살펴보면 다음과 같다. 첫째는 디지털시대의 인터넷 등장이다. 전통적 개념의 속도에 대한 인식을 뛰어넘어 컴퓨터와 통신을 이용하면 누구나 빛의 속도로 이동이 가능하게 되었다. 이러한 속도의 변화는 우리의 일상생활에 너무나 많은 것들에 영향을 미치고 있으며, 공간개념의 경우 무한축소(small world), 무한확대(cyber space)로 새로운 공간의 세계를 열어 놓았으며, 인간들의 커뮤니케이션 방법에 있어서도 일대일의 대면 접촉에서 다수 대 다수의 쌍방향 커뮤니케이션으로 시간과 장소에 관계없이 만날 수 있어 인터넷이 중요한 의사소통의 매체로 등장하였다.

둘째는 사회 성격의 변화다. 폐쇄사회에서 열린사회로 바뀌면서 개인의 힘이 상대적으로 증대되어 실력을 중시하는 시대로 변화되었다.

셋째는 급속한 미디어산업 환경의 변화다. 현대는 메가경쟁의 시대로 통신, 미디어, 인터넷 등이 경쟁을 하고 방송, 영화, 모바일, 출판까지도 영향을 미치고 있는 상황으로 변하고 있으며, 디지털 세대가 소비의 중심세대로 등장하고 있다.

넷째는 기업의 HRD 환경의 변화다. 학습 주체가 회사 주도에서 개인과 현장 중심으로 변하고, 교육의 대상도 전원 의무교육에서 핵심인력 중심의 교육으로, 학습의 형태도 소집형 집합교육에서 사이버와 자기주도적 학습(self development learning: SDL)으로, 학습매체도 텍스트 중심에서 멀티미디어 중심의 교재로 바뀌고 있다. 그리고 인재상도 20세기의 정직, 성실, 책임감 등이 강조된 인재상이 21세기에는 창조인(유연, 개성), 학습인(전문가), 세계인(글로벌 역량), 사회인(인간미, 도덕성)으로 바뀌면서 세계를 무대로 창의적으로 자신 있게 활동할 수 있는 개인경쟁력을 갖춘 인재를 육성하는 환경으로 변화되었다.

4) 제4차 산업혁명과 인적자원개발

제4차 산업혁명시대는 제2차 농업혁명과 제3차 산업혁명에 비할 수 없을 만큼 혁신적 파괴와 변화로 이어지고 있다. 클라우스 슈밥은 그의 저서『제4차 산업혁명』에서 다음과 같이 일하는 방식의 변화를 주장하고 있다. 첫째는 물리적, 디지털, 그리고 바이오 기술 등이 결합 또는 융합되면서 나타나는 현상에 대응하고 발현 또는 촉진하기 위한 창의력이 요구되는 업무이고, 둘째는 모든 업무가 정보의 수집, 분석, 저장과 같은 정보처리와 관련 연산, 그리고 데이터에 대한 해석 등의 업무지능화 및 자동화에 관련된 업무이고, 셋째는 기업과 근로자의 관계가 지속적인 관계가 아닌 일련의 거래 관계로 맺어지는 새로운 노동 패러다임의 등장을 예상하였다(송경진 역, 2017). 즉, 휴먼클라우드 방식으로 전통적 의미의 고용자와 피고용자가 아닌 독립형 노동자로 능력에 따라 다양한 조직에서 고용되어 특정한 업무를 수행하게 될 것이라고 예상하였다. 제4차 산업혁명시대 일하는 방식에 걸맞은 새로운 인적자원 개발이 필요하다.

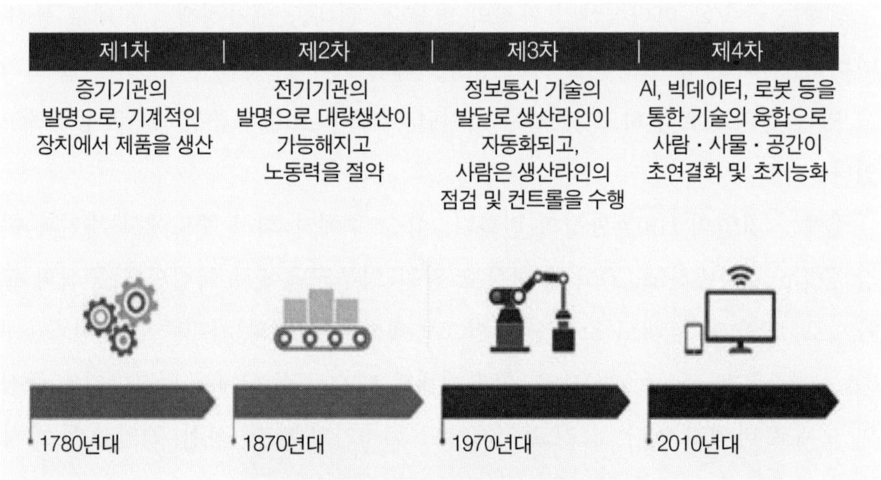

[그림 7-2] 산업혁명의 역사적 전개

출처: 미래창조과학부, 한국과학기술기획평가원, 이슈분석: 제4차 산업혁명과 일자리의 미래, 2016. 3, 28, 1쪽

5) 제4차 산업혁명과 인적자원개발의 과제

제4차 산업혁명도 역시 사람이 하는 일이다. 따라서 아무리 기술혁신이라지만 무엇보다 인력 육성이 선행되어야 한다. 제4차 산업혁명 추진과 관련, 빅데이터 등 기술과 함께 인력 육성에 대한 전략이 수립되어 추진되어야 한다. 선진국인 미국, 독일 등은 제4차 산업혁명을 통한 산업경쟁력 강화 전략을 수립하여 추진하고 있다. 미국의 경우 첨단 제조업을 주축으로 제조혁신을 통해 국가 경쟁력을 제고하고 있으며, 독일은 제조업 발전전략 '인더스트리 4.0' 발표 이후 국가 차원에서 ICT와 제조업의 융합을 통한 '인더스트리플랫폼 3.0'을 만들고 있다. 중국도 '중국 제조 혁신 2025'를 발표하고 국가 차원에서 혁신형 산업으로 재편하고 있다. 이처럼 기술혁신과 더불어 인적자원개발(HRD) 전략이 병행 추진되고 있다.

KAIST 이민화 교수는 "제4차 산업혁명은 데이터를 먹고 자란다. 데이터 부족으로 한국의 인공지능(AI)산업은 빈사직전이다. 우리나라는 데이터에 관한 규제가 너무 강하기 때문에 관련 인력 양성도 이뤄지지 않고 있다."고 지적하고 있다. 스위스 UBS의 분석에 따르면, 우리나라의 제4차 산업혁명 경쟁력 순위는 현재 25위 수준에 불과하다. 국내총생산(GDP) 기준, 세계 경제력 순위 11위인 우리나라가 전자, 자동차, 화학 등 기존산업에 집중한 나머지 신산업 육성에서 뒤쳐져 있는 것으로 분석된다. 결과적으로 관련 인력이 뒷받침이 되지 못해 생기는 현상이라는 것이 전문가들의 지적이다. 따라서 제4차 산업혁명의 트랜드에 걸맞는 체계적이고 종합적인 인재육성이 전략이 절실하다. 표준협회 백수현은 "제4차 산업혁명시대에 기술우위를 점하려면 한국형 기술과 산업경영의 전략을 재정의하고, 원천기술 및 융합될 미래기술의 재설계와 함께 창조적 미래 인재 육성과 교육방법 개발 등의 실행전략이 무엇보다 중요하다."고 밝혔다.

3. 평생교육과 인적자원개발의 실제

제4차 산업혁명시대에서 평생교육은 개인은 물론 조직의 성장과 발전을 위한 선택이 아닌 필수가 되고 있다. 다양한 계층의 다양한 인식과 가치관을 갖고 있는 사람들과의 사회적 공동체의 가치를 창출하기 위해서는 학교뿐만 아니라 가정, 직장, 지역사회, 사이버 공간 등어디에서나 원하는 학습을 할 수 있도록 국가 차원에서 평생교육체계를 구축하고 평생교육시설 등을 설치 · 운영해야 한다. 그런 차원에서 평생교육과 인적자원개발은 제4차 산업 혁명의 시대의 도래와 함께 국가와 기업, 개인 등의 경쟁력 향상을 위한 핵심 과제가 되고 있다.

1) 우리나라 평생교육의 실제

우리나라의 평생교육은 1999년 「평생교육법」 전면 개정이후 평생교육의 정책이나 사업이 중앙집권식의 형태를 보이면서 정책에 따라 평생교육의 현장에서 많은 변화를 거듭하면서 지속적으로 진행되어 왔다. 전체적인 개황을 바탕으로 평생교육의 실제에 대해서 교육개발원의 평생교육통계자료를 중심으로 평생교육의 실제를 살펴보고자 한다.

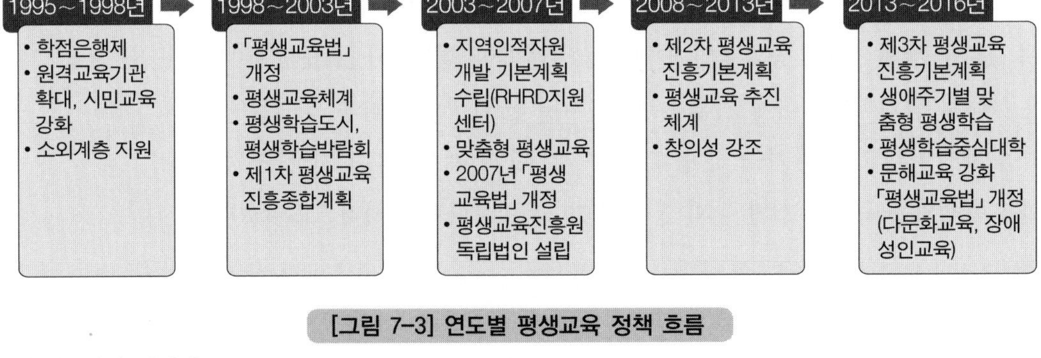

[그림 7-3] 연도별 평생교육 정책 흐름

출처: 한국성인교육학회, *ANDRAGOGYTODAY*, Vol.20 No.4, 2017

(1) 기관유형별 평생교육 기관 수

평생교육기관의 성장을 단순 비교 했을 경우 전체적으로 꾸준히 성장해 왔음을 한눈에 확인할 수 있다. 그러나 기관유형별로 확인해 보면 원격형태의 평생교육 기관은 지속적으로 성장을 하고 있으며, 언론기관부설 평생교육기관도 급성장을 하다가 급격히 감소하였지만 다시 증가하는 추세를 보이고 있다. 지식 · 인력개발 형태의 평생교육기관과 시민 사회단체, 사업장부설 평생교육시설 등은 정체되고 있으며, 학교부설 대학(원)부설 평생교육 기관과 평생학습관은 예년과 비슷하게 나타나고 있다. 2019년 기준 기관유형별 평생교육기관은 총 4,295개 교육기관이 설치 · 운영되고 있다. 그 중에 원격형태가 1,041개로 가장 많고, 특히 언론기관 부설이 842개로 전년대비 101개가 증가하였으며, 시민사회단체부설은 492개이다. 평생교육은 인터넷과 모바일 환경의 발달은 물론 새로운 COVID-19라는 팬데믹 상황에서 원격형태의 언택트 평생교육으로 중심이 급격하게 이동될 것으로 판단된다. 따라서 이에 따른 평생학습 제도권에서의 뒷받침을 바탕으로, 보다 다양한 분야에 다양한 시민들의 사회공동체 가치를 창출해 가는 방향에서 평생교육기관의 설치와 운영이 되어야 할 것으로 판단된다.

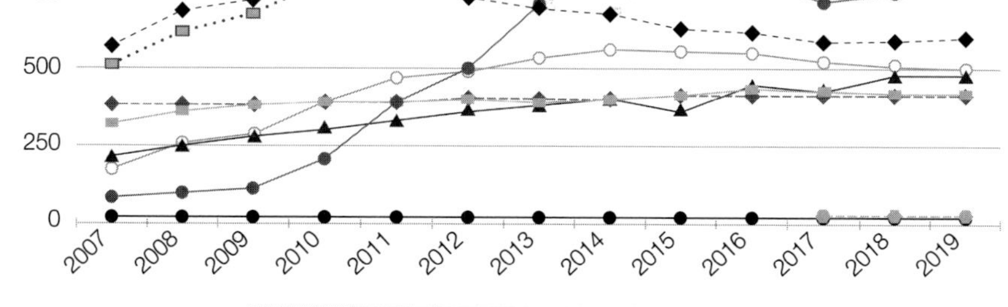

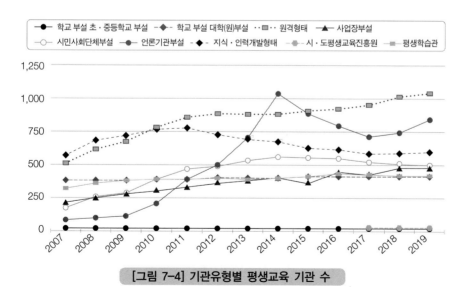

[그림 7-4] 기관유형별 평생교육 기관 수

출처: 교육통계서비스(http://kess.kedi.re.kr/index)

(2) 기관유형별 평생교육 프로그램 수

2019년 통계에 의하면 기관유형별 평생교육 프로그램 수는 총 244,523개의 프로그램이 운영되는 것으로 나타났다. 그 중에 원격형태가 89,543개 프로그램으로 가장 많고, 사업장 부설에서 운영되는 프로그램이 71,589개로 나타나고 있다. 대학(원)부설이 27,193개, 지식 · 인력개발형태의 기관에서 11,158개의 프로그램이 운영되고 있다. 평생교육 프로그램 역시 원격형태의 평생교육 프로그램이 전체 프로그램의 36.6%를 차지하고 있다. 따라서 평생교육 프로그램은 다양한 원격형태의 맞춤형 프로그램이 개발 · 운영되는 방향으로 추진될 것이다.

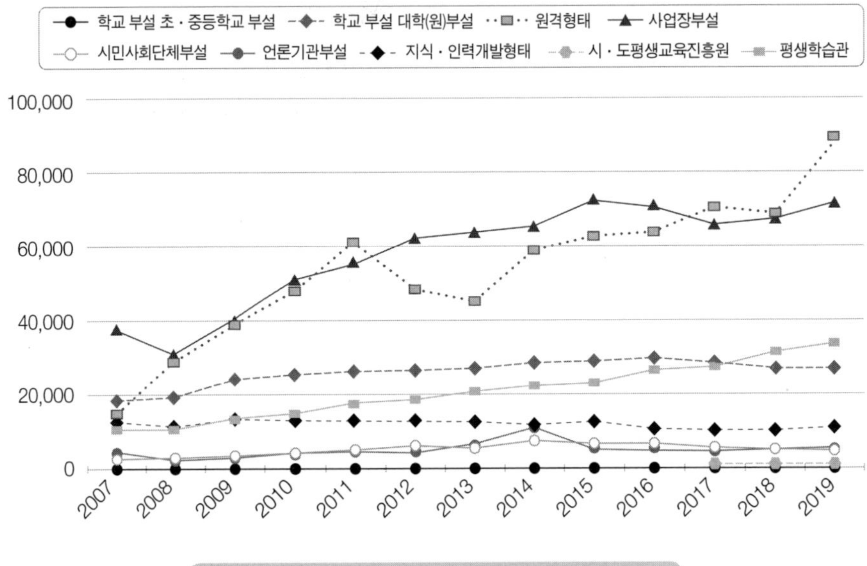

[그림 7-5] 기관유형별 평생교육 프로그램 수

출처: 교육통계서비스(http://kess.kedi.re.kr/index)

(3) 평생학습 참여율

삶의 불확실성이 높아지고 지식의 가용 주기가 급격히 짧아지면서 인간의 수명 연장으로 고령화가 가속되는 사회에서, 평생학습은 선택이 아니라 '호흡'과 같은 사명을 받았다(Jarvis, 2009). 이런 측면에서 평생학습 참여율은 이제 사회적 자본의 역량 수준으로 봐도 무리가 아닐 것이다. 실제로 한국직업능력개발원 김미숙 등의 정책연구에 따르면 성인 일반의 평생학습 참여 수준은 경제성장과 밀접하게 연관되어 있으며 경제성장에 많은 영향을 끼치고 있음이 일관되게 나타나고 있다. 이는 일반통합회귀모형과 고정효과모형 그리고 확률효과모형 등 모든 모형에 공통적이고 일관되게 성인의 학력수준 및 평생학습참여율이 경제성장에 유의미한 영향을 끼치고 있음이 파악됐다(김미숙, 김승보, 장수명, 2009).

예컨대, 성인의 대학 학력 비중이 1% 높아지면 경제성장은 0.025%, 중등 학력 비중은 0.02%의 경제성장을 끌어 올리는 것으로 볼 수 있으며 평균 교육년수가 1년 늘어나면 경제성장은 0.15%p 높아진다. 또한 성인의 평생학습참여율이 1% 높아지면 경제성장에 미치는 영향은 0.006%로 나타나고 있다.

한국교육개발원이 매년 조사하는 통계에 의한 우리나라의 평생교육 참여율을 살펴보면 2019년 기준 만 25~79세 성인의 평생학습(형식 · 비형식) 참여율은 43.4%로 만 25~79세 성인 10명 중 4.3명이 평생학습에 참여하고 있는 것으로 나타나고 있다.

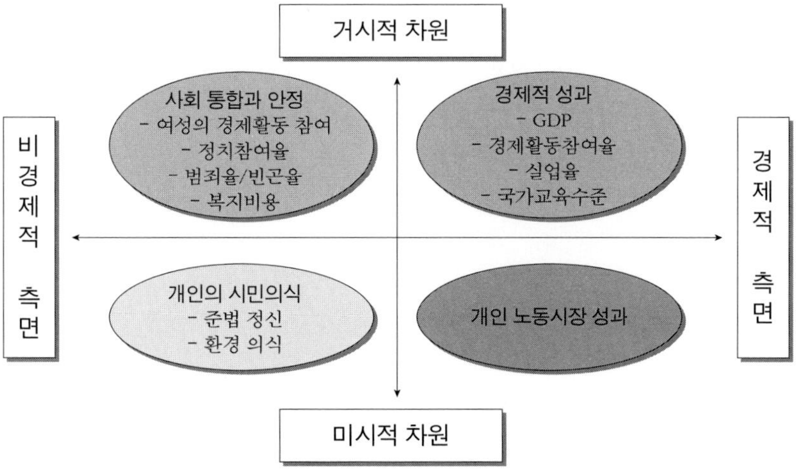

[그림 7-6] 평생학습의 성과 관련 지표

출처: 한국직업능력개발원 정책연구(평생학습의 사회경제적 성과 분석, 김미숙, 김승보, 장수명, 2009)

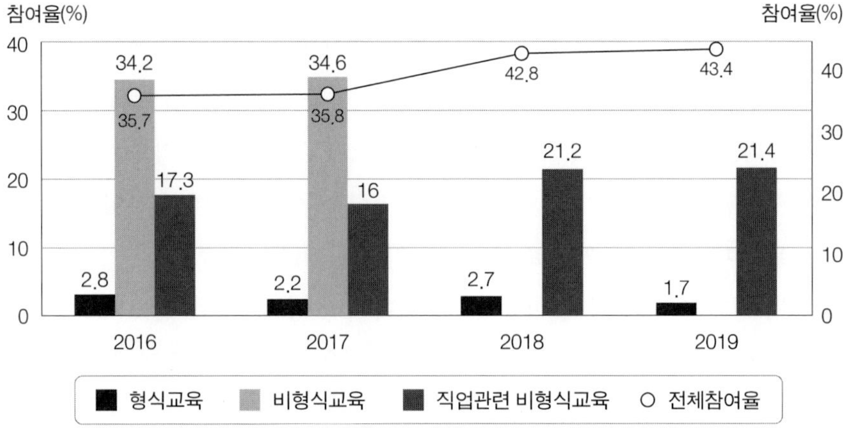

[그림 7-7] 성인 평생학습 참여율

출처: 교육통계서비스(http://kess.kedi.re.kr/index)

(4) 기관유형별 평생교육 학습자 수

2019년 기관유형별 평생교육 학습자 수는 총 16,348,842명으로, 전년대비 4,184명이 증가했다. 원격형태의 학습자 수가 12,111,454명으로 전체의 74.1%를 차지하고 있고, 사업장부설의 학습자가 1,185,565명으로 두 번째로 많은 인원이 조사되었다. 사업장부설의 학습자는 기업이 경쟁력 제고를 위해 사내 인재 육성차원에서 실시하는 교육훈련생으로 분석된다.

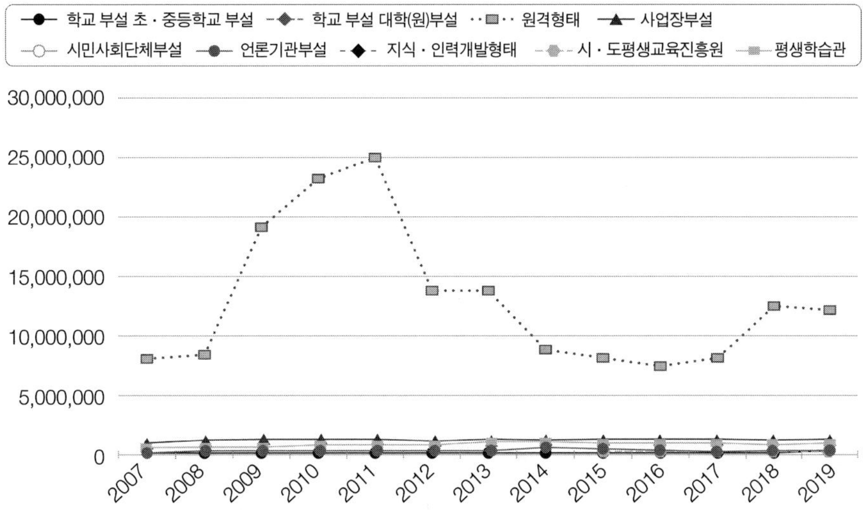

[그림 7-8] 기관유형별 평생교육 학습자 수

출처: 교육통계서비스(http://kess.kedi.re.kr/index)

(5) 기관유형별 평생교육 교강사 수

기관유형별 평생교육 교강사 수는 총 75,492명이다. 사업장부설이 20,437명, 대학원부설이 13,717명으로 전년대비 664명이 감소하였으며, 원격형태는 13,405명으로 조사됐다. 사업장부설의 경우 사내 교육훈련을 위한 교육훈련 요원들이 있어 가장 많은 교강사가 있는 것으로 나타나고 있다.

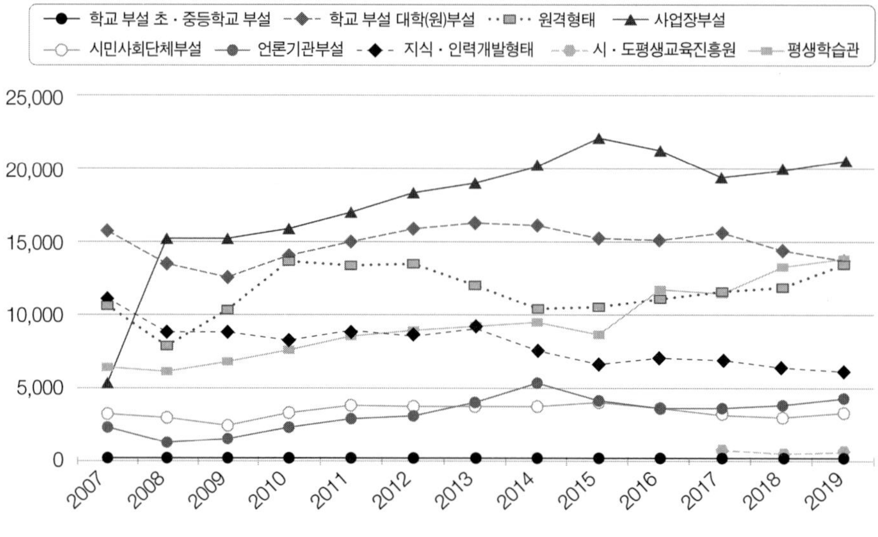

[그림 7-9] 기관유형별 평생교육 교강사 수

출처: 교육통계서비스(http://kess.kedi.re.kr/index)

(6) 연도별 평생교육사 양성 현황

원형의 도표는 평생교육사 양성 기관의 현황을 기관유형별로 나타낸 것이다. 대학(55.5%), 원격 및 사이버대학(9.9%), 대학원대학(5.5%), 일반평생교육시설(12.0%), 전문대학(13.7%), 기타 기관(2.7%)에서 다양하게 평생교육사가 양성되고 있는 것으로 나타났다. 2018년 기준 평생교육사는 총 6,788명으로 지역별로 살펴보면, 서울이 4,153명으로 가장 많고, 부산 222명, 광주 333명, 경기가 411명 등으로 나타나고 있다.

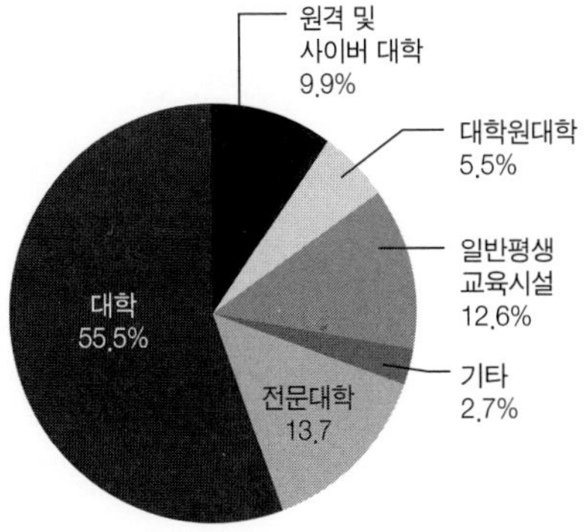

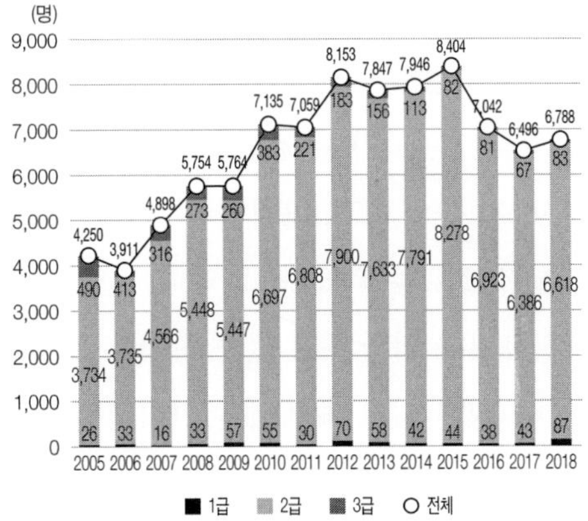

[그림 7-10] 연도별 평생교육사 양성 현황

출처: 교육통계서비스(http://kess.kedi.re.kr/index)

2) 인적자원개발 실제

인적자원개발은 다양한 영역에서 급변하는 환경변화에 대응을 위한 최우선 과제다. 기업은 조직의 생산성 향상과 경쟁력 강화를 위하여, 지방자치단체는 지역발전을 위하여, 그리고 국가는 국가 차원의 인적자원개발을 통한 국가경쟁력 제고를 위하여 중장기 계획을 수립·추진하고 있다. 여기서 우리나라 기업의 인적자원개발 현황을 살펴보고자 한다.

(1) 기업 인적자원개발 실태

기업의 인적자원개발 실태는 한국표준협회가 조사한 '2017 대한민국 인력개발 실태 및 성숙도'에 나타난 결과를 중심으로 살펴보고자 한다. 주요 조사 결과는 HRD 전담조직 여부, 인당 HRD 투자액, 교육훈련시간, HRD 업무추진 시 어려움, HRD 성숙도 등이다.

① 기업 규모별 HRD 전담조직 운영 비율

조사 기업에 대한 기업 규모별 HRD 전담조직 현황을 살펴보면, 전체 평균적으로 약 51.4%가 운영되고 있다. 특히 중소기업의 경우 300명 이하의 경우는 34.9%가 운영되고, 대기업의 경우는 88%가 전담조직이나 전담인력을 운영하고 있는 것으로 나타났다. 그러나 기업의 과반 정도는 사내에 인력개발 담당자만 지정하거나 담당자도 없는 상황으로, 조직적인 차원에서 종업원의 역량개발을 위한 종합적이고 체계적인 인력개발 업무가 효과적으로 추진되기 어려울 것으로 분석된다.

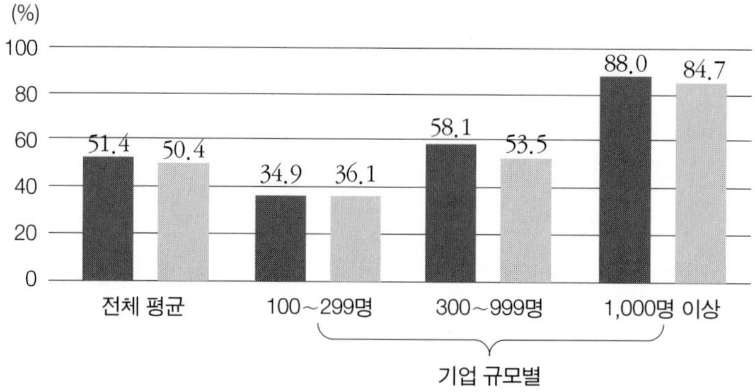

[그림 7-11] 기업 규모별 HRD 전담조직 운영 비율

출처: 한국표준협회(2017), 2017 대한민국 인력개발 실태 및 성숙도 조사결과

② 기업 규모별 1인당 HRD 투자액

조사 기업에 대한 종업원 1인당 HRD 투자액을 살펴보면 300인 미만의 경우가 2015년 기준 15만대이고, 300인 이상 1,000명 미만이 36.5만원이고, 1,000명 이상 기업이 53.7만원을 교육비로 투자하고 있다. 단순비교 했을 경우 중소기업 대비 대기업의 교육 투자비는 거의 3.5배로 인재육성 분야에서도 양극화가 심각하게 나타나고 있다. 인재가 경쟁력이라고 할 때 중소기업과 대기업의 경쟁력 역시 심각한 차이를 가져올 수 있을 것으로 예상된다. 인력개발은 투자에 대

한 성과가 장기 · 지속적 활동으로 성과가 점진적으로 나타나는 특성을 감안하면 기업 규모별 인적자원 경쟁력 격차는 더욱 심화 될 것으로 예상된다.

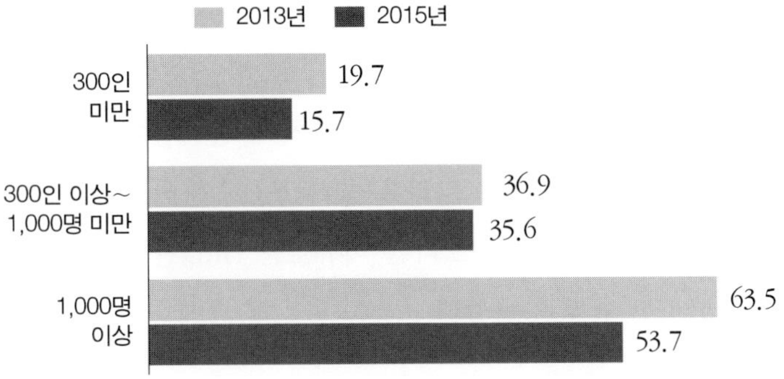

[그림 7-12] 기업 규모별 1인당 HRD 투자액(단위: 만원)

출처: 한국표준협회(2017), 2017 대한민국 인력개발 실태 및 성숙도 조사결과

③ 기업 규모별 1인당 연 평균 교육훈련시간

우리나라 조사 기업의 규모별 1인당 연 평균 교육훈련시간은 약 25.9시간으로 업종별로는 일반 제조업이 금융업에 비해 약 12.1시간 더 적은 것으로 조사됐으며, 규모별로 중소기업은 20~25시간대이나, 대기업의 경우는 48시간으로 거의 2배 이상의 차이가 나고 있는 것으로 조사됐다. 이런 결과는 미국의 평균

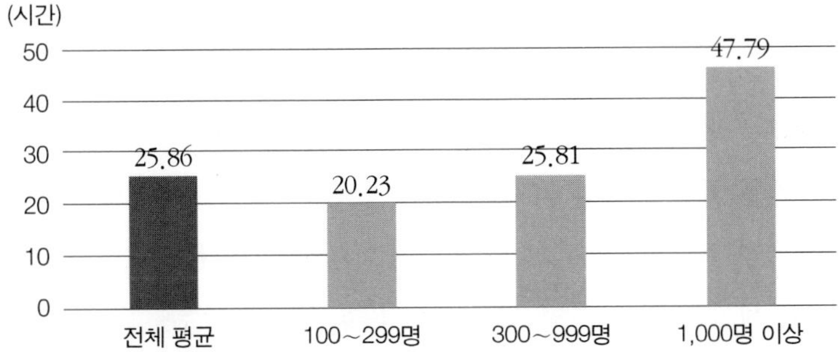

[그림 7-13] 기업 규모별 1인당 연 평균 교육훈련시간

출처: 한국표준협회(2017), 2017 대한민국 인력개발 실태 및 성숙도 조사결과

교육시간이 33.5시간으로 우리와 비교 약 7.6시간이 적은 것으로 조사됐다.

④ 기업 규모별 HRD 업무 추진 애로사항

기업 내 인적자원개발 업무추진 시 애로사항에 대한 설문에 대한 응답으로 교육 인원 차출의 어려움을 가장 큰 원인으로 뽑았다. 1990년 후반 IMF 외환위기 이후 기업은 인력 채용과 유지를 매우 엄격하게 관리함에 따라 개인별 업무량이 대폭 증가하게 되었고, 이에 따라 교육시간을 충분히 확보하기 어려운 상황이 초래되었다고 판단하였다. 또 다른 이유로는 HRD전문가와 교육 예산 부족이 교육 실행의 걸림돌로 나타났다.

표 7-5 기업 규모별 HRD 업무 추진 애로사항

		경영진의 인식 부족	근로자의 관심과 이해가 미흡	교육 훈련 예산 부족	업무가 단순하여 교육 필요성 없음	HRD 전문가 부족	교육 인원 차출 어려움	위탁 교육 내용 부실	교육이수자의 높은 이직율	교육 훈련 준비 부족	경영 위기로 투자 여유 없음
2015	평균	2.51	2.83	2.84	2.22	3.19	3.39	2.73	2.40	2.10	2.59
	소기업	2.71	3.08	2.99	2.50	3.34	3.58	2.88	2.53	2.24	2.78
	중기업	2.42	2.70	2.78	2.06	3.16	3.30	2.70	2.28	2.03	2.48
	대기업	2.08	2.35	2.53	1.69	2.79	3.01	2.37	2.28	1.84	2.28

출처: 한국표준협회(2017), 2017 대한민국 인력개발 실태 및 성숙도 조사결과

⑤ HRD성숙도 조사 결과

한국표준협회에서 개발한 HRD성숙도 모형은 개인(기본 성숙도), 팀(운영 성숙도), 조직(성과 성숙도), 환경(가치 성숙도) 차원으로 설계되어 단편적인 인력개발 실태 수준에서 벗어나 기업 인력개발의 총체적인 수준을 파악할 수 있도록 했다.

조사 결과 HRD팀 차원의 운영 성숙도와 조직차원의 성과 성숙도는 낮게 나

타난 반면 기본 성숙도와 가치 성숙도는 상대적으로 높게 나타났다. 성숙도 수준이 낮은 운영 성숙도와 성과 성숙도의 주요 요인과 의미를 살펴보면 다음과 같다.

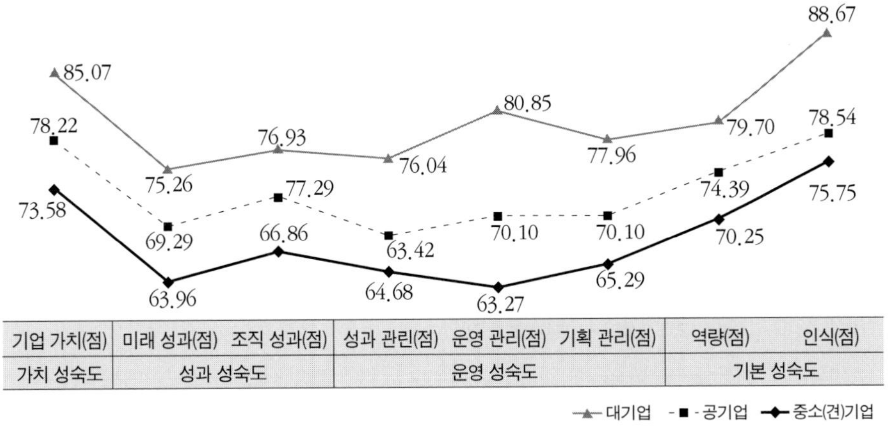

[그림 7-14] HRD성숙도

출처: 한국표준협회(2017), 2017 대한민국 인력개발 실태 및 성숙도 조사결과

우선 운영성숙도 조사 결과가 낮게 나타난 것은 종업원 역량개발을 체계적으로 지원하기 위한 조직의 총체적인 지원이 되고 있지 못하다는 것을 의미한다. 즉 조직의 중장기적인 인재육성체계 및 전략수준이 종업원의 기대 수준에 미치지 못하고 있고, 인력개발 활동을 위한 제반예산, 인적 · 물적 인프라도 부족함을 의미한다.

둘째로 성과 성숙도에 있어 주요 구성 요소인 미래성과와 조직성과를 분석해보면 조직 성과가 조금 더 높은 수치를 보이고 있다. 이것은 현 상황에서 기업의 인력개발 활동이 조직성과에 기여하고 있다고 느끼고 있지만, 장기적인 미래 성과창출 관점에서 볼 때에는 기업의 비전과 목표 달성에 있어 HRD 활동의 의미와 기여도가 떨어진 것으로 나타나고 있다. 이것은 현 시점에서 필요한 교육 수요를 찾아 종업원을 교육시키고 성과로 연계하는 활동은 잘하고 있는 것으로 볼 수 있으나, 기업의 미래 비전과 연계한 전략적 인적자원 개발 활동과 경력 개발, 학습하는 조직 문화 구축 등 장기적, 전략적 차원의 인적자원개발 활동은 미흡한 것으로 나타나고 있음을 의미한다.

전체적인 업종별 HRD성숙도 수준 조사결과는 공공부문이 가장 높고, 서비스, 제조업 순으로 성숙도 수준이 나타났다. 이는 정부지원을 받는 공공부문이 상대적으로 조직이 안정화되어 있고 예산 등 HRD 활동 수행과 관련한 제반인프라가 일반기업보다 앞서있기 때문으로 판단된다. 그러나, 기업 규모 및 업종 특성을 종합적으로 분석해보면 대기업, 공공부문, 중소기업 순으로 HRD성숙도 수준이 나타났다.

(2) 기업 인적자원개발의 새로운 과제

인적자원개발은 변화와 직접적인 관계가 있다. 파괴적인 변화가 지속되는 제4차 산업혁명 시대에 기업, 공공조직, 대학 등은 이러한 변화에 대응하기 위한 다양한 인적 · 물적 자원을 바탕으로 인적자원개발에 노력하고 있다. 그러나 이러한 노력에도 불구하고 이들 영역에는 다음과 같은 새로운 과제들이 남아 있다.

① 새로운 학습사회의 도래

제4차 산업혁명시대의 새로운 학습은 인터넷을 기반으로 한 모바일 시대의 평생학습이다. 트위터, 페이스북, 네이버, 위키피디아, 블로그 등은 이제 우리 삶의 일부가 되었다. 그리고 스마트폰의 발달은 우리의 가상세계를 현실세계화 하면서 일상생활의 거의 모든 분야를 흡수하고 있다. ATD의 CEO인 Bingham과 Conner(2010)는 "과거에는 테이블에 둘러앉아 토론하였지만, 이제는 누구와도 언제 어디서든 실시간으로 함께 이야기 하는게 가능하다."고 하였다. 그리고 이처럼 새로운 도구를 사회적 미디어라하며, 이러한 사회적 미디어를 통하여 학습하는 것을 '사회적 학습(Social Learning)'이라고 하였다. 이처럼 인적자원개발은 다양한 방향에서 새로운 변화가 모색되어야 한다는 점을 시사하고 있다.

② 저출산 고령화의 급속한 진전과 경제활동인구 감소

통계청이 발표한 '2019년 인구주택총조사'에 따르면 우리나라 총인구는 48,674,177명으로 조사되었다. 2018년에 고령인구 비율이 14.3%를 차지하며 우리나라도 고령사회(14% 이상, 20% 미만)로 진입하였고, 2020년 현재, 65세 이상 고령인구 비율은 15.7%를 차지하고 있다.

노인 인구는 늘어나고 출산율은 낮아지지만 기대수명은 늘어남에 따라 인구 고령화가 급격하게 진행되고 있다. 특히 우리나라는 합계 출산율이 한 명도 안 되어 OECD 기준 초저출산 국가(합계 출산율 1.3명 이하)에 해당된다. 이는 저출산 고령화로 이어져 생산가능인구인 경제활동인구가 감소하는 인구 구성 변화가 생기기 때문에, 우리나라뿐만 아니라 많은 나라들의 사회적 이슈가 되고 있다. 생산가능인구란 생산 활동이 가능한 만 15세에서 64세 인구를 말한다.

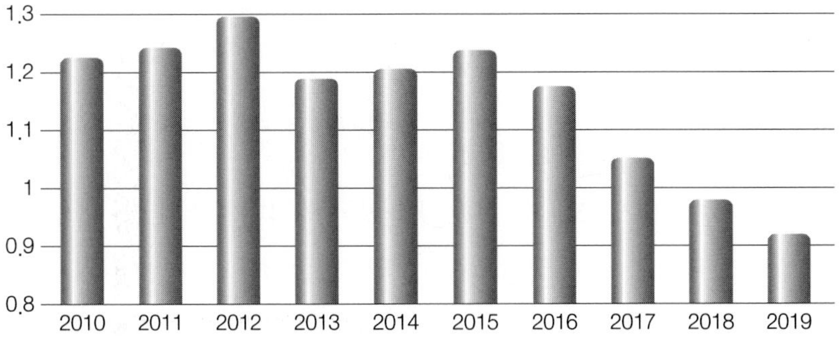

지표	2010	2011	2012	2013	2014	2015	2016	2017	2018	2019
합계 출산율(명)	1.226	1.244	1.297	1.187	1.205	1.239	1.172	1.052	0.977	0.918

[그림 7-15] 합계 출산율

출처: http://kosis.kr/conts/nsportalStats/nsportalStats_0102Body.jsp?menuId=10&NUM=1033

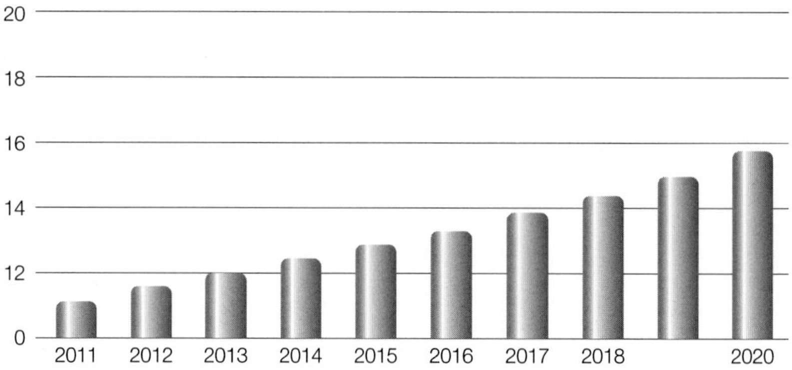

년도	2011	2012	2013	2014	2015	2016	2017	2018	2019	2020
노령화지수 (유소년인구 1백명 당)	11.0	11.5	11.9	12.4	12.8	13.2	13.8	14.3	14.9	15.7

[그림 7-16] 고령인구 비율(65세 이상)

출처: http://kosis.kr/conts/nsportalStats/nsportalStats_0102Body.jsp?menuId=10&NUM=1014

③ 인적자원개발에 대한 투자의 양극화

앞서 한국표준협회가 조사한 '2017 대한민국 인력개발 실태 및 성숙도'에 나타난 결과를 살펴보면 HRD 전담조직 여부와 인당 HRD 투자액 그리고 교육훈련시간, 교육훈련 형태 등에 있어서 중소기업과 대기업간의 격차는 HRD투자액의 경우 3.5배까지 차이가 나타나고 있다. 이는 전체기업의 90%를 차지하고 있는 중소기업에 있어 인적자원개발이 매우 어렵다는 것을 의미한다. 이것은 결국 인재가 경쟁력이라는 차원에서 단순히 중소기업의 문제만이 아니라 국가적 차원에서의 전략적 인적자원개발의 필요성과 장기적 투자 관점에서의 인적투자에 대한 인식의 전환이 절실한 과제다.

④ 글로벌 인적자원개발

제4차 산업혁명시대는 초스피드, 초연결 사회로 전세계가 하나로 연결되어

순식간에 모든 상황이 동시 다발적으로 변화한다. 뿐만 아니라 이전에 경험하지 못한 다문화 사회로 우리의 환경은 급변하고 있다. 주변의 기업이나 일터에서 다문화 가족들이 차지하는 역할이 갈수록 많아지고 있다. 이러한 상황에서 인적자원개발은 미시적인 차원이 아니라 거시적 차원에서 보다 다양하고 폭넓은 인재육성 전략의 필요성이 제기 되고 있다.

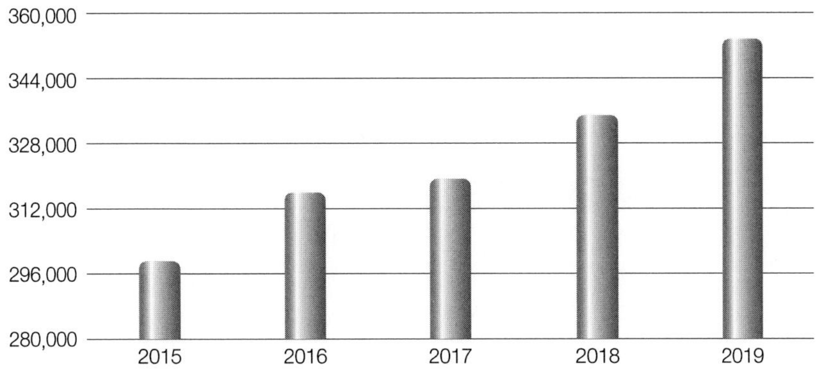

표	2017	2018	2019
다문화 가구 수(가구)	318,917	334,856	353,803

[그림 7-17] 다문화 가구 수(2019년 현재)

출처: http://kosis.kr/conts/nsportalStats/nsportalStats_0102Body.jsp?menuId=10&NUM=1032

⑤ 일과 삶의 균형

경제협력개발기구(OECD)는 2011년부터 국가별 웰빙 수준을 측정하고 비교할 수 있는 통합지수인 '더 나은 삶 지수(Better Life Index: BLI)'를 발표하고 있다. 더 나은 삶 지수는 국민의 생활에 영향을 미치는 11개 영역(교육, 직업, 안전, 주거, 시민참여, 일과 삶의 균형, 건강, 삶의 만족, 환경, 소득, 공동체의식)에 걸쳐 24개 지표(19개 정량, 5개 정성)로 구성된 측정체계를 바탕으로 지수를 산출하고 있다. 우리나라의 경우 2018년 기준, 전체 조사대상 국가 40개 중 30위로 하위권에 머

무르고 있다.

다만 세부 영역별 순위를 살펴보면, 시민참여(2위), 교육(10위) 등은 대체로 양호한 평가로 나타나고 있다. 그러나 공동체(40위), 환경(40위), 건강(36위), 삶의 만족도(33위), 일과 삶의 균형(37위) 등은 하위권으로 나타나고 있다. 마지막으로 지금까지 우리나라의 순위를 전부 살펴보면 2011년 26위 → 2012년 24위 → 2013년 27위 → 2014년 25위 →2015년 27위 → 2016년 28위 → 2017년 29위 → 2018년 30위로 나타나고 있다.

OECD 2018년 '더 나은 삶의 질 지수'

우리나라 순위(총 40개국)

전체 순위	30	환경	40
주거	36	시민참여	13
소득	23	건강	10
일자리	27	주관적 웰빙	33
사회적 관계	40	안전	25
교육	13	일과 삶의 균형	37

[그림 7-18] 더 나은 삶의 질 지수(2018년)

출처: https://m.news.zum.com/articles/53284001

⑥ 언택트 · 온택트 시대 도래

세계는 전혀 예상하지 못한 급격한 변화를 맞이하였다. 2016년에 인공지능 알파고가 이세돌 9단(당시 세계랭킹 3위)을 상대로 승리를 거두었고, 2019년 그리고 2020년 COVID-19(코로나바이러스감염증-19)가 세상을 팬데믹으로 강타하였다. 인공지능은 우리가 우려했던 대로 인간의 일을 대체하면서 점점 인간의 일자리를 위협하고 있고 COVID-19는 우리의 일상을 순식간에 무너뜨렸다. 이제는 이전에 누렸던 일상으로 돌아가기 힘든 상황으로 변했다.

그렇기 때문에 변화된 우리의 일상을 새롭게 누릴 수 있는 새로운 평생학습에 대한 인식과 제도의 뒷받침이 요구된다. 그동안 대면접촉에 기반을 두었던 오프라인 평생교육은 COVID-19 팬데믹 이후 사회적 거리를 두는 '언택트(Untact)'와 온라인 중심의 '온택트(Ontact)'에 기반을 두고 체계와 시스템이 변화되어야 한다. 인공지능과 팬데믹이 만들어낸 뉴노멀 시대에 걸맞은 온택트 평생교육 체계가 요구되는 것이다.

평생교육은 모든 것이 예측 불가능한 시대에 인간의 성장과 기업의 발전을 위한 방향을 제시하는 것에 더욱 절실히 요구된다. 평생교육이 존재를 위한 학습(learning to be)이라는 관점에서 이제 자신을 성찰하며 주변과 사회적 공동체를 위한 창의력과 상상력을 발휘할 수 있는 평생교육의 틀을 재구축해야 한다.

[그림 7-19] 언택트 · 온택트 시대 평생교육

☑ 학습 과제

1. 평생학습과 인적자원개발의 전개과정에 대해서 기술하시오.

2. 평생학습과 평생교육의 차이점에 대해서 기술하시오.

3. 평생학습과 인적자원개발의 관계에 대해서 기술하시오.

4. 제4차 산업혁명과 우리나라 기업의 인적자원개발에 대해서 기술하시오.

5. 저출산 고령화 시대 향후 자신의 삶에 대하여 평생학습 차원에서 기술하시오.

6. 언택트 시대와 온택트 시대의 평생학습 변화에 대하여 기술하시오.

참고문헌

김기혁(2006). HRD가 경쟁력이다. 서울: 북갤러리.

김도수(2001). 평생교육개론. 서울: 양서원.

김미숙, 김승보, 장수명(2009), 평생학습의 사회경제적 성과분석, 한국직업능력개발원.

김선우(2016). 제4차 산업혁명에 대응하는 조직문화와 인적자원개발 사례. 한국직업능력개발원. 이슈분석 The HRD Review 2016. 06.

김영화(1999). 학습조직에서의 학습 패러다임 · 기업의 인적자원개발과 성인교육의 접목. 산업교육연구, 제5호.

김진희, 이로미(2017), UNESCO 글로벌성인학습보고서(GRALE III)를 통해 본 한국 성인교육의 현황과 문제점, ANDRAGOGY TODAY, 20(3).

김정문(2008). Korea HRD Outlook 2008. 서울: 엑스퍼트컨설팅.

노남섭, 박양근(2008). 인적자원개발론. 서울: 한올출판사.

미래창조과학부, 한국과학기술기획평가원(2016), 이슈분석: 제4차 산업혁명과 일자리의 미래

배석영, 박성희, 박경호, 황치석(2007). 미래사회를 위한 평생교육개론. 경기: 양서원.

송경진 역(2017), 「클라우스 슈밥의 제4차 산업혁명」, 서울: 새로운 현재.

이무근(2006). 직업교육학원론. 서울: 교육과학사.

장경미 외(2017), 평생교육정책연구 동향 분석: 1995-2016년 국내 학술지 게재 논문을 대상으로, ANDRAGOGY TODAY, 20(4)

장원섭 역(2016). 인적자원개발론. 서울: 학지사.
장진호(1979). 사회교육의 방향-평생교육의 판정에서-. 서울: 정익사.
정민(2017). 다산의 제자 교육법. 서울: (주)휴머니스트출판그룹.
조용하, 안상현(2004). 평생교육의 이해. 서울: 동문사.
조은상(2007). 인재개발론. 서울: 도서출판 범한.
조화태 외(2004). 평생교육개론. 서울: 방송통신대학교출판부.
진규동(2007). 기업의 학습조직 활동이 조직성과에 미치는 영향. 숭실대학교 대학원 박사학위논문.
진미석 외 9인(2008). 신정부 인재정책의 방향과 주요과제. 서울: 한국직업능력개발원.
차갑부(2004). 평생교육의 이해. 서울: 학지사.
천영희(2007). 기업에서의 인적자원개발. 경기: 교육과학사.
최돈민(2009). 인적자원개발기본법 및 국가인재정책의 방향과 과제. 한국인력개발학회 세미나자료. 한국인력개발학회. 서울대학교 한국인적자원연구센터.
최은수, 배석영(2008). 평생교육경영론. 경기: 양서원.
한국교육개발원(2008). 2008 한국성인의 평생학습실태.
한국교육개발원(2016). 2016 국가 평생교육통계조사.
한국농산업교육학회(2009). 농업교육과 인적자원개발, 41(3)
한국직업능력개발원(2007). 2007 한국의 인적자원개발지표.
한국직업능력개발원(2007). 중장기 인력수급전망 조사. 서울: 한국고용정보원.
한국표준협회(2017). 2017 대한민국 인력개발 실태 및 성숙도조사 결과.
한국HRD협회(2020). 평생교육의 진화. 월간HRD.
홍영란, 현영섭(2009). 한국의 평생학습지도. 서울: 한국교육개발원.

岩永雅也(2002). 生涯學習論. 東京: 放送大學教育振興會.

Candy, P. (1991). *Self direction for lifelong learning: A comprehensive guide to theory and practice*. San Francisco: Jossey-Bass.
Dave, R. H. (1976). *Foundation of Lifelong Education*. UNESCO Institute for Education. Pergamon Press.
Eurydice. (2000). *Lifelong learning: The contribution of education systems in the member states of the European Union*. Results of the EURYDICE survey, Lisbon, 17-18 March, 2000.
Fisher, G.(2000). Life long learning: More than traning. *Journal of Inteactive Learning*

Research, 11. 265-294.

Hager, P. (1995). *Lifelong education: An idea come of age?* Paper presented at the AARE Annual Conference, Hobart November, 1995.

Jarvis, P. (2009). (Ed.). *The Routledge International Handbook of lifelong Learning*. New York. NY: Routledge.

Lengrand, P. (l969). Perspectives in Lifelong Education. *Unesco Chronicle, 15*(7/8).

Merriam, S. B., & Brockett, R. G. (1997). *The profession and practices of adult education*. San Francisco: Jossey-Bass.

Merriam, S. B., Caffarella, R. S., & Baumgartner, L. (2007). *Learning in adulthood* (3rd ed.). San Francisco: Jossey-Bass. 기영화, 홍성화, 조윤정, 김선주 공역 (2009). 성인학습론. 서울: 아카데미프레스.

Nadler, L. (1970). *Developing Human Resources. Conects and Models* (1st ed.). San Francisco: Jossey-Bass.

OECD (1996). Lifelong learning for all. Meeting of the Education Committe at Ministerial Level. 16-17 January, 1996. Paris: Organization for Economic Co-operation and Development Publishing.

Phillips, J. J. (2005). *Investing in your company's human capital*. 최은수 역(2006). 성과중심 인적자원 투자전략. 서울: 거목정보.

Smith, M. K. (2004). Lifelong learning. Retrieved July 7, 2004, from http://www.infed.org/b-life.htm.

Bingham, T., & Comer. M. (2010). *The New Social Learning: A Guide To Transforming Organizations Through Social Media*. Berrett-Koehler Publishers,.Inc.

http://heraldk.com/2017/06/20/4차-산업혁명-미래형-인재육성이-먼저/

http://kess.kedi.re.kr/index

http://kosis.kr/conts/nsportalStats/nsportalStats_0102Body.jsp?menuId=10&NUM=1032

https://m.news.zum.com/articles/53284001

http://news.chosun.com/site/data/html_dir/2016/06/05/2016060500454.html?Dep0=twitter&d=201 6060500454

제8장 여성·노인의 평생교육

☑ 학습 목표

- 여성평생교육이 대두된 배경과 필요성을 이해한다.
- 여성에 대한 성 인지적 관점에서 평생교육적 요구를 이해할 수 있다.
- 노인학습자와 노화를 이해한다.

☑ 학습 개요

전 지구적 평생교육의 대두와 함께 여성에게도 평생교육의 필요성이 요구되는 것은 자명한 일이다. 그러나 국가적으로 여성과 관련된 굵직한 법제도가 변화하였음에도 사회적으로는 성차별적 가치관이 학교교육과 사회적 학습을 통해 그대로 사회화되고 있다. 개인에게 학습은 주어지는 것이 아니라 사회의 다양한 맥락으로부터 형성되는 것이므로 학습 경험이 남성과 다른 여성의 학습에 대한 관심과 요구도 남성과는 차이가 있다(Elisabeth & Daniele, 2000). 보편적 의미의 평생교육과는 구별하여 여성의 삶과 시각을 고려한 성 인지적 관점으로 설명하는 여성평생교육의 의미와 필요성이 여기에 있다. 여성평생교육은 여성 개인의 삶의 질 향상과 자아실현은 물론 국가사회의 발전에도 필수적이다.

우리 사회가 단기간에 고령화사회로 변화함에 따라 현실적으로 노인들을 쇠퇴한 연령집단으로 여기던 것으로부터 새로운 접근을 해야 할 필요가 대두되었다. 노화의 경우 '연령 이데올로기'를 벗어나 생애의 발달과정이며 노인의 욕구, 건강, 복지 등이 고려되어야 한다는 점이 인식되어야 한다. 한편 평생교육사회에서 성인교육에 대한 관심은 노인교육에 대해서도 기존의 사회복지적 관점에 대한 변화를 요구한다. 노인은 복지의 대상만이 아닌 성인학습자로서 평생교육에 참여할 수 있는 존재이며, 이에 따라 노인교육은 평생교육의 체제 속에서 다루어져야 한다. 노인의 학습능력에 대해 노년기에 지적 능력이 결코 쇠퇴하지 않는다는 사실이 종단적 및 횡단적 연구결과로 확인되고 있다.

1. 여성과 평생교육

여성평생교육은 형식상 교육 대상으로서의 여성에 대한 평생교육이라는 의미로 쉽게 이해될 수 있다. 생물학적인 성별로서의 여성에 대한 평생교육이라는 의미다. 그러나 실상 여성평생교육의 존재 의미는 평생교육 일반에서 여성에 대한 평생교육을 분리하여 다루게 된 배경에 있을 것이다. 평생학습자로서 여성은 생물학적인 점 외에도 사회문화적으로 남성과는 차이가 있다. 여성은 사회에서 남성과는 다른 사회적 역할을 요구받고 삶을 살게 되어 삶의 경험과 학습 경험이 남성과 다르다. 따라서 여성의 학습에 대한 요구 또한 남성과는 차이가 있다. 그러므로 여성평생교육이라는 학문적 접근을 할 때 기존의 평생교육에서의 접근과는 다른 관점이 필요하게 된다.

여성주의 학자들에 의해 논의되어 온 성 인지적 관점(gender perspective)은 이러한 사회문화적인 맥락에서의 성별 차이를 이해하는 데 적합하다. 즉, 삶의 경험과 교육적 요구에서 남성과는 차이를 지닌 여성이라는 사회문화적 존재로서의 여성은 여성주의적, 성 인지적 관점으로 이해될 수 있다. 안현용(2006: 114)은 여성평생교육의 학문적 존재 이유에 대하여 "여성은 남성과는 다른 삶의 구조를 유지해 옴으로써 여성의 경험과 이를 재구성하는 방식이 상이하다는 문화적 접근으로서의 성 인지적 여성주의 관점(gender-sensitive feminist perspective)에서 설명되어야 한다."고 하였다.

따라서 이 장에서는 학습자로서의 여성을 이해하고, 나아가 학문으로서의 여성평생교육을 학습하는 데 필요한 여성주의(feminism)와 관련된 기본적 개념과 성 인지적 관점들을 중점적으로 다루며, 여성주의에 기초한 여성평생교육의 기초적 이론들을 간단히 살펴보기로 한다.

1) 여성평생교육의 의의와 목적

(1) 여성평생교육의 개념과 의의

전통적으로 여성교육은 여성을 대상으로 하는 모든 교육으로 인식되어 왔으며, 1970년대까지만 하더라도 여성교육의 내용은 고정관념적 의미의 여성화를 위한 교육으로 여겨져 온 것이 사실이다. 그러나 여성에 대한 사회적 역할변화와 함께 여성이 전통적 가치의 전달 대상이 아닌 사회적 주체자로서 재인식되면서 여성교육의 의미 또한 다르게 해석되기 시작하였다. 여성교육의 의미의 변화는 평생교육의 대두와 함께 등장하게 된 여성평생교육에도 영향을 주었다. 여성정책과 교육정책에서 성평등 관점이 요구되면서 여성평생교육이 1990년대 이후 학문적으로도 새로운 관심 분야로 다루어지게 된 것이다. 새롭게 대두된 여성평생교육은 가치의 측면에서 전통적인 것과는 구별된다. 김재인과 곽삼근은 여성평생교육의 개념과 관련하여 학교교육 이외의 영역을 지칭하게 되며 교육의 대상이라는 측면에서는 여성의 학습 경험 재구성에 관련된 조직적이고 체계적인 교육행위라 하였다(김재인 외, 2001). 즉, 여성평생교육은 여성을 대상으로 한 평생교육에 여성주의적 관점을 부가한 것이라 할 수 있다.

여성은 남성과는 다른 삶의 경험 속에서 남성과 다른 사회화 과정을 거치면서 남성과는 다른 가치, 사고, 사회적 관계를 지니게 되고, 일상생활에서 남성과는 다른 자기 목소리를 내게 된다(Belenky et al., 1986). 학습자로서의 여성은 삶과 학습의 경험이 다르므로 남성과는 다른 교육이 요구되는 것이다. 여성평생교육이 존재하는 보다 명백한 이유는 여성은 남성과 다른 삶의 구조를 유지해 옴으로써 여성의 경험과 이를 재구성하는 방식이 상이하다는 성 인지적 여성주의 관점에서 설명될 수 있다. 여성교육의 두 번째 의의는 여성이 사회에서 이차적인 존재로서 상대적 교육의 결손을 경험하였다고 보아 사회적 주체로서 개인의 자아실현과 직업사회 활동의 기회를 누릴 수 있도록 교육하여야 한다는 것이다(김재인 외, 2009). 세 번째는 국가사회적인 입장에서 국가사회발전에 여성의 능력과 잠재력을 활용해야 한다는 인적자원 활용의 측면이다. 이것은 소위 발전 속의 여성(women in development)의 관점으로 여성인력을 증대시키고 이것을 국가경쟁력 강화에 활용한다는 국가경쟁력 강화를 위한 전략의 관점이다. 네 번째로는 우리나라가 여성에 대한 제도적 변혁을 이루었음에도 아직 국민의식은 그에 미치지 못하고 있어 개선이 시급하다는 현실적 요구가 있다. 2000년대 이후 정부가 정책화하여 시행하고 있는 성주류화(gender mainstreaming)정책[1]이 현실적인 정책 수행에서 많은 한계를 가지게 되는 것에 대해서도 여성평생교육에서 그 대안을 찾을 수 있을 것이다.

(2) 여성평생교육의 목적과 내용

티스델(Tisdell, 1995; 김재인 외(2009)에서 재인용)은 모든 여성주의 교육[2]이 공유하는 세 가지 관점을 제시한다. 첫째, 여성주의 교육은 여성들에게 그들의 삶을 효과적이고 긍정적으로 변화하게 할 수 있는 능력을 키울 수 있도록 도와준다는 점이다. 둘째, 여성주의 교육은 교사와 학생, 그리고 그들 사이에 놓여 있는 지식이 서로 개별적으로 존재하는 것이 아니라 연관 지어지고 관계 맺어지는 것을 중요하게 여긴다는 점이다. 셋째, 여성주의 교육은 이러한 과정을 통해 여성 자신의 힘 기르기를 목적으로 한다는 것이다. 즉, 여성주의 교육의 관점에는 여성 자신의 자질 향상, 자아실현 능력의 고양, 세계와 타인과의 고립된 지식이 아닌 사회 속에서 역동하는 지식과 삶, 그리고 이러한 것을 바탕으로 궁극적으로 사회 속에서 힘 있게 활동할 수 있는 능력의 배양과 같은 것이다. 이러한 여성주의 교육의 관점은 여성평생교육에도 그대로 적용될 수 있겠다. 따라서 여성평생교육의 목적은 '여성의 자존과 자기 충족, 여성의 자질 향상 및 자아실현,

1) 북경행동강령(1995년 제4차 세계여성대회)에 의한 여성정책의 새로운 패러다임으로, 정부와 공공기관의 모든 분야와 단계에서 의사결정과 정책실행을 함에 있어 젠더 이슈를 고려하는 것을 의미한다. 우리나라에서도 대통령직속 여성특별위원회(1998년)에 의해 정책적으로 채택하고 있으며 그 실현을 위해 여성부를 설립하였다.

2) 여성주의 교육은 개념상 여성교육 혹은 여성평생교육과 차이가 있다. 그러나 여기에서는 여성주의 교육이 기존의 여성교육에 대한 대안적 교육이라는 점, 여성평생교육의 범주에 둘 수 있다는 점, 그리고 여성교육, 여성평생교육이 모두 여성주의적 의의를 지닌다는 점에서 맥락상 함께 다루기로 한다.

남녀평등 의식 고양, 사회활동에의 참여와 공존'이라 하겠다(김재인 외, 2001).

여성평생교육은 여성 개인의 성장은 물론 국가발전의 기초와도 관련된다. 여성평생교육을 위하여 국가는 법률과 정책으로 이를 다루고 있다. 법률에서는 여성평생교육의 목적과 관련하여 다음과 같이 언급하고 있다. 「여성발전기본법」 제21조에서는 "국가와 지방자치단체는 국공립 연수기관 및 「평생교육법」에 따른 평생교육시설과 그 밖의 연수교육 과정에서 남녀평등 의식을 높이는 교육이 실시되도록 노력하여야 한다."고 명시하고 있다. 또한 동법에서는 "국가와 지방자치단체는 여성의 사회참여를 촉진하기 위하여 여성 인적자원을 개발하기 위한 시책을 강구하여야 한다."고 명시하고 있다. 「교육기본법」 제17조 2항에서는 "남녀평등교육의 증진의 내용이다. 국가와 지방자치단체는 남녀평등 정신을 보다 적극적으로 실현할 수 있는 시책을 수립 · 실시하여야 한다."고 하였고, "제1항에 따른 시책에는 체육 · 과학기술 등 여성의 활동이 취약한 분야를 중점 육성할 수 있는 교육적 방안이 포함되어야 한다."고 하였다. 이상에서와 같이 법률에서는 여성평생교육의 목적을 남녀평등 의식의 증진과 여성의 인적자원개발로 제시하고 있음을 알 수 있다.

또한 제2차 양성평등정책 기본계획[3]에서는 여성평생교육이 여성이 평등하게 일할 권리와 기회를 보장, 여성의 대표성 제고와 참여의 활성화, 남녀평등 의식과 문화의 확산에 기여하도록 제시되고 있다. 여성이 평등하게 일할 권리와 기회를 위해 여성 경력유지 · 개발 지원을 위한 교육이 필요하며, 이를 위해 여성 노동자 역량 강화와 경력개발 지원 교육, 경력단절 예방교육, 경력단절 여성에 대한 취 · 창업을 위한 교육이 계획되고 있다. 여성의 대표성 제고와 참여 활성화를 위해서는 여성 리더십 역량 강화를 위한 교육이 필요하며 차세대 여성 정치 리더 양성교육, 여성 관리자 양성교육이 마련되도록 하고 있다.

남녀평등 의식과 문화의 확산을 위해서 교원과 학부모에 대한 양성평등 교육, 분야별 전문 인력에 대한 맞춤형 양성평등 교육, 양성평등 제공기관의 확대

3) 제2차 양성정책 기본계획은 2018년부터 2022년까지 국가 양성평등정책의 방향이다.

및 역량 강화를 계획함으로써 여성뿐만 아니라 사회화 과정에서 왜곡된 부분을 재사회화 할 수 있도록 모든 시민을 대상으로 한 시민교육으로 계획되고 있다.

2) 성역할 변화와 성 인지적 관점

(1) 성차, 성(gender), 성역할(한우섭, 2008)

여성과 남성은 공통점과 차이점을 함께 지니고 있다. 남녀의 성별 차이가 남녀에게 각기 다른 사회적 기대를 가져오고 나아가 성별 불평등을 가져온다는 점에서 성차와 성역할에 대한 이해는 남녀관계를 이해하는 기본 개념이다. 남녀간의 불평등한 관계를 성차에서 기인하는 것으로 간주하고 이 성차에 의해 성역할도 차이날 수 있다고 하는 단순한 전제들이 성불평등을 정당화한다. 성역할의 차이가 성차에서 비롯되었는지, 사회화에 의한 것인지 하는 의문에 대한 답은 성차, 성역할, 성(gender)의 개념과 관련이 있다.

① 성차

여성과 남성 사이에는 명백한 신체생물학적 차이가 존재하며 이와 관련된 심리적 차이도 있다. 이러한 차이는 생물학적, 선천적 차이뿐 아니라 사회문화적, 후천적 차이이기도 하다. 즉, 성차는 선 · 후천적으로 남녀에게 실재하는 차이를 말한다.

생물학적 성차 사람의 성별은 난자와 정자가 결합하여 수정란이 되었을 때 결정되며 자궁 내 착상 후 분비되는 호르몬에 의해 4개월 정도면 생식기관이 명확한 성적 차이를 나타낸다. 이것을 '1차 성징'이라고 한다. 생물학적 성의 개념에는 성염색체에 의한 유전적 성, 호르몬 성, 생식선 성(난소와 고환), 생식기 성이 포함되며, 크게는 유전적인 것과 호르몬에 의한 것으로 본다. 사춘기가 되면 여성은 난소에서 에스트로겐과 프로게스테론을 남성은 고환에서 테스토스테론을 분비하게 된다. 이것이 전신에 작용하여 도처에 성차를 나타내는데 이를 '2차 성징'이라고 한다. 여성과 남성은 이 세 가지의 기본 호르몬을 상당량 가지고 있으며 호르몬에 의한 성차는 호르몬의 존재 유무가 아닌 분비량이나 농도의 차이에 의한 것이다.

심리적 성차　사람들은 오랫동안 여성다움이나 남성다움이 생물학적으로 결정되는 것이라 믿어 왔다. 이것은 지금까지도 고정관념화되어 남녀의 사회적 역할과 지위 권리와 의무 등을 결정하는 요인으로 작용하고 있다.

남녀 간의 심리적 성차에 대한 연구들에 의하면 남녀 간에 성차가 있다고 입증된 것은 언어능력, 시공간 능력, 수학능력, 공격적 행동이다. 언어능력은 여아가 더 높으며 시공간 능력과 수학능력은 남아가 더 우수하고 공격성도 남아가 더 높은 것으로 입증되고 있다. 반면 사회성, 자존심, 분석력, 성취 동기, 경쟁심, 모성적 행동 등에서는 차이가 검증되지 않았다. 성차가 발견된 부분에서조차 아동기까지는 성차가 없다가 청소년기 이후에 성차가 나타나는 것은 사회문화적 기대와 교육의 영향임을 암시한다. 또한 심리적 성차에 대한 연구에 의하면 남녀 간의 차이보다 동성 내에서의 개인차가 더 큰 것으로 보고되고 있다. 성차에 대한 고정관념은 개인의 자아상과 직업 선택에 영향을 미칠 뿐 아니라 직업 선택에 대한 사회적 기대 및 공공정책 등에 영향을 미친다(임정빈, 정혜정, 2000).

② 성과 성역할

성(gender)　성역할(gender role)과 관련된 개념들을 논의하기에 앞서 살펴보아야 할 개념은 '성'의 개념이다. 성의 개념은 크게 생물학적 성(biological sex)과 사회적 성(gender)으로 구분된다. 생물학적 성은 말 그대로 선천적으로 갖게 된 신체생물학적인 성을 의미하고 사회적 성은 후천적으로 학습된 남녀의 행동에 대한 사회적 기대로서의 성이다. 젠더(gender)는 여성다움 또는 남성다움을 말하는 것으로 생물학적 성과 반드시 일치하지는 않는다. 젠더란 쓰이기에 따라 우리말로 성, 성별 또는 성 인지로 번역되며, 성별의 사회적 관계에 초점을 맞추는 용어로서 여성주의적 관점의 핵심 개념이라고 할 수 있다.

성역할(gender role) 사람은 자신이 여성 혹은 남성임을 아는 순간부터 그 사회에서 자신의 성별에 적합하다고 규정한 일련의 특성들을 습득해 나가기 시작한다. 남녀가 각각 어떤 특성과 역할을 지니고 행해야 하는가를 배워 가는 것이다. 성역할이란 남녀의 바람직한 행동에 대한 사회문화적 기대를 의미한다. 사회적으로 남녀의 성역할은 여성과 남성으로서의 신체적 동일성에 근거하여 나누게 된다. 성역할의 개념은 심리적 요소와 사회적 요소를 모두 담고 있으며 성역할의 어떤 측면은 생물학적 근거를 가지기도 한다. 즉, 성역할은 '사회집단이 인정하는 남녀의 행동양식' 또는 '개인이 자신의 문화 속에서 남성과 여성의 특성이라고 이해하는 것들의 총체'다(Schaffer, 1979).

사회적 수준에서의 성역할은 남녀에게 바람직한 것으로 규정하는 역할에 대한 일련의 신념체계인 성역할 규범으로 나타나는데, 이는 사회 구성원을 성별에 따라 사회화시키는 근거가 되며 각종 사회제도를 만드는 근거가 되기도 한다.

(2) 성 고정관념의 변화

① 성 고정관념

남녀의 성역할 차이를 지나치게 강조하다 보면 자연스러운 정도의 필요를 넘어 강요의 수준에까지 이르게 되는데 이러한 것을 성 고정관념(gender stereotype)이라 한다. 성 고정관념은 실재적인 남녀의 차이를 반영하기보다는 사회 구성원들이 과학적 검증을 거치지 않은 채 갖게 되는 공통의 믿음이다. 즉, 성 고정관념이란 남성과 여성의 특징이나 성격 특성에 대한 합의된 신념이나 가정이다. 성 고정관념은 때로 동성 내에서 개인차를 허용하지 않는다. 여성과 남성이라는 각 성의 신체적 동일성에 근거해서 사람들은 빈번히 다른 어떤 정보가 없이도 개인에 대해 일정한 가정을 하게 될 수 있다(Kaplan & Sedney, 1980). 고정관념에 의해 여아는 소위 '여자답게', 남아는 '남자답게' 자라는 것이다. 성 고정관념은 태어나기 전부터 시작되어 성인이 되어서도 줄곧 영향을 미치게 된다.

② 성역할 사회화

남녀는 성장과정에서 서로 다른 부모의 기대와 양육태도를 접하고 자라게 되는데 이 과정에서 성역할이 형성된다. 아이는 태내에서부터 출생 후 유아기와 아동기를 거쳐 청년기 성인에 이르는 동안 가족관계와 학교 그리고 사회로부터 성역할 고정관념의 압력과 영향을 받게 된다. 연구자들에 의하면 1세 때에 남녀의 특성이 달라지기 시작하며 3세에 이미 자신의 성역할의 대부분을 학습한다고 한다. 이처럼 사회의 구성원으로서 필요한 성역할을 학습하는 과정을 성역할 사회화(gender role socialization)라 한다. 성역할 사회화란 성 고정관념에 기반하고 있으며 사회 구성원으로서 필요한 성역할을 학습하는 과정으로 태어나서부터 평생 동안 지속되는 것이다.

③ 성 고정관념의 변화

여성의 사회활동의 증가로 현대에 와서는 남녀 모두의 성역할이 확대되고 변화되는 과정에 있다. 현대생활에서 고정관념적인 성역할을 수행하는 것이 여성과 남성 모두에게 현실적이지 않으며 실제로 여성과 남성들의 모습은 고정관념적인 성역할과는 판이하게 다르기 때문이다. 따라서 개인이 성 고정관념에 집착하는 것은 개인적으로나 사회적으로 건강하지 못하다. 여성들의 경우 우울증과 근심의 징후를 남성보다 더 많이 보이며, 특히 전업주부들의 경우 그 비율이 높다. 성 고정관념은 개인의 잠재력을 발휘하는 데 장애 요인이 되며 오히려 개인에게는 정신적 · 육체적 손상을 가져올 수 있는 것으로 보고되고 있다. 개인이 전통적 의미의 고정관념적 성역할 태도를 지니는 것이 그 개인의 성장과 발전 그리고 현대사회의 적응에도 문제가 되고 있는 것이다. 성 고정관념은 지금까지도 변화해 왔고 앞으로도 변화를 계속할 것이다.

(3) 성 인지적 관점

성은 생물학적 분류 외에도 사회문화적으로 규정되고 분류되고 있다. 「여성발전기본법」(제21조)에 따르면 성 인지(gender sensitivity) 혹은 성 인지력이란 특정 성별에게 불평등이 발생하지 않도록 여성과 남성에게 미치는 영향을 인식 · 반영하는 능력이다. 즉, 여성과 남성에 대한 생물학적 · 사회문화적 조건과 생활 경험, 특성의 차이에 대한 지각, 가치, 태도에 대한 반응 정도를 의미하는 것으로 양성평등 실천의 기반이 되는 요소다(송인자 외, 2007). 성 인지적 관점은 여성과 남성은 서로 다른 이해나 관점을 가지고 있다고 보고, 정책에 성별에 따른 조건과 특유의 경험을 동등하게 고려 · 반영하며, 특히 정책이 여성과 남성에게 미치는 차별적인 영향을 배제할 수 있도록 하는 데 필요한 안목과 기술을 의미한다(한국양성평등교육진흥원, 2008). 즉, 성 인지적 관점(gender-sensitive perspective)은 각종 제도나 정책을 준비하는 데 있어서 여성의 경험이나 특성이 반영되었는지 혹은 성 고정관념이 개입되었는지와 그것이 남성과 여성에게 미칠 영향에 초점을 두고 검토하는 관점을 말한다.

3) 여성주의 교육학의 제 관점

여성평생교육의 이념적 근거는 여성주의에 있으며 이러한 이론들은 우리로 하여금 교육과 성에 대한 비판과 성찰을 가능하게 한다. 따라서 여성주의에 대한 이론적 기초를 학습하는 일은 여성평생교육을 이해하는 데에 반드시 필요한 일이다.

여성주의는 '여성은 인간이다.'라는 자각에서 출발한다. 17~18세기 계몽주의 시대 이후 인간의 존엄성과 평등에 대한 여성들의 자각이 있었음에도 시민혁명으로 시민사회가 대두된 19세기 초까지도 여성의 참정권, 재산권 등 법률적 지위는 열악하였으며 여성들은 교육기회로부터 소외되었다. '모든 인간은 평등하다.'는 계몽주의 사상을 여성에게 적용한 현대 시민사회 정신에서 시작된 여성주의[4]는 여성도 정치 · 경제 · 사회적 권리를 남성과 동등하게 누리고자 하는 이념이며 사회운동이다. 여성주의는 1792년 영국의 울스톤크래프트(Mary Wollstonecraft)가 『여성권리의 옹호(A Vindication of the Rights of Woman)』에서 여성의 교육권, 참정권, 직업권을 주장한 것을 시초로 여성의 참정권 획득운동으로 본격화되었다. 여성주의는 세계사의 흐름과 함께 변화해 왔으며 이론적 갈래 또한 다양하다.

여성주의의 교육에 관한 문제의 접근방식은 각 이론들에 따라 상이하지만, 공통점은 교육에서 성(gender) 문제가 중요하게 다루어져야 한다는 점일 것이다. 여기에서는 몇 가지 여성주의 관점과 그 교육적 입장에 대하여 다루기로 한다(곽삼근, 1998; 김재인 외, 2001; 정일환 외, 2003; Eisenstein, 1979; Jaggar & Struhl, 1978).

(1) 자유주의의 관점

자유주의적 여성주의는 자유주의 철학에 근거한 18세기 계몽주의 사상에서 출발한 시민권리 운동에서 비롯되었다. 여성들은 시민권리 운동을 통해 '만인의 평등' 사상을 접하였으나 '시민'의 범주에서 제외되었다. 자유주의적 여성주의는 시민권리 운동에 동참하고도 운동의 수혜자가 되지 못했던 여성들이 남성이 시민으로서의 권리를 가지듯 여성도 동등한 시민적 권리를 지녀야 한다는 생각에서 참정권, 교육권, 재산권을 가져야 한다고 요구하면서 시작되었다.

자유주의적 여성주의에서는 여성의 억압과 종속의 원인을 사회관습이나 법 · 제도 등이 성차별적이기 때문으로 보고, 성평등을 이루기 위해서는 성차별적인 사회관습과 법 · 제도를 성 평등한 것으로 수정해야 한다고 생각하며 교육에서의 기회균등과 성역할의 재사회화를 강조한다.

자유주의적 여성주의자들의 교육적 관심은 ① 평등한 교육기회, ② 성역할 사회화와 이로 인한 성 정형화, ③ 성차별주의로 정리될 수 있다(Acker, 1987). 그들은 여성의 열악한 지위를 개선하기 위해 남성과의 균등한 교육기회, 교육연한, 교육과정, 수준 높은 교육의 질이 여성에게도 제공되어야 하며, 교과서와 교사들의 성 고정관념을 없애야 한다고 주장한다(정일환 외, 2003).

4) 여성주의는 영어의 feminism을 번역한 말로 여성해방주의, 여권주의로 번역되기도 한다. 용어상 사상체계로 보이지만 여성주의를 이루기 위해서는 가부장제 사회의 변혁을 해야만 한다는 점에서 하나의 사상으로만 머물 수 없는 실천운동이며 정치운동이다(조은, 2008).

(2) 급진주의의 관점

급진주의적 여성주의는 자유주의적 여성주의를 비판하며 그에 대한 대안으로 탄생되었다. 급진주의적 여성주의자들은 생물학적인 성(性)이 여성의 정체감과 억압의 주된 원인이라고 본다. 그들에게 섹슈얼리티는 남성의 여성에 대한 억압과 종속이 가능케 하는 권력의 장이다(Mackinnon, 1982). 그들은 여성이 남성과의 생물학적 차이로 인해 남성과는 다른 경험을 하며, 이것이 가부장제 사회에서 어떻게 해석되는가에 관심을 가진다. 그들은 재생산 노동과 가족이라는 사적 영역에서의 여성의 역할에 대한 근본적인 변혁을 통해 성평등을 이룰 수 있다고 본다. 또한 공적 영역의 변화를 추구함과 동시에 '개인적인 것은 정치적인 것'이라는 슬로건 하에 결혼, 가사노동, 육아, 이성애 등의 영역을 여성 억압과 결부시키며, 성평등은 출산 · 양육 등과 같은 여성의 성역할에 대한 근본적인 변혁 속에서만 가능하다고 생각한다.

급진주의적 여성주의자들은 학교가 남성 중심의 문화와 교육과정을 통해 '가부장제 이데올로기'를 재생산하는 것과 학교 내의 일상생활에서 남성과 여성 간의 지배와 종속이 재생산되는 성정치학(sexual politics) 문제에 관심을 갖는다. 이러한 성불평등을 제거하기 위해 교육 상황에 미칠 수 있는 성의 미묘한 영향들을 고려하는 '성에 민감한(gender-sensitive)' 교육을 실시할 것과 여성 중심의 교육환경 건설을 제안한다.

(3) 사회주의의 관점

1970년대에 제기된 사회주의적 여성주의자들은 전통적인 마르크스적 여성주의가 여성에 대한 억압을 자본주의체제하의 계급불평등으로만 설명하는 것에 이의를 제기하였다. 그들은 자본주의 사회 이전에도 여성에 대한 억압과 종속이 있었음을 지적하며 여성 억압의 근원을 자본주의와 가부장제라는 두 가지 기제의 상호작용에서 찾는다(김재인 외, 2001). 그들은 여성문제를 만드는 주체를 남성과 자본가로 상정하고, 계급적 · 성별적으로 계층화된 사회 구조적인 측면이 여성 억압의 핵심 요소가 된다고 하였다.

사회주의자들은 자본주의의 사회제도 중에서도 특히 학교교육에서 계급불평등과 성별불평등이 어떻게 재생산되는지에 관심을 갖는다. 그들은 학교교육은 남성 중심적 관점과 경험을 전달하는 것이며 여성들을 권력으로부터 소외시키는 기제라고 본다(유현옥, 2004). 자본주의 사회에서 학교는 노동의 성별분업을 재생산하는 과정의 핵심이다. 학교의 교육과정은 학생들에게 가부장문화를 학습하도록 하는 가운데 남녀 학생들은 각기 다른 문화를 전달받게 되며 성별분업을 재생산하게 된다.

그러므로 사회주의의 관점은 학교교육에 대한 변화를 요구하지만 한편으로는 자본주의체제 속에서 학교와 함께 상호작용을 하고 있는 가정, 노동시장이 더불어 변화할 때만이 이러한 불평등의 전달 고리가 끊길 수 있는 가능성을 보게 된다.

(4) 포스트모더니즘의 관점

포스트모던적 여성주의자들은 지금까지 하나의 가설이나 시각으로 여성의 억압과 종속을 설명하는 기존의 여성주의들에 반대한다. 그들은 여성과 남성 간의 성차뿐 아니라 여성들 간의 차이도 보아야 한다고 생각하며, 여성 스스로가 진정한 정체성과 존재 의미를 찾는다고 보면서 부과되어 온 삶이 아닌 자신의 고유한 문화적 체험을 하려는 욕구를 가진 존재로 이해한다. 기존의 이론들은 이분법적인 사고가 지배하는 남성 중심의 사회에서 다시 가부장제/페미니즘으로 설명되는 '단 하나의 진실한 페미니스트 이야기'가 될 뿐이라고 말한다(Tong, 1989). 그들에게는 다양한 상황을 설명할 수 있는 하나 이상의 여성주의 이론이 필요하며 이 또한 여성들 사이에서도 존재하는 다양성을 인정하는 방향으로 생각하게 하는 긍정적 방법의 하나라고 주장한다. 그들의 관점에 의하면 여성의 소외와 억압을 극복하기 위해서는 남성 중심적인 기존의 보편적 진리와 이론체계가 아닌 새로운 언어의 이론이 모색되어야 한다. 그것은 남성과는 다른 여성의 다양한 경험들을 주관적으로 규정하는 것이며 그러한 주관성은 모두가 타당성을 갖는다. 포스트모더니즘의 이러한 인식은 여성들을 '타자'로 규정해 온 가부장제에 대항하는 여성주의의 정신을 관통한다.

포스트모던적 여성주의에서는 전반적 사회권력의 연결망 안에서 사회적 지위가 결정되는 시대적 · 사회적 특수성에 관심을 갖는다. 포스트모던적 여성주의는 다양한 지식, 경험의 존중으로서의 교육을 지양한다. 모더니즘의 절대주의와 이분법적 사고를 지양하고 상대주의와 다양성에 기초하여 교육과정에서 소외되었던 여성이나 소외집단의 지식, 경험, 주체성을 인정하는 것에 근본적 의미를 지닌다(유현옥, 2004).

표 8-1 여성주의 교육학의 관점과 여성평생교육의 관계

여성주의 교육학의 구분	성불평등의 원인을 보는 관점, 주요 주장, 관심	성불평등 해결방법	여성평생교육의 관심과 대안 제시
자유주의의 관점	사회관습, 법 · 제도	• 법적 · 제도적 평등(고용평등, 동일 노동 동일 임금, 평등 교육 기회 등)	• 성 평등한 교육기회 • 성역할 사회화와 성 정형화 • 성차별주의
급진주의의 관점	가부장제(생물학적 성)	• 가부장제 종식 • 출산 · 양육 등 여성의 성역할에 대한 근본적인 변혁	• 교육의 가부장제 이데올로기 재생산, 학교 내의 성정치학 • '성에 민감한' 교육 실시, 여성 중심의 교육환경 건설 제안
사회주의의 관점	자본주의와 가부장제	• 자본주의와 가부장제의 종식 • 성별분업 폐지 • 가사노동 사회화	• 교육의 계급불평등과 성별불평등의 재생산에 관심 • 학교교육, 가정, 노동시장의 변화 제안
포스트모더니즘의 관점	• 기존의 구조주의와 모더니즘의 이분법적 틀 거부 • 타자로서의 '여성성' 적극 부각	• 남성 중심적 진리와 이론체계를 극복한 새로운 이론 모색 • 여성들의 다양한 '차이' 강조	• 다양한 지식, 경험의 존중으로서의 교육 • 교육 소외자들인 여성, 소외집단의 지식, 경험, 주체성 인정

출처: 김재인(2006); 김재인 외(2001); 유현옥(2004); 정일환 외(2003); 조은(2008); Acker(1987).

2. 노인교육

1) 고령사회

(1) 고령사회의 특성

UN 기준으로 65세 이상의 인구비율이 4% 미만인 나라는 청년국, 4%~7%인 나라는 중년국, 7% 이상인 나라는 노년국이라 한다. 노년국은 다시 두 가지로 나뉘는데 7%~14%의 나라를 고령화사회(aging society), 14% 이상의 나라를 고령사회(aged society)라고 한다. 우리나라는 이미 2000년에 노인인구가 7%로 '고령화사회'에 진입했으며, 2017년에는 노인인구 비율이 14.21%에 이르면서 고령사회에 접어들었다(국가통계포털, 2018). 일본, 프랑스, 미국이 각각 24년, 115년, 70년에 걸려서 고령화사회에서 고령사회로 진입한 것에 반해 우리나라는 매우 급격한 속도로 고령사회로 진입한 것이다. 또한 2026년경에는 20%를 넘어 초고령사회(super aged society)에 도달할 것으로 예측되고 있다.

고령사회의 공통점은 다음과 같이 요약된다.

- 고령인구는 세계적으로나 국가적으로 그 증가 폭이 지역에 따라 다르다. 개발도상국의 증가 폭이 크며 남미에서는 다소 낮은 추세다. 우리나라의 경우 2017년 기준 고령인구 비율은 세종특별자치시가 9.59로 가장 낮으며, 전라남도가 21.54로 가장 높은 지역이다(국가통계포털, 2018).
- 고령인구는 성별에 따라서 증가 정도가 다르다. 평균수명은 국제적ㅇ로도 성에 따라 다르게 나타나는데, 여성이 남성에 비해 평균 수명이 길다. 우리나라의 경우 남성은 평균 수명이 79.3세 여성은 85.4세로 나타난다(국가통계포털, 2018). 80세 이상 노인의 경우, 여성 노인 100명당 남성 노인의 수는 69명에 불과하다.
- 노인인구의 비율이 증가하면서 인구의 연령구조가 변하고 있다. 인구의 고

령화는 전체 인구의 감소세와 더불어 출산율과 사망률이 감소하면서 젊은 인구의 감소로 나타나게 된다. 결국 인구의 고령화는 개인의 라이프스타일의 변화는 물론 사회적인 변화까지 수반하게 된다.

- 고령사회는 젊은 인구의 감소로 노동력이 양적 · 질적으로 감소하게 된다. 이러한 현상은 산업구조의 변화로도 이어지게 된다. 생산인구 1명에 대한 노인인구의 비율이 높아지면서 실버산업과 서비스산업 등 제3차 산업에 대한 노동수요가 높아질 전망이다.

(2) 고령사회의 노인교육의 필요성

교육과 문해는 노인들이 완전한 시민으로 기능하는 데 필수적이며 노인들도 일상생활에서 새로운 기술과 교육을 필요로 한다. 교육과 훈련은 젊은 사람뿐 아니라 노인들의 삶 역시 개선시킬 수 있으며 지식, 기술 그리고 교육의 증대는 노인에게서도 더 많은 선택을 의미한다. 새로운 기술을 습득할 수 있는 노인은 자신과 타인들을 지원할 수 있으며 독립적인 삶의 유지와 가족 및 지역사회에 대한 공헌도 가능하다(Helpage International, 2000; 신용주, 2000에서 재인용). 일반적으로 노인들은 순수한 개인적 향상의 추구를 위해 교육에 참여하게 된다고 알려져 있다. 그러나 고령화사회의 노인들에게는 교육이 자아실현이나 적극적이고 충만된 삶 이상의 것이다. 노인인구의 급격한 증가와 단기간의 고령사회로의 변화는 노인들에 대해 노인복지를 넘어서는 것들을 요구한다. 노인들의 사회경제적 지위 향상은 물론 보다 나은 삶의 질이 요구되는 것이다.

노인인구의 증가와 변화로 다양한 형태의 실버산업과 노인복지시설들이 생겨나고, 노인들의 경제참여와 사회참여 그리고 교육참여가 증가할 것으로 예상된다. 이러한 사회적 변화에 따른 노인교육의 필요성에 대해 기영화(2007)는 다음과 같이 설명한다.

- 노인교육은 노인들에게 학습 주체로서의 성장기회를 제공한다. 평생교육적 차원에서 노인기는 쇠퇴의 시기가 아닌 계속적인 발전과 성장의 기회로

간주되기 때문이다.

- 노인교육은 젊은 세대가 노후를 설계하고 노인에 대한 이해를 증진시키도록 한다. 노인에 대한 지식의 습득과 올바른 태도의 형성은 노인들과 효과적으로 관계 형성을 할 수 있는 가능성을 높여 주고 세대 간의 화합과 이해를 증진시켜 더불어 사는 사회를 만드는 데 기여한다.
- 노인교육은 고령화사회에서 노인의 역할을 새롭게 모색한다. 노인들의 일생을 통해 축적한 귀중한 경험과 지식, 기술이 버려지지 않고 사회에 다시 환원되어 부가적인 가치를 발휘하도록 해야 한다.
- 노인교육은 젊은 세대에게 노인과 노화에 관한 자연스러운 교육이 이루어지게 한다.

고령사회에서 노인교육은 반드시 필요하므로 지금까지 우리나라의 노인학교 일변도의 획일화된 정책에서 나아가 미래사회에 대비하는 장기적이며 포괄적인 접근의 노인교육이 필요하다.

2) 노인학습자의 이해

(1) 노인의 신체적 · 심리적 변화

노인들의 신체적 변화와 질병은 노인의 생활과 노인교육에 많은 영향을 미친다. 노화로 인한 신체적 특징은 우선, 신체 구조의 쇠퇴로 인한 변화로서, 피부지방조직의 감소로 인한 주름과 골격, 수의근의 약화, 심장 비대 및 심장박동의 약화, 세포의 감소, 시력 및 청력의 감소 등이 있다. 둘째는 신체 외면상의 변화로서, 흰 머리카락의 증가, 검버섯의 생성, 두발의 감소, 신장의 감소, 피부탄력의 저하 등이 있다. 셋째는 만성 질환의 증가로 인한 동맥경화증, 고혈압, 당뇨병, 심장병, 신장병, 신체적 저항력의 저하, 감기와 같은 질병에 대한 면역성의 결핍 등을 들 수 있다. 이러한 신체적 변화는 노인의 행동과 적응능력에 영향을 주는 중요한 요인이라고 할 수 있으며 정신건강에 주요하게 영향을 미치는 요인이 되기도 한다(Schaie et al., 2003). 노화에 따라 나타나는 근육과 뼈 구조에서의 내부적, 외형적인 변화 그리고 호흡기와 심장혈관 시스템 등의 내부적 변화는 노인들의 수면, 성적 활동, 정력과 인식의 기능을 포함한 노인들의 일상생활에 많은 영향을 끼친다. 이 변화는 노인의 심리적 안녕뿐만 아니라 능력과 배움의 욕구에 충분한 영향을 줄 수 있다.

노화에 따른 신체적 저하에 더해서 우리는 흔히 '연령 이데올로기'로 노인들을 바라보게 된다. 연령 이데올로기는 생물학적 발달, 중년 그리고 나이 먹음에 관해 사회적으로 만들어진 시스템이며, 우리 문화에 매우 깊이 박혀 있다. 사회의 연령 이데올로기에도 불구하고 노인들은 객관적으로 자신의 연령을 알지만 주관적으로는 보통 실제 연령보다 젊게 느낀다.

노인심리학의 측면에서 노인의 실제적 노화보다는 사회적 요소가 훨씬 중요하다. 노인의 심리학적 변화에 대한 연구 결과에서 보통은 나이 차이보다 개인차이가 훨씬 크다는 것을 알 수 있다. 노인의 정체성과 관련하여 애칠리와 바러쉬(Atchley & Barusch, 2004)는 두 가지 측면에서 설명하였다. 과정이론은 노화를 개인의 문제로 보며, 노화로 인한 직업에서의 은퇴와 책임감의 증가는 개인 정체성의 다양한 관점 간의 논쟁을 낮춘다. 노인에게는 정체성 형성보다는 정체성 유지의 문제가 대두된다. 연속성 이론은 성인기 이후 성격에서 불연속보다는 연속성이 더 많고 나이가 들면서 정체성이 더 안정적이라고 본다. 대부분의 사람들은 안정적인 성격과 긍정적인 자존심을 갖고 인생 후기로 접어든다.

노화는 많은 변화를 가져오므로 사회문화적인 적응을 필요로 한다. 그것은 은퇴와 그로 인한 수입의 감소, 만성병과 무력감의 감수, 신체장애에 대해 다른 사람의 도움을 받아들이는 것, 역할과 활동의 상실, 자존감의 소실 등을 포함한다. 노화에 대한 적응의 효율은 삶의 만족, 의미와 자율과 지속적인 삶의 감각에 대한 자기평가를 통해 측정될 수 있다. 60% 정도의 노인들이 이 기준에 의해 노화에 적응하며 노인들 총체적으로 55세 이하의 수준보다 낮지 않다(Peterson, 1998).

(2) 발달과정으로서의 노화

① 발달심리학의 입장

노인기는 발달의 과정 중에 있는 시기다. 노인들은 학습이 가능하고 활동할 수 있으며 사회에 영향력을 갖고 또 사회에 기여하는 존재로서의 새로운 모습이 요구된다. 학자들은 한결같이 성공적인 노년, 생산적이며 활동적이고 능력 있는 노년을 이야기하며, 제3의 인생기에도 계속적인 개인의 발전이 가능하다고 주장한다(기영화, 2007). 노화와 노인교육을 이해하는 데 있어서는 발달심리학적 접근이 주는 시사점이 유용하다. 인간의 발달이 청년기에 최고조에 달하여 이후에 하강한다고 보는 아동중심 교육학과 달리, 발달심리학은 발달이란 '수정의 순간에서 죽음까지의 전 생애를 통해 일어나는 변화'(Hughes & Noppe, 1985; 유가효, 1989에서 재인용)로 '평생에 걸쳐 일어날 뿐 아니라 성인기의 변화는 개인 역사의 산물'이라고 간주한다(LeFrancois, 1984; 유가효, 1989에서 재인용). 이러한 점은 성인교육과 노인교육에 의미 있는 근거들을 제공한다.

특히 피아제(Piaget)나 프로이트(Freud)가 삶의 초기 단계를 중시했던 것과는 달리, 에릭슨(Erickson)이나 해비거스트는 삶의 전 생애를 중시했다. 에릭슨은 삶의 발달단계를 8단계로 나누며 각 단계는 해결해야 할 위기를 갖는다고 가정하였다. 에릭슨의 이론은 개인이 발달과정에서 진보되는 것을 인식하는 것, 즉 개인의 발달과정을 인식하는 데 가장 도움이 된다. 여기에서는 발달과정으로서의 노화를 이해하는 한 축으로 에릭슨의 심리사회적 이론을 소개한다.

- 제1단계: 기본적 신뢰감 대 불신감(1.5세)의 시기에는 안락함과 위안의 제공자가 신뢰할 수 있고 일관성 있으며 예측 가능하다는 것을 학습한다. 신뢰감 형성에 실패하면 불신감을 형성한다.
- 제2단계: 자율성 대 수치심(3세)의 시기에는 자기통제, 독립과 선택의 자유를 행사하는 것을 학습한다. 이 시기에 자율성 형성이 이루어지지 않으면 수치심을 형성한다.

- 제3단계: 주도성 대 죄책감(6세)의 시기에는 과제를 주도적으로 수행하기 위하여 책임을 맡고 계획하고 과제를 수행하여 주도성을 이룬다. 이 시기에 주도성 형성에 실패하면 죄책감을 갖는다.
- 제4단계: 근면성 대 열등감(11, 12세)의 시기에는 생산자로서의 역량을 발달시킨다. 역할을 잘 수행하면 근면성을 이루며, 그렇지 못하면 열등감을 형성한다.
- 제5단계: 자아정체감 대 역할혼미(19세)의 시기에는 자신과 타인에 대해 신뢰감을 갖고 일관성 있는 자아감을 형성한다. 자아정체감 형성에 실패하면 역할혼미를 이룬다.
- 제6단계: 친밀감 대 고립감(25세, 성인 초기)의 시기에는 타인과 친밀한 관계에 헌신할 준비가 되어 있고 그와 같은 헌신을 감수할 윤리적 역량을 발달시킨다. 친밀감 형성에 실패하면 고립감을 이룬다.
- 제7단계: 생산성 대 침체성(65세, 성인 중기)의 시기에는 다음 세대를 지도하고 지원하는 일에 몰두한다. 이 시기에 다음 세대나 사회에 관심을 두지 않고 자기 자신의 물질적인 또는 신체적인 안녕에만 치중하게 되면 타인에 대한 관대함이 결여되며 침체성이 형성된다.
- 제8단계: 자아통합성 대 절망감(65세 이상, 노년기)의 시기에는 이전까지의 삶을 돌아보고 수용하며 다가올 죽음에 대한 준비를 갖춘다. 자신의 생애가 보람과 가치가 있었다고 만족을 느끼게 되고 그간의 삶을 통해 지혜를 획득하게 되면 자아통합감을 얻게 되지만, 지나온 삶이 무의미했다고 느끼면 절망감을 형성하게 된다.

김종서 등(1994)은 한국 노인의 발달과업을 지적 영역, 정의적 영역, 사회적 영역, 신체적 영역의 네 가지 영역으로 나누어 제시하였다(김정혜, 2006에서 재인용). 첫째, 지적 영역은 세대차와 사회변화를 이해하기, 은퇴에 필요한 지식과 생활을 배우기, 정치, 경제, 사회, 문화에 대한 최신 동향 알기, 건강 증진을 위한 폭넓은 지식 알기 등이다. 둘째, 정의적 영역은 적극적으로 일하고 생활하려는 태도 유지하기, 취미를 계속 살리고 여가를 즐겁게 보내기, 정년퇴직과 수입의 감소에 적응하기, 소외감과 허무감을 극복하고 인생의 의미 찾기, 배우자 사망 후의 생활에 적응하기, 동료 또는 자신의 죽음에 대하여 심리적으로 준비하기 등이다. 셋째, 사회적 영역은 동년배 노인들과 친교 유지하기, 가정과 직장에서 일과 책임을 합당하게 물려주기, 가정이나 사회에서 어른 구실하기, 자녀 또는 손자들과 원만한 관계 유지하기 등이다. 넷째, 신체적 영역은 악화되는 체력과 건강에 적응하기, 노년기에 알맞은 간단한 운동을 규칙적으로 하기, 건강 유지에 필요한 알맞은 섭생하기, 질병이나 쇠약에 대한 바른 처방하기 등이다.

노년기는 일생 동안 학습하고 적응하는 과정에서 이미 성취하고 습득해 놓은 것을 더욱 명확하게 하고 심화시키는 과정이며 삶 전체를 조망하는 시기다. 노인이 이러한 과정의 발달에 잘 적응하기 위해서는 노인 개인의 신체적 건강, 성격, 과거의 경험, 현재의 정서적 상황과 사회적 지원 등이 적절하게 제공되어야 한다(Butler et al., 1991). 메리엄(Merriam)은 학습과 발달의 관계에서 시간의 결정적인 역할을 지적한다. 예를 들어, 해비거스트(Havighurst)의 '가르칠 수 있는 순간(teachable moment)'이라는 개념은 학습에 이상적인 시간이 그 사람의 삶에 있어서 특정한 기간에 발생하는 발달과업과 관계되어 있다는 것이다. 이 개념은 노울즈(Knowles)의 안드라고지에 내재된 가정, 즉 성인의 학습 준비성은 성인 생애에 있어서 발달과업과 사회적 역할과 깊은 연관을 맺고 있다는 것과 유사하다고 본다(Merriam, 2001).

② 노화의 이해

흔히 노인과 노화는 충분한 근거를 가지고 이해되기보다는 연령이나 겉모습에 따라 가정된다. 그들이 무엇을 하기를 원한다거나 무엇을 할 수 있는가를 고려하는 것이 아니라 충분히 건강하지 못하고 성숙한 성인의 판단력을 가지지 못하였다거나 새로운 기술을 배울 수 없다고 가정해 버리는 것이다(Atchley & Barusch, 2004). 노인이 젊은 사람들이 갖지 못한 풍부한 삶의 경험과 거기서 오는 지혜를 가졌음에도 불구하고 연령이라는 잣대는 노인의 개인차를 고려함도

없이 단정 짓게 하는 도구가 되는 것이다. 노화를 이해하는 것은 이러한 편견들을 버리는 것에서부터 시작해야 한다.

다음의 노화의 원리는 노인학습자를 이해하기 위한 기초가 된다(Beatty & Wolf, 1996).

원리 1: 노화는 발달과정이다.

나이가 들어가는 것을 성장의 단계로 보기 위해서는 태도의 변화가 필요하다. 왜냐하면 서구 문화에서 나이가 들어간다는 것은 심리적인 현상으로 생각되어 왔기 때문이다. 생리적 모델의 경우 30세가 절정이지만 정신적인 모델에서는 나이가 들어감에 따라서 통합과 경험 지혜가 커져 간다. 노화는 태어나서 죽음에 이르는 과정의 한 부분이다. 성장해 가는 과정에서 여러 가지 변화가 나타나게 되고 삶은 성숙이라는 지속적인 이벤트다.

원리 2: 노인은 독특한 존재다.

대부분의 사람들은 노인이면 모두 같을 것이라고 생각한다. 그러나 노화는 욕구, 건강, 복지 등으로 고려되어야지 단지 신체 나이로 판단되어서는 안 된다. 우리는 종종 성인들을 그룹으로 묶어서 그 그룹은 어떻다고 딱지를 붙인다. 그러나 72세 된 여성 노인은 59세 된 남자보다도 더 젊을 수 있다. 노인들은 그들만의 독특한 인생 경험들을 가지고 있으며 삶의 도전을 해결해 갈 수 있는 능력을 가진 독특한 존재들이다.

원리 3: 노인의 생리적 · 심리적 능력은 극대화되어야 한다.

노인들을 돕는 사람들로서 우리는 나이가 들어가면서 나타나는 신체적 그리고 지적 변화에 대해서 이해해야 한다. 물론 사람마다 다르지만 중년이 되면 노인과 관련된 변화가 나타나기 시작한다. 어떤 변화는 눈에 드러나기도 하지만 그렇지 않은 것들도 있다.

원리 4: 자율성은 삶 전반에 걸친 중심 과제다.

성장해 감에 따라서 우리는 다른 사람들은 우리에게 의존하고 우리는 다른 사람들에게 의존하고 있다는 것을 알게 된다. 그러나 동시에 자율성을 갖고 의사결정을 스스로 하고자 하는 지속적인 욕구를 갖고 있다. 노인들의 의사결정은 자율성과 연관이 깊다. 자신의 환경에 대한 자율성의 상실이라는 공포는 노인들에게서 흔히 볼 수 있다. 자신의 환경에 대한 통제력을 잃는 것에 대한 두려움을 말하는 노인들이 종종 있다. 연구결과에 의하면 요양시설에서 기거하는 노인들은 의사결정을 하는 역할을 맡게 되면 신체적 · 정신적인 향상과 함께 행복감을 느낀다.

원리 5: 자아의 연속성은 평생 지속된다.

자아는 평생 동안 계속된다. 노인학 자료들은 일생에 걸친 인성(personality)의 연속성을 강조한다. 평생에 걸친 개인 특성을 연구한 두 사람의 심리학자들은 "인생 경험이 어떻게 성격을 변화시키느냐고 묻지 말고 대신 성격이 인생을 어떻게 만드는지 물어 달라."고 말한다. 우리가 성장하고 발달하고 있을지라도 우리 모두는 삶과 경험의 산물이다.

원리 6: 노인은 의미 있는 사회적 연계가 필요하다.

삶에 있어서 진실 중 하나는 우리가 모두 상호 의존적이라는 것이다. 우리는 모두 공동체의 일원으로서 세상에서 일정한 역할을 할 필요가 있다. 나이가 들어감에 따라서 우리는 다른 사람들에게 도움을 주는 것이 소통과 자아개념을 향상시키는 한 가지 방법이라는 것을 알게 된다. 노인들을 위해서 일하는 사람들은 그들이 가진 공헌의 욕구에 대한 출구를 마련해 주어야 한다.

(3) 노인의 학습능력

기영화(2007)는 노인 연구에 대한 학자들의 연구결과를 바탕으로 노인들의 인지기능이 쇠퇴하지 않을 수도 있으며, 활동과 자극을 유지하는 노인들은 실질적으로 인지능력과 지능이 상승할 수도 있음을 강조한다. 인간은 나이가 들수록 지능이 감소하여 학습능력이 쇠퇴한다는 일반의 믿음은 노인의 학습능력에 대한 여러 연구결과에서 사실이 아님이 입증되어 왔다. 노년기에 지적 능력이 결코 쇠퇴하지 않는다는 사실이 종단적 및 횡단적 연구에서도 확인되고 있다. 어휘력, 상식, 판단력 등은 40세까지도 쇠퇴를 보이지 않았으며, 어휘력의 경우는 오히려 60세까지도 완만한 상승을 보였다. 종단적 방법을 이용하였을 때에 개인의 언어능력이나 지능이 55세까지 상승하다가 그 이후에는 서서히 감소하는데 70세 때의 지능이 25세 때의 지능보다 더 낮아지지 않았으며, 횡단적인 방법을 사용했을 때에는 지능이나 언어능력이 35세 때 절정을 이루고 그 이후 점차 감소하다가 70세 때 최하위에 머물게 되었다(Schaie et al., 2003).

쿠삭과 톰슨(Cusack & Thompson, 1999)은 노인의 학습과 관련된 지능, 전문적 지식, 지혜에 관한 연구에서 다음의 사실을 보고하였다. 개인의 지능은 연령의 변화에 따라 급작스럽게 감소하거나 변화하지는 않는다. 지능은 몇 가지 요소로 구성되어 있고 그중 몇몇은 나이에 따라 변하지 않는 것이 있으며, 몇몇은 향상되고 몇몇은 감퇴한다. 전문적 지식은 지식이나 기술의 높은 수준으로 정의될 수 있으며, 보통 체계적인 훈련과 연습을 통해 얻어지는 경험과 함께 기능한다. 경험은 나이와 관련되기 때문에 노인은 젊은 사람보다 더 잘 수행함을 직업적 연구에서 보여 준다. 비티와 울프(Beatty & Wolf, 1996)는 기존 생각과 달리 최근의 연구결과에서 노인들의 인지기능이 저하되지 않을지도 모른다는 것을 보여 주었으며 활동을 계속하고 지속적인 자극을 받는 노인들은 오히려 지능이 높아질 수도 있다고 하였다. 기억훈련도 기억력의 상실을 도울 수 있다.

일반적으로 지능이란 테스트로 측정 가능한 단일 능력으로 생각되고 있다. 그러나 이것은 우리를 제약하는 말임과 동시에 오류다. 카텔(Cattell)은 두 가지 지능을 제시한다. 하나는 유동적 지식(fluid intelligence)으로 생물학적이고 신경학적인 기능이고, 다른 하나는 결정화된 지능(crystallized intelligence)으로 삶의 경험과 교육과 관계되는 지능이다. 유동화된 지능과 관계된 능력은 살아가면서 높아지거나 낮아지지만, 결정화된 지능과 관련된 능력은 살아가면서 계속해서 발달된다.

노인 학습능력을 정의하는 데 있어서는 정보의 축적 여부가 아니라 축적된 정보의 재생조건이 중요하다. 성공적인 정보의 재생을 위해 시간적 여유가 영향을 준다. 그러므로 노인에게는 학습하는 동안 수용한 정보를 성공적으로 탐색, 회생, 재생, 반응시킬 수 있는 충분한 시간적 여유를 제공해야 한다. 시간적 여유만 충분히 주어진다면 노인의 학습은 성공적으로 진행될 수 있다(기영화, 2007: 51).

노인의 학습능력의 강점은 노인의 경험에서 비롯된다. 경험은 나이와 관련되기 때문에 노인은 젊은 사람보다 더 잘 수행함을 여러 연구들이 보여 준다. 또한 인생의 경험으로부터 배울 수 있는 능력은 지혜다. 노인만 현명해질 수 있는 것이 아니라 가장 현명한 사람은 중년 혹은 노인일 수 있다. 자비스(Jarvis, 2001)가 설명하는 지혜는 노인에게 습득되어 있는 학습의 결과물임을 알 수 있다. 지혜와 관련된 연구를 통해 우리가 일반적으로 알 수 있는 것은 지혜는 인생 경험의 기능이며 그것으로부터 배울 수 있는 능력이다. 지혜란 교육적인 개념 혹은 교육시킬 수 있는 대상이 아니라 학습의 결과로 생긴다. '지혜는 어떤 면에서 평생에 걸쳐 습득된 지식, 의견, 통찰력의 창고'다. 일상적 문제해결 능력에 대한 성인 초기와 노년기를 비교하는 연구에서 성인의 일상적인 문제해결 능력이 연령의 증가에 따라 쇠퇴하기보다는 문제에 대한 경험 유무에 의해 결정되었다(김선자, 윤진, 1992; 기영화(2007)에서 재인용).

노인의 학습은 성인학습의 하나로 이해되어야 한다. 성인학습으로서의 노인 학습의 원리는 다음과 같다(Beatty & Wolf, 1996).

원리1: 노인의 학습은 다중의 개인적인 변화를 포함하는 프로세스다.

성인학습은 언제 어디서나 이루어지고 환경변화에 적응하거나 환경을 만들어 가고 자신의 잠재력을 실현시키는 불가사의한 개인변화 과정이다. 노인의 학습은 구조화된 교육과 달리 우리가 숨을 쉬는 것처럼 자연스럽게 이루어지고 우리의 삶 모두에서 이루어지기 때문이다.

원리 2: 노인의 개인적인 욕구, 감정 그리고 학습방법이 학습 경험을 만든다.

노인학습자는 학습자로서 우리의 경험에 공통점이 있다는 것을 이해하면서 동시에 각각의 경험들은 우리의 경험으로서의 독특성도 함께 갖고 있다.

원리 3: 노인은 삶에서 부딪히는 문제를 해결하는 데 필요한 학습능력을 갖고 있다.

학습이란 개인의 변화를 목적으로 한 평생에 걸친 능력으로, 사람들은 삶의 도전들에 대응하기 위해서 적응해 갈 수 있다. 우리는 종종 "이 나이에 뭘 새로 배울 수 있겠어?"라고 말하지만 이는 사실이 아니다. 연구결과는 계속해서 사람들이 나이가 들어서도 공부할 수 있는 지능, 인지발달, 기억, 창의력, 지혜가 계속된다는 것을 보여 준다.

원리 4: 노인학습자는 미래를 능동적으로 만들어 간다.

학습에 대한 책임은 우선적으로 그 개인에게 있다. 노인은 변화를 선택하거나 변화에 저항할 수 있다. 변화를 하겠다는 선택은 이런 형태로 나타난다. 대부분의 학습은 매일 일어나기 때문에 학습자는 자기 자신의 학습을 주도해야 하는데 이는 자율성을 필요로 한다.

원리 5: 노인의 생애 경험은 모든 학습의 기초이자 자료다.

우리의 경험을 새로운 상황에 적용하기 위해서는 경험을 분석하지 않으면 안 된다. 노인들을 돕는 입장에 있는 가족이나 조력자들은 노인들의 과거 경험을 찾아내어 그것을 새로운 학습에 활용하는 것이 중요하다.

원리 6: 노인의 개인적 · 사회적 맥락이 학습에 영향을 미친다.

우리의 내면세계가 학습에 대한 우리의 접근방법과 변화기회를 대하는 자세를 결정한다. 역할과 책임이 바뀌는 시점이야말로 '교육에 최적인 시점'으로, 그때 사람들은 기존의 자신을 넘어서 성장할 수 있는 학습을 할 준비가 되어 있다. 또 다른 학습을 만드는 기제는 사회다. 20년 전만 하더라도 누가 은퇴한 사람들이 다시 회사에 돌아와서 일할 수 있을 것이라고 생각이나 했겠는가?

3) 노인교육의 방법론

노인의 교육은 성인교육과 노년학이 만나는 지점에 있으며 교육방법론에 있어 학문적으로 연구가 부분적으로 진행되고 있다. 그중에 안드라고지 이론(andragogical theory)의 개념이 있다. 노울즈(Knowles)가 주창하고 피터슨(Peterson)이 노인교육의 기본 이론으로 발전시킨 안드라고지 이론은 다양한 자원을 이용하여 얻은 정보를 통한 학습자의 개인학습 성취능력의 발전을 적용하는 학습기술에 집중한다.

노인학습자와 젊은 학습자 간의 차이는 그들의 나이보다는 학습자의 경험에 더 기반한다. 인생이 그들에게 준 것을 예리하게 아는 중년의 사람은 아마 그의 삶의 역정을 시험하는 일이 거의 끝난 노인보다 더 많은 경험을 반영할 수 있을 것이다. 그러므로 나이가 아닌 경험은 학습이 어떻게 일어나고 어떻게 효과적으로 이루어지는지에 대한 비판적 해석자처럼 보일 것이다. 노인들은 아이에 비해 경험도 풍부하고 다양하다. 성인에게는 경험이 그 사람 자체이고, 성인은 그가 겪은 경험들을 바탕으로 그만의 자아정체감을 정립하게 된다. 이러한 경험적 배경은 노인학습에 있어서 세 가지 의미를 내포한다. 첫째, 노인학습은 경험에 근거한다. 노인들은 삶의 형태에 따라 효과적으로 원하는 교수법을 택할 수 있다. 둘째, 아이는 앞으로 사용하게 될 지식을 배우는 것으로 만족하지만, 성인은 자신의 삶에 실질적으로 사용할 수 있는 학습을 원하기 때문에 이미 갖고 있는 지식과 새로이 습득하게 될 지식에 연관성이 있는 것을 원한다. 셋째, 성인들은 자신이 경험한 세계 안에 살고 있기 때문에 자신이 경험한 것 외에는 받아들이기 힘든 경우가 있다. 이런 경우는 경험이 득이 되기보다는 오히려 걸림돌이 될 수 있다(Knowles, 1980).

그러므로 노인교육에서 중요한 것은 노인의 삶의 경험을 존중하며 효과적으로 활용할 수 있어야 하며 학습자의 신체적 조건, 학습 요구, 학습 동기 등을 고려하는 가운데 융통성 있는 방법으로 이루어져야 한다는 점이다. 이에 따른 노인교육의 원리는 다음과 같다(기영화, 2007).

- 자기주도성의 원리: 노인들이 프로그램 개발에 자발적으로 참여함으로써 학습 요구를 충족시키고 그들의 경험을 활용할 수 있도록 한다.
- 경험의 원리: 노인들은 다른 세대에 비해 경험이 풍부하고 다양하다. 앞서 언급했듯이 성인에게는 경험이 그 사람 그 자체이고, 성인은 그가 겪은 경험들을 바탕으로 그만의 정체성을 정립하게 된다(Knowles, 1980).
- 발달단계의 원리: 인간은 발달단계에 따라 배움에 대한 가치와 필요가 절실해지는 순간이 있다. 발달단계에서 도움을 줄 수 있는 학습은 노화의 과정에 필수적인 것이다.
- 문제 해결의 원리: 노인들이 학습에 참여하게 되는 동기는 그들이 직면한 문제의 해결점을 찾기 위해서다. 그들의 배움에 대한 동기는 실생활에 도움이 되고 유용한 정보를 얻기 위해서다. 훌륭한 학습 내용이라 함은 그들에게 의미가 있는 것이어야 한다.
- 내적 동기의 원리: 노인들의 학습에 대한 동기는 자기가 아닌 다른 사람의 기대치에 도달하기 위해서보다는 문제 해결에서의 답을 구하고 이해하기 위한 내적 동기에 의한 것이다.

이러한 원리를 토대로 실제 수업에서는 강의법, 문답법, 토의법, 구안법, 현장학습법, 조사활동, 지역사회 자원인사를 활용하는 방법 등이 활용된다.

노인교육의 방법론은 교수자들이 접근하는 입장에 따라 두 가지 접근이 있을 수 있다. 그것은 권위중심 교육방법과 학습자 중심 교육방법이다. 권위중심 방법은 외형적 권위에 의존하는 방법으로 지시, 처방, 효율성을 중심으로 이루어지며 인지적 내용에 의한 권위를 중시한다. 이 방법은 노인들은 이미 젊은 날의 경험에서 벗어나 정보를 가공 처리하는 새로운 통찰이 가능하다는 점에서 노인들에게 적절치 않은 것으로 비판받고 있다. 학습자 중심 교육방법은 교육과정을 결정하는 데 학습자들의 자율성을 강조하며 학습의 결과보다는 과정에 무게를 둔다. 이 방법은 교수자와 학생, 교실이라는 전통적 틀을 배제한 상태에서 중심 주제로서 경험의 실험과 개혁을 강조한다.

노인교육은 노인들의 삶의 경험을 바탕으로 이루어지되, 노인들로 하여금 급변하는 사회에 적응할 수 있도록 하는 방향으로 이루어져야 한다. 이를 위해 교수자들은 노인학습자들이 편안한 마음으로 학습할 수 있도록 돕는 역할을 해야 한다. 노인학습자들은 유능하고 탁월한 능력을 지닌 교수자보다는 좋은 우정을 나눌 수 있는 협력자나 대화가 잘 통하는 편한 사람을 원하므로 교수자와 학습자의 관계가 동등한 위치에서 교육이 이루어져야 한다. 그러므로 가장 효과적인 교수방법은 목표를 높게 두고 학습자를 끌어올리기보다는 학습자들의 노고를 인정하고 지지해 주는 것이라 하겠다.

☑ 학습 과제

1. 성차와 성역할, 성 인지적 관점의 의미는 무엇인가?

2. 주요 여성주의 교육이론은 무엇이며 그 내용은 무엇인가?

3. 노화의 원리는 무엇인가?

참고문헌

곽삼근(1998). 여성과 교육. 서울: 박영사.

국가통계포털(2018). Kosis.kr/index/index.do. 고령인구비율.

기영화(2007). 노인교육의 실제. 서울: 학지사.

김재인(2006). 여성주의와 평생교육. 2006년 한국여성평생교육회 하계 포럼, pp. 7-23.

김재인 외(2001). 한국 여성교육의 변천과정 연구. 서울: 한국여성개발원.

김재인, 곽삼근, 조경원, 유현옥, 송현주, 심미옥, 곽윤숙, 오재림, 박성정, 이해주, 나임윤경, 임선희, 민무숙, 정해숙(2009). 여성주의 교육의 이론적 접근(송현주 편). 여성교육개론(개정판). 경기: 교육과학사.

김정혜(2006). 수도권 여성노인의 평생학습욕구에 관한 연구. 단국대학교 대학원 박사학위논문.

김채영, 오인탁(1987. 10.). 교육이념에 나타난 성의 구조. 한국여성학, 3, 50-61. 한국여성학회.

민무숙(2002. 8.). 한국교육정책에서 젠더 문제의 위치와 과제. 교육사회학연구, 12(2), 81-97. 한국교육사회학회.

송인자 외(2007). 기획예산처 성 인지 정책형성 맞춤형 교육 프로그램 개발. 서울: 한국양성평등교육진흥원.

신용주(2000. 12.). 노인교육의 새로운 패러다임 모색: 영국의 제3연령 교육 정책을 중심으로. 평생교육학연구, 6(2), 1-22. 평생교육학회.

안현용(2006). 여성평생교육, 11-2. 한국여성평생교육회.

유가효(1989). 인간발달: 발달심리적 접근. 서울: 교문사.

유현옥(2004). 페미니즘 교육사상. 서울: 학지사.

임정빈, 정혜정(2000). 성역할과 여성: 여성학 강의. 서울: 신정.

정일환, 김남선, 이옥분, 남인숙, 한상철, 김정희(2003). 여성교육론. 서울: 교육과학사.

조은(2008). 페미니즘과 젠더 담론. 페미니즘과 만나다 여성학, 여성운동&젠더. 서울: 한국양성평등교육진흥원.

한국양성평등교육진흥원(2008). 성 인지적 관점과 성별영향평가.

한우섭(2008). 직업의 이해. 서울: 북코리아.

Acker, S. (1987). Feminist theory and the study of gender and education. *International review of education, 33.*

Atchley, R., & Barusch, A. (2004). *Social forces and aging: An Introduction to social gerontology*. Belmont, CA: Wadsworth Thomson learning.

Beatty, P. T., & Wolf, M. A. (1996). *Connecting with older adults: Educational responses and Approaches*. Malabar, Florida: Krieger Publishing company.

Belenky, M. F., Clinchy, B. M., Goldberger, N. R., & Tarule, J. M. (1986). *Women's ways of knowing*. New York: Basic Books, A Member of the Perseus Books Group.

Butler, R. N., Lewis, M. I., & Sunderland, T. (1991). *Aging and Mental Health: Positive Psychosocial and Biomedical Approaches* (4th ed.). New York: Maxwell Macmillian International Publishing Group.

Cusack, S. A., & Thompson, W. J. A. (1999). *Leadership for order Adult: Educational Response and Approaches*. Malaber, FL: Krieger Publishing Company

Eisenstein, Z. (Ed.). (1979). *Socialist feminism and the care for capitalist patriarchy*. New York: Monthly Review Press.

Elisabeth, H., & Daniele, F. (2000). *Women as Learners: The Significance of Gender in Adult Learning*. The Jossey-Bass Higher and Adult Education Series [microform]. Springfield: Educational Resources Information Center.

Jaggar, A. M., & Struhl, P. R. (1978). *Feminist frameworks: Alternative theoretical accounts of the relations between women and men*. New York: McGraw-Hill.

Jarvis, P. (2001). *Learning in Later Life: An Introduction for Educator & Carers*. London: Kogan Page.

Kaplan, A. G., & Sedney, M. A. (1980). 김태련, 이선자, 조혜자 공역(1990). 성의 심리학. 서울: 이화여자대학교 출판부.

Knowles, M. S. (1980). *The modern practice of adult education: From pedagogy to andragogy*. New York: Cambridge Books.

Mackinnon, C. (1982). Feminism, Marxism, Method and the State: An agenda for theory. *Signs, 3.*

Merriam, S. B. (2001). *The new update on adult learning theory*. San Francisco: Jossey-Bass.

Peterson, D. (1998). *Facilitating Education for older learners*. San Francisco: Jossey Bass.

Schaffer, K. F. (1979). *Sex-Role Issues in Mental Health*. 황순자 역(1987). 정신건강과

성역할. 서울: 형설출판사.

Schaie, K. W., Wahl, H., Mollenkopf, H., & Oswald, F. (2003). *Aging Independently: Living arrangements and Mobility*, New York: Springer.

Tong, R. (1989). *Feminist thought: A comprehensive introduction*. Boulder: J.C.B. Mohr.

제9장 원격교육

☑ 학습 목표

- 원격교육의 개념과 필요성에 대해 설명할 수 있다.
- 원격교육의 역사적 배경과 특성, 장단점을 이해한다.
- 평생교육과 원격교육의 관계를 설명할 수 있다.
- 평생교육에서의 원격교육의 활용과 개선방안을 이해한다.

☑ 학습 개요

원격교육이란 정보통신기술을 활용한 사이버 공간을 주 학습장으로 하여 교수자와 학습자가 시간적 · 공간적 제약을 받지 않고 원하는 교육을 생활과 함께하는 교육이라고 할 수 있다. 정보통신기술의 발전과 초고속 인터넷의 확산은 지식과 학습에 지대한 영향을 미쳐 누구나 평등하게 학습이 가능하게 되었다. 제1세대 원격교육은 인쇄와 우편을 통해 시작되었고, 제2세대 원격교육은 1930년대 초 라디오 방송을 활용하면서 시작되었다. 전파매체를 활용한 원격교육은 급속히 발전하게 되는데 제3세대 원격교육은 정보통신에 기반을 둔 기술의 발전과 함께 새로운 형태로 발전하게 된다. 원격교육은 특징으로는 여러 매체들의 발달로 인해 발전되었다는 점, 학습대상과 장소의 제약이 없다는 점, 학습자 주도적이라는 점, 교수자와 학습자 간의 물리적인 격리, 교수매체 등의 중간역할이 필요하다는 점을 들 수 있다. 국내 원격교육 유형은 유아교육, 초 · 중등교육, 고등교육, 성인교육, 기업교육, 직업기술교육, 영내 거주자 교육, 원격대학 등 다양한 형태로 이루어지고 있다. 평생교육에서 원격교육이 적극적으로 활용되기 위해서는 원격교육에 대한 인식이 전환되어야 하고, 양질의 콘텐츠가 개발되어야 하며, 소통이 이루어지는 교육환경과 글로벌 학습공동체가 구축되어야 한다.

1. 원격교육의 이론적 기초

1) 원격교육의 개념과 필요성

원격교육(遠隔教育, distance education)에 대한 용어가 세계적으로 공통적으로 통용되기 시작한 것은 얼마 되지 않는다. 나라마다 원격교육의 시작과 형태가 다르게 진행되어 왔기 때문에 사용되는 용어가 다르다. 영국의 평생교육 수준에서는 통신교육(correspondence education), 미국의 평생교육 수준인 가정학습(home study)과 고등교육 수준의 개별학습(independent study), 호주의 모든 교육 수준에서의 교외학습(external studies), 영국 개방대학에서 실시하는 원격교수(distance teaching or teaching at a distance) 등 일련의 교수 · 학습 전략을 포괄하는 총칭개념으로서 그 명칭이 다양하게 불리고 있다.

2008년 교육과학기술부의 「평생교육법」, 시행령, 시행규칙 해설 자료에는 원격교육을 '정보통신 기술(컴퓨터, 통신, 위성통신, CATV 등)을 활용한 사이버 공간을 주학습장으로 하여 교수자와 학습자가 시간적 · 공간적 제약을 받지 않고 원하는 교육을 생활과 함께하는 교육'이라고 정의하고 있으며 가상교육 또는 사이버 교육과 실질적으로 동일한 개념으로 보고 있다(교육과학기술부, 2008). 원격교육은 교수자와 학습자가 직접 대면하지 않고 인쇄교재, 방송교재, 오디오나 비디오교재, 통신망 등을 매개로 하여 교수 · 학습 활동을 하는 형태의 교육이다. 시간적, 공간적 제약을 받지 않고 원하는 시간에 원하는 장소에서 학습할 수 있는 교육이다. 개방대학이나 방송통신대학 같은 고등교육기관과 기업체 연수, 통신 강좌 같은 사회교육 프로그램에 널리 활용된다.

정인성(1999)은 교육을 시간과 공간이라는 두 가지 변인으로 분류하고 교육의 형태를 같은 시간과 같은 공간, 같은 시간과 다른 공간, 다른 시간과 다른 공간에서의 교육 형태로 보고 있다. 원격교육의 개념 속에는 열린교육, 융통성 있는 교육, 성인교육, 평생교육, 교육공학과 같은 다양한 개념들이 혼재되어 있기 때문에 원격교육을 제대로 이해하기 위해서는 먼저 유사개념들에 대한 이해와 비교가 선행되어야 한다.

정보통신기술의 발달과 함께 초고속 인터넷의 확산은 지식과 학습에 지대한 영향을 미쳤다. 국가적 차원에서 이루어지고 있는 초고속 정보통신망의 보급과 확대는 나이, 성, 위치, 직업 등과는 상관없이 모든 이에게 정보의 공유가 가능하게 되었다. 21세기 정보화 시대는 지식에 있어서도 차별과 장벽을 거두어내고 모두가 평등하게 접근할 수 있게 되었다. 학습을 원하는 성인의 입장에서는 직업을 떠나 학교에 가지 않아도 저렴한 비용으로 원하는 기술과 자격증 취득에 필요한 교육을 언제든지 어느 곳에서든 가능하게 되었다. 원격교육은 평생교육 입장에서 보면 평생교육을 확산시키고 공유하게끔 하는 중요한 도구가 된 것이다. 따라서 원격교육은 정보기술의 발전과 함께 그 효과성과 효율성을 극대화하면서 점차 교육의 전 영역으로 확대될 것이며 이는 국가적인 차원의 인재 양성을 위해서도 적극적 지원이 필요한 상황이다.

2) 원격교육의 역사

원격교육의 역사는 원격 글쓰기와 인쇄매체에서 비롯되었으며 백화점의 원격 판매도 원격교육의 개념 도입에 영향을 주었다. 원격 판매는 백화점에서 우편으로 주문을 받고 이를 우편으로 물건을 보내주는 개념이었는데 이때 자습용 교재 또는 이와 같은 방식으로 우편으로 주문과 배송이 이루어졌던 것이다. 이렇듯 인쇄와 우편을 통한 1세대 원격교육은 1800년대 대학에서 통신교육의 일환으로 사용되었고, 제2세대 원격교육은 1930년대 초 라디오 방송을 활용하면서 시작되었다. 전파매체를 활용한 원격교육은 급속히 발전하게 되는데 제3세대 원격교육은 정보통신에 기반을 둔 기술의 발전과 함께 새로운 형태로 발전하게 된다. 이를 구체적으로 살펴보면 각 시기별로 주 원격교육의 형태는 다음과 같다(정인성, 나일주, 2004).

(1) 제1기: 통신교육과 교육기회의 확대

이 시기에서는 성인들에게 좀 더 다양한 교육 기회를 제공하기 위해 주로 시행되었다. 교육 내용을 우편으로 배달한 후 공부한 내용을 다시 받아 수정・보완해주는 형태로 진행된다. 1833년 스웨덴에서 이루어진 통신을 통한 작문교육이 현재 원격교육의 기반이며, 보다 조직적인 통신교육의 시작은 19세기 중엽 독일에서 시작한 어학 통신교육 강좌로 이후 스웨덴, 영국, 미국으로 전파되었다. 남아프리카공화국 대학은 최고의 원격대학 사례로 뽑히는데 이렇게 조직화, 제도화된 통신교육이 성인에서 고등학생들에게 까지 확대되기 시작한 것은 1900년대에 이르러서다. 이 시기에는 인쇄매체가 주 학습매체가 되었으며 이를 통한 통신교육이 발달하였다.

(2) 제2기: 대중 원격교육과 교육방법의 다양화

이 시기에는 라디오나 텔레비전과 같은 방송을 이용한 대중 원격교육이 중요한 학습매체로 등장한다. 전파매체의 발달은 보다 많은 사람들로 하여금 학습에 참여할 수 있는 기회를 제공하였고 원격교육 또한 성장하였다. 전파매체는 대량의 정보를 다수에게 제공할 수 있다는 장점을 가지고 높은 제작비와 송출비용, 상호작용의 부재 등의 단점을 극복하며 원격교육의 대중화에 기여하였다.

영국의 원격교육은 1969년 대중전파매체를 이용한 원격고등교육기관인 개방대학(OU)을 설립함으로써 급속한 성장을 하게 되었는데 이는 이후 전 세계적인 방송학교, 개방학습센터, 방송대학, 개방대학 등의 원격교육기관들의 설립에 지대한 영향을 주었다. 중국은 1970년대 말에서 1980년대 초 인구의 증가로 대학교육에 대한 수요를 충족하기 위하여 국가 차원의 원격고등교육 프로그램을 시작하여 고등교육 수혜자의 20% 이상의 인구를 원격교육이 담당하였다.

이러한 대중전파매체의 발전은 인쇄매체를 활용한 1기 원격교육 학습에 라디오, 텔레비전의 장점을 접목하여 원격교육을 혁신적으로 발전시켰다. 결과적으로 이 시기에는 인쇄매체의 단점을 극복하고 방송매체를 통한 대중 원격교육이 이루어지고 방송매체가 주 원격교육 매체가 되었다. 여기서 방송매체는 오디오 매체와 비디오 매체로 구성되었고 대중전파매체의 역할을 수행하였다.

(3) 제3기: 개별화된 원격교육과 정보통신공학의 활용

이 시기에는 컴퓨터, 인터넷, 원격영상강의, 쌍방향 케이블 TV와 같은 첨단정보통신기술을 활용한 정보통신공학의 발전을 통해 일방적인 원격교육의 부족한 부분을 보완하는데 크게 기여하였다.

1990년대에 들어서면서 미국과 캐나다는 원격영상강의체제를 활용한 원격교육이 활발하게 이루어졌는데, 1990년대 중반에는 시간과 공간의 제한을 받지 않는 온라인 교육을 통한 원격교육이 급속도록 확산되었다. 이 과정에 사이버 학교나 사이버 대학, 가상대학 등 새로운 원격교육기관들이 설립되었고, 분명 이러한 학습 기관은 기존 교육 기관의 대안으로 받아들여졌다. 이 시기의 주요 학습매체는 컴퓨터와 인터넷 매체이며 학습 형태는 온라인 교육이 주를 이룬다. 또한 쌍방향 원격영상강의나 텔레콘퍼런싱 또한 중요한 매체로 등장하였다.

Perraton(1982)은 원격교육의 발전에 대한 연구에서 흥미로운 점을 발견하였는데 제2단계에서 원격교육이 북반구보다는 남반구에서, 서구보다는 동구에서 더 많이 나타났다는 것이다. 즉, 서구인 유럽에서는 소수민족, 즉 정상적인 교육을 받을 수 없으며 별로 중요한 대상이 아니었던 사람들을 대상으로 활용되었으나 소련을 비롯한 동구 공산권에서는 훨씬 많은 대상을 중심으로 원격교육이 중요한 역할을 수행하였다. 스탈린 집권 기간 소련은 많은 수의 기능공과 기술자를 양성하기 위해 원격교육을 적극적으로 활용하였던 것이다. 북반구에 비해 상대적으로 낙후되었던 남반구에서도 교사양성이나 성인교육 등을 위해서 원격교육을 활용하였다.

정보통신기술의 발전은 과거 인쇄와 라디오 등 대중매체를 기반으로 하던 원격교육의 형태에 지대한 영향을 미치고 있는데 그 대표적 변화가 상호작용 요소의 강화다. 인터넷은 교수자와 학습자 간 쌍방향 대화와 교습을 가능하게 하고 원격교육의 단점이라고 할 수 있는 면대면 접촉의 부족을 어느 정도 만회시켜 주고 있다. 이런 체제 속에는 컴퓨터, 컴퓨터 매개통신, 쌍방향 케이블 텔레비전, 통신 및 방송위성, 각종 화상회의 시스템 및 원격통신회의 체제 등이 있다. 이외에도 가상학교나 가상대학, 가상연수원 등의 다양한 원격교육기관들의 등장은 교육의 패러다임을 바꿀만한 중요한 대안의 출현이라고 할 수 있다.

3) 원격교육의 특징

원격교육이 기존 전통교육에 비하여 어떠한 특징을 지니고 있는지를 살펴볼 필요가 있다. 어떠한 이유에서 원격교육이 새롭게 등장하게 되었는지, 그리고 현대에 어떠한 점이 유용한지를 파악하는 것이 중요하다. 김영환 외(2003)는 원격교육의 특징을 다음과 같이 설명하고 있다.

첫째, 여러 매체들의 발달과 함께 발달되었다. 처음엔 인쇄매체와 교수자의 수업으로만 교육을 해왔던 때에 오디오 매체, 비디오 매체와 같은 대중 방송매체의 등장은 학교 수업의 부족한 면을 채워주기에 충분했다. 결과적으로 이러한 발달은 오늘날의 원격교육의 형태를 갖추게 되는 데 중요한 발전 요소였다.

둘째, 학습대상의 다양화와 장소의 제약이 없다. 한때 교육은 소수의 특권층 또는 부유층에 중심으로 이루어질 때가 있었다. 하지만 오늘날은 원격교육 매체 개발로 인해 교육의 차별성이 사라졌다. 남녀노소 모두 다 원한다면 교육을 받을 수 있고 언제 어디서나 원격교육매체를 통해 교육받을 수 있다. 또한 면대면 학교수업과는 달리 한 번에 수많은 학생이 한 강사와 인터넷을 통해 학습이 가능하게 되었다. 한 예로 교육방송 같은 경우 한명의 교수자가 협소한 장소에서도 교육하는 것을 방송으로 만들면 전국에 있는 학생들이 다 볼 수 있다. 학교를 가면서 이어폰으로 영어 학습을 하는 것도 오디오 매체의 하나라고 볼 수 있다.

셋째, 학습자 주도적이다. 학교에서는 정해진 시간에 정해진 공간에서 정해진 교사에게 수업을 받는다. 이와 같은 수동적인 학습 환경은 학습자가 주도적이지 못하고, 이로 인해 학습 능률이 떨어진다. 그러나 원격교육은 전혀 장소와 시간에 구애받지 않는다. 학교 이외의 장소에서 원격교육에 필요한 매체들만 있다면 자기주도적인 학습을 할 수 있다. 자기주도적인 만큼 학습의 효율성이 높고 학습에 의욕적이다.

넷째, 교수자와 학습자 간의 물리적인 격리다. 원격이란 말뜻과 같이 교수자와 학습자는 지리적 거리에 의해서 분리되어 있으며 교수매체(교과서)를 통하여 의사소통을 한다. 그러나 교수자와 학습자의 물리적인 격리가 의사소통의 단절을 의미하는 것은 아니다. 기술의 발전은 면대면 못지않게 상호작용과 의사소통의 대안을 제시하고 있다.

다섯째, 원격교육에는 교수매체라는 중간역할이 필요하다. 여기서 말하는 교수매체란 인쇄자료(교과서, 프린트물 등)를 비롯한 음향이나 영상자료, PPT자료, 컴퓨터 코스웨어 등이 포함된다.

표 9-1 전통적 교육과 원격교육의 비교

비교	전통적인 면대면 교육	원격교육
시공간	동일한 공간에 교수자와 학습자 위치	시공간적으로 떨어져 있음
학습자	동일지역에 거주하며 비교적 동질적임	지역적으로 분산되어 있고 이질적임. 직업을 가지고 있는 경우가 많음
교수방법	면대면 수업	교수매체의 활용, 화상시스템, 컴퓨터, 인터넷을 활용한 내용전달
상호작용	직접적인 상호작용	보고서, 과제물, 질의응답을 통한 인터넷 매개의 상호작용
과정개발	교사에 의한 과정개발	내용전문가의 공동작업. 자료개발은 교육 서비스 기관에서 기획, 설계
개별학습 강조도	동료학생들과의 협동학습과 교사의 직접 지도가 많음	개별학습 강조
행정조직	작은 행정지원체계	원격교육 시스템 운영에 필요한 강력한 행정조직 필요
비용구조	학생들과 직접 관련된 비용구조	개발비가 많이 드는 비용구조

4) 원격교육의 장단점

원격교육은 시간과 공간을 구애를 받지 않는 등의 장점이 있지만 시스템 구축에 많은 비용이 드는 등의 단점도 있다. 원격교육의 구축과 활용을 위해서 구체적인 장단점을 이해할 필요가 있다. 원격교육의 장점으로는 다음과 같다.

첫째, 시간과 공간의 제약 없이 학습자들이 원하는 방식으로 교육을 받을 수 있다는 점이다. 원격교육은 수강 학생 수에 제약이 없으나 관리의 편의를 위하여 일정수의 학생 수를 제한하는 경우도 있다. 원격교육은 교육일정을 정하고, 강사를 섭외하고 하는 것이 대부분 온라인상에서 발생하므로 시간과 공간적인 제약을 극복할 수 있다.

둘째, 집합교육이나 면대면 교육에 비교하여 상대적으로 교육비용이 저렴하다. 집합교육의 경우 장소임대로 숙박비, 강사료 등 부대비용이 많이 발생하지만 원격교육은 이러한 비용이 필요 없으므로 상대적으로 저렴하다.

셋째, 자료의 공유가 쉽고 최신의 정보를 접할 수 있다. 원격교육은 온라인상에서 학습이 이루어지므로 그때그때 필요한 자료를 찾아볼 수 있는 장점이 있으며 학습자 상호간 학습자와 교수자 간에 최신 정보를 상호 교환하거나 자료실에 올려놓고 활용할 수 있다.

넷째, 학습자의 부담을 최소화 할 수 있다. 학습자는 매번 교수자를 만나기 위하여 이동할 필요가 없으며 물리적인 접촉도 거의 없다. 따라서 교수자와 학습자가 어느 정도 평등한 입장에서 학습이 이루어지므로 학습자의 심리적 부담감을 해소할 수 있다.

이상과 같은 장점 외에 단점은 다음과 같다.

첫째, 비면대면 학습으로 인한 상호작용의 부족을 들 수 있다. 서로 얼굴을 볼 수 있는 전통적인 면대면 학습과는 달리 원격 교육 시스템에서는 교육자와 학생들, 그리고 학생들 간의 상호작용을 위한 메커니즘이 부족하다.

둘째, 초기 개발 비용이 많이 필요하다. 초기 교육 시스템을 구축하기 위한 초기 비용이 일반 교육과정 개발보다 월등히 많이 든다. 특히 첨단 미디어를 활용한 교육과정을 개발할 경우 상당한 비용이 필요하다.

셋째, 원격교육 시설이나 자원에의 접근성이 용이하지 않다. 원격교육의 대표격인 온라인 교육을 하기 위해서는 반드시 인터넷이 되는 컴퓨터가 필요하다. 기본적으로 이러한 시설이 갖추어진 곳을 찾아가야하고 복잡한 절차를 거쳐 과정에 입과 하여야 한다. 날로 편이성은 높아지고 있지만 여전히 컴퓨터에 익숙하지 않은 세대에게는 불편한 점이다.

넷째, 실험, 실습과 같이 체험적 요소를 중요하게 여기는 학습과정에는 원격교육이 적절하지 않을 수 있다.

다섯째, 대부분의 원격교육이 자기주도학습 형태로 이루어지기 때문에 학습자의 학습에 대한 성실성과 참여도를 관리하기 힘들다. 학습 진행 여부를 쉽게 파악하기 힘들 뿐만 아니라 단순 클릭만으로 진도를 체크하는 경우가 많다.

이와 같은 원격교육의 단점에도 불구하고 기술의 발달은 상호작용을 지속적으로 높이고 학습자의 참여율을 높일 수 있는 다양한 기술과 관리방안을 보완하고 있다. 원격교육은 면대면 교육에서 얻을 수 있는 상호작용과 같은 부분은 약하더라도 시간과 장소의 구애를 받지 않으며 직장을 다니는 성인 학습자와 같이 자신이 원하는 시간과 방식을 선택할 수 있다는 장점으로 인해 향후로도 교육의 한 대안 또는 주류로서 인정을 받을 것이다.

5) 원격교육의 종류 및 학습매체

컴퓨터나 인터넷이 본격적으로 활용되기 이전에는 인쇄매체나 방송을 통한 원격교육을 시행하였다. 즉, 일정한 시간에 강의내용을 공중파를 이용하여 방송하면, 학생들은 이를 실시간으로 청취하거나 녹음 또는 녹화를 해서 학습하기도 하였다. 그러나 최근에는 인터넷이 발달되어 이처럼 초창기의 원격교육이 갖고 있는 일방향성을 극복하고 양방향의 상호작용이 가능하게 되었다. 학생들은 원격교육을 지원하는 사이트에 접속하여 교사로부터 영상 강의를 듣기도 하고 학습과 관련된 많은 자원과도 상호작용하면서 보다 능동적으로 학습에 참여할 수 있다. 그뿐만 아니라 인터넷을 활용한 원격 교육체제에서는 방송 원격교육에서는 어려웠던 협동학습도 가능하게 되었다.

(1) 원격교육의 종류

정보통신 기술의 발달은 교수자와 학습자가 직접 만나지 않아도 교수 · 학습이 가능하도록 발전되어 왔다. 현재의 원격교육은 대부분 컴퓨터와 인터넷을 활용한 형태이므로 이러한 온라인 교육의 유형은 전통교육과는 다른 형태를 보이고 있다. 따라서 원격교육의 주요 구성 요소를 이루고 있는 교수자, 학습자, 컴퓨터 간의 정보 및 상호작용을 기반으로 원격교육의 종류를 구분하면 다음과 같다.

첫째, 이러닝(E-Learning, Electronic Learning)이다. 정보통신기술을 통해 시간과 장소에 구애받지 않고 공급자 위주의 방식에서 벗어나 지속적인 학습 콘텐츠와 강사, 전문가 및 학습자간에 학습공동체를 구성하여 수준별 학습이 가능한 인터넷 기반 교육을 말한다.

둘째, 엠러닝(M-Learning, Mobile Learning)이다. 이동성을 강조하는 교육 및 학습 환경을 지칭하며 PDA(Personal Digital Assistant), 태블릿 컴퓨터, 스마트 폰과 같은 이동성이 있는 무선 매체를 활용하는 교육을 말한다.

셋째, 유러닝(U-Learning, Ubiquitous Learning)이다. 인간을 중심으로 어디에서나 존재하는 컴퓨터 환경을 활용하는 교육 및 학습 환경을 말한다.

(2) 원격교육의 매체

원격교육을 원활히 진행하기 위해서는 교육매체가 필요하다. 교수자와 학습자가 면대면으로 학습을 진행하지 않기 때문에 이들을 연결해 줄 매체가 필요한 것이다. 학습매체는 원격교육의 발전과 함께 발달하여 왔는데 초기의 인쇄매체에서 현재의 인터넷 매체에 이르기 까지 매우 다양하게 활용되고 있다. 대표적인 학습매체로는 인쇄매체, 방송매체, 텔레콘퍼런싱, 컴퓨터와 인터넷 매체 등을 들 수 있다. 각각의 학습매체의 특성을 살펴보면 다음과 같다.

인쇄매체는 말 그대로 종이로 인쇄된 매체를 의미한다. 교과서, 책, 신문 등이 그것이다. 종이로 된 매체의 경우 컴퓨터나 전자기기의 발달로 인해 수요가 줄 것이라는 예측도 있었지만 종이에서 느낄 수 있는 특유의 정서로 인해 여전히 대중적인 인기를 얻고 있다. 또한 전자매체는 아무리 화려하다 할지라도 가독성이 떨어지기 때문에 사람들은 가독성이 뛰어난 종이매체를 선호한다. 또한 전자북과 같은 전자매체의 경우 구매와 활용방법의 복잡성으로 인해 학습자들은 여전히 활용이 어렵다는 느낌을 가지고 있다. 아무리 전자매체가 발달하더라도 종이가 주는 느낌을 대체하기는 쉽지 않을 것이다.

방송매체는 라디오나 텔레비전의 교육방송을 통해 이미 학습자들이 친숙하게 느끼고 있는 매체다. 교수자와 학습자 간의 원활한 소통이 되기 힘든 현대 사회에서 방송이나 미디어는 교육의 중요한 매체로서 일찍부터 자리매김하여 왔다. 방송매체에는 오디오 매체와 비디오 매체로 나뉘는데 오디오 매체란 음향에 의한 원격교육의 형태를 말하며 비디오 매체는 시각적으로 움직이는 영상을 볼 수 있는 기능을 하기 때문에 좀 더 발전된 형태다. 방송매체는 종이매체와는 달리 음향과 영상을 조합한 형태의 양식이라고 할 수 있다. 한국의 대표적 방송매체는 교육방송과 방송통신대학교 들이다. 방송매체는 온라인 교육에 비하여 조작이 쉽고, 경제적으로 저렴하기 때문에 중요한 원격교육의 한 유형이다.

텔레콘퍼런싱은 정보통신 기술을 활용하여 교수자와 학습자가 상호작용적 의사소통이 가능한 형태의 교육 유형이다. 이미 기업에서는 해외 등 원거리 거래처나 직원들 간에 텔레콘퍼런싱을 통하여 회의를 하거나 워크숍을 개최한다. 텔레콘퍼런싱의 최대 장점은 교수자와 학습자 간 대화가 가능하다는 점이다. 이는 원격교육이 갖는 단점을 상당부분 보완해주는 역할을 한다. 이는 크게 음성강의 시스템, 음성-그래픽 강의 시스템, 영상강의 시스템으로 나뉘며, 최근에는 데스크 톱 콘퍼런스도 소개되고 있다. 단점으로는 초고속 인터넷망의 구축과 기자재의 구비 등에 비용이 많이 발생한다는 점이다.

마지막으로 컴퓨터와 인터넷 매체는 현대 원격교육의 가장 중요한 학습매체라 할 수 있다. 인터넷의 최대 장점은 모든 사람과 정보를 평등하게 연결시킨다는 점이다. 교수자와 학습자의 연결은 기본이고 이를 둘러싼 모든 대상들이 연결 가능하다. 인터넷은 부자나 가난한 사람을 구별하지 않고 평등하게 학습의 접근을 허용한다. 따라서 교육의 불평등을 어느 정도 해결할 수 있는 중요한 교육 매체다. 인터넷 매체의 주요 키워드는 네트워크, 정보, 사람이다. 인터넷상의 정보는 기하급수적으로 증가하고 있고 이는 모든 학습자에게 평등하게 공개되어 있다. 온라인 교육은 강의를 반복해서 들을 수 있다는 장점을 가지고 있다. 현대에는 방송매체와 인터넷 매체가 상호 연관되어 학습이 이루어지는 경우가 많다.

6) 원격교육 현황

원격교육이라는 용어는 특히 호주와 캐나다 같이 인구가 지리적으로 널리 분산되어 있어서 여러 해 동안 통신강좌가 시행되어 온 곳에서는 오랜 역사를 가지고 있다. 현재 국내에서는 여러 가지 기본 형태로 원격교육이 이루어지고 있다. 국내에서 이루어지고 있는 원격교육의 틀은 〈표 9-2〉와 같다.

표 9-2 국내 원격교육 형태와 특징

형태	특징
유아교육	집중력이 약한 유아의 특성을 감안해 게임 형식의 에듀테인먼트 형식이 많으며 대부분 화려한 원색을 사용한다. 구성주의, 행동주의 교수 · 학습 원리 등 다양한 교수법을 활용한다.
초 · 중등 교육	초 · 중등학생의 경우 정규학교에 진학이 어려운 경우에 활용된다. 정규학교, 고교진학이 어려운 사람들에게 방송과를 개설 · 운영하고 있으며, 학생이 줄어드는 농어촌의 본교와 분교 간에 텔레콘퍼런싱 교육을 활용하고 있다.
고등교육 (대학/대학원)	원격교육을 통한 고등교육은 전 세계적으로 가장 활발한 분야다. 전문대학과정, 학부과정, 석 · 박사과정이 다양한 학위과정으로 운영되고 있다. 한국방송통신대학교가 대표적이다.

성인교육 (계속교육)	일반인을 대상으로 하며 교육 내용이 다양하고 과정운영 기간, 체제 등이 과정에 따라 다양하게 운영된다.
기업교육	대기업을 중심으로 시작된 기업 원격교육은 산업체 전 분야에 일반화되어 가고 있다. 특히 저렴한 학습 비용과 업무를 떠나지 않아도 된다는 장점으로 빠르게 확산되었다.
직업기술교육	직업기술교육은 취업을 준비하는 사람, 이미 취업하고 있지만 전직을 준비하거나, 직무능력향상이 요구되는 분야가 개설되어 있다. 교사를 위한 재교육 프로그램은 가장 활발한 분야다.
영내거주자 (재소자, 군인) 교육	거주지 이동이 어려운 군인이나 재소자를 위한 원격교육도 다양하게 이루어지고 있다. 또한 외국인을 대상으로 자국의 언어와 문화에 대한 정보제공과 교육, 그리고 해외 거주 동포를 위한 민족교육에도 활용되고 있다.
원격대학	2001년 3월 9개의 원격대학 39개 학과로 시작된 원격대학은 2009년 현재 사이버대학 12개교 등 총 18개가 설립되어 운영되고 있다.

2009년 3월 기존의 원격대학 중 심사를 거쳐 총 11개교가 정식 학위를 수여하는 사이버대로 전환하였고 1개교는 새롭게 신설되었다. 이는 「고등교육법」으로 사이버대학을 설립하고 전환할 수 있는 법적 근거가 마련되었기 때문이다. 지금까지 평생교육법에 근거한 원격대학형태의 평생교육시설은 대학 또는 전문대학 졸업자와 동등한 학력과 학위가 인정되던 기관에서 「고등교육법」 제2조에 있는 일반 대학과 같은 학위수여기관이 되는 것을 의미하는 것이다. 특히 전환이 인가된 원격대학 형태의 평생교육시설에 재학 중인 학생은 물론 졸업생과 이미 그들에게 수여된 학위까지 「고등교육법」에 의한 학위로 인정받게 된다. 국내의 원격대학은 교육부 평생직업교육국 자료에 의하면 2012년 국내 사이버 대학은 총 18개교이며 원격대학 형태로의 평생교육시설은 총 2개교가 있다. 이에 대한 현황은 다음의 〈표 9-3〉과 같다.

표 9-3 2012학년도 사이버대학 및 원격대학형태의 평생교육시설 현황

사이버대학 구분	설치 주체		대학명	사이버대 개교 (최초 개교)	'11 학생정원(명)		비고 (동법인 학교)
					입학정원	편제정원	
학사 과정	학교 법인	경의학원	경희사이버대	2009(2001)	3,000	11,600	경희대
		광동학원	국제디지털대	2009(2003)	840	3,090	군장대
		영광학원	대구사이버대	2009(2002)	1,500	5,500	대구대
		동서학원	부산디지털대	2009(2002)	1,000	3,600	동서대
		동원육영회	사이버한국 외국어대	2009(2004)	1,600	6,400	한국외대
		신일학원	서울사이버대	2009(2001)	3,000	10,900	(신일고)
		대양학원	세종사이버대	2009(2001)	1,800	5,860	세종대
		원광학원	원광디지털대	2009(2002)	1,500	5,500	원광대
		고려중앙학원	고려사이버대	2009(2001)	2,500	10,000	고려대
		봉암교육학원	한국사이버대	2009(2001)	1,650	6,600	-
		한양학원	한양사이버대	2009(2002)	3,150	11,750	한양대
		화신학원	화신사이버대	2009	360	1,080	부산경상대
		서울문화 예술대학교	디지털서울 문화예술대	2010(2002)	990	3,980	-
		서울디지털 대학교	서울디지털대	2010(2001)	3,000	12,000	-
		한문화학원	글로벌사이버대	2010	635	1,125	국제뇌교육종합 대학원대학교
		열린학원	열린사이버대	2011(2001)	1,000	4,000	
전문학사 과정	학교 법인	영진교육재단	영진사이버대	2010(2002)	1,200	2,000	영진전문대
		이후학원	한국복지 사이버대	2011	500	500	
총 18개교					29,225	105,485	

구분	설치 주체		대학명	개교	'11 학생정원(명)		비고 (동법인 학교)
					입학정원	편제정원	
학사과정	학교 법인	경북학원	영남사이버대	2001	600	2,400	영남 외국어대
전문학사 과정	학교 법인	한민족학원	세계사이버대	2001	1,300	2,600	
총 2개교					1,900	5,000	

2. 평생교육과 원격교육

1) 평생학습체제에서의 원격교육

21세기는 지식기반사회, 정보의 홍수시대, 지식의 창출시대라고 한다. 지식은 매순간 기하급수적으로 증가하고 있고, 이에 따라 학습해야 할 새로운 지식을 빠르게 증가하고 있다. 따라서 빠르게 진화하는 새로운 지식과 기술을 시대에 맞춰 학습하기 위해서는 지속적인 학습이 필요하다. 그렇지 못하면 개인은 물론 그 어떤 조직이나 국가고 시대 흐름에 뒤떨어지게 된다. 이러한 점에서 평생학습사회를 실현하는 일은 국가적으로나 조직, 개인적으로 경쟁력을 확보하고 유지하는 데 절대 필요하다. 평생학습체제를 구축하기 위해서는 평생교육의 참여율을 높이는 것이 무엇보다 중요하다. OECD가 발표한 「교육정책 분석 2005」 보고서에 의하면, 2003년도에 이루어진 성인(25~64세 이하)들의 평생학습 참여율은 덴마크가 52%, 스웨덴이 56%, 핀란드가 48% 등으로 높게 나타났다. 반면 우리나라는 같은 해 조사에서 평생학습 참여율이 21%인 것으로 나타났다(최돈민 외, 2005).

이와 같이 국내의 성인학습 참여율은 비교 국가에 비하여 낮은 편이며, 부익부 빈익빈 현상으로 인해 교육소외계층과 저학력자의 경우 성인학습에 참여하는 비율이 고학력자에 비하여 상대적으로 낮다. 일반 성인들의 성인학습에 대한 참여가 필요하다는 것을 느낌에도 불구하고 참여하지 못하는 가장 큰 원인은 시간부족 때문이다. 따라서 시간적, 공간적 한계를 극복할 수 있는 원격교육은 평생학습 참여를 확대시키는데 크게 기여할 것으로 전망된다(구교정, 2006).

원격교육이 활성화되자 이와 관련하여 많은 학자들의 찬반 논쟁이 펼쳐지게 되었다. 원격교육을 반대하는 닐 포스트만은 참된 교육은 교수와 학생 간의 직접적인 상호작용으로 이루어지며, 원격 교육은 사제지간의 상호작용을 해치는 도구라고 주장한다. 교실이라는 것은 인간의 자아를 길들이고 개인과 타인을 연결하며 집단의 가치와 책임감, 배려를 보여 주는 공간이며 원격교육은 오히려 디지털 빈부격차를 야기한다고 주장했다. 그는 가진 자들은 대면 교육을 받으며 가난한 자들이 온라인 강의로 내몰리고 있는 현상에 대해 분개했다. 따라서 닐 포스트만은 원격교육에 반대하며 이는 단지 개인의 문제 해결 능력만을 강조하고 순전히 상업적인 이해에서 대량 생산과 표준화라는 낡은 시대로 퇴보하는 경향이라고 주장한다.

반대로 원격교육을 찬성하는 마크 포스터는 원격 교육은 세계를 하나로 이어주는 정보통신망과 같으며 평등을 실현하는 유일한 교육의 길잡이 역할을 한다고 주장했다. 그는 원격 교육에 대해 찬성했는데, 원격교육이 성별, 나이, 재산, 지역, 신체조건을 막론하고 평등의 원리에 입각하여 전 세계 사람들에게 교육이 삶의 질 향상의 기회를 제공한다고 이야기한다. 또한 사이버대학이 오히려 새로운 기회를 창출할 수 있으며 교육비용을 감소시키는데 기여한다고 주장한다. 원격교육을 실시하게 되면 인건비, 건물에 들어가는 비용 등 관리비가 절감되어 보다 질 높은 교육 서비스에 이바지할 수 있기 때문이다. 마크 포스터는 원격교육이 정보통신기술을 활용하여 타국과의 사이버 교육 프로그램의 개발 및 효과를 공유함으로써 전 세계 교육의 발전에 기여할 수 있기 때문에 장려하고 있다.

2) 평생교육에서의 원격교육의 활용 문제점과 개선방안

평생교육에서 일반화되어가고 있는 원격교육이 그 효과성과 교육의 효율성을 제고하기 위해서는 다음과 같은 문제점을 개선하고 보완하여야만 한다.

(1) 원격교육의 활용 문제점

국내에서의 원격교육 시장은 급속히 성장하고 수많은 서비스 업체가 과정을 서비스하고 있다. 이들 관련 업체들은 단순히 콘텐츠 서비스만 제공하는 것이 아니라 자신들이 구축한 원격교육 시스템을 기반으로 서비스를 제공하고 있다. 서비스를 제공하는 업체 입장에서는 합당한 교육비용을 받고 싶지만 인터넷 교육이 유료인 점에 대한 반감이 커 실제 자격증 취득과 같이 자신의 필요로 수강하는 과정 외에는 운영에 상당한 어려움을 겪고 있다. 또한 원격교육은 일반 면대면 집합교육에 비교하여 교육의 수준이 떨어질 것이라는 편견 또한 장애로 작용하고 있다. 이러한 의식에는 원격교육이 강사의 일방적인 교육, 상호작용의 부실에서 발생한다 할 수 있고 학습자 또한 자율학습적인 교육에서 자칫 교육에 집중도가 떨어져 유효성이 떨어지는 경우가 많기 때문이다. 이러한 문제점을 구체적으로 살펴보면 다음과 같이 정리할 수 있다(김재환, 2002).

첫째, 교육 환경 상의 문제가 있다. 자기주도적인 학습이 발달해온 미국 등 선진국과는 달리 국내에선 자주적인 교육학습에 익숙하지 못하다. 미국에서는 인터넷 원격교육 도입 이전부터 사원의 직종마다 가진 기술체계, 연수프로그램이 정비 되어져 있었다. 또한 교실에서의 연수코스와 비디오, CD-ROM 등의 패키지형 교육 콘텐츠도 풍부하게 이용되어져 있는 경우가 많았다. 이러한 점에서 국내 원격교육의 시작은 미국 등에 비해 늦지만 최근 초고속 인터넷의 확산과 높은 정보통신 기술의 발달 등을 통해 원격교육에 익숙해져 가고 있는 상황이다.

둘째, 여전히 지식교환형 원격교육이 주를 이루고 있고 상호작용적인 온라인 교육은 부족하다는 점이다. 이러한 점을 지속적으로 보완하여 새로운 콘텐츠가 개발되고 있지만 면대면 교육에서 느낄 수 있는 상호작용 적인 면을 따라가기에는 역부족이다.

셋째, 콘텐츠의 질을 개선하여야 한다. 콘텐츠는 크게 기존의 콘텐츠를 디지털화 한 것과 신규로 개발된 콘텐츠로 나눌 수 있다. 콘텐츠의 화려한 면만을 강조하거나 기능적인 면을 강조하다보면 자칫 콘텐츠의 질과 관련된 부분이 소홀해 질 수 있다. 온라인 교육의 경우 개발 비용이 높다 보니 자주 과정을 개선하거나 보완하기가 쉽지 않다. 진화하는 교육 내용과 학습자의 요구를 반영하기 쉬운 콘텐츠 관리가 필요하다.

넷째, 표준화의 문제다. 온라인 원격교육 발전을 저해하는 감춰진 이유 중의 하나가 표준화 문제다. 온라인 교육 콘텐츠 서비스 기관에서는 콘텐츠를 구제

표준에 따라 개발함으로써 상호 간 콘텐츠 교환 서비스를 하는 경우가 많지만 여전히 상당수의 콘텐츠는 자체 시스템에 부합된 형태로 개발 운영되고 있어 범용성이 떨어지고 있다. 콘텐츠 표준화에 따른 이점은 콘텐츠 제공자에게는 다른 플랫폼에서도 동일한 콘텐츠를 활용할 수 있으므로 시장을 확대할 수 있고 추가적인 개발 비용을 절약할 수 있다는 것이다. 원격교육 시스템 개발자 입장에서도 자사의 플랫폼용 콘텐츠를 따로 개발할 필요가 없고 플랫폼 기능 향상에 전념 할 수가 있다. 학습자 입장에서는 학습 정보 데이터의 일원 관리가 가능하고 콘텐츠의 선택이 다양화된다.

(2) 평생교육에서의 원격교육 개선방안

원격교육의 특성상 면대면 집합교육과는 달리 장점도 있지만 문제점도 다양하게 존재한다. 이러한 문제점을 다음과 같이 개선하고 보완한다면 원격교육은 평생교육 사회를 구현하는 좋은 방안이 될 것이다.

첫째, 원격교육에 대한 인식의 전환이 필요하다. 원격교육은 평생교육 입장에서 보면 중요한 하나의 학습 환경이다. 정보통신과 인터넷 기술의 놀라운 발전은 원격교육의 단점들을 하나씩 보완하고 있다. 따라서 원격교육을 면대면 교육 보다 열등하게 여기는 학습자들의 인식전환이 필요하다. 또한 원격교육이라는 새로운 학습의 장이 학습에 어떻게 영향을 미치고 학습자의 성장에 어떻게 도움이 될지에 대한 진지한 고민이 필요하다.

둘째, 콘텐츠 개발 시 품질에 중점을 둔다. 인터넷을 이용한 원격교육이 관심이 집중되어 지는 가운데 이를 활성화시키기 위해선 콘텐츠의 품질이 절대 중요하다. 인터넷의 특성을 살린 콘텐츠를 통해 학습욕구를 유발하고 흥미 있는 학습이 되도록 하여야 한다. 무엇보다 중요한 점은 학습자가 원하는 지식과 정보가 충실하여야 한다는 점이다.

셋째, 소통의 교육환경 조성이 필요하다. 원격교육에서 교수자와 학습자 간에 대화와 피드백이 현실적으로 쉽지 않다. 좋은 학습 환경은 학습자들이 스스로 말할 수 있는 조건을 제공하는 것이다. 교육상황에서 학습자들이 말을 하지 않는 이유는 학습자들이 교육자가 가지는 제도적 권위에 손상을 입히지 않고자 노력하고, 집단문화에 익숙한 학습자들이 학습자다운 수동적 모습을 고수하려는 문화적 제약이 존재하기 때문이다. 따라서 이러한 제약 조건들을 제거할 수 있는 원격교육 환경을 조성해 주어야만 활발한 참여와 상호 정보공유를 통한 자기 발전이 이루어질 수 있다. 조성되어야 할 원격교육 환경에는 소통을 통한 즐거움이 유지될 수 있도록 돕는 것이 포함된다. 또한 학습자가 자신의 생활을 축으로 온-오프라인 교육을 연동시킬 수 있도록 지원하는 체계를 포함한다.

넷째, 글로벌 학습공동체를 구축하여야 한다. 경쟁력 있는 콘텐츠는 국내뿐만 아니라 해외에도 수없이 존재한다. 해외 석학들의 콘텐츠들은 현재 유수의 글로벌 대학을 포함한 연구소등을 통해 서비스되고 있다. 따라서 원격교육이 품질을 향상시키기 위한서는 언어 장벽이 있는 국내 학습자를 위해 해외 콘텐츠의 번역 및 시스템 장착 또는 해외 사이트의 대행 등을 통해 국내에 소개할 필요가 있다. 원격교육이 시간과 공간의 제약을 받지 않는다는 최대 장점은 어떠한 교육보다 글로벌화를 추구할 수 있는 부분이 되고 있다.

3) 원격교육의 활용 현황

(1) 칸 아카데미(Khan Academy)

칸 아카데미(Khan Academy)는 2006년 살만 칸이 만든 비영리 교육 서비스이다. 초 · 중 · 고교 수준의 수학, 화학, 물리학부터 컴퓨터공학, 금융, 역사, 예술까지 4000여개의 동영상 강의를 제공하고 있으며, 미국 내 2만여 개 학급에서 교육 자료로 쓰이고 있다. 2012년 방문자는 4,300만여 명으로, 65%가 미국, 나머지 35%는 전 세계 210여개국에서 왔다. 빌앤멜린다게이츠재단, 자선사업가 앤 도어, 리드 헤이스팅스 넷플릭스 최고경영자, 멕시코 통신갑부 카를로스 슬림, 맥콜맥베인재단, 발할라재단, 오설리반재단 등의 기부금으로 운영된다. 칸 아카데미는 광고를 제공하지 않고, 수업도 무료로 제공하는 방식을 고집하고 있으며, 운영비는 후원을 통해 얻는다.

(2) 유다시티(udacity)

유다시티(udacity)는 온라인 공개 수업 업계에서 '선택과 집중' 마케팅을 가장 잘 펼치고 있는 기업이다. 설립 초기에는 경쟁업체인 코세라(coursera)나 에덱스(edx)와 별반 다름없이 대학 강의를 제공하면서 성공했지만, 이후 온라인 환경에 특화된 강의와 인공지능, 자율주행차 같은 독특한 주제에 집중하면서 입지를 넓히고 있다.

(3) MOOC 강의

MOOC는 'Massive Open Online Course'의 줄임말로 '대규모 온라인 공개강좌' 또는 '개방형 온라인 강좌'로 번역된다. MOOC는 온라인을 활용해 언제, 어디서든 양질의 대학 강의를 들을 수 있게 한 새로운 형태의 고등교육 시스템이다. MOOC는 2001년부터 MIT를 중심으로 진행된 교육자원공개운동(Open Educational Resources Movement: OER)에서 시작되었다. 지식나눔의 실천이라는 목표를 가지고 있다는 측면에서 MOOC와 OCW(Open CourseWare)는 유사한 가치를 지향한다고 할 수 있다. 그러나 OCW와 MOOC는 근본적인 차이가 있다. OCW는 온라인상에 강의를 공개하고, 수용자들이 그것을 듣는 것에 그치는 경우가 대부분이다. 일방향적인 온라인 강의 공개 서비스인 것이다. 반면, MOOC는 쌍방향적 온라인 강의 공개 서비스라고 할 수 있다.

(4) 코세라(Coursera)

2010년 온라인 공개 수업이 등장한 이후부터 전 세계적으로 온라인 교육 시장이 새롭게 각광받고 있다. 그 중 코세라는 단연 MOOC를 부흥시킨 선두주자다. 현재 다양한 실험과 대학과의 협업으로 MOOC 산업을 발전시키고 있다.코세라는 처음에는 컴퓨터과학 분야 강의가 많았지만 지금은 비즈니스, 언어, 경영, 인문학 등 보다 다양한 강의를 제공하고 있다. 현재 코세라와 제휴한 대학은 149곳이며, 이들이 제작한 강의는 2천개가 넘는다. 듀크대학, 존스홉킨스대학, 미시간주립대학, 와튼스쿨 등이 대표적으로 코세라에 제공하고 있으며, 유명 사립대들의 강의를 대부분 볼 수 있다.코세라 강의의 분량은 짧게는 4~6주, 길게는 4~6개월 과정으로 구성된다. 과거에는 강의실에서 진행되는 강의를 녹화하는 경우가 많았지만, 최근엔 온라인용 강의를 별도로 제작해 올리는 경우도 많다.

☑ 학습 과제

1. 원격교육의 개념과 필요성에 대하여 기술하시오.

2. 원격교육의 역사를 각 시기별로 학습매체와 특징을 구별하여 설명하시오.

3. 원격교육의 특징과 장단점에 대하여 설명하시오.

4. 평생교육과 원격교육의 상관관계를 평생학습체제와 관련하여 설명하시오.

5. 평생교육에서의 원격교육의 활용 문제점과 그 개선방안에 대하여 논하시오.

참고문헌

교육과학기술부(2008). 평생교육법, 시행령, 시행규칙 해설 자료. 서울: 교육과학기술부.
구교정(2006). 원격교육의 효과성. 서울: 한국학술정보.
김영환, 이상수, 정희태, 박수홍(2003). 원격교육의 이론과 실제. 서울: 학지사.
김재환(2002). 인터넷을 통한 원격교육 활성화 방안. 대전: 한남대학교 정보산업대학원 석사학위논문.
정인성 (1999). 원격교육의 이해. 서울: 교육과학사.
정인성, 나일주(2004). 원격교육의 이해(2판). 서울: 교육과학사.

최돈민 · 양흥권 · 이세정(2005). 한국 성인의 평생학습 참여 실태조사. 서울: 한국교육개발원.
한상길(2004). 원격교육론. 서울: 양서원.

Perraton, H. (1982). *Open and distance learning in the developing world*. London: Routledge.

제3부
평생교육 운영과 경영

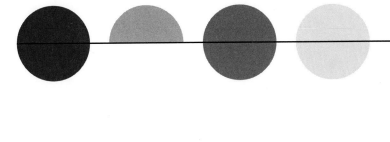

제10장 평생교육 프로그램 개발

☑ 학습 목표

- 평생교육과 프로그램 개발의 관계를 이해한다.
- 평생교육 프로그램 개발에 대한 이론을 이해한다.
- 평생교육 프로그램 개발의 과정을 이해한다.

☑ 학습 개요

평생교육 프로그램은 평생교육의 이념을 실현하는 중요한 학습매개체로서 그 중요성과 수요가 증가하고 있다. 평생교육 전공자들은 평생교육 프로그램 개발에 관한 개념과 필요성을 기본적으로 인식하는 것이 중요하다. 따라서 이 장은 평생교육 입문자들에게 평생교육 프로그램 개발에 관한 기본적 토대를 구축할 수 있도록 구성되었다. 평생교육 전공자들이 프로그램 개발의 기본이 되는 평생교육에 대한 개념, 평생교육과 평생교육 프로그램의 관계, 프로그램 개발 이론과 과정, 프로그램의 설계, 마케팅 및 홍보, 평가 등 기본적으로 탐구해야 할 학습 내용이다.

1. 평생교육과 프로그램

1) 평생교육의 개념

오늘날 급격하게 변화하는 현대 사회에서 사회 구성원들은 변화를 수용하고 적응해 나아가야 하는 과제를 지니고 있다. 급속한 산업구조의 변화와 직업세계 등의 변화에 적응하기 위해서는 지속적으로 자신의 능력을 개발하고 발전시키는 것이 필요하다(선태무, 최은수, 2012).

평생교육은 정치, 경제, 사회의 변화와 환경의 요구에 따라 끊임없이 변화되는 속성을 지니고 있으며, 급변하는 현대사회에서 모든 연령의 자아실현과 교육적 역량을 강화할 수 있도록 사회의 교육적 자원을 효율적으로 활용하는 총체적인 노력이다(박경실 외, 2013). 전통적으로 교육의 주체가 학교라는 전형적인 틀에서 벗어나 인간의 활동이 이루어지고 있는 가정, 학교, 직장 및 사회의 모든 분야에서 평생 동안 자신이 가진 다양한 소질을 지속적으로 개발하고 사회의 변화에 적응하는 능력을 키워갈 수 있는 활동이 평생교육이다(박경실 외, 2013).

평생교육은 일생에 걸친 모든 교육 형태를 통합하는 교육으로서 교육에 관련된 모든 개념들 중에서 가장 포괄적인 개념이다(나항진 외, 2011).

그러나 우리나라 「평생교육법」에서는 "평생교육이라 함은 학교교육을 제외한 모든 형태의 조직적인 교육활동을 말한다."라고 정의하고 있어, UNESCO, OECD 등의 광의적 평생교육 개념과는 다소 차이가 있다(박경실 외, 2013). 평생교육은 학습자의 자율성과 학습 선택권을 최대한 보장하여 학습사회를 이끌어가는 교육의 새로운 동력으로 이해할 수 있다(박경실 외, 2013). 이제 평생교육은 21세기 모든 국가와 사회 구성원들이 수용하고 적극적으로 일상적인 삶과 직업세계에서 실천해 나가야 할 테마이며, 새로운 생활방식이자 생존전략이라 할 수 있다(김진화, 2011).

2) 평생교육의 철학

교육의 개념을 규정하고, 교육의 목표를 세우고, 교육의 내용을 선정하고, 교육의 방법을 구안하는 일련의 실천적인 활동에 이르기까지 교육의 전 과정이 교육적 가치판단에 의해 이루어지게 되는데, 그러한 가치판단의 준거가 되는 것이 바로 교육철학이다(김재용, 2002; 홍은선, 정진철, 2016; 최은수 외, 2016 재인용). 평생교육에 있어서도 평생교육 현장을 담당하는 담당자의 철학에 따라 성인교육의 목적과 목표, 학습자의 역할, 교육과정과 프로그램의 내용, 정책이 결정되기 때문에 교육자가 어떤 철학적 관점을 가지고 있는지 알아보는 것은 매우 중요하다(권두승, 2002; 기영화, 2002; 홍은선, 2003; 고희원, 2016, 최은수 외, 2016 재인용). 평생교육적 측면에서 주요 철학적 특성은 다음과 같다(최은수 외, 2016).

표 10-1 주요 철학적 태도의 비교

항목＼철학	인문주의	행동주의
목적	• 지적 능력개발 중시 • 가장 넓은 의미에서 지적, 도덕적, 영적, 그리고 심미적 인간의 형성	• 기능개발 및 행동변화의 촉진 • 표준지향적인 인간의 개발 및 사회적 기대의 충족
학습자	• 문명화된 인간 • 언제나 지식, 개념, 그리고 이론적 이해를 추구하는 교양 있는 학습자	• 학습과정에서 능동적인 역할 • 새로운 행동의 실천 및 피드백의 수용 • 환경에 많은 영향을 받음
지도자	• 가르치는 전문가 • 지식의 전달자 • 권위주의적 • 학습과정의 통제	• 관리자, 통제자 • 학습결과의 예측 및 지시
주요 개념	• 인문예술, 학습자체의 강조 • 이성적, 지적 교육, 지식의 전달 • 고전적 인문주의	• 능력개발 중심, 완전학습 • 표준지향적, 행동목표 • 시행착오, 피드백 • 강화

방법	• 강의법, 대화법, 스터디 그룹 • 명상, 비판적 읽기 및 토의	• 프로그램화된 교수방법 • 계약학습, 준거지향적 평가 • 컴퓨터 보조학습, 기능훈련

항목\철학	진보주의	인본주의	급진주의
목적	• 사회복지의 증진 • 실제 문제해결능력 제공	• 개인의 성장 발달의 증진 • 자기실현의 촉진	• 사회적, 정치적, 경제적 변화의 도모
학습자	• 학습자의 요구, 흥미 및 경험이 학습의 핵심 요소	• 학습자는 동기화되어 있고, 자기주도적 존재이며, 책임감 있는 존재 가정	• 학습과정에서 지도자와 동등한 지위 • *개인적 자율성
지도자	• 조직자, 자극자, 촉진자 • 교육적인 경험을 통한 학습의 안내	• 촉진자, 조성자, 동반자 • 촉진하지만, 학습에 대한 지시는 하지 않음	• 학습과정에 대하여 제안 및 조언
주요 개념	• 문제해결, 경험중심 교육의 강조 • 민주적 이상, 사회적 책무	• 경험학습, 개별성 • 자기주도성 • 상호작용, 개방성	• 프락시스(praxis) • 비강제적인 학습 • 자율성, 사회 행동
방법	• 문제해결, 과학적 방법, 활동중심, 통합 교육과정 • 경험중심 교육방법	• 경험학습, 집단토의 • 자기주도적 학습 • 개별화된 학습	• 대화 교육, 문제해결 • 비판적 성찰 • 실제상황에서의 매체 · 인간 중심

출처: 권두승(2002). p.148; 최은수 외, 2016, pp. 29-30 재인용

3) 평생교육 프로그램의 이해

평생교육 프로그램은 평생교육의 이념을 실현하는 매개체로서 다양성, 통합성 및 개방성을 갖는다. 평생교육의 대중적 확산은 평생교육 프로그램의 공급과 수요의 질적 · 양적 확대를 가져왔다(박경실 외, 2013). 프로그램(program)에

대한 정의는 학자에 따라 다양하게 정의된다. 예를 들면, Kowalski(1988)는 "조직적이고 의도적인 학습활동의 설계이며, 환경, 조직, 프로그램, 학습자 간의 상호작용"을 프로그램이라고 정의하였으며, Boyle(1981)은 "다양한 기관들의 모든 활동에 대한 총칭"으로 평생교육 프로그램을 정의하였다(박경실 외, 2013).

프로그램은 사용자와 적용 대상에 따라 광의적 의미에서는 '조직에서 제공하는 모든 형태의 학습활동'이 될 수 있으며, 협의적 의미에서는 '특정 내용의 학습을 위한 개별 학습과정'을 지칭한다(기영화, 2001; 박경실 외, 2013 재인용). 일상적 의미에서 프로그램은 기관 혹은 개인이 진행할 활동을 시간과 장소에 따라 계열적으로 정리해 놓은 청사진, 지침서 혹은 계획서다. 반면 교육적 의미에서 프로그램은 학습자의 가치, 기술, 태도에 의미 있는 변화를 가져올 수 있도록 계획적이고 과학적인 교수방법이 활용된 교육활동이다. 평생교육 프로그램은 '교육 내용' '교육방법' '교육활동' 및 '교육매체' 등을 총괄적으로 명시한 일련의 학습활동 지침이다. 따라서 학습활동이 진행되는 가정, 직장, 지역사회, 종교단체 등에는 항상 프로그램이 존재한다.

종합해 보면, 평생교육 프로그램은 '학습 목적과 목표, 대상, 학습 활동과 과정, 학습방법, 시기, 장소, 학습 조직자와 학습매체 등 학습 요소들이 유기적인 네트워크를 형성하고 있는 하나의 시스템'이라고 할 수 있다(김진화, 2001; 박경실 외, 2013 재인용).

4) 평생교육과 프로그램

평생교육은 학습에 대한 열망을 갖고 있는 누구나 학습 장소와 연령에 구속됨 없이 학습할 수 있도록 하는 것이 일반적이다. 평생교육 프로그램은 개방성을 바탕으로 모든 이들의 교육적 욕구를 충족시켜 줌으로써 자아를 실현할 수 있도록 하는 평생교육 이념실현의 매개체다(박경실 외, 2013). 평생교육은 개인의 발전을 물론이고 조직체 및 기관의 발전, 그리고 사회발전 및 국가발전의 차원에서도 없어서는 안 될 중요한 요소 중의 하나이다(김진화, 2011).

기술의 진보로 인한 인간의 노동시간 단축과 여가시간의 증가, 정보사회의 발달로 인한 정보의 풍요, 생명과학의 성장으로 인한 인간의 평균수명 증대로 현대사회에서 평생교육의 유용성은 점차 증가하고 다양해졌으며, 이는 평생교육 프로그램의 유용성과 요구 증가로 이어지고 있다.

현대사회에서 평생교육 프로그램이 내포해야 할 속성은 다음과 같다(박경실 외, 2013).

첫째, 여가와 학습이 구분되기보다는 하나로 통합된 여가와 학습이 동시에 달성되어야 한다. 태초부터 인간의 학습활동은 시간과 장소에 구애받지 않고 노동과 여가와 함께 이루어졌다. 그러나 학교교육이 제도화되면서 노동과 여가를 구분하고 교육과 여가는 별개로 취급되었다(신태진, 고요한, 2007). 평생교육 프로그램은 행복하고 전인적인 삶, 공동체 속에서 인간이 온전한 삶을 영위하도록 교육과 여가를 분리하기보다는 교육과 여가가 융합된 에듀테인먼트(edutainment)의 활동이 되어야 한다.

둘째, 평생교육 프로그램은 지속적이고 빠른 변화를 경험하고 있는 사회에 능동적으로 대처하고 생존능력을 배양할 기회가 되어야 한다. 산업사회에서의 삶은 학교에서의 형식적 교육만으로 인간의 삶 전체를 지탱할 수 있었으나, 지식과 정보화 사회의 도래는 지식의 활용주기를 단축시키고 유용한 정보의 구분 능력을 요구하고 있다. 이러한 변화가 급격한 포스트모던 사회에서는 평생교육 프로그램이 학습자로 하여금 새로운 정보를 지속적으로 습득하게 하고 유용한 정보를 선택할 수 있는 능력을 기를 수 있어야 한다.

셋째, 평생교육 프로그램은 개인의 욕구는 물론 지역사회가 직면한 문제 해결에 능동적이어야 한다. 평생교육 프로그램에 대한 주민들의 참여 요구가 증가하고 있다. 지역사회는 환경오염, 경기침체 및 다문화가정의 사회 적응 등 다양한 현실적 문제에 직면해 있다. 평생교육 프로그램은 학습자의 요구를 충족시키는 동시에 지역사회 문제 해결에 적절한 독창적인 내용을 다루어야 한다.

넷째, 교육기회가 균등하게 제공되어야 한다. 평생교육의 이념은 누구나 원하면 어디서나 학습자들에게 교육받을 기회를 제공하는 것이다. 평생교육 프로그램은 이러한 이념을 실천하기 위해서 농어촌과 같은 소외지역을 비롯하여 저소득층 등 사회 소외계층의 접근성이 용이하도록 실시 지역의 다변화 및 프로그램 내용을 다양하게 구성하여야 한다.

2. 평생교육 프로그램 개발

프로그램을 개발한다는 의미에는 바람직한 교육목표 성취를 위해서, 가르치고 배우는 과정 도중에 동원되는 여러 가지 관련 요인들을 체계 있게 조직하며, 매개가 되는 교육환경을 구조화하는 작업인 동시에 궁극적으로는 교육기관의 실체를 나타내 주면서, 그 기관의 생존과 안녕 그리고 탁월성을 이룩해 나가기 위한 여러 가지 활동이 포함되어 있다(이용교, 임형택, 2010; 최은수 외, 2013 재인용). Boyle(1981)은 프로그램 개발을 "학습자들이 살고 있는 지역사회의 상태, 조건, 상황을 증진시키는 데 기여할 교육 프로그램을 설계하는 노력"으로 정의하였고, 남정걸(2003)은 프로그램 개발을 "프로그램 개발의 준비과정에서부터 평가 및 환류의 단계에 이르기까지 광범위한 영역, 사건 및 절차를 단계적으로 진행해 가는 활동"으로 규정하였다(박경실 외, 2013). 또한 프로그램 개발은 광의적 의미와 협의적 의미로 구분된다. 광의적 의미에서 프로그램 개발은 프로그램의 기획, 설계, 실행 및 평가를 포괄하는 활동이다. 협의적 의미에서는 프로그램 개발을 프로그램 기획과 동의어로 본다. 일반적으로 프로그램 개발은 프로그램의 기획단계를 시작으로 하여 설계, 실행 및 평가의 과정을 포함한 체계적인 과정이다(박경실 외, 2013).

프로그램 개발은 다음의 다섯 가지 흐름 속에서 조망되어야 한다(김진화, 2011).

첫째, 소외된 계층에 대한 교육과 학습의 기회 제공이라는 측면이다.

둘째, 급격히 변화하는 현대 사회에서 도태되지 아니하고 지속적으로 성장하고 발전하기 위한 조직체의 재생과 개인의 능력 및 기능개발 차원에서 평생교육의 흐름을 조망해 볼 수 있다.

셋째, 바쁜 현대 사회에서 사회 구성원이 자칫하면 잃어버리기 쉬운 여유와 안식을 누리기 위한 교양 및 취미 · 오락활동의 차원에서 평생교육을 조망해 볼 수 있다.

넷째, 현대 사회에서 일어나는 심각한 사회적 와해와 환경 파괴를 예방하기 위한 보전형 평생교육의 흐름을 조망해 볼 수 있다.

다섯째, 물질만능주의 사회 속에서 자칫 잃어버리기 쉬운 인간성 회복과 관련된 전인교육 차원에서 평생교육의 흐름을 조망할 수 있다.

1) 프로그램 개발의 원리

프로그램 개발과정은 사회적 현상으로 다원적이며 복합적인 과정으로, 프로그램 개발자는 프로그램 개발을 학문적 객관성을 바탕으로 논리적이도록 구성해야 하며, 지역사회와의 상호작용을 통한 효과성을 높일 수 있도록 함은 물론 프로그램 참여자에 대한 교육참여 기회의 평등성 등 다양하고 복합적인 요인을 고려해야 한다(박경실 외, 2013). 프로그램은 창조성, 현실성, 논리성이라는 요소를 충족해야 하는 기본원리에 충족할 때 보다 좋은 프로그램을 기대할 수 있다. 이를 구체적으로 살펴보면 다음과 같다(김진화, 2011).

(1) 창조성 원리

창조성은 프로그램 내용과 방법의 혁신성 및 독특성과 관계된다. 독특성이란 프로그램의 내용과 방법이 다른 기관의 프로그램과 비교하여 독특한 차별성이 있어야 함을 의미한다. 프로그램 개발 전문가가 프로그램 개발에 있어 보다 더 혁신적이고 독특한 프로그램의 내용과 방법을 창출해 내야할 책무를 가져야 한다.

(2) 현실성 원리

현실성이란 계획된 결과물(내용)의 실현가능성 차원을 말한다. 실제 프로그램을 개발하는 과정에서 현장경험이 많은 사람을 참여시키는 것은 이러한 원리에 충실하려는 노력이라 할 수 있다.

(3) 논리성 원리

논리성이란 계획행위의 체계성과 합리성 차원을 말한다. 실제로 프로그램 개발은 다양한 절차와 단계를 체계적이고 합리적으로 진행시켜야 전문성을 인정받을 수 있고 프로그램의 구조가 짜임새를 갖출 수 있다.

2) 프로그램 개발의 특징

프로그램 개발은 개발과정에서 직면하게 될 절차, 내용, 도구, 자원, 방법 및 갈등과 같은 다양한 요인들이 환경과 상호작용한 결과로, 프로그램 개발자는 개발과정에서 이러한 다양한 요인들의 해결방법을 제시하고 통합적으로 구성해야 한다(박경실 외, 2013). 프로그램의 개발과정에서 보이는 특징은 프로그램 개발 주체, 목적, 활용, 개발방법, 설계 및 영향력으로 구분할 수 있는데 이를 구체적으로 살펴보면 다음과 같다(기영화, 2001; 김진화, 2011; 박경실 외, 2013 재인용).

프로그램 개발 주체의 특징은 프로그램 개발에 관계된 기관 혹은 참여자와 관련이 있다. 평생교육 프로그램의 개발은 일반적으로 기관 중심으로 되어 있어 개발기관의 임무와 성격에 따라 달라질 수 있다. 또한 개발과정에 참여하고 있는 개인이 지니고 있는 인식에 따라 그 성격이 달라진다. 개발 주체에 의한 특징을 잘 보여 주는 것으로는 특정한 내용을 전달할 목적으로 개발된 문제중심 프로그램이 있다.

프로그램 개발목적의 특징은 개발하고자 하는 내용과 대상의 관계에서 나타난다. 개발목적은 개발될 내용이 무엇이며 대상이 누구인지, 어떠한 내용을 어떠한 목적으로 개발할 것인지에 따라 다르다. Boyle(1981)은 평생교육 프로그램 중 출산정책과 같은 특정한 정보를 제공하기 위해서 개발된 정보형 프로그램, 회계사와 같은 전문직 종사자의 교육을 위해서 특정 기관에 의해 실시되는 제도형 프로그램, 양성평등의 문제와 같은 개인, 집단 및 사회 문제의 해결을 위한 개발형 프로그램 등을 각각의 개발목적에 의해 구분된 대표적인 예로 제시하고 있다.

평생교육 프로그램 활용의 특징은 개발된 프로그램의 쓰임새와 교육 내용이 어느 분야에 활용될 것인가를 보여 주는 것이다. 활용적 특징을 나타내는 프로그램으로는 '직업교육' '문활교육' 및 '지역사회교육'이 대표적인 예다. 직업교육은 조직에서 개인 및 조직의 업무수행 능력 향상을 목적으로 한다. 직업교육은 새로운 정보, 기술 및 환경의 변화에 조직원들이 능동적으로 적응함으로써 변화의 예측이 불확실한 미래의 산업환경에서 조직의 생존 가능성을 높여 준다.

문활교육(literacy education)은 우리나라에서 과거에 문해로 번역되어 문자해독이라는 제한된 의미로 사용되었으나 평생교육 시대에 '존재를 위한 학습'의 실현과정에서 기본적이고 필수적인 평생교육 프로그램이 되었다.

지역사회교육 모델은 지역사회의 당면 문제를 해결함은 물론 지역주민들의 학습 요구를 충족시켜 주고 지역사회의 발전과 성장을 위하여 지역 단위로 실시되는 교육 프로그램이다.

3) 평생교육 프로그램 개발 이론

역사적으로 평생교육학자들은 프로그램 개발 이론을 유형화시키기 위한 다양한 시도를 하였다. 프로그램 개발 이론은 프로그램 개발 과정에서 일관된 방법으로 기술하고 설명해 주는 논리체계로, 평생교육 프로그램 개발 이론은 전통적 합리성 이론, 맥락적 상호작용 이론, 순환론적 개발 이론, 체제 이론, 비판적 실천 이론 등이 있는데 이를 구체적으로 살펴보면 다음과 같다(최은수 외, 2016).

(1) 전통적 합리성 이론

평생교육 프로그램 개발의 이론적 출발은 테일러(R. Tyler)의 전통적 합리성 이론이다. 전통적 합리성 이론에 바탕을 둔 테일러의 프로그램 개발 모형을 그림으로 제시하면 다음 그림과 같다.

교육목적 및 목표	→	학습경험 선정 및 조직	→	교수 · 학습 활동	→	교육 평가

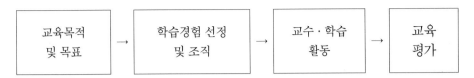

[그림 10-1] 테일러(Tyler)의 프로그램 개발 모형

전통적 합리성 이론은 선형적 접근방법으로 교육 프로그램 개발절차에 초점을 맞춘 가장 오래되고 지배적인 이론 중 하나이며, 크게 4단계로 구분된다. 첫째, 교육목적 및 목표 설정이다. 둘째, 학습경험의 선정 및 조직이다. 셋째, 교수, 학습활동이다. 넷째, 교육평가이다

전통적 합리성 이론의 특징은 목적지향적이다. 그러므로 프로그램 개발에서 학습 목표 설정이 중요한 관심사고 학습 내용은 목표 달성을 위한 수단으로 간주한다.

(2) 맥락적 상호작용 이론

맥락적 상호작용 이론은 상황 이론이라고도 하는데 대표적인 학자는 왈커(D. Walker)와 스킬벡(Skillbeck)이다. 맥락적 상호작용 이론은 교육과정이나 프로그램 개발이 실제로는 직선적인 절차나 단계를 따르지 않고 프로그램 개발자와 학습자 사이 상호작용을 통해 이루어 진다는 점에서 출발하고 있다. 그러므로 프로그램 개발에서 맥락(context)이나 상황(situation)을 중요시 한다. 프로그램 개발이 체제에 의해서 기계적으로 개발되는 것이 아니라 구체적인 현실상황에서 역동적인 상호작용을 통해 개발된다는 것이다. 그러므로 교육과정이나 프로그램 개발은 어느 요소에서나 시작할 수 있고, 순서에 상관없이 진행되어도 무방하다.

(3) 순환적 개발 이론

순환적 개발 이론은 전통적 합리성 이론과 맥락적 상호작용 이론을 절충한 이론이다. 순환적 개발 이론의 대표적인 학자는 니콜스 부부(A. Nicholls)다. 니

콜스는 전통적 합리성 이론의 목표설정 이전 단계로 상황분석을 강조한다. 즉, 상황분석을 프로그램 개발 출발점으로 보고 있다(윤옥한, 2014). 순환적 개발 이론은 프로그램 개발에서 상황분석이 먼저 이루어지고 그 다음으로 목표설정, 내용선정과 조직, 방법선정과 조직, 평가의 단계를 거친다.

(4) 체제 이론

체제 이론(system theory)는 베르탈란피(Bertalanffy)가 1956년 'general system theory'를 발표한 이후 사회과학의 대부분 분야에서 활용되고 있다. 체제(system)는 '여러 부분이 하나로 결합하여 생긴 전체'를 의미한다. 체제 이론에서 전체의 목표를 달성하려면 여러 구성 요소들이 각기 독립성을 지니고 상호의존, 상호작용을 가지면서 외부환경과 영향을 주고받아야 한다(김진화, 2011). 이러한 체제는 투입(input), 과정(process), 결과(output)가 있으며 각각의 하위체제가 있으며(윤옥한, 2014), 체제 이론을 통한 프로그램 개발은 기본적으로 투입, 과정, 산출 과정을 거친다.

체제 이론은 프로그램 개발이 미시적인 관점에서 학습 목표 설정이나 학습 내용 및 방법의 선정에 관심을 두기보다는 거시적 관점에서 평생교육기관을 둘러싼 사회, 문화적 환경과 조직, 그리고 학습자의 개인적 가치와 욕구를 동시에 고려하고 여러 가지 상황들을 체계적으로 반영하는데 장점이 있다(김용현 외, 2014).

(5) 비판적 실천 이론

비판적 실천 이론은 평생교육의 이념에 대한 비판적 패러다임에 바탕을 두고 있다. 대표적인 학자는 프레이리(P. Freire)가 있다. 비판적 실천 이론은 기존 이론들이 프로그램 개발을 가치 중립적인 행위로 간주하고 권력관계나 정치적 요소를 간과했다는 비판에서 출발하고 있다. 비판적 실천 이론은 프로그램 개발 과정이 외부 전문가인 제3자, 즉 프로그램 개발자에 의하여 사전에 구성되는 것이 아니라, 교수자와 학습자가 대화를 통하여 상호작용하는 과정 자체를 프로그램 개발과정으로 보고 있다. 그러므로 프로그램 개발은 학습활동을 위하여 미리 만들어진 사전적 조치가 아니라 교수자와 학습자의 상호작용 과정이며, 그 자체가 학습활동이고 문화적 활동이다(김용현 외, 2014). 비판적 실천 이론에서 프로그램 개발은 교수자와 학습자 간의 대화과정을 통하여 구성해 나가는 대화 모형이다. 비판적 실천 이론에서 학습자의 적극적인 참여와 교수자와 상호작용을 통한 비판적 실천이 매우 중요하다.

3. 프로그램 기획

1) 기획의 개념

Gilbert와 Specht(1977)는 기획(planning)이란 '문제를 해결하고 미래의 사건들에 대한 경로를 통제하려는 의식적인 시도로서, 예견, 체계적 사고, 조사, 그리고 가치선호를 통해 대안들을 선택해 나가는 의사결정들'이라고 규정된다(김영종, 2004).

기획은 프로그램의 목표를 달성하기 위한 전반적인 활동을 포함하는 과정이며, 프로그램의 효과성, 효율성, 사회에 대한 책임성 및 기획자의 사기와 직결되어 있는데, 일반적으로 '기획(planning)'은 '계획(plan)'이란 용어와 혼용에서 사용되고 있다. '계획'이란 어떤 일을 하기에 앞서서 방법, 순서, 규모 등을 미리 생각하여 세운 내용을 의미한다. 계획을 수립하는 과정을 '기획'이라고 하고, 이 과정을 통해서 얻어진 결과 산출을 계획이라고 한다(정무성, 2006).

2) 프로그램 기획의 필요성

기획의 필요성에 대해서는 황성철(2005)이 제시한 것을 중심으로 살펴보면 다음과 같다.

(1) 합리성 증진

기획은 합리성을 증진시키기 위해서 필요하다. 기획은 미래지향적 활동으로 조직과 프로그램이 당면한 문제해결과 의사결정을 하는 과정에서 과학적이거나 경험적으로 검증된 수단과 방법을 채택하는 데 기여하기 때문에 의사결정을 합리화하는 데 도움을 준다.

(2) 효율성과 효과성 증진

기획은 특정 목적을 달성하기 위해서 투입되는 비용과 인력을 사전에 고려하여 자원낭비를 줄일 수 있다. 그로 인해 효율성 증진에 기여하고 최종 목적달성을 위한 가장 적합한 수단과 방법을 적용하는 의사결정에 도움을 주기 때문에 효과성 증진에도 기여한다.

(3) 책임성 증진

책임성이란 조직이나 프로그램의 정당성을 제시할 수 있는 능력을 말한다. 효율성과 효과성은 조직 내부에서 추구하는 가치인 데 반해 책임성은 조직 외부에 정당성을 보여 주는 것과 관련이 있다. 합리적 프로그램 기획은 프로그램의 외부환경적 요구를 수용하여 원래 의도된 목표를 효율적이고 효과적으로 달성할 수 있는 방안을 모색하고 의사결정을 하는 데 도움이 주기 때문에 그 필요성이 강조된다.

(4) 동기부여와 사기진작

기획은 학습자의 동기부여와 조직구성원 또는 프로그램 수행자의 사기진작을 위해서 필요하다. 학습자의 참여를 통해서 지속적 동기부여가 가능하고, 학습자가 자신의 의견이 받아들여지고 중대한 의사결정이 이루어졌다면 스스로 성취감과 인정을 얻을 수 있기에 기획은 사기진작에 중요한 역할을 한다.

3) 프로그램 기획의 속성

여러 학자들이 정의한 프로그램 기획에는 몇 가지 중요한 요소가 있음을 알 수 있는데, 기획의 기본적 속성에 대해 정무성(2006)이 제시한 것을 중심으로 정리하면 다음과 같다.

(1) 기획은 지속적인 과정이다.

기획과정은 일회적인 행동이 아니고 계속적인 과정이다. 따라서 모니터링(monitoring)과 환류(feedback)를 중요시 한다. 또한 일년 계획을 수립한다고 하더라도 그 계획은 일회적인 연중행사라고 할 수 없으며, 그 계획이 시행되는 동안에 상황이 변화하게 되면 수정이 불가피하기 때문에 기획은 지속적인 과정이라고 할 수 있다. 프로그램 기획은 관련 정보를 수집 · 분석하고 요구를 확인 · 사정 · 분석하는 연속적이며 단계적인 과정으로, 학습자에게 제공될 교육 프로그램은 단순히 많은 관련 정보와 학습자의 요구가 단계적으로 반영되는 과정을 반드시 거쳐야 질 좋은 프로그램을 개발할 수 있다는 것을 의미한다(김진화, 2009).

(2) 기획은 지향점을 가져야 한다.

프로그램 기획은 무엇을 할 것인가에 대한 해답으로서 지향점을 가져야 하는데, 이러한 지향점은 프로그램의 목표로 구체적으로 표현된다.

(3) 기획은 목표지향적이다.

기획이란 적절한 수단을 통해서 목표를 달성하려는 과정인 것이다.

(4) 기획은 미래지향적이어야 한다.

프로그램이란 미리 정해진 목표를 달성하기 위해 사용하는 과정이라고 할 수 있다. 따라서 프로그램 기획은 과거와 현재를 토대로 하여 미래의 사건을 꾸미는 것이다.

평생교육기관이 그 기관의 목적과 이념을 실천해 나가기 위한 교육 프로그램을 사전에 미리 준비하는 것으로, 현재에 계획하여 추진하는 프로그램 개발이 바로 미래를 위해 준비하는 과정이라는 뜻이다(김진화, 2009).

(5) 기획은 현장을 중심으로 이루어져야 한다.

현장 중심성이라는 것은 학습자와 평생교육기관의 프로그램 개발 전문가와의 상호작용 과정에서 파악되는 요구에 대한 프로그램 개발 전문가의 냉철한 문제의식이 현장성을 높이는 데 출발점이 된다. 이를 위해서 프로그램 개발 전문가는 현장의 작은 변화와 문제에 늘 관심을 가지고 고민하고 그러한 것들을 해결할 수 있는 대안과 실천력 등을 다양하게 산출할 수 있어야 한다.

(6) 기획은 개방성을 가져야 한다.

프로그램 기획은 개방성을 전제로 한다. 즉, 기획된 프로그램은 수행되는 과정에서도 많은 돌발변수가 발생할 수 있으며, 이에 대처하기 위한 역동성과 가변성을 스스로 갖추거나 준비해야 하는데, 이런 의미에서 기획은 확정적이거나 정형적이지 않다.

기획이 가지고 있는 개방성은 다양한 아이디어의 창출과 수용에 있어서 전향적 유연성을 가져야 한다는 것을 의미한다. 기존의 것을 보다 효과적으로 보완할 수도 있으며, 기획에서는 시대적 변화에 대응하는 새로운 아이템들을 개발해야 할 필요성이 더욱 많이 요구된다.

(7) 기획은 다양한 대안들을 탐색하는 과정이다.

기획은 단지 사실이나 경향을 예측하는 것만이 아니고, 여러 가지 선택 대안들의 결과를 예측하는 과정이라고 할 수 있다. 따라서 기획에서는 모든 프로그램 개발의 대안들이 탐색되어야 한다. 따라서 폭넓고 다양한 사고를 통하여 유용하되 최대한 많은 대안들을 기획과정에서 제안해 주어야 한다.

(8) 기획은 의사결정 과정이다.

기획이란 의사결정에 초점을 둔다고 할 수 있다. 즉, 기획의 목적은 정책결정 과정을 용이하게 하는 것이며, 정책결정과정에 합리적인 방법과 체계적인 절차를 부여하는 데 있다. 따라서 어떠한 활동도 그것이 정책이나 사업을 결정하는 것과 관련을 갖지 못한다면 기획을 위한 활동이라고 할 수 없다.

(9) 기획은 인증 가능성을 가져야 한다.

기획은 인증을 받아야 프로그램으로 실행될 수 있다. 따라서 인증 가능성을 가지지 못한 기획은 부족한 것이라고 할 수 있다. 인증의 조건은 타당성, 예산과 자원, 재원을 지원하는 기관(정부, 재단 등)의 특성과 가치에 따라서 달라질 수 있으나, 현실적 실현 가능성이 중요한 요소이다. 이러한 맥락에서 외부 재원을 획득하기 위한 프로그램 기획은 다소 정치적인 과정이라고 할 수 있다.

(10) 기획은 학습과 성장을 지향해야 한다.

기획의 과정에서 지역사회 평생교육문제를 검토하고, 새로운 사업이나 기존 사업의 개선을 검토하는 활동 자체가 중요한 학습의 과정이다. 기획을 통하여 구성된 내용들은 프로그램 실행의 토대가 되며, 프로그램의 수행을 통해 얻어진 경험의 체계화, 문서화 과정은 담당 인력의 전문성과 관리능력 향상의 기초가 된다.

(11) 기획은 평생교육기관의 효율성 증대 기능을 수행한다.

기획이 평생교육기관의 효율성 증대 기능을 수행한다는 의미는 평생교육기관이 미래에 수행할 프로그램 운영에 대해 사전에 철저한 준비과정을 거치며 자원의 배분과 운영의 합리화를 통해 평생교육기관의 운영과 관리 면에서 효율성을 증대시킬 수 있다(김진화, 2009).

(12) 기획은 협동적(collaborative)인 성격을 가지고 있다.

프로그램 기획에 영향을 끼치는 제반 요소들을 반영하되 특별히 프로그램 개발과정에 영향을 끼치는 많은 사람들의 참여가 이루어져야 바람직하다는 것을 뜻한다(김진화, 2009).

4. 프로그램 개발을 위한 상황분석

프로그램 개발의 상황분석은 프로그램과 관련된 기본적인 요소를 파악하는 것을 말하는데, 상황분석에 포함되는 과제는 지역사회 분석, 기관 및 조직의 분석, 사회적 맥락 분석, 프로그램 개발 타당성 분석 등이 포함된다. 이를 구체적으로 살펴보면 다음과 같다(김진화, 2013).

1) 지역사회 분석

프로그램 개발은 지역사회의 상황과 여건을 고려해야 한다. 프로그램에 참여가 예상되는 학습고객이 지역사회의 주민이고 프로그램을 운영하는 평생교육기관이 지역사회에 소속되어 있기 때문이다.

2) 기관 및 조직의 분석

평생교육기관이 속해 있는 지역사회에 대한 분석을 실시한 후에 평생교육기관과 조직체의 이념과 철학, 조직 구조, 그리고 가용자원 등에 대해 철저히 인식하는 과정을 거쳐야 한다.

조직은 프로그램 개발과정에 조직의 임무와 목적을 반영시킴으로써 조직이 지향하려는 철학을 달성할 때 물적 및 인적자원 지원을 지속하거나 확대해 나갈 것이다(박경실 외, 2013). 평생교육 프로그램 개발에서 조직분석은 자원의 활용적 측면은 물론 조직 내부의 역학관계 등 모든 변화 요인을 고려하여 다양한 차원에서 세심하게 이루어져야 한다(박경실 외, 2013).

3) 사회적 맥락 분석

평생교육 프로그램 개발은 사회적 맥락을 반영해야 효용가치가 있다. 사회적 흐름과 일치되는 프로그램은 더욱 그 가치가 높게 평가된다.

4) 프로그램 개발 타당성 분석

프로그램 개발은 실행 가능성을 전제로 한다. 독창적이고 전문성이 반영된 프로그램이 개발된다 할지라도 현실적인 상황이 반영되지 못하면 그 프로그램은 폐기되고 말 것이다. 이는 개발과정에서 많은 비용과 시간이 투입되기 때문이다(박경실 외, 2013). 프로그램의 개발에 대한 타당성 분석은 조직이 직면한 문제의 원인과 해결방법에 대한 면밀한 분석으로부터 시작되어야 한다(박경실 외, 2013).

5. 평생교육 프로그램 요구분석

1) 프로그램 요구의 개념

(1) 요구의 개념

인간은 생존을 위한 의식주와 같은 생물학적 기초 요구로부터 자아의 성장과 발달을 통한 자아실현과 같은 심리학적 요구까지 다양한 요구를 가지고 있다(박경실 외, 2013). 프로그램 개발 측면에서 요구란 학습자가 지닌 현재의 지식, 기술 및 태도로부터 미래의 바람직한 상태로 변화될 수준의 차이를 말한다

(Knowles, 1985; 박경실 외, 2013 재인용). 즉 타일러(Tyler)는 요구란 학습자의 현재 수준과 학습 후 기대하는 수준 간의 차이라고 하였으며 매슬로(Maslow)는 욕구의 5단계를 심리적 차원에서 배열하였는데 생리적 욕구, 안전의 욕구, 소속과 사랑의 욕구, 인정의 욕구, 자아실현의 욕구가 그것이다(최은수 외, 2016). 차일드(Child)는 매슬로의 욕구에 '학습의 욕구'를 추가하였다. 이에 노울즈(Knowles)는 매슬로와 차일드의 요구를 바탕으로 기본적인 인간 욕구와 교육 욕구로 정리하였는데 교육 욕구란 교육을 통해 부족함을 충족하고자 하는 욕구이다(최은수 외, 2016).

프로그램 개발 측면에서 요구란 학습자가 지닌 현재의 지식, 기술 및 태도로부터 미래의 바람직한 상태로 변화될 수준의 차이를 말한다(Knowles, 1985; 박경실 외, 2013 재인용). 다시 말해, 요구란 원하고 바라는 상태에 도달되지 못한 불균형 또는 부족한 상황과 현재의 실존적인 상태 간의 차이로 규정된다(박경실 외, 2013).

2) 프로그램 요구분석의 필요성과 방법

평생교육 프로그램 요구분석의 필요성과 방법에 대해서 최은수 외(2016)가 제시한 것을 중심으로 살펴보면 다음과 같다.

(1) 필요성

요구분석은 잠재적 학습고객의 필요와 관심, 흥미, 수요 등을 체계적이고 과학적으로 파악하는 과정을 거침으로써 프로그램의 성공률을 높여 프로그램의 본질적 목적에 도달할 수 있도록 하기 위한 것으로, 첫째, 교육이 필요한 부분을 구체적으로 밝힘으로써 불필요한 부분에 대한 투자의 낭비를 줄이 수 있다. 둘째, 교육적 필요가 명확히 밝혀짐으로써 교육을 받은 학습자와 프로그램 자체의 평가준거를 세울 수 있다. 셋째, 명확하게 밝혀진 요구들은 해결점을 정확하게 규명하는데 도움이 된다. 넷째, 설계나 개발 단계에 드는 시간을 줄일 수 있다. 다섯째, 교육 대상자를 명확히 함으로써 학습자가 실제로 필요로 하는 교육을 제공할 수 있다. 여섯째, 요구분석 과정에서 조직의 목표와 개인의 문제를 균형 있게 공유할 수 있는 정보를 제공할 수 있다. 이와 같이 요구분석은 학습자들이 필요로 하는 것이 무엇인지 알려주는 것뿐만 아니라 해결방법과 대안을 결정하는 데도 도움을 준다.

(2) 프로그램 요구분석 방법

프로그램 요구분석을 위해서는 사전에 대략적인 계획을 세워 진행하는 것이 바람직하다. 하나의 계획에서 요구의 근거가 될 수 있는 요구 차원, 즉 사회적 요구, 조직적 요구, 개인적 요구로 나누어 조사 내용과 방법을 결정하는 것이 효율적이다.

평생교육현장에서 적용할 수 있는 요구분석 방법은 다음과 같다.

① 설문지법

설문지법은 구체적인 목적을 가지고 그에 대한 정보를 얻기 위해 설문지를 배포한 후 수거하여 그 결과 자료를 분석하는 방법이다.

장점	단점
- 짧은 시간에 많은 자료수집 가능 - 수집된 자료의 분류와 해석이 용이 - 표준화된 자료를 수집하는 것이 가능	- 일방적 의사소통 - 회수율이 낮거나 답변이 성의 없이 이루어졌을 때 정확도가 낮을 수 있음

② 관찰법

관찰법은 최적의 작업 수행을 탐색하고 작업에 관한 자세한 자료를 얻어 문제의 원인을 추론하고자 할 때 사용할 수 있다.

장점	단점
- 현장성 있는 생생한 자료 수집 가능 - 집단역학, 조직 문화 등 분위기 파악 유리 - 면접이나 설문을 통해 얻은 정보를 확인	- 많은 수의 관찰이 용이하지 않음 - 관찰자의 편견 개입 - 시간 소요가 많음

③ 핵심집단 회의법 결정적 사건 기법

핵심집단이란 3~4명의 사람들, 즉 업무단계나 직급을 대표하는 사람들이 요구조사에 필요한 요건들을 확인하기 위해 모여서 상호작용을 하며 자료를 수집하는 방법을 말한다.

장점	단점
- 참여자를 통해서 정보를 공유하고 공감대 형성 가능 - 서로 다른 관점에서 종합적인 견해와 동의를 이끌어낼 수 있음	- 시간 소요가 많음 - 주요인물이 지나치게 영향을 미침 - 관련자 전체가 모이기 어려움

④ 면담법

면담법은 직접 대면이나 전화를 통해 요구를 수집하는 방법이다. 고도의 전문성이 필요하며 심층적인 자료수집이 가능하다.

장점	단점
- 심층적 자료수집이 가능 - 보충 자료수집이 가능 - 융통성과 신축성을 발휘할 수 있음 - 조사자와 응답자의 상호작용이 가능	- 조사자의 편견 개입 가능성 - 많은 시간과 비용 - 면접기법이 부족할 경우 자료수집의 질이 떨어짐

⑤ 결정적 사건 분석법

결정적 사건 분석법(critical incident approach)은 특정 직무나 직업을 가지고 있는 사람들을 위한 교육 프로그램을 개발하기 위한 요구분석 방법이다. 즉, 특정한 일을 수행하는데 필요한 중요 구성 요소를 해당 직무에서 경험이 많거나 높은 지위에 있는 사람으로부터 보다 구체적인 행동기록을 얻어 내는 것이다. 이러한 과정을 통해 수집된 정보는 어떤 활동에 중요한 필요조건을 공식화할 수 있게 된다.

장점	단점
- 정보가 단순한 인상이나 의견이 아니라 구체적인 자료를 제공한다. - 행위자의 관점에서 직무에 필요한 요건을 포괄적으로 제시해 준다.	- 특정 직업군에만 해당된다.

⑥ 문헌조사법

문헌조사법은 얻고자 하는 정보를 각종 문헌 , 파일, 문헌 벤치마킹 등을 통해 얻어내는 방법이다.

장점	단점
- 자료의 재구성 없이 즉시 사용 가능 - 적은 비용으로 정확한 자료수집 가능	- 문헌조사 시 이론적으로 치우쳐 현장성이 결여될 우려

위와 같은 여섯가지 기법 이외에도 프로그램 개발자가 일상생활 속에서 잠재적 학습자와의 접촉이나 관찰 지속적인 관심과 대화를 통해 그들의 요구를 확인하는 기법으로 무형식적 대화나 비활동적 측정의 방법이 사용된다. 무형식적 대화(informal conversation)는 프로그램 개발자가 일상생활 속에서 고객, 동료 등과의 빈번한 접촉을 통해 고객의 요구와 관련된 많은 정보를 획득하는 것을 말

한다. 이를 위해 고객들의 최근의 문제점이나 관심사항에 관심을 가지고 청취할 수 있는 자세를 가지고 모임 후의 반응을 주시하며 투서함 등을 설치하고 사람들과의 대화를 통하여 이를 명확히 프로그램에 반영하게 된다.

6. 프로그램 설계 및 실행

프로그램 설계(program design)는 프로그램에 관련되는 전 과정에 영향을 미치는 모든 변인을 고려하는 단계로서 마치 집을 짓기 위한 설계도와 유사한 기능을 한다(박경실 외, 2013). 프로그램 설계(program design)는 교육기관의 교육목적이나 이념, 교육가능성, 예산 및 지원 등에 의해 여과된 교육요구 및 필요를 계열성 · 계속성 · 통합성 · 난이도 · 복잡성 · 현실성 · 계절성 등의 기준으로 체계적인 교육 내용으로 선정하고 조직한 후, 이를 실제 구체적인 계획으로 작업하는 프로그램 문서화의 단계를 말한다(이용교, 임형택, 2010).

프로그램 설계는 프로그램 기획 단계에서 확인된 욕구를 바탕으로 프로그램의 목적과 목표를 설정하고 프로그램의 내용과 활동을 선정하고 조직화하여, 이에 해당하는 각종 자료를 개발하는 활동을 수행한다(장덕호 외, 2016). 프로그램 개발자는 개별 학습자의 학습결과를 촉진하고 향상시키기 위한 최적의 대안을 찾아서 프로그램 설계과정에 반영할 수 있어야 한다. 프로그램 설계는 프로그램 개발과정에서 나타날 수 있는 오류나 실패의 가능성을 최소화하고 교육의 효과를 높이기 위한 노력의 과정이다(박경실 외, 2013).

1) 프로그램 설계의 기본 원리

프로그램을 설계하기 위해서는 다음과 같은 기본 원리를 바탕으로 내용을 선정하는 것이 보다 효과적이다(김진화, 2011).

첫째, 프로그램 설계는 학습자의 학습을 촉진시키고 돕는 일을 목적으로 해야 한다. 지식의 대량 전달보다는 근본적으로 학습자가 교육장면에 쉽게 적응하도록 하는데 관심을 기울여야 한다.

둘째, 프로그램 설계는 단기적 국면과 장기적 국면이 있다. 단기적 국면이란 교수자가 교육활동(수업)에 착수하기 몇 시간 전에 학습지도안 또는 단시 수업 계획안(lesson plan)을 작성하는 경우를 일컫는다. 장기적 국면은 이와는 달리 더욱 다양하고 복잡하다.

셋째, 프로그램 설계는 개인의 상장과 발달에 중요한 영향을 끼칠 수 있어야 한다.

넷째, 프로그램 설계는 프로그램을 구성하고 있는 다양한 요소들이 하나의 유기적인 체제를 이룰 수 있도록 체제접근에 의하여 행해져야 한다.

다섯째, 프로그램 설계는 본질적으로 인간이 어떻게 학습하는가에 관한 지식에 그 기초를 두어야 한다.

2) 프로그램 목표 설정과 기술기법

목적(aim, goal, purpose)과 목표(objective)는 엄격하게 구분하는 경우와 혼용되는 경우가 있다. 일반적으로 목적은 목표의 상위 단계로 국가와 사회적 차원에서 포괄적 의미를 내포하고 있다. 목적은 구체적인 목표를 통해서 달성된다. 평생교육에서 목적과 목표는 교육적 결과를 얻기 위한 활동 지침으로 종종 혼용된다(박경실 외, 2013).

프로그램 목표의 기술은 프로그램 개발자에게 매우 어려운 과정으로 프로그램 개발자가 미래의 활동환경과 잠재적 학습자를 예측하여 구체적이고 실현 가능한 목표로 전환시켜야 하는 어려움 때문이다(박경실 외, 2013). 프로그램 목표는 개인 · 조직 및 사회 변화에 필요한 요구를 구체화하는 것이며, 따라서 프로그램 목표의 기술은 학습 참여자의 지식, 기술, 태도에 변화가 있어야 할 학습자의 행동에 초점을 두고 구체적인 행동 동사를 활용하여 변화를 이룰 수 있도록 체계적이어야 한다(박경실 외, 2013).

프로그램 목표가 의미 있게 기술되기 위해서 다음 사항에 유념할 필요가 있다(기영화, 2001; 박경실 외, 2013 재인용).

첫째, 잠재적 학습 참여자를 구체적으로 집단화한다.

둘째, 학습능력에 따라 학습 목표 달성 가능 학습자의 수와 소요시간을 산술적으로 표시한다.

셋째, 프로그램 참여자들이 프로그램을 통해서 달성하고자 하는 요구를 구체적으로 기술한다.

넷째, 프로그램이 지니고 있는 미래의 가치와 중요성을 기술한다. 프로그램 실행과정에서 소요될 예산을 산출한다.

다섯째, 목표 달성 정도가 평가와 연계될 수 있도록 구체적인 평가 방향 및 내용 등을 기술한다.

3) 프로그램 내용 선정의 원리

이 단계에서는 정해진 프로그램의 목표에 따라 프로그램의 내용을 선정하게 되는데, 프로그램의 내용을 선정하기 위해서는 다음과 같은 원리에 입각하여 내용을 선정하도록 한다(김진화, 2011; 최은수 외, 2016 재인용).

첫째는, '합목적성, 목표와의 일관성의 원리'로 모든 평생교육 프로그램의 내용에는 그 교육목표에 반영된 개인의 요구나 사회적 요구 및 철학적 이념이 구현될 수 있는 것을 포함할 수 있어야 할 것이다.

둘째는, '능력 수준과 흥미에의 적합성 및 자발성의 원리'로 능력과 흥미에의 적합성을 강조하는 이유는 많은 평생교육의 내용들이 학교의 교과목과 같은 형태로 주어지게 될 때 피교육자의 능력 수준이나 흥미를 고려하지 않아 그들의 자발적인 참여를 얻지 못하는 수가 많기 때문이다.

셋째는, '실용성과 다양성의 원리'로 평생교육 프로그램이 사회적 요구에 적합하여 그것을 배우고 곧장 사회에서 적용할 수 있으려면 실용성의 원리에 맞는 것이어야 된다.

넷째는, '일목적 다경험 및 다목적의 능률성의 원리'로 프로그램 내용을 결정하는 데 있어서 능률성 제고가 필요하다는 것으로 한 가지 목표를 위하여 몇 가지 내용과 연관될 수도 있을 것이며, 반대로 한 가지 내용은 두 개 이상의 목표와 관련될 수 있다.

다섯째는, '교육, 학습지도 가능성 및 자기 주도성의 원리'로 선정된 내용이 좋고 필요한 것이라 할지라도 그것을 지도하는 입장에서 학습지도가 가능해야 그 내용을 최종적으로 취택하게 될 수 있다는 것으로, 학습지도의 가능성은 학습자가 스스로 선택하고 계획하며 스스로의 진도를 평가하고 배우는 자기주도적 학습방법의 도입이 촉구되어야 한다.

여섯째는, '지역성 및 유희 · 오락성의 원리'로 같은 평생교육의 내용을 다룬다 하여도 그 교육을 실시하는 지역의 특성을 최대한 고려하여 그 학습내용을 선정하여야 한다는 것이다.

4) 학습 내용의 선정과 조직

학습 내용의 선정과 조직에 대해 박경실 외(2013)가 제시한 것을 중심으로 살펴보면 다음과 같다.

(1) 학습 내용의 선정

학습 내용의 선정은 학습자들이 실제로 배우고 경험할 내용을 선정하는 과정으로 학습자의 요구를 충족시켜 줄 수 있도록 한다. 학습 내용을 선정할 때는 다음과 같은 몇 가지 기준을 활용하는 것이 바람직하다(기영화, 2001; 김진화, 2001).

첫째, 학습자의 사전 경험과의 관계성이다. 학습자는 새로운 학습을 경험할 때 자신의 사전 경험과 연관성을 찾아 학습효과를 높이려 한다.

둘째, 학습목적과의 관계성이다. 평생교육 프로그램은 다양한 요구의 내용을 기관의 목적과 부합하도록 선정하여 기관의 이념과 교육철학을 실현하는 수단이다. 따라서 학습 내용의 선정 또한 이러한 목적의 범주에 포함되도록 해야 한다.

셋째, 실현 가능성과의 관계다. 실행 가능성은 학습자들의 수준, 일상생활에서의 활용 가능, 물적 및 인적자원의 지원 여부 등에 대한 고려다.

넷째, 자발성과 흥미의 여부다. 평생교육 프로그램은 학습자들의 내적 자발성에 많이 의존하고 강의중심 내용으로 구성되어 지루하지 않도록 흥미롭게 구성되는 것이 필요하다.

(2) 학습 내용의 조직

선정된 학습 내용을 어느 범위에서 어떻게 구성하여 실행할 것인가와 같은 학습 내용의 조직은 평생교육 프로그램 개발전문가에게는 또 다른 중요한 의사결정 과정이다. 학습 내용 조직은 제한된 인적 및 물적 자원, 환경을 적절히 활용하여 학습자의 요구가 충분히 반영되는 방향으로 계열화될 필요가 있다.

평생교육 프로그램 개발자가 학습자의 특성과 능력이 고려된 학습 내용을 조직 할 때는 다음의 몇 가지 원리에 유념하는 것이 바람직하다(기영화, 2001; 김진화, 2011; 이현림, 김지혜, 2006; 박경실 외, 2013).

- 프로그램 목적과 부합성: 학습목적은 잠재적 학습자의 요구, 가용 자원의 활용 가능성과 기관의 특성 등을 기초하여 결정되기에 학습 내용을 조직할 때 프로그램의 목적을 고려하는 것이 바람직하다.
- 학습 내용의 통합성: 학습자들은 주 관심과 부수적인 관심 분야를 동시에 갖고 있기 때문에 다양한 분야의 통찰력을 넓힐 수 있도록 고려해야 한다.
- 학습 내용의 독창성: 평생교육기관이 증가함에 따라 유사 또는 중복 내용을 다루는 프로그램은 자원의 낭비는 물론 장기적인 생존에 어려움을 초래할 수 있기 때문에 학습 내용 조직이 창의적이고 독창적으로 이루어져야 한다.
- 학습 내용의 시간 제한성: 학습 내용의 종류에 따라 학습시간은 다양하다. 그러나 시설과 장비, 진행자 등의 가용성은 제한되어 있기에 학습 내용이 제한된 가용성 내에서 달성될 수 있도록 구성되어야 한다.

- 학습 내용의 계열성: 새로운 학습 내용이 과거의 학습 경험과 연계되어 양적 및 질적 확대를 촉진할 수 있도록 계열적으로 구성되어야 한다.
- 학습 내용의 반복성: 중요한 학습 내용은 일회적이기보다는 반복적 학습이 가능하도록 구성되어야 한다.
- 학습 내용의 시대성: 평생교육은 개인의 요구는 물론 사회적 요구를 반영하는 것이 중요하므로 시대적 혹은 당면한 사회적 요구와 현상의 반영이 고려되어야 한다.
- 실용성과 다양성: 평생교육은 사회적 요구에 적합하여 그것을 배우고 곧장 사회에서 적용할 수 있으려면 실용성의 원리에 맞는 것이어야 된다.
- 지역성 및 유희 · 오락성: 같은 평생교육의 내용을 다룬다 하여도 그 교육을 실시하는 지역의 특성을 최대한 고려하여 그 학습내용을 선정하여야 한다.

(3) 교수기법과 교수매체 선택

프로그램 개발자는 조직된 학습 내용을 바탕으로 참여자들에게 학습 내용이 효과적으로 전달될 수 있는 방법을 고려해야 하는데, 교수기법은 학습활동의 진행방법과 교수매체를 포함해서 학습 내용의 효과적인 전달방법을 모색하는 것이다(박경실 외, 2013). 학습 내용과 학습자의 참여태도 등에 따라 적용 가능한 방법이 무수히 많으므로 가능한 상황에 따라 최선의 방법이 고려되어야 하고, 학습 목표에서 제시된 학습 경험과 참여기회를 확대하여 학습자들이 흥미를 느끼면서 성취감을 높일 수 있도록 교수기법이 설계되어야 한다(박경실 외, 2013).

5) 프로그램 실행

프로그램 실행이란 계획되고 조직화된 프로그램이 지향하는 본질적인 목적과 목표를 이루기 위해 실제 행동으로 옮기는 것을 의미하며, 이것은 광의적인 의미와 협의적인 의미로 파악된다(권두승, 1994; 김진화, 2011 재인용). 프로그램 실행의 의미를 광의적으로 해석하면, 설계된 프로그램을 실제적으로 실행하기 위하여 운용조직을 편성하는 단계에서부터 실제로 활동을 실천하고 그 활동내용을 기록 정리하여 평가에 이르기까지 일련의 과정을 포함하는 것을 의미하며, 협의적인 의미로는 프로그램의 실제적인 실행을 위한 도입과정에서 정리단계에 이르기까지의 과정을 말한다(김진화, 2011).

7. 프로그램 마케팅 및 홍보

잠재적 대상자를 프로그램에 참여하도록 유도하고 필요한 재원확보를 위해서 홍보, 모집, 광고 등의 활동을 전개하는데, 이러한 활동을 통칭 프로그램 마케팅이라고 한다(김종명 외, 2014).

1) 프로그램 마케팅의 이해

프로그램 마케팅이란 개발된 프로그램에 고객들의 참여를 유도하기 위해 취해지는 여러 가지 조치를 포괄적으로 지칭하는 개념을 말한다(김진화, 2011). 마케팅은 프로그램의 성공을 위해 필수적인 요소로, 단순히 홍보 책자를 만들어 배포하는 것에서부터 사람들을 프로그램에 참여하도록 끌어들이는 것 혹은 조직과 개인의 다양하고 복합적인 상호작용을 말하기도 한다(기영화, 2010; 최은수 외, 2016 재인용). 평생교육기관이 마케팅 기법을 도입하기 위해서는 '한정된 자원 범위에서 학습자인 고객의 요구를 이해하고 반영하여 그들이 만족하도록 노력하는 조직'인 마케팅 지향적 조직으로 변해야 한다(Kotler & Kotler, 1998; 박경실 외, 2013 재인용).

기관의 정책과 이념에 따라 프로그램을 설계하게 되는데, 설계되어 실행단계로 넘어가는 과정에서 대상자 집단을 확보하고 예산에 포함된 재원을 마련하는 일은 기관에서 최고관리자나 프로그램 담당자들의 관심사로, 특히 프로그램의 담당자는 잠재적 대상자들을 프로그램에 적극적으로 참여하도록 권유하고 필요한 재원 확보를 위한 제반 활동 중의 하나로서 홍보, 모집, 광고 등 프로그램의 정당성 확보를 위한 마케팅 활동을 전개한다(김종명 외, 2014).

프로그램의 홍보란 개설된 강좌에 사람들을 등록시키는 데에 결정적인 요소가 되는데, 아무리 훌륭한 강좌라고 하더라도 고객들에게 그 내용을 충분히 알리지 못한다면 그 강좌는 성공할 수가 없기 때문에 어떠한 강좌도 참가자의 확보를 위하여 홍보가 필요하다(이화정 외, 2014). 홍보의 원칙은 전달한 내용을 홍보의 목적, 내용, 방법, 시간, 장소, 대상 등 육하원칙에 입각하여 제시해야 하며, 홍보물이 대상자에게 분명하게 전달될 수 있도록 해야 하며, 시간적으로 적합한 타이밍을 포착해야 하며, 신뢰감을 떨어뜨리는 과대 홍보는 삼가해야하며, 성공적 홍보를 위해서는 소비자행동이론을 이해하고 상품(프로그램)차별화 시장차별화 전략을 구사할 필요가 있다(이화정 외, 2014).

2) 프로그램 마케팅의 구성 요소

마케팅이란 용어는 진홍(promotion)이나 광고(advertizing)의 의미를 포함하면서 네 가지 중요한 구성 요소를 가지고 있는데, 생산품(product), 진홍(promotion), 장소(place), 가격(price)의 4p가 있다(김진화, 2011).

이화정(2014)에 의하면 생산품(product)은 기관에서 산출되는 교육 프로그램이나 서비스를 의미하는 것으로 고객집단들의 변화하는 요구 및 필요를 충족시키기 위하여 고객에게 제공되고, 또한 기관에서 개발된 프로그램을 어느 장소에서 운영하느냐는 잠재적 고객의 직접적인 참여에 상당한 영향을 끼친다. 많은 경우에 잠재적 고객들은 의외로 프로그램이 운영되는 장소에 따라 참여에 많은 차이를 보이는 경향이 있다. 마케팅에서 가격이란 기관에서 운영되는 프로그램에 보다 더 많은 대상자들이 이용할 수 있도록 수강료와 같이 고객이 지불하는 비용을 결정하는 것을 의미하고, 진홍(promotion)은 고객과의 의사소통을 통해 판매를 높이는 것으로 프로그램의 성패를 좌우하는 중요한 요소다(이화정, 2014).

3) 프로그램 마케팅 절차

마케팅은 프로그램을 일반인에게 알려 잠재적인 고객들로 하여금 프로그램 참여를 유도하는데 목적이 있는데, Gardner는 효과적인 프로그램 마케팅을 위해 다음의 과정에 유의하게 했다(기영화, 2010).

첫째, 프로그램을 광고하는 목적이 정해져야 한다.

둘째, 홍보에 어느 정도의 예산을 투자할 것인가 미리 정해야 한다.

셋째, 광고매체를 선정해야 한다.

넷째, 선택한 광고매체에서 요구하는 형식에 맞게 광고 내용을 준비한다.

다섯째, 광고가 나간 후, 그 효과와 비용에 대한 평가가 이루어져야 한다.

8. 프로그램 평가

1) 평생교육 프로그램 평가의 이해

(1) 프로그램 평가의 개념과 의미

평생교육 프로그램 평가는 평생교육기관에서 운영하는 프로그램이 설정한 학습 목표를 어느 정도 달성했는지, 학습활동이 계획대로 진행되었는지, 그리고 학습자들의 학습과 성장에 어떤 영향을 주었는지 확인하고 가치를 판단하는 과정이다. 학습자의 학업성취도를 평가할 뿐만 아니라 학습자가 직면한 여러 가지 문제를 진단하고 교육효과를 평가하여 평생교육 정책이나 프로그램 개발에 반영하는데 목적이 있다(김용현 외, 2014).

평생교육 프로그램 평가는 다음과 같은 의미를 가지고 있다.

첫째, 평생교육 프로그램의 학습 목표 달성도를 확인할 수 있다. 학습자들이 프로그램 시작 전, 프로그램 도중, 프로그램 종료 후에 걸쳐서 처음에 계획된 학습 목표에 얼마나 도달했는지 파악할 수 있다.

둘째, 학습을 효과적으로 전개하기 위한 근거자료를 확보할 수 있다. 학습활동에 대한 평가를 통하여 프로그램의 내용과 방법을 수정, 보완, 개선할 수 있으며, 학습자들로 하여금 자신의 상태를 진단하고 학습동기를 촉진할 수 있다.

셋째, 평생교육 정책이나 의사결정에 필요한 자료를 제공한다. 평생교육 프로그램과 활동이 지역사회 발전이나 지역주민의 삶의 질 개선에 얼마나 기여했는지 밝히고 교육정책이나 의사결정을 위한 판단자료로 활용한다.

학교교육에서 평가는 학생들의 학업성취에 초점을 두고 있지만, 평생교육에서는 학습자들의 반응이나 소감을 분석해서 앞으로 학습의 질을 개선하는데 초점을 두고 있다(김용현 외, 2014).

(2) 평가의 분류

교육은 목적이나 방법이 다양하기 때문에 평가의 대상이나 종류도 다양하다. 다양한 기준에 따라 평가를 분류하면 다음과 같다(김용현 외, 2014; 최은수 외, 2016 재인용).

① 평가수준 및 범위에 따른 구분

- 교육평가: 평가수준 및 범위에서 가장 넓은 의미로 사용된다. 교육기관에서 이루어지는 모든 수준의 평가를 총칭한다.
- 교육기관평가: 교육기관 전체의 시설 여건이나 운영 상태 등에 대한 평가다. 일반적으로 일정한 평가기준을 충족한 경우에 교육기관으로서 적합함을 인증(accreditation)하는 인증평가로 시행된다.
- 교육과정(프로그램) 평가: 교육기관에서 개설되어 운영하는 교육과정이나 프로그램에 대한 평가다. 교육이나 학습 목표의 성취 여부, 교수, 학습과정, 교육이나 학습의 결과 등을 평가한다.
- 수업평가: 평가수준 및 범위에서 가장 좁은 의미로 사용된다. 수업활동이나 학습활동에 대한 평가다. 일정단위의 수업이나 학습에 대한 학습자들의 성취도나 태도의 변화 정도를 평가하고, 교육만족도나 교수자의 교수방법 적합성 등을 평가한다.

② 평가목적에 따른 구분

- 목표중심평가: 프로그램을 실시하기 전에 설정한 학습 목표를 프로그램이 끝난 후에 학습자들이 어떻게 성취했는지 확인하는데 사용하는 평가방법이다. 학습자들이 무엇을 할 수 있고, 학습 목표에 얼마나 도달했는지 확인하는데 관심이 있다.
- 의사결정중심평가: 의사결정자에게 필요한 정보를 제공하여 정책판단이나 의사결정을 돕는데 사용하는 평가방법이다. 의사결정자에게 필요한 정보를 제공하여 의사결정을 보조하는데 관심이 있다.
- 가치판단중심평가: 프로그램의 가치나 장점을 판단하는데 초점을 두고 있다. 학습 목표의 성취도 중요하지만, 학습자들이 프로그램 참여를 통하여 부산물로 얻어진 성과나 학습자들의 정서나 태도 변화도 중요하다는 입장이다.

③ 평가시기에 따른 구분

- 진단평가(diagnostic evaluation): 프로그램이 실시되기 전에 프로그램의 효과를 극대화 할 수 있는 제반 정보, 즉 학습자의 요구, 준비도, 교수자 교육환경 등을 평가하는 것이다(이기성, 2014; 최은수 외, 2016 재인용). 학습자에게 적합한 학급편성과 학습 실패 원인을 발견하여 대책을 마련하는데 목적이 있다.
- 형성평가(formative evaluation): 프로그램을 실시하는 도중에 학습 진행과정을 수시로 평가하는 것이다. 프로그램 진행과정에서 문제점을 파악하여 일정을 조정하거나 학습자들의 학습 상태를 수시로 평가하여 학습속도의 조절과 교정학습의 기회를 제공한다.
- 총괄평가(summative evaluation): 프로그램을 마친 후에 프로그램의 효과를 종합적으로 평가하는 것이다.

☑ 학습 과제

1. 평생교육과 평생교육 프로그램 관계를 논하시오.

2. 평생교육 프로그램 기획의 필요성을 논하시오.

3. 학습자의 요구분석의 필요성 방법을 논하시오.

4. 평생교육기관과 같은 비영리 기관의 마케팅 및 홍보에 대하여 논하시오.

5. 평가의 목적과 과정을 논하시오.

참고문헌

기영화(2001). 평생교육 프로그램 개발. 서울: 학지사.
김영종(2004). 사회복지행정. 서울: 학지사.
김용현(2014). 평생교육개론. 경기: 양서원.
김진화(2001). 평생교육 프로그램 개발론. 경기: 교육과학사.
김진화(2009). 평생교육 프로그램 개발론. 경기: 교육과학사.
김진화(2011). 평생교육 프로그램 개발론. 서울: 교육과학사.
김진화(2013). 평생교육 프로그램 개발론. 경기: 교육과학사.
김종명 외(2014). 사회복지 프로그램 개발과 평가. 경기: 양서원.
나항진, 김경수, 김형수, 구본영, 박영미, 신정혜(2011). 평생교육론. 경기: 양서원.
남정걸(2003). 평생교육경영학. 서울: 교육과학사.
박경실 외(2013). 평생교육론. 서울: 학지사.
선태무, 최은수(2012). 베이비붐세대의 은퇴에 대비한 평생교육정책 분석과 정책개발 탐색. 평생교육 · HRD 연구, 8(1).
신태진, 고요한(2007). 포스트모던 문화교양과 여가교육. 서울: 학지사.
윤옥한(2014). 평생교육 프로그램 개발론. 경기: 양서원.
이용교, 임형택(2010). 교육복지론. 서울: 집문당.
이화정, 양병찬, 변종임(2014). 평생교육 프로그램 개발의 실제. 서울:학지사.
이현림, 김지혜(2006). 성인학습 및 상담(2판). 서울: 학지사.
장덕호, 김성기, 유기웅, 윤철수(2016). 교육복지론. 서울: 박영 story.
정무성(2016). 사회복지 프로그램 개발론. 경기: 학현사.
최은수, 김미자, 윤한수, 진규동, 임정임, 최연희, 이재남(2016). 평생교육 프로그램 개발론. 경기: 공동체
황성철(2005). 사회복지 프로그램 개발과 평가. 경기: 공동체.

Boyle, P. G. (1981). *Planning better programs*. New York: McGraw-Hill Book Company.
Kotler, N., & Kotler, P. (1998). *Museum strategy and marketing*. San Francisco: Jossey-Bass Publishers.
Kowalkski, T. J. (1988). *The organization and planning of adult education*. Albany, NY: State University of New York Press.
Neil Gilbert and Harry Specht(1977). *Planning for Social Welfare*, Englewood Cliffs, NJ: Prentice-Hall, p.1.

제11장 평생교육방법론

☑ 학습 목표

- 다양한 평생교육방법을 습득하여 학습자에게 적합한 교육방법을 적용한다.
- 평생교육방법을 분류하고 체계적으로 설명한다.

☑ 학습 개요

교육방법은 교육 내용을 제시하는 형태로 교사가 학습자에게 교육 내용을 어떻게 전달해야 하는가의 방법을 의미한다. 교육방법은 앞서 설정된 교육목표를 성공적으로 달성하기 위해 선정된 교육 내용을 학습자에게 효과적으로 전달하기 위한 수단이다. 교육방법의 개념은 사용자와 논의의 맥락에 따라 매우 다양하게 이해되고 있고, 관점에 따라 다르게 분류될 수 있지만, 결국 교사, 학생, 교육 내용을 연결해주는 매개체로 볼 수 있다. 즉, 제시된 교육목표를 합리적이고 능률적으로 달성하기 위한 교사, 학생, 교육 내용 간의 상호작용 체제로 볼 수 있다. 이 장에서는 평생교육방법에 대한 기초적인 이론과 평생교육에 적용할 수 있는 다양한 교육방법을 제시한다. 그리고 평생교육방법을 교수자 주도, 교수자-학습자 상호적, 집단 중심, 활동 중심의 평생교육방법으로 분류하여 살펴본다. 교수자는 이 장에서 제시되는 다양한 평생교육방법을 습득하여 학습자의 학습 스타일이나 선호도에 맞는 방법을 선택, 적용하여 교육의 수월성을 도모할 수 있다.

1. 교수자 주도 평생교육방법

1) 강의법

강의법은 지식, 정보, 기술 등을 학습자에게 이해시키기 위하여 언어를 통해 해설방식으로 실시하는 교수방법으로서 교수자 중심의 학습지도 형태다. 즉, 교수자가 학습자들에게 가르칠 내용을 체계적으로 설명하여 주입시키는 수업 방식이다. 교수자 중심의 교육방법에 대한 문제점이 있지만, 짧은 시간에 많은 학습자들에게 효과적으로 전달할 수 있는 방법으로 학교나 기업체 등에서 가장 많이 이루어지고 있는 교육방법이다.

강의법이 효과적으로 진행되기 위해서는 도입과 전개 그리고 결말 부분으로 구성하여 학습 내용을 사전에 준비함으로써 효과를 증진시킬 수 있다(기영화, 2004: 77).

강의법의 장점은 다음과 같다.

- 지식이나 정보의 체계적 제공이 용이하다.
- 단시간 동안에 교수자가 가지고 있는 다양한 지식을 학습자에게 전달할 수 있어 경제적이다.
- 사실적인 정보를 전달하는 데 효과적이다.
- 교수자의 뛰어난 능력과 경험이 학습자의 학습 동기를 유발하여 학습효과를 높일 수 있다.
- 교수자가 학습자의 특성을 고려하여 학습 상황에 맞게 강의환경, 수업 내용 등을 조정할 수 있다.

반면 강의법의 단점은 다음과 같다.

- 학습자들의 특성과 기대 수준을 명확하게 파악하기 어려워 개인적 필요성을 충족하기가 어렵다.
- 교수자의 개인적 능력에 의존할 가능성이 높아 교수자의 능력에 따라 강의 효과가 달라질 수 있다.
- 주입식 교육의 경향을 띠어 개인의 욕구나 흥미 등을 무시하고 자주성, 창의성 발달을 저해할 수 있다.
- 교수자 주도의 교육으로 학습자의 적극적 참여가 지속되기 어렵다.

따라서 이러한 단점을 방지하기 위하여 교수자는 학습자의 특성을 충분히 파악하여 수업에 반영하고 학습자들의 이해 정도를 강의 중 수시로 파악해야 한다. 또한 교수자는 필요할 경우 교육 보조재로서 파워포인트, OHP 등 각종 시청각 도구 등을 활용하여 강의 효과를 제고해야 한다.

2) 시범

시범(demonstration)은 전문가가 학습자들에게 어떠한 상황을 시연해 보이면서 그 내용을 설명하여 학습자로 하여금 습득하게 하는 기법으로 시연학습 방법이라고도 한다. 학습자는 전문가의 시범이 종료된 후에 실제로 시범을 통해 이루어진 행위, 절차, 방법 등을 직접 체험하게 된다. 여기서 시범을 보이는 전문가는 학습 내용에 따라 여러 사람일 수도 있고 한 사람일 수도 있다.

시범은 교수자의 철저한 사전 준비 속에 이루어져야 한다. 교수자는 교수목표, 시범 내용 및 강조점 등을 명확히 해야 하며, 시범 전에 학습자에게 시범에 관한 사항을 충분히 설명해야 한다. 교수자는 시범에 사용될 기구나 장비 등 교수 자료에 대한 숙련된 지식과 기술을 갖춰야 한다. 그렇지 않은 경우에는 그 분야의 전문가를 초청하여 실시하는 것이 효과적이다. 또한 학습자들이 시범 내용을 잘 관찰할 수 있도록 좌석 배치를 해야 하며, 시범 중에 학습자들이 충분히 이해하고 습득하고 있는가를 수시로 확인해야 한다.

시범의 장점은 다음과 같다.

- 문자나 언어로 표현하는 것보다 학습과정을 명확하게 전달할 수 있다.
- 시범을 통하여 학습의 요점을 쉽게 이해할 수 있다.
- 시범 내용을 학습자가 직접 경험해 볼 수 있어 교육성과를 바로 확인할 수 있다.
- 학습자의 실제 체험으로써 군인 훈련 및 기술교육 학습에 유용하다.
- 시범활동으로 학습자들의 흥미를 이끌어내 학습의 적극적인 참여를 가져온다.

반면 시범의 단점은 다음과 같다.

- 시범 활동에 사용되는 시설 및 장비와 장소에 대한 제한을 받는다.
- 시범이라는 실제적인 행동을 통하여 가르친다는 한계점으로 사고가 요구되는 학습에 부적당하다.
- 전문가가 아닐 경우 자신 있게 시범과 설명을 할 수 있는 전문가를 구해야 하는 어려움이 있다.

따라서 시범학습이 효과를 거두기 위해서는 설명, 시범, 실습, 감독, 측정 및 평가 단계를 순차적으로 실행해야 하며, 시범을 위한 조명, 실내온도, 필요 교육보조재 등을 효과적으로 갖추어야 한다.

3) 문답법

문답법은 질의응답을 통해서 전개되는 학습 형태다. 문답법은 교수자의 질문에 학습자가 대답하고 또 학습자의 질문에 교수자가 답변하는 지도 과정을 통하여 학습에 대한 주의를 집중시키고 사고 작용이나 비판적인 태도를 기르는 것이다. 질문은 학습자 자신의 심리적 특성에 의하여 어떤 문제에 대해서 알고자 하는 의욕이나 호기심 등의 내적 동기에서 생기게 되기 때문에 모든 학습의 동기를 부여하고 교육활동의 기초가 된다. 문답법에서 질문은 학습자가 교재를 분석하고 비판적으로 평가하여 개관하는 능력을 기르는 등 다면적인 기능을 내포하고 사고를 발전시키는 것이 되도록 유의해야 한다(기영화, 2004: 97).

교수자는 학습자들이 유익한 질문을 하도록 유도하기 위해 숙련된 질문을 해야 한다. 숙련된 질문을 하기 위해서는 학습자의 특성을 감안해야 하며, 질문이 간단명료하고 학습자의 사고 작용을 자극하도록 전개해야 한다.

문답법의 장점은 다음과 같다.

- 문답을 통해 학습한 내용을 진단할 수 있다.
- 학습 내용의 진단을 통해 학습자의 무지의 자각과 학습 동기를 유발시킬 수 있다.
- 문답법은 수업환경에 크게 제약을 받지 않고 사용할 수 있다.
- 문답을 통해 학습자의 주의집중과 사고력을 신장시킬 수 있다.
- 문답을 통해 교수자와 학습자 간의 상호작용을 활발히 할 수 있다.
- 학습자의 주체적인 학습이 가능하며 발표력을 증진시킬 수 있다.

반면 문답법의 단점은 다음과 같다.

- 교수자 중심으로 진행되어 사고의 영역을 한정시키기 쉽다.
- 학습 준비가 부족한 학습자에게는 학습에 어려움을 준다.
- 교수자의 사전 준비가 부족하거나 교수자가 자신의 교수능력으로 적절하게 수업을 이끌지 못할 경우 학습의 효과를 기대할 수 없다.

2. 교수자-학습자 상호적 평생교육방법

교수자-학습자 상호적 평생교육방법은 삶의 교육이 이루어지는 사회체계 속에서 삶을 영위하는 과정에서 새로운 삶의 지혜를 깨달으며 지식을 흡수하는 개인의 학습 형태를 총칭하는 것이다(권이종 외, 2003: 87). 상호적 학습 방법은 교수의 대상이 집단이 아닌 개인이며 교수자와 학습자의 일대일 교수과정에서 학습이 이루어진다.

1) 도제식 학습법

도제제도는 중세 유럽도시의 수공업 기술자를 양성하기 위하여 실시된 교육형태로서 고용주와 고용인의 계약에 의한 일대일 형식의 학습방법이었다. 고용주는 고용인에게 일을 제공하고 고용인은 전문가의 교육을 통해 숙련된 기술과 작업과정을 습득하게 된다. 이러한 도제식 학습법은 특수한 기술을 요하거나 새로운 기술을 습득할 때 유용하며, 일을 수행하면서 전문가로부터 숙련된 기술 등을 직접 배울 수 있다는 장점이 있다.

2) 계약학습

계약학습(contract learning)은 교수자와 학습자 간에 학습계약을 체결하여 이루어지는 학습방법이다. 교수자는 학습자에게 계약학습에 내한 내용과 절차를 설명하고 학습계획서를 배부한다. 학습자는 자신의 학습능력을 충분히 고려하여 배부된 학습계획서에 학습과제명, 학습 목표, 학습 내용, 학습방법, 학습활동을 전개할 학습자원, 학습자 자신의 성취증거 제시방법, 성취도 평가기준, 기간과 서명 등이 포함된 학습자 자신의 학습계획서를 작성해야 한다. 학습계획서가 작성되면 교수자와 학습자 간의 동의 절차를 거쳐 최종 확정한다.

계약학습의 계약 절차를 요약하면 다음과 같다.

① 학습자에게 학습계획서를 배부하기 전에 계약학습의 의미와 절차를 소개한다.
② 학습자에게 학습계약서를 배부한다.
③ 교수자는 학습자에게 계약서에 포함된 내용을 상세히 설명한다.
④ 교수자는 작성된 계약서를 면밀히 검토한다.
⑤ 작성된 계약서에 대해 교수자와 학습자는 협의를 통한 상호 동의 하에 결정한다.
⑥ 상호 동의한 계약 내용에 대해서 2부를 작성하여 교수자와 학습자가 각각 서명 날인하고 1부씩 나누어 갖는다.

계약학습은 교수자와 학습자 간의 일대일 계약으로 이루어질 수도 있고 몇 명의 학습자가 하나의 팀을 이루어 계약을 체결할 수도 있다. 계약학습은 학습자가 전통적인 학습체제에서 벗어나 자유로운 분위기 속에서 자기 주도적 학습을 하도록 하는 장점을 가진다.

3) CAI & CBE

교수-학습 상황에서 컴퓨터를 이용하는 교육방식으로, 교육 내용을 프로그램화하여 실시하는 CAI(computer assisted instruction) 방식과 교육에 관련되는 행정적인 업무를 전산화하는 CMI(computer managed instruction) 방식으로 대별된다. CAI는 수업을 진행하기 위한 컴퓨터 프로그램인 코스웨어를 활용하여 학습자에게 학습 내용을 제시하고, 컴퓨터를 활용하여 학습자에게 필요한 지식, 기술, 태도 등을 가르치는 수업방법이다. CMI는 컴퓨터가 직접 수업매체로 사용되지 않으나 수업과 관련되는 제반 정보나 유용한 자료를 컴퓨터로 전산화하여 교수자와 학습자에게 제공해 주는 것을 말한다. CBE(computer based education)

는 CAI와 CMI의 기능을 묶은 포괄적 개념으로 CBI(computer based instruction)라고도 한다. 그리고 일반 기업체에서는 CBT(computer based training)란 이름으로도 활용되고 있다.

4) OJT

OJT(on the job training)는 직장 내 교육으로 종업원들이 직무를 수행하면서 교육을 받는 것이다. 선임자가 후배 사원에 대해 업무에 필요한 지식, 기술 및 기능, 태도 등을 향상시키기 위해 계획적으로 교육시키는 것을 말한다. OJT는 상사나 선배가 일대일로 후배를 교육하는 훈련과 전체가 직무수행방법을 논의하면서 집단적으로 학습하는 교육 방법이 있다.

OJT는 ① 업무 현장에서 이루어지므로 구체적이고 실제적인 현장실무교육을 할 수 있고, ② 언제 어디서나 교육이 가능하고 계속적 · 반복적 교육을 할 수 있으며, ③ 직장 내에서 이루어지므로 교육결과 평가와 추후 지도가 용이하고, ④ 상사와 후배 간에 이루어지는 교육으로 선후배 간의 인간관계가 두터워지며, ⑤ 업무에 관한 실제적인 교육으로 직장 자체가 풍부한 교재가 된다는 장점이 있다.

5) 멘토링

멘토(mentor)란 '다른 사람에게 유용한 지식과 통찰력 또는 지혜를 제공하거나 특정 분야의 선지자로서 조언하고 격려하는 사람'을 뜻한다. 따라서 멘토링이란 경험과 지식이 풍부한 사람이 멘티(mentee, 멘토링을 받는 사람)에게 지도와 조언을 하면서 실력과 잠재력을 개발하는 것이며, 선배나 경험이 많은 사람이 후배와 진지한 관계를 맺으며 역할 모델이 되고 개인적이며 심리사회적인 지원을 제공하는 것을 뜻한다. 전통적인 멘토링은 위계적 관계였으나 현대의 멘토링은 상호주의적이고 평등하며 협조적인 학습 동맹이다. '멘토'라는 말은 그리스 신화에서 비롯된다. 고대 그리스의 이타카 왕국의 왕 오디세우스가 트로이 전쟁에 나가면서, 친구에게 자신의 아들 텔레마코스를 보살펴 달라고 맡겼는데, 그 친구의 이름이 바로 멘토(Mentor)였다. 멘토는 오디세우스가 전쟁에서 돌아올 때까지 텔레마코스의 친구, 선생님, 상담자, 때로는 아버지가 되어 그를 잘 돌보았고 텔레마코스가 성장하는 데 더할 나위 없이 커다란 정신적인 지주 역할을 했다. 10년 후 전쟁에서 돌아온 오디세우스는 훌륭하게 성장한 아들을 보고 "역시 멘토(Mentor)다워!" 라며 크게 칭찬했다. 그 후로 멘토라는 이름은 지혜와 신뢰로 한 사람의 인생을 이끌어 주는 지도자라는 의미로 사용되었다. 이러한 의미의 멘토링은 기업에서도 활발히 사용되는데, 기업 장면에서 멘토링은 현장 훈련을 통한 인재 육성 활동으로 정의할 수 있다. 즉, 회사나 업무에 대한 풍부한 경험과 전문 지식을 가진 사람이 일대일로 전담하여 구성원을 지도, 코치, 조언하면서 실력과 잠재력을 개발, 성장시키는 활동이다. 최근에 많은 기업이 도입하고 있는 후견인 제도가 멘토링의 전형적인 사례다.

크램(Kram, 1983)은 멘토링의 기능을 크게 세 가지로 분류했다.

- 경력 개발 기능: 조직 내에서 멘토가 가진 경력과 직위에 따라 달라진다. 멘티의 경력과 조직을 우선시한다.
- 사회심리적 지원 기능: 관계의 기반이 되는 상호 관계의 질과 감정적인 유대에 따라 달라진다.
- 학습 기능: 현재 직무, 조직 문화나 규율, 특정 전문지식이나 기술에 대한 학습을 도와준다.

6) 코칭

코칭은 1980년대 초반 미국의 토마스 래너드라는 재무 플래너로부터 시작되었다. 그는 부유층 고객들의 재무관리를 담당하면서, 재무 문제뿐만 아니라 자녀에 대한 교육과 진로, 비즈니스에서의 고민 및 은퇴 후의 노후 대책에 이르기까지 폭넓은 대화를 나누는 과정에서 그들이 올바른 결정을 하고, 즐겁고 행복한 삶을 가꾸어 나갈 수 있도록 조언해 준다. 고객이 래너드와 자신의 관계를 운동선수와 코치의 관계에 비유하기 시작하면서 고객에 대한 래너드의 활동을 '코칭'이라 부르게 되었고 1992년에 래너드는 최초의 코칭 전문 교육기관인 '코치 유(Coach U)'를 설립하였고, 1994년에는 '국제코치연맹(International Coach Federation)'을 설립하게 된다.

구체적으로 코칭은 전문가인 코치가 학습자에게 새로운 지식, 기능, 태도 계발 등을 지도할 때 사용하는 학습방법이다. Viliani(2006)에 의하면 기술적 코치는 업무 수행을 익숙하게 하는 것이고, 인지적 코치는 필요한 정보와 질문을 통해 자기 성찰을 촉진시키는 것이다.

코칭의 장점은 ① 일대일 소통을 통해 문제점을 빨리 깨달을 수 있어 능률적이라는 점, ② 학습자의 문제해결 능력을 향상시킬 수 있다는 점, ③ 성인학습자들의 특성과 능력에 맞게 목표 수행 가능성을 높이는 역할을 해 준다는 점, ④ 학습자가 교정과 실천을 통하여 즉각적인 피드백을 받을 수 있다는 점이다.

코칭은 목표 설정, 수행자료 수집, 수행분석, 수행목표에 따른 재조사와 수정의 필요, 성장자원 확인, 행동계획 발전, 전략 수행, 수행평가의 과정으로 진행된다(기영화, 2004: 192).

7) NCS 기반 교육방법

NCS 기반 교육방법이란 NCS 능력 단위를 교육훈련에서 학습할 수 있도록 이론 및 실습 관련 내용으로 구체화하여 작성한 것이다. NCS(National Competency Standards)란, 산업현장에서 직무를 수행하기 위하여 요구되는 지식 · 기술 · 소양 등의 내용을 국가가 산업부문별 · 수준별로 체계화한 것을 의미한다.

NCS 학습모듈은 훈련기관 및 특성화고의 교육훈련 과정과 전문대 및 대학 직업교육과정에 NCS를 적용하는 것을 뜻하는데, 학문 및 지식체계 위주의 교육훈련 과정으로부터 일과 직업의 세계를 반영하여 일-학습의 연계를 촉진하는 매개체 역할을 한다. 국가직무능력표준(NCS, National Competency Standards)이 현장의 '직무 요구서'라고 한다면, NCS 학습모듈은 NCS의 능력 단위를 교육훈련에서 학습할 수 있도록 구성한 '교수 · 학습 자료'이다. NCS 학습모듈은 구체적 직무를 학습할 수 있도록 이론 및 실습과 관련된 내용을 상세하게 제시하고 있다.

NCS 학습모듈의 특징은 다음과 같다.

- NCS 학습모듈은 산업계에서 요구하는 직무능력을 교육훈련 현장에 활용할 수 있도록 성취목표와 학습의 방향을 명확히 제시하는 가이드라인의 역할을 한다.
- NCS 학습모듈은 특성화고, 마이스터고, 전문대학, 4년제 대학교의 교육기관 및 훈련기관, 직장교육기관 등에서 표준교재로 활용할 수 있으며 교육과정 개편 시에도 활용 가능하다.

3. 집단중심 평생교육방법

1) 워크숍

워크숍(workshop)은 공동 관심사를 갖고 있는 소수의 집단이 함께 모여 도출된 문제에 대하여 전문가의 감독하에 함께 작업해 나가는 모임이다. 워크숍을 통해 참여자들은 함께 작업을 해나가면서 공유된 경험과 정보로부터 도출된 문제점에 대한 개선방안을 마련하고 현장실무에 적용할 수 있다.

워크숍의 기간은 다양하나 보통 3일에서 3주 정도로 잡으며, 참가인원은 10~25명 정도로 제한한다. 워크숍은 참여자들의 문제해결 능력 증진, 문제 해결책 모색, 주제에 대한 공동 작업이 요구될 때 활용된다.

워크숍의 장점은 ① 집중적인 학습이 가능하고, ② 참여자들의 문제해결 능력을 향상시키며, ③ 참여자들의 업무수행 동기를 유발시킬 수 있다는 것이다. 그러나 이러한 장점에도 불구하고 참여자들의 준비도 및 참여도가 미약할 경우에는 주어진 지식만을 수용하는 차원에 머무를 수도 있다. 따라서 효과적인 워크숍을 위해서는 학습자들의 적극적인 참여가 요구된다.

2) 심포지엄

심포지엄(symposium)은 특정 주제에 대하여 보통 2~5명의 관련 전문가로 구성된 연사가 각자의 견해를 제시한 후 토의하는 일종의 공식적인 좌담토의이다(신용주, 2006: 296).

심포지엄은 비교적 형식적인 발제방법으로 사회자, 발표자, 청중으로 구성된다. 심포지엄에서는 준비된 발제자료만 발표하며, 발제자 간, 발제자와 청중 간의 토론은 허용되지 않는 일방적인 의사소통만이 존재한다.

사회자는 토론이 효과적으로 진행될 수 있도록 시간을 정확히 배정하고, 발제자로 하여금 논리적인 발제가 이루어지도록 하며, 참여자들 간의 합의를 도출할 수 있도록 해야 한다. 심포지엄에서 발표시간은 보통 20분을 넘지 않는다.

심포지엄의 장점은 다음과 같다.

- 발표 주제와 관련된 전문 지식, 정보 등을 비교적 단시간에 깊이 습득할 수 있다.
- 발표 주제에 대한 다양한 관점 제시로 총체적 안목을 기를 수 있다.
- 참여자 자신의 견해나 지식 등을 검토하고 수정할 기회를 가질 수 있다.
- 학습자들이 직접 토의에 참여할 수 없는 청중으로 참여하지만 간접참여를 통해 학습자들의 학습 동기 고취 등 학습효과를 높일 수 있다.

반면 심포지엄의 단점은 다음과 같다.

- 주제에 대한 깊이 있는 논의가 어렵다.
- 발표 내용이 중복될 수 있다.
- 학습자와 발표자 간의 의견 수렴이 없어 청중으로 참여하는 학습자들이 수동적인 자세를 취할 수 있다.

3) 포럼

포럼(forum)은 학습자들이 직접 참여하는 대단위 공개토론으로 보통 25명 이상의 집단 구성원들과 한 명 이상의 전문가 간에 15~60분간 진행되는 토론을 말한다. 포럼은 질의·응답뿐만 아니라 청중의 논평도 가능하다.

포럼은 사회자, 전문가, 학습자로 구성된다. 사회자는 토의를 진행하고, 전문가는 토의를 위해 질의와 논평 등을 제공한다.

포럼의 장점으로는 ① 학습자들이 직접 토의에 참여함으로써 적극적이고 능동적인 탐구자세를 갖게 된다는 점, ② 학습자들의 능동적인 참여로 효과적인 학습결과를 가져올 수 있다는 점, ③ 학습자들이 포괄적인 정보를 획득하는 데 유용하다는 점, ④ 학습자들의 학습 욕구를 반영할 수 있다는 점을 들 수 있다. 이러한 장점을 이끌어 내기 위해서는 유능한 사회자와 전문가의 확보가 필수적이며, 학습자의 적극적인 참여 유도가 이루어져야 한다.

4) 패널토의

패널토의(panel)는 하나의 주제에 대한 의견이 서로 다른 3~6명이 패널이 되어 대화의 형태로 청중 앞에서 사회자의 진행에 따라 토의하는 방식이다. 패널은 토론 주제에 대한 관심 및 지식 정도, 토론 능력을 기준으로 선정한다. 패널 구성원이 학습자들 앞에 있는 테이블에 위치하도록 토의장을 배치한다. 패널은 사회자, 패널 참여자, 청중으로 구성된다. 패널 사회자는 토의를 진행하며 패널에서 제시된 요점을 명확히 전달하여 토의를 활성화시켜야 한다. 또한 사회자는 가능한 한 자신의 의견을 표출하지 않도록 유의해야 하며 청중의 관심과 흥미를 유지하는 데 각별한 주의를 기울여야 한다. 패널은 청중인 학습자들이 학습 목표를 달성할 수 있도록 격려해야 한다. 학습자들은 토의 내용을 주의 깊게 경청하고 면밀히 검토하여야 한다.

패널토의는 패널을 통해 주제에 대해 문제 제기를 하고, 문제점에 대해 확인하며, 다양한 관점에서 문제해결 방안을 이끌어 냄으로써 학습자의 학습 욕구에 대한 해결능력을 향상시킬 수 있다. 이러한 패널토의의 유형으로는 확장패널, 반응패널, 패널포럼 등이 있다.

5) 명목집단법(Nominal Group Technique: NGT)

액션러닝의 대표적인 토의 방법으로 팀 활동에서 이루어지는 모든 의사결정 과정과 아이디어 도출은 명목집단법 방식이 효과적이다. 명목집단법은 집단에서 토의를 하기 전에 토의에 참가한 참가자 개개인이 다른 사람과 이야기하지 않고 토의 주제에 대한 자신의 생각을 포스트잇에 적을 수 있도록 일정한 시간을 부여하는 방법이다. 명목집단법이라고 부르는 이유는 다른 사람과 이야기하지 않고 각자 작업하고 있는 동안은 명목상으로는 집단이지만 실제로는 개인적으로 작업하고 있기 때문이다.

6) 면담

면담(interview, witness session)은 정해진 주제에 관련된 전문가(resource person)를 초청하여 교수자 혹은 그룹의 리더가 전문가에게 질문을 하고 전문가로부터 의견과 정보들을 얻어낸 후 전체 집단이 토론에 참여하는 방법이다. 질문에 전문가가 응답하는 시간은 보통 5~30분이며 대화의 형식으로 이루어진다.

면담은 전문가, 면담자, 청중으로 구성된다. 전문가는 논의 주제에 대한 지식이 풍부해야 하며 숙련된 응답능력이 있어야 한다. 면담자는 면담을 이끌어 가는 사람으로서 주제에 대한 충분한 지식과 질문능력이 있어야 한다.

면담은 전문가의 사례, 경험 등을 전문가가 직접 설명을 해 줄 수 있어 학습자의 이해도를 높일 수 있고 청중의 관심을 유발시킬 수 있는 장점이 있으나, 구체적이고 상세한 정보의 제시가 어렵다는 단점을 가지고 있다.

7) 세미나

세미나(seminar)는 교수자의 지도하에 학습자들이 공동으로 토론 · 연구하는 방법이다. 세미나는 초청된 전문가가 발제한 내용을 바탕으로 토의하고 연구하기 위하여 모인 학습자들의 조직체다. 세미나는 주제 관련 전문가나 연구자, 5~30명 정도의 참여자로 구성된다. 특정한 주제에 관하여 한 주에 한 명 또는 여러 사람이 토의하고 도전하고 논쟁하기 위하여 모인 학습자들의 조직체로서, 대부분 해당 주제 분야에서 권위 있는 전문가나 전문적인 연구 관련자로 구성된다. 세미나는 선정된 주제에 관하여 토의와 연구를 통해 발전과 문제 해결을 모색하는 방식을 취한다.

세미나는 해당 분야에 대한 아이디어를 발표하고, 그 분야의 문제점이나 동향 파악 등 그 분야에 대한 학습자의 전반적인 학습능력을 향상시킬 때 유용하게 사용될 수 있다.

효과적인 세미나를 위해서는 세미나의 준비자가 발제자 선정, 장소 및 시설, 세미나 교재 및 보조재, 좌석 배치, 학습자들의 참여 여부, 진행 매뉴얼 등 세밀한 사전 준비를 해야 한다. 그리고 교수자는 최종적으로 참여자의 역할, 진행 절차, 청중의 참여 여부 등 각종 준비 사항의 여부를 최종 점검하며, 학습자들에게 세미나 활동에 대한 안내자 역할을 한다.

8) 세미나 서클(seminar circle)

5~7명이 세미나 서클의 구성원이 되어 각자의 역할을 수행하는 과정에서 자기 주도적으로 학습하는 방식이다.

세미나 서클의 주요 과정은 다음과 같은 순서로 진행된다.

- 학습할 내용 숙지(수업 전)
- 맡은 역할에 대해 자료 준비(수업 전)
- 준비해 온 자료를 서클 구성원에게 나누어 주고 각자 역할 수행 & 토론(수업 중)
- 종합토론 및 질의응답(전체)

세미나 서클의 역할들은 다음과 같다.

- discussion facilitator/questioner(사회자, 질문자): 학습내용에서 중요한 토론 질문을 만들어 세미나를 이끌어 가는 역할
- summarizer(내용요약/정리자): 학습내용에 대해 요약 및 정리 역할
- researcher(연구자): 학습내용에 대해 심층적으로 조사, 자료수집, 연구하는 역할
- connector(연결자): 학습내용과 자신, 학습내용과 사회, 학습내용과 세계 등 학습내용과 개인적인 경험 또는 사회의 현상, 사건 등과 연관 지어 설명하는 역할
- illustrator(일러스트레이터, 삽화가, 화가): 학습내용을 하나의 그림, 도식, 사진 등으로 이미지화 하여 표현하는 역할
- vocabulary enricher/word wizard(단어/어휘 정리자, 해설자): 학습내용 중 중요하거나 특별한 단어 또는 어휘 등을 정리하고 문맥 또는 전체 내용과 연관 지어 설명하는 역할

• passage master(문장, 문단, 단락 정리자, 해설자): 학습내용 중 중요하거나 특별한 문장, 문단, 단락 등을 정리하고 문맥 또는 전체 내용과 연관 지어 설명하는 역할

4. 활동중심 평생교육방법

1) 브레인스토밍

브레인스토밍(brainstorming)은 미국의 광고회사 부사장인 Allex F. Osborn이 광고를 내기 위해 고안한 회의방식에서 발전된 기법이다. 브레인스토밍은 참여자들의 자유스러운 발언을 통해 아이디어를 찾아내려는 기법으로 참여자가 자유분방하게 의견을 제시할 수 있도록 편안한 분위기를 연출하는 것이 중요하다.

교수자는 브레인스토밍의 효과적인 실시를 위하여 참여자들에게 브레인스토밍에 대한 사전교육을 실시하며 그들이 반드시 준수해야 할 원칙에 대하여 설명한다. 참여자들이 준수해야 할 주요 원칙은 다음과 같다.

• 진행자는 회의 주제와 과정에 대해서 설명하고 참여자들이 준수해야 할 규칙에 대해서 상세히 설명한다.
• 진행자는 참여자들이 창의적인 아이디어를 제시할 수 있도록 발표된 제안에 대해서 질문이나 비판을 하지 못하도록 참여자들에게 인지시켜야 한다.
• 진행자는 많은 아이디어가 제시되도록 하기 위하여 참여자들이 생각나는 대로 자연스럽게 발표할 수 있도록 어떠한 아이디어라 할지라도 환영한다는 점을 알려 주어야 한다.
• 진행자는 제안된 의견을 출발점으로 해서 점진적으로 아이디어를 전개시켜 나가도록 진행해야 한다.

• 서기는 회의과정에서 제시된 의견을 참여자들이 모두 볼 수 있도록 기록하여야 하며 이를 위한 학습도구를 준비한다.

브레인스토밍은 복잡하지 않고 단순명료한 문제에 대한 아이디어를 도출할 때 유용한 방법이다. 참여자들이 타인들 앞에서 자신의 의견을 제시하는 것을 꺼리는 경우에는 쓰기를 이용한 브레인스토밍 방법이 효과적이다.

브레인스토밍의 원활한 진행을 위해서는 회의 진행자와 서기를 지정하고, 필요할 경우 진행 내용을 녹음하거나 녹화할 수 있도록 별도의 담당자를 지정한다. 일반적으로 브레인스토밍은 학습자 전원이 한 팀으로 구성되어 이루어지나 13명 미만으로 구성하는 것이 좋다.

2) 역할극

역할연기는 1920년대 초에 미국의 정신의학자 겸 사회심리학자인 모레노가 만들어낸 기법으로, 처음에는 심리극(psychodrama)과 같은 뜻으로 쓰였으며, 주로 정신병 치료에 이용했었다. 그 후 1940년대 말부터는 신입사원, 특히 세일즈맨 훈련에 활용하기 시작하였고, 오늘날에는 공무원의 능력개발을 위한 교육훈련에도 널리 쓰이고 있다. 특히 민원 창구에 근무하는 공무원들에게 주민을 대하는 방법을 훈련시키거나 감독자에게 부하를 다루는 요령을 훈련시킬 때 유용한 방법으로 알려져 있다.

역할극(roleplay)은 실제적인 상황에서 집단 구성원의 역할 대행을 효율화하기 위하여 가상적인 상황을 설정해 놓고 짤막한 대인관계 장면을 연출하는 기법이다. 즉, 집단 구성원의 대인관계에서 발생하는 어떤 상황이나 문제를 극화한 것으로서, 소집단 구성원 각각에게 상이한 역할을 부여하고 구성원들은 그 가상적인 역할을 수행함으로써 참여자들의 태도나 행동을 변화시켜 상대방과 원만한 타협을 이루도록 하는 기법을 말한다.

역할극은 두 명 이상의 사람들이 등장하는데, 그들은 집단의 다수 인원들 앞에서 어떤 문제를 다루는 역할을 연기하기도 한다. 그리고 관객들은 그 역할을 해석하도록 독려된다. 역할극은 일반적으로 2명 이상의 연기자로 이루어지며, 연기의 테마는 집단 구성원들이 일상생활에서 공통적으로 부딪힐 수 있는 상황에 적용할 수 있는 것이 좋다.

역할극은 ① 역할연기를 함으로써 집단 구성원 간에 친근감을 증대시킬 수 있으며, ② 연습과정을 통하여 교육효과를 얻을 수 있고, ③ 학습자 스스로가 연기를 통해 타인의 역할을 수행함으로써 인간관계의 이해도를 넓힐 수 있으며, ④ 역할연기를 통해 참여자의 흥미를 유발시킬 수 있다는 장점이 있다.

이러한 역할극은 ① 문제 규정, ② 문제항목 설정, ③ 상황 설정, ④ 배역 선정, ⑤ 역할 설명, ⑥ 역할연기, ⑦ 연기 종료, ⑧ 분석과 토론의 순으로 진행된다.

3) 사례연구

사례연구법은 하버드 대학에서 개발된 교육방법으로 사례 해결에 직접 참가하여 해결 과정에서 판단력이 개발되는 것으로 알려져 있다. 사례연구는 실제 상황을 반영하여 만든 사례(문서, 영화, 비디오 형태의 사례연구)를 이용하여 학습자들의 문제해결 능력을 함양시키는 교수기법이다. 사례연구(case study)는 대량 관찰이나 대표 표본에 의하지 않고 하나의 사례 또는 여러 사례를 집중적으로 연구하는 방법이다. 단일한 사례를 연구함으로써 장기간에 걸쳐 면밀한 탐색이 가능하다. 또한 복잡한 문제에 대해 보다 완성된 연구를 수행하기 위한 초기 준비 단계에서 활용되기도 한다.

크레스웰(Creswell, 2015)은 맥락 속에 존재하는 다양한 출처(source)에서 얻은 세부적이고 심층적인 자료를 수집함으로써 시간의 경과에 따라 경계가 형성된 하나의 사례 혹은 여러 사례를 탐색하는 것이라고 정의한다. 사례의 맥락은 그 사례를 위한 물리적 상황이나 사회적 · 역사적 · 경제적 상황이 될 수 있다. 사례연구는 특정 개인, 가족, 집단, 지역사회 또는 조직, 문화, 사건 등의 대상에 대한 철저하고 체계적인 조사를 의미하며, 충분한 정보를 체계적으로 수집해 대상의 특징이나 문제를 종합적이고 심층적으로 기술 · 분석하는 방법이다. 광고 분야에서는 특정 광고 캠페인 사례를 통한 광고 전략이나 이론에 대한 논의를 그 예로 들 수 있다.

사례연구는 실제적인 사례의 현상이나 그와 관련된 원리를 이해하고 발견하여 문제점을 도출하고 이와 관련된 개선방안을 제시하는 데 효과적으로 사용될 수 있다. 아울러 학습효과를 높이기 위해서는 학습 목표에 맞는 사례를 찾아 학습 목표와 부합되게 하는 것이 중요하다. 이러한 사례연구는 현장실무 적용에 유익하고, 학습자들에게 실례를 제공함으로써 그와 관련된 상황에 대한 판단력, 응용력 등을 향상시킬 수 있다.

4) 실습

실습은 직접적인 경험을 통하여 학습하는 활동으로 직관의 원리를 사용하는 학습방법이다. 실습은 학습자들로 하여금 직접적으로 경험하게 하므로 이해가 쉽고 빠르며 학습의 과정과 결과가 인상 깊게 기억된다.

실습은 ① 준비과정, ② 교수자의 시범, ③ 학습자의 관찰, ④ 학습자의 실습, ⑤ 실습결과 평가 등의 과정을 거친다. 실습은 기능이나 기술을 경험하게 하거나 습득하게 할 수 있으며 이와 관련된 지식을 보강할 수 있는 장점을 가진다. 그러나 장시간의 준비시간이 필요하며 분명한 학습 목표 제시가 미약할 경우 실습활동의 의미를 모르는 채 따라 하기만 하는 모방에 그칠 수 있다는 단점이 있다.

5) 게임

게임은 학습자에게 흥미로운 환경을 제공하고 정해진 규칙하에 목적한 학습 내용을 습득하게 하는 교육방법이다. 학습자는 게임을 통하여 커뮤니케이션 기법, 경쟁심, 규율에 대한 존중감 등을 습득할 수 있다. 게임은 교육 대상, 교육목적, 교육 장소 및 시설 등에 따라 다양한 방법으로 활용할 수 있다.

게임은 학습자들이 직접 참여하여 체험하게 되므로 학습 속도가 빠르고 참여자의 순발력을 개발시킬 수 있는 장점이 있으나, 학습자들의 과도한 경쟁심으로 인하여 의도한 학습효과를 달성할 수 없을 수도 있다. 따라서 교수자는 게임의 과정에 지속적인 관심을 갖고 학습자들 간에 과도한 경쟁심이 유발되지 않도록 주의를 기울여야 한다. 또한 교수자는 학습자들의 흥미가 절정에 달할 때 게임을 종료하고 게임 결과에 대하여 학습자와 토론하면서 학습을 정리해야 한다.

6) 시뮬레이션

시뮬레이션(simulation)은 실제와 유사한 가상의 상황을 의도적으로 만들어 놓고, 정해진 규칙에 의하여 역할극이나 훈련을 통해 교육목적을 달성하고자 실시되는 실험으로서 모의실험 또는 학습게임이라고도 한다.

시뮬레이션은 세밀한 관찰과 실험, 훈련이 요구되는 군사훈련, 의학, 우주과학, 물리학, 의학, 법학 등의 분야에서 많이 사용되며 학습효과를 거두고 있다.

시뮬레이션의 효과를 높이기 위해서는 우선 시뮬레이션이 확인 가능한 목표 달성을 위해 준비되어야 하며, 학습자들이 시뮬레이션의 목표와 의미를 잘 알고 있어야 한다. 또한 학습 목표를 효과적으로 달성할 수 있도록 시뮬레이션의 구성 요소를 실제와 최대한 유사하게 만들어야 한다. 그리고 학습자들의 책임감 있는 참여가 요구된다.

7) 액션러닝

Marquardt(1999)는 액션러닝(action learning)이란 소규모로 구성된 한 집단이 기업에서 직면하고 있는 실질적인 과제를 해결하는 과정에서 학습이 이루어지며, 그 학습을 통해 각 집단구성원은 물론 조직 전체에 혜택이 돌아가도록 하는 일련의 과정이자 효과적인 프로그램이라고 정의한다. 액션러닝은 처음 1954년 영국의 국립석탄협회 교육책임자인 Revans가 전쟁으로 인해 능력 있는 관리자 부족의 해결책을 제안하기 위해 현직 관리자들을 몇 개의 작은 그룹으로 나누고 해결책과 BP(Best Practice)를 공유할 수 있도록 질문과 대화 과정을 진행하면서 시작되었다. 이후 GE 유럽지사에서 액션러닝 방식을 적용하고 높은 성과를 내게 되면서 GE에서는 본격적으로 교육과정으로 실시하게 되었다.

봉현철은 액션러닝이란 교육참가자들이 학습팀을 구성하여 과제를 제시하는 스폰서(sponsor) 또는 자기 자신이 꼭 해결하고자 하는 실존하는 과제를 팀 전체 또는 각자가 주체가 되어 러닝 코치와 함께 정해진 시점까지 과제를 해결하거나 과제 해결 방안을 도출하는 동시에, 그 과정에서 지식 습득, 질문, 피드백, 성찰을 통하여 과제의 내용 측면과 과제 해결의 과정 측면을 학습하는 하나의 프로세스라고 정의했다. 다시 말해, 조직구성원이 팀을 구성하여 동료와 촉진자(facilitator)의 도움을 받아 실제 업무의 문제를 해결함으로써 학습을 하는 훈련 방법이다.

액션러닝의 학습방식은 팀을 구성해, 현장의 실제적인 사업성과에 중대한 영향을 미칠 주요 과제를 선택하여, 문제에 대한 구성원들 간에 경험과 관점을 공유하고 최종적으로 해결안을 개발하며, 이를 현업에 적용해 보고 모니터하며 이 과정을 성찰해 봄으로써 학습하는 일련의 학습 사이클을 기본 원리로 하는 학습방식이다. 요약하면, '행함으로써 배운다(learning by doing.)'라는 학습 원리를 근간으로 4~6명을 한 팀으로 구성, 실천현장에서 발생하는 문제(real problems)를 팀 학습(team learning)을 통해서 다양한 아이디어를 도출, 실제 적용하는 과정에서 발생하는 학습을 강조하는 전략이다. 이 방법은 문제의 답은 밖에 있지 않고 안에 있다고 가정한다.

전문가가 일방적으로 처방해 준 해결 대안보다는 외부 전문가의 도움을 받되 문제 상황에 직면하고 있는 내부구성원이 문제해결을 위한 아이디어 구상과 실제 해결대안의 탐색 및 적용과정의 주체가 되어야 학습의 효과가 실천적인 성과로 연결될 수 있다는 가정을 갖고 있다. 책상이나 강의장에 앉아서 수동적으로 전문가의 강의를 듣는 교육보다 문제를 동료들과의 건설적인 대화를 통해 다양한 팀원들이 함께 공동의 노력으로 해결방안을 탐색하는 학습과정을 강조한다.

액션러닝의 구성 요소는 ① 과제, ② 학습 팀, ③ 실행의지, ④ 지식습득, ⑤ 질문 · 성찰 · 피드백, ⑥ 러닝코치 등 여섯 가지 요소를 포함한다.

8) 감수성 훈련(sensitivity training)

1946년 미국의 심리학자인 Lewin에 의하여 개발된 기법으로, 소집단에서 상호작용을 하면서 인간관계에 대한 이해와 기술을 향상시키고자 하는 사회성 훈련이다. 감수성 훈련의 기본적인 의도는 훈련 참가자들이 자신들의 감정과 그 감정이 상대방에 미치는 영향, 그리고 집단 상호작용 과정의 역학을 보다 잘 이해하게 만들어 결국 인간관계를 향상시키고자 하는 것이다. 감수성 훈련은 1946년 미국에서 인종 편견을 없애기 위한 훈련으로 시작되어, 리더십 훈련에서도 중시되었으며, 점차 T-그룹(Training group) 기법 중심으로 발전되어 이제는 T-그룹과 감수성 훈련은 거의 동의어로 이해되고 있다.

T-그룹을 중심으로 한 감수성 훈련은 15명 정도의 구성원과 1~2명의 지도자로 구성된 비교적 자유로운 소집단을 중심으로 시작된다. 소집단 모임은 정해진 주제나 방향 없이 시작되어, '지금-여기서'의 문제를 중심으로 모든 구성원간의 자유로운 상호작용으로 발전된다. 즉, 사전에 과제나 사회자를 정해 주지 않고 이질적이거나 동질적인 피훈련자끼리 자유로운 토론을 통해 어떤 문제의 해결 방안이나 상대방에 대한 이해를 얻도록 하는 훈련 방법을 말한다.

T-그룹을 운영하는 데는 별다른 규칙도 없고 의제도 없으며, 참가자들로 하여금 자유로이 자기의 의사를 표시하고 교환하도록 한다. 이러한 공동생활의 훈련과정을 진행하는 사이 참가자들은 자연스럽게 자신과 상대방의 가치관 · 사고방식 · 행동방식 등을 파악하게 된다. 이러한 훈련의 목적은 대인 간의 정서적인 접촉과 토의의 과정에서 얻어지는 집단 내에서의 자신의 위치에 대한 이해, 대인관계의 이해 및 이를 통한 인간관계의 개선 등에 목적을 두고 있다.

T-그룹은 인간성의 회복을 통해 소외와 불안을 타개하는 것이 주목적이다.

T-그룹은 실험적 분위기 속에서 상호작용을 통해 자기 인식과 타인의 행동에 대한 감수성을 증가시키는 집단 훈련으로, 가장 큰 특징은 '실제로 행함으로써 배운다(learning by doing).'는 것이다.

9) 현장견학(field trip)

현장견학은 교내 수업을 떠나서 특별한 목적으로 일정한 장소를 방문하여 새로운 학습 분위기와 학습 대상을 보고 느끼고 관찰하고 경험한 후에 배우고 확인하는 활동으로, 다시 강의실로 돌아와 견학 내용을 토의 · 분석해 봄으로써 학습의 효과를 높이고자 한다(기영화, 2004: 178).

교수자는 현장견학을 통한 효과적인 학습을 위해 사전에 현장견학 목적, 견학 장소, 견학 내용, 견학 일정, 견학지 책임자와의 협조 사항 결정 등이 포함된 계획서를 작성하고, 학습자에게 견학계획서를 배부하고 설명한다. 아울러 교수자는 현장학습의 분위기를 고취하기 위하여 학습자의 능동적 참여를 독려하며, 현장견학이 종료된 후에는 학습자로부터 견학 내용에 대한 점검 시간을 갖도록 한다. 이러한 현장견학은 학습자에게 현장의 생생한 활동을 직접 보고 경험하게 하여 현장에서 익힌 내용을 활용하게 하는 이점이 있다.

☑ 학습 과제

1. 평생교육방법에 기초가 되는 학습이론을 열거하고 그 이론에 대하여 구체적으로 설명하시오.

2. 활동중심 평생교육방법 중 액션러닝에 대하여 설명하시오.

3. 경험중심 평생교육방법의 유형에 대하여 설명하시오.

4. 역할극과 감수성훈련은 어느 상황에서 적용하는 것이 효과적인지 논하시오.

5. 코칭과 멘토링에 대하여 설명하시오.

참고문헌

권이종, 심의보 외(2003). 평생교육방법론. 서울: 교육과학사.
기영화(2004). 평생교육방법론. 서울: 학지사.
신용주(2006). 평생교육의 이론과 방법. 서울: 형설출판사.

Creswell, J. W.(2015). 질적 연구방법론: 다섯 가지 접근(*Qualitative Inquiry & Research Design*). (조홍식 외 공역). 서울: 학지사. (원저는 2012년에 출판).
Kram, K.E. (1983). Phases of the Mentor Relationship. *Academy of Management Journal, 26*, 608-625.
Marquardt, M. J. (1999). *Action Learning in Action: Transforming problems and people for world-class Organizational learning*. Palo Alto, CA: Davies-Black Publishing.
Villani, S. (2006). *Mentoring and induction programs that support new principals*. Thousand Oaks, CA: Corwin Press.

제12장 평생교육제도와 평생교육법

☑ 학습 목표

- 평생교육제도의 유형과 바람직한 개혁 방향을 고찰한다.
- 「평생교육법」의 제정과 그 의미를 이해한다.
- 학습인증제도의 구체적 내용을 살펴본다.
- 학습인증제도의 실례와 그 장단점을 알아본다.

☑ 학습 개요

이 장에서는 먼저 각국의 평생교육제도를 근간으로 평생교육제도의 유형을 구분해 본 후 우리나라의 경우는 어느 유형에 속하는지 알아보고 이를 근거로 바람직한 개혁 방향을 살펴본다. 다음으로 우리나라의 「평생교육법」이 어떻게 제정되었고, 그 의미는 무엇이며, 기존의 교육 관련법과 어떻게 차별화되고 있는지를 개괄적으로 이해한다. 마지막으로는 학점은행제와 독학학위제를 중심으로 한 학습인증제도의 구체적 내용, 그리고 실질적인 문제점과 대안들을 제시하여 평생교육의 제도적 내용을 심층적으로 이해하고자 한다.

1. 평생교육제도의 유형과 개혁 방향

1) 평생교육제도의 유형

평생교육제도는 그 나라의 정치, 사회, 경제, 문화적 조건과 이해관계를 달리하는 집단 간의 세력 구도에 따라 그 결과가 다르게 전개된다. 자기 나라의 특성에 맞게 나라마다 서로 다른 목적을 지향하고, 서로 다른 방식으로 관리되는 평생교육제도를 만든다. 이처럼 나라마다 다른 평생교육제도를 가지고 있으나 유사한 성격으로 분류하여 유형화하면 일반적으로 몇 가지 형태로 나타나게 된다. 물론 그 분류기준이 무엇이냐에 따라 유형의 종류는 달라지게 마련이다.

평생교육제도의 유형을 살펴보면, Griffin(1987)은 현재의 평생교육이라 정의되고 있는 성인교육을 주요 교육 대안책으로 제시하면서 성인교육정책을 세 가지로 분류하였다. 그것은 시장모형(market model), 진보·자유·복지모형(progressive-liberal-welfare model), 사회통제모형(social control model)인데, 이는 평생교육제도의 특성들을 상당히 반영하였으나 교육학자들로부터 모형 분류의 기준이 모호하다는 비판을 받고 있다.

한편 Green(2000)은 유럽에서 전개되고 있는 평생학습사회의 제도 형성과정을 분석하고 이를 세 가지 유형으로 구분하였다. 평생교육에 관한 기본에 기초하여 국가가 정책과 재정에 관한 결정을 주도하는 국가주도 모형(state-led model), 국가의 개입은 최소화하고 평생교육의 수요와 공급을 시장원리에 맡기는 시장주도 모형(market-led model), 전문직 단체, 노동조합, 경제단체, 시민단체 등 평생교육에 이해관계가 있는 집단들이 참여하여 정책을 결정하는 사회집단 참여모형(social partnership model)이 그것이다. 이는 평생학습사회 건설을 어느 세력이 주도하느냐에 따라 구분한 것인데, Green의 분류에 따르면 프랑스는 국가주도 모형, 영국은 시장주도 모형, 독일은 사회집단 참여모형에 해당한다고 볼 수 있다. 그러나 Green의 모형은 유럽 국가들 간의 비교를 목적으로 만든 것이어서 다른 국가에 적용하는 데는 한계가 있다. 명칭으로만 보면 '국가주도 모형'이 우리나라를 설명해 줄 수 있을 것 같지만, 이 모형에서는 교육비의 부담을 국가가 담당하는 것으로 되어 있으므로 우리의 실제 현실과는 맞지 않는다. 따라서 우리나라의 특성을 드러내어 다른 국가들과 비교할 수 있는 평생교육 모형을 만들 필요성이 제기된다.

김종서 등(2000)은 우리의 평생교육 상황들을 고려할 때 교육제도의 특성을 결정하는 요인을 크게 이분화할 수 있다고 보고 평생교육제도의 모형을 제시하였다. 그 요인들 중 하나는 교육활동에 대한 국가통제의 수준이고, 다른 하나는 비용 부담의 주체다. 통제 수준과 비용 부담 주체를 두 축으로 하여 한 축은 통제 수준의 강약으로 나누고, 다른 한 축은 비용 부담의 공부담과 사부담으로 나누면 [그림 12-1]과 같이 개념적으로 사분면의 유형이 만들어진다.

사분면의 평생교육제도의 유형은 그 특성에 따라 통제모형(강한 통제, 사부담), 사회주의 모형(강한 통제, 공부담), 복지모형(약한 통제, 공부담), 시장모형(약한 통제, 사부담)으로 나뉜다. 이들 개념적 모형으로 세계 여러 나라의 평생교육제도를 어느 정도 유형화할 수 있다. 하지만 이들 네 유형은 각각 일종의 이념형(ideal type)이므로 현실의 제도는 어느 한 유형의 특성을 중심으로 하되 다른 유형의 특성을 부분적으로 혼합한 복합적인 특성을 띠는 것이 일반적이다.

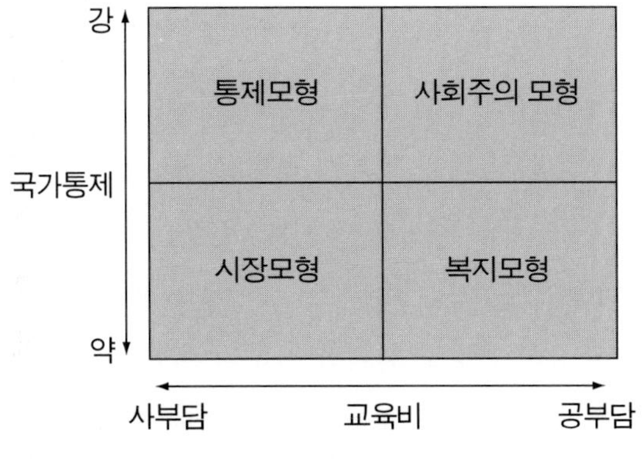

[그림 12-1] 평생교육제도의 모형

출처: 김종서 외(2000). 평생교육개론. p. 199

(1) 통제모형

대부분의 전체주의 국가에서는 교육이 국가의 완전한 지배하에 운영된다. 전체주의 국가가 아니더라도 국가주의 교육체제를 선택한 나라에서의 모든 교육활동은 국가가 직영하거나 국가의 철저한 통제하에 둔다. 우리나라의 경우는 제국주의 시대 식민지의 교육제도가 통제모형에 속한다. 우리나라의 교육제도는 개혁의 과정에 있으나 아직도 그러한 특성이 강하며, 20세기 말까지는 전형적인 통제모형이었다고 해도 틀리지 않는다. 통제모형은 교육목적, 교육 대상, 교육 내용을 국가가 직접 결정하고, 교육기관의 설치와 운영도 국가가 직영하거나 세밀한 부분까지 엄격하게 통제한다. 교육 내용은 획일적 성격이 강한 국가교육과정(national curriculum)을 따르는 경향이 높고 교과서도 국가가 관리한다. 교육재정은 국가가 어느 정도 부담하지만, 교육비의 대부분은 학습자가 부담한다. 교육비를 학습자가 부담하면서도 교육을 통제받는다는 것은 사리에 맞지 않는다고 생각하는 사람들이 많겠지만, 통제모형의 교육제도하에서 교육에 대한 국가의 감독은 해로운 교육으로부터 국민을 보호한다는 논리로 정당화된다.

(2) 사회주의 모형

소비에트 연방을 비롯한 구 사회주의 국가들의 교육제도가 이 모형에 속한다. 20세기의 사회주의(socialism) 체제는 사유화를 철저히 배척하여 모든 것을 공동으로 소유하였으므로 교육도 오로지 국가에 의해서만 제공되었으며 동시에 무상이었다. 사립교육이나 상업적 교육은 허용되지 않았다. 학교교육뿐만 아니라 성인교육에서도 학습자의 교육비 부담은 없다.

교육목적과 내용은 국가에 의하여 철저히 통제된다. 교육의 기본 목적이 모든 국민을 사회주의적 인간으로 양성하는 것이므로 교육 내용과 방법이 엄격하게 관리된다. 교육 대상의 선정도 엄격한 기준의 적용을 받고, 국가의 필요에 의하여 분야별 학생 수가 정해진다. 교육 내용 가운데 가장 중시하는 것은 정치적 이념교육이다. 성인교육에서도 그 중심은 '정치학습', 즉 사회주의 이념교육이다. 1990년 등록을 시작으로 구소련 지배의 사회주의 체제가 와해되고, 중국과

베트남 등이 사회주의체제를 유지하면서도 경제적으로는 시장경제제도를 도입하면서 과거와 같은 고전적인 사회주의 모형은 찾아보기 어렵게 되었다. 중국에서는 대학들이 스스로 소득사업을 벌이면서 동시에 자비 부담 학생 수를 늘리고 있다. 성인교육에서도 학습자 부담의 상업적 교육기관이 나타나고 있다. 그런 의미에서 현재의 일부 사회주의 국가들은 교육제도에 있어서 사회주의 모형으로부터 점진적으로 통제모형으로 접근하는 양상을 보이고 있다.

(3) 복지모형

교육은 사회의 유지와 발전에 필요하지만 동시에 개인의 생존과 발전을 위해서도 필수적이다. 만약 교육으로부터 소외되면 사회에서 살아가기가 어렵다. 그러므로 복지모형에 속하는 국가들은 국민들이 필요한 교육을 받을 수 있도록 교육기회를 마련하여 무상으로 제공하거나, 유상인 경우에는 교육을 받는 데 소요되는 비용을 국가가 부담하는 제도를 채택한다. 교육비를 국가가 모두 부담하지 않는 경우에도 교육비를 부담할 소득이 없는 사람에게는 공공재정으로 지원한다. 복지모형의 사상적 토대는 평등주의(egalitarianism)다. 모든 국민이 평등하게 교육기회를 누릴 수 있도록 기본교육은 무상으로 실시하고, 그 이상의 교육에 대하여도 국가재정으로 교육기회를 제공하거나 교육비를 국가가 부담한다. 성인교육도 중앙정부나 지방정부의 공공재정으로 제공한다. 북유럽 여러 나라의 교육제도가 복지모형에 속한다. 교육의 비용을 국가가 부담하지만 교육의 목적은 국가주의를 지향하지 않고 각 개인의 자아실현에 중점을 둔다. 그러므로 교육 내용은 획일적 국가 교육과정을 채택하지 않고 지방 또는 학교 자율로 결정하며, 학습자의 다양한 학습 요구를 충족시킬 수 있도록 선택 범위가 넓다. 성인교육에서도 될 수 있는 대로 개인에게 필요하고 원하는 학습을 제공함으로써 지적 성장과 자아실현을 도우려 한다.

(4) 시장모형

지난 세기 말부터 이른바 신자유주의의 영향이 교육에 미치면서 모습을 드러내기 시작한 모형이다. 시장모형에서는 교육이 상품으로 인식되어 교육기관은 공급자로, 학습자는 수요자로 규정된다. 그리하여 상품으로서의 교육은 공급자와 수요자 간에 수요 · 공급의 원칙에 따라 거래된다. 수요 · 공급의 원칙에 따라 거래가 이루어지는 자유로운 시장처럼 교육의 공급과 수요가 자유화된다. 즉, 교육의 공급이 다양해지고 학습자들은 자유롭게 교육을 선택한다. 그러므로 수요가 높은 교육은 더 많이 공급되고 발전하지만, 수요가 없는 교육은 위축되고 결국은 사라진다. 시장모형에서는 국영기업의 독점사업처럼 국가가 직접 제공하는 교육은 축소되는 동시에, 학습자의 선택권을 확대하기 때문에 교육에 대한 국가의 통제력은 전반적으로 약화된다. 교육제도의 핵심은 시장원리에 입각한 교육의 자유로운 수요 · 공급을 보호하는 것이다.

시장모형의 사상적 기초는 개인주의다. 교육을 사회의 공적 사업으로보다는 개인적 활동으로 인식하고, 각 개인의 요구에 의거하여 자유롭게 선택할 수 있는 활동으로 간주한다. 그러므로 국가가 직접 교육을 제공할 필요가 없고, 교육에 드는 비용도 학습자들이 부담하게 되는 것이다. 즉, 교육은 공공재(public good)가 아닌 사유재(private good)로 인식되는 것이다. 교육제도의 시장모형은 20세기 말에 밀어닥친 경제 세계화의 여파로 많은 나라가 신자유주의 정책으로 선회하면서부터 나타나기 시작하였다. 교육에 대한 정부의 지출을 감축하는 한편 학습자의 교육비 부담을 확대하고 학습자의 교육선택권을 강화하면서 교육기관 간 및 교육자 간 경쟁도 강화하고 있는 것이다. 이에 따라 부실기업을 퇴출하는 기업의 구조조정과 마찬가지로 교육에서도 시장원리에 의한 구조조정이 이루어지고 있다.

우리나라는 그동안 국가통제가 지나치게 강하였기에 교육으로부터 정부가 손을 떼어야 한다는 주장이 적지 않게 나오고 있다. 그러나 교육에 대한 국가통제를 없앤다고 해서 교육이 민주화되는 것은 아니다. 힘의 공백은 다른 힘을 불러들인다. 그러므로 교육에 대한 지배구조를 민주화하는 것이 선결과제다. 즉, 교육을 민주적으로 관리하기 위해서는 교육에 대한 학습자 · 학부모 · 주민의 참정권이 확보되어야 하고, 그들과 교육자 · 산업계 · 정부의 세력 균형이 유지되어야 한다. 교육에 대한 민주적 지배구조의 확립 없이 국가의 지배를 제거하면 그 자리를 자본이 차지하여 교육을 지배할 수 있으며, 이미 그러한 조짐이 나타나고 있다. 국가주의가 약화되면서 교육에 대한 권력의 지배가 줄어드는 힘의 공간에 빠른 속도로 자본의 영향력이 확대되고 있는 것이다. 사교육을 확대하고 시장원리에 따라 학습기회를 공급하는 것이 그 증거다. 이에 대한 대책이 대단히 시급한데, 평생교육에 대한 공공재정을 더욱 증가시켜 학습기회를 재분배함으로써 평등하고도 생산적인 사회를 건설하는 것이 한 방안이다. 우리의 교육 인프라가 OECD 회원국 가운데 하위에 머물러 있음을 생각할 때, 교육에 대한 정부의 투자 확대는 무엇보다도 시급하다. 교육의 공공 인프라가 우리나라처럼 빈약한 상태에서 자본주의적 시장원리를 밀어붙이면 교육의 공공성이 파괴되는 것은 물론이려니와 사회의 불평등구조가 급속히 심화되는 것을 피할 수 없다. 우리가 평생학습체제를 구축함에 있어서 낭만주의에 빠지는 것도 문제이지만 자본의 논리에 지배당하는 것은 더욱 큰 문제다.

2) 평생교육제도의 개혁 방향

상대적으로 배타적인 학교교육체제로부터 탈피하여 평생교육의 의미를 찾는 사람들에게는 교육의 시기와 장소를 개방하고 확장하는 것으로 평생교육이 실현된 것처럼 보일 수도 있을 것이다. 즉, 평생교육의 현 모습은 ① 교육시기를 아동과 청소년기에 국한하던 것에서 성인기와 노년기까지 연장하고, ② 교육 장소를 학교에 국한하던 것에서 학교 밖의 사회 전역으로 확대하고, ③ 결과적으로 특정 소수에게 한정되던 교육 대상을 개방하고, ④ 지식과 이론 중심에서 탈피하여 직업 및 일상생활과 직결된 생활 지식과 기능도 중시하는 확장된 교육 내용을 가르치는 것이라고 볼 수 있다.

그러나 이것은 평생교육의 형태적 특성일 뿐이고 교육의 주도자가 누구인가 또는 학습의 주도자가 누구인가에 따라 평생교육의 성격은 달라진다(김신일, 김재웅, 2002). 따라서 평생교육제도의 개혁 방향은 평생교육의 주도자가 누구인가에 따라 달라지는 것이다. 이는 평생교육제도의 방향과 내용을 누가 결정하며, 누가 교육 상황을 통제하느냐의 지배구조 문제다. 평생교육의 지배구조에서 보면 정치권력, 기업과 자본, 시민단체 또는 비정부 조직, 공동체 등이 가능한 평생교육 지배세력이다. 이 가운데 어느 세력이 평생교육 지배의 주도권을 갖느냐에 따라 평생교육의 목적과 내용은 달라진다.

평생교육제도의 개혁이 문제로 제기된 것은 기존의 학교교육의 경우 정치권력이 지배하는 국가가 주도권을 가지고 국민을 가르치는 국가주의적 국민교육체제에서 출발하였다는 사실과 관련이 있다. 국민교육체제는 각 국가마다 조금씩 다른 변화과정을 거쳐 오늘에 이르렀으나, 학교가 각국의 정부 주도의 제도적 구조에서 크게 벗어나지 못한 것은 국가마다 큰 차이가 없다. 우리나라도 6.25전쟁 이후 권위주의적 정부하에 엄격한 국가통제를 받아 왔다. 평생교육, 즉 모든 국민이 누구나 평생에 걸쳐 학습하는 평생교육을 학교교육과 마찬가지로 과거의 국가주의적 국민교육체제와 같이 여전히 엄격한 국가의 정부통제하에 둘 것인가라는 문제 제기는 매우 중요한 것이다.

과거 대부분의 사회주의체제 국가들은 철저한 국가통제의 평생교육을 실시하였다. 아동과 청소년뿐만 아니라 성인들도 집단 농장과 공장에서 끊임없이 사상교육을 받았고, 퇴근 후에도 정기적으로 교육활동에 참여해야 했다. 사회주의 종주국이 무너진 오늘날에는 그와 같이 철저한 국가통제의 평생교육을 실시하는 나라가 거의 없다. 비록 사회주의 국가들이 무너졌지만 평생교육을 국가통제하에 둘 것인가, 아니면 지방자치단체 또는 지역공동체, 기능공동체 등에서 자치적 방식으로 관리할 것인가는 중요한 평생교육 주도자 선정의 문제다.

경직된 학교중심 국가주의 교육체제에 반대하는 사람들은 교육에 대한 국가통제를 줄이고 학교만이 아니라 다양한 교육기관들도 국민들의 다양한 학습 욕구를 충족시킬 수 있도록 자율화하자고 주장한다. 특히 평생교육의 경우 교육내용을 다양화하고 교육 프로그램 참여를 자율화함으로써 국민들이 평생에 걸쳐 필요하고 원하는 것을 언제 어디서나 학습할 수 있는 사회를 만들자는 것이다.

평생교육제도의 개혁을 위해 많은 국가가 다각적인 방면에서 제도개혁을 추진했지만 평생교육에 대한 확실한 정착 시스템을 구축한 국가는 아직까지 없다. 평생교육의 필요성을 외친 평생교육학자들의 주장처럼 기존의 학교중심 교육제도의 틀을 깨고 학교 외에 가정과 지역사회, 기업 등에서의 교육을 총체적으로 포괄하는 교육제도를 지향하고 추구하는 수준의 평생교육제도를 제대로 완성시킨 국가는 아직 나타나지 않았다. 그러나 대부분의 국가가 학교중심 제도로부터 평생교육제도로 접근하는 중이다(김종서 외, 2009).

향후 평생교육제도는 학교와 대학 이외의 교육을 포함시키고, 다양한 교육 상호 간의 연계를 확대하고, 여러 가지 교육기관과 프로그램을 인정하고 발전시켜야 한다. 물론 모든 나라가 지향하는 평생교육의 제도적 성격이 동일할 수는 없겠으나 모든 국민을 학습자로 인식하고 그들의 욕구를 충족시키고 지속적으로 발전시키는 데 기반이 되는 제도가 마련되어야 할 것이다.

2. 우리나라의 평생교육법

우리나라의 「평생교육법」은 1982년에 제정된 「사회교육법」을 그 근간으로 하고 있다. 이러한 「평생교육법」은 1999년 제정 · 공포되어 2007년 전부 개정되었으며, 1999년 이후 2017년까지 4차례의 타법개정과 9차례의 일부 개정이 이루어졌다. 1999년 새로이 제정 · 공포된 「평생교육법」은 근본적으로 열린학습사회의 실현을 위한 법제기반을 조성하기 위한 것으로, 이는 기존의 「사회교육법」의 문제점을 보완하고 확대 적용하여 명실상부한 평생교육 모법으로서의 성격을 명확히 하기 위해 제정된 것이다. 그 후 2007년 12월 「평생교육법」은 전면 개정되어서 오늘날까지 우리나라 평생교육의 기반 조성과 인프라 구축의 근간이 되었다.

1) 초기 평생교육법의 취지와 기본 방향

1980년 헌법개정에서 '국가는 국민의 평생교육을 진흥한다.'는 조항(「헌법」 제27조 5항)이 신설되면서 평생교육의 이념이 법규제정을 통해 반영되어야 할 필요성이 높아졌다. 이에 따라 1980년대 초반부터 사회교육 관련 법규 정비가 추진되어 1982년 「사회교육법」이 제정되었고, 이는 평생교육의 법적 기반이 되었다(한국교육개발원, 2005).

그러나 「사회교육법」은 다음과 같은 두 가지 문제점을 가지고 있었다(김승한, 1983). 첫째, 법제상 「사회교육법」이 사회교육과 관련된 타 법률과 동등한 수준에 있으므로, 타 법률을 조정하는 상위법으로서의 위상을 가지고 있지 못하였다. 둘째, 내용상 「사회교육법」의 적용범위가 불명확하고, 교육 기관이나 단체의 설치 및 운영, 교육지도자의 양성과 배치 등에 관한 규정이 미비하였다.

이에 「사회교육법」은 변화하는 시대의 요청에 따라 그 위상과 내용의 문제점을 극복하기 위하여 1999년 8월 31일 「평생교육법」으로 전면 개정되었다. 권두승(1999)은 초기 「평생교육법」은 법 개정 제안 이유에 나타나 있는 바와 같이 평생교육의 진흥을 국가의 의무로 규정하고 있는 「헌법」 및 「교육기본법」의 규정에 따라 종전의 「사회교육법」의 제명을 「평생교육법」으로 변경하고, 평생교육 이수를 그에 상응하는 학교교육의 이수로 인정될 수 있도록 한 「교육기본법」의 취지에 따라 사내대학 · 원격대학 등 학교교육과 동일한 학력이 인정되는 새로운 형태의 평생교육시설을 설치 · 운영하고자 하는 데 그 주된 의의가 있다고 하였다.

한편 「평생교육법」을 담당하는 교육부는 기존 「사회교육법」의 한계, 그리고 보다 발전적으로 국민의 평생학습권을 보장하고 열린학습사회를 진작시키기 위해 제정된 평생교육 모법의 취지를 다음과 같이 밝히고 있다(교육부, 한국교육개발원, 1998).

'급변하는 세계화 · 정보화 사회에서 누구나, 언제, 어디서나 원하는 교육을 받을 수 있는 열린교육사회 · 평생학습사회'를 구축하여 교육복지국가(edutopia)를 건설함으로써 국민의 삶의 질 향상과 사회발전에 기여하는 데 기본 목표를 두고 있다.

이와 같은 「평생교육법」의 목표를 구체적으로 살리기 위해 교육부(1998)는 초기 우리의 「평생교육법」 기본 방향을 다음과 같이 설정하였다.

첫째, 국민의 학습권과 학습자의 선택권을 최대한 보장하여 평생학습 분위기를 조성한다. 즉, 평생교육기관의 상호 유기적인 수평적 · 수직적 통합과 정보통신매체를 통한 원격교육 확대, 평생교육정보센터 및 상담실 운영 등 다양한 평생교육제도 마련과 뷔페식 교육과정 운영으로 학습자 중심의 학습기회를 확대하고 평생학습 분위기를 조성하는 데 근본적인 목적을 두고 있다.

둘째, 평생교육과정 이수자의 사회적 대우를 통하여 평생학습 의욕을 고취시킨다. 평생교육과정 이수자에게 학점 및 학력 인정, 각종 자격시험 및 승진 · 승급 기회 부여, 유급 및 무급 학습휴가 및 학습비 지원 등 금전적 · 비금전적 보상을 통해 국민의 평생학습 의욕을 고취시켜 삶의 질을 향상시키는 것이다.

셋째, 형식적 학력위주 사회에서 실질적 능력위주 사회로의 변화를 유도한다. 성인의 직장경험학습인정, 회사 내 검정인정, 직업능력인증, 문하생 학력인정, 기술자격 학점인정 등을 통해 우리 사회를 형식적 학력위주 사회에서 실질적 능력위주 사회로 변화시키기 위한 새로운 제도를 마련하는 것이다.

넷째, 성인교육 기회의 확대와 고등교육 수준으로의 국민의 자질 향상에 중점을 둔다. 지역사회학교, 평생교육원, 사업장 및 대중매체기관 부설 평생교육기관 등 다양한 평생교육기관을 통해 성인교육 기회를 대폭 확대하고, 학점은행제, 사내대학 양성화, 사이버대학 및 원격대학 등 다양한 학력 · 학위인정제도를 통해 2010년까지 우리 국민을 전문대학 이상의 고등교육 수준으로 능력을 향상시키는 데 중점을 두고 있다.

다섯째, 국가 및 지방자치단체의 평생교육 정책지원을 강화한다. 국가 및 지방자치단체는 평생교육기관의 네트워크 구축, 평생교육정보센터 및 상담실 운영, 학습비용 지원 등 행・재정지원을 강화하여 평생교육기관의 지원책을 확대하고 국민에게 학습기회와 정보 제공 등 평생교육 서비스를 대폭 확대할 계획이다.

여섯째, 지식・인력개발 사업과 교육・훈련 산업을 육성한다. 민간자본을 통해 교육・훈련, 연구용역, 프로그램 개발, 교육기관 경영 진단 및 평가, 교육위탁 및 서비스 사업 등 지식・인력개발 사업을 육성하고, 국가, 산업체 및 경제단체는 산업인력 양성 및 재교육 등 교육・훈련 산업을 육성하여 21세기의 인적자본시대에 신지식사회를 구축하여 국제경쟁력을 높이는 것이다.

2) 개정 평생교육법의 취지와 기본 방향

교육과학기술부(2008)는 기존 교육부가 설정한 우리나라 「평생교육법」의 취지는 "지식기반사회라는 새로운 문명사적 변화에 대응하여 「교육기본법」 아래에 「초・중등교육법」과 「고등교육법」의 학교교육제도와 더불어 학교 밖 교육에 대한 제도를 확립하고 국가의 책무를 규정함으로써 교육제도를 체계적으로 완비한다는 의미를 지니고 있다."고 밝혔다. 아울러 2007년 12월 전면 개정된 「평생교육법」에서는 "사회적으로 평생교육에 대한 관심 확대와 비문해자와 저학력 성인에 대한 인식, 그리고 산만하게 운영되어 온 평생교육체제의 효용성 강화의 필요성에 따라 전면개정이 실시되게 되었다."고 그 취지를 밝히고 있다. 즉, 「평생교육법」의 전면 개정은 변화하는 평생교육 환경과 평생교육 실제의 괴리를 보완하고, 기존의 「평생교육법」에서 누락되거나 부족한 부분을 강화하기 위해 실시되었으며, 기존의 취지와 더불어 다음과 같은 취지가 강화되어 개정되었다(교육과학기술부, 2008).

첫째, 국가의 교육제도를 체계화하고 평생교육 개념을 명확히 한다. 「헌법」 및 「교육기본법」 등에 근거하여 「평생교육법」의 법적 체계를 학습자의 학습권과 평생학습의 원리에 맞춘 학습자 중심의 새로운 법적 체계로 마련하고자 한 것이다.

둘째, 지식기반사회, 창조경제사회에 있어서 '인재대국' 건설을 위한 평생학습 기반을 조성한다. 즉, 「평생교육법」은 급변하는 사회에서 누구나, 언제, 어디서나 배울 수 있는 평생학습 기회 확대에 이바지한다는 것이다. 이는 총체적 평생학습 지원체제 구축이 필요하다는 것을 법에 명시하였다는 데 그 의미가 매우 크다.

셋째, 국가 및 지방자치단체의 평생교육에 대한 지원 책무를 강화한다. 국가와 지방자치단체가 평생교육기관의 비용지원, 평생교육기관 상호 간의 네트워크 구축, 평생학습도시 운영 등 지역주민을 위한 평생교육 관련 사업을 조정·협력한다는 것이다. 아울러 한국교육개발원의 평생교육센터, 학점은행센터, 한국방송통신대학교의 독학학위검정원의 3개 독립기관에서 분산 운영 중이던 평생교육 관련 제도와 정책을 평생교육진흥원으로 통합하여 그 책무성과 효율성을 강화시킨 것이다.

넷째, 평생학습과정 이수자의 사회적 대우를 강화하고 학습의욕을 고취시킨다. 이에 따라 종래 초·중등 학력인정 중심이었던 학력인정 평생교육시설을 전문대학 학력인정 수준으로 확대하였다. 또한 초·중등 학력인정 문자해득교육 프로그램의 지정과 운영을 통해 성인기초교육 대상자의 평생학습 의욕을 고취하며, 학습휴가제 및 계좌제와 학습비 지원 등 금전적·비금전적 보상을 통해 평생학습 기회를 촉진시키고자 하였다.

다섯째, 기초교육 기회 확대와 더불어 고등교육 수준의 평생학습 기회를 확대한다. 대학의 평생교육원 등 다양한 평생교육기관을 통해 성인교육의 기회를 확대하고 전공대학, 학점은행제, 사내대학, 원격대학 형태의 평생교육시설 등 다양한 학력인정제도를 통해 고등교육 수준까지 국민의 능력 향상에 중점을 둔다는 것이다.

3) 현 평생교육법의 주요 내용

기존의 「평생교육법」을 전면 개정한 2007년도 개정 「평생교육법」은 다음과 같이 몇 가지 주요한 내용을 담고 있다(교육과학기술부, 2008).

첫째, 평생교육의 정의를 보다 정교화 · 구체화하였다. 개정법은 평생교육을 '학교의 정규교육과정을 제외한 학력보완교육, 성인기초 · 문자해득교육, 직업능력 향상교육, 인문교양교육, 문화예술교육, 시민참여교육 등을 포함하는 모든 형태의 조직적인 교육활동'으로 정의하였다. 즉, 평생교육의 내용으로서 6개 영역을 구체적으로 명시하여 평생교육 정책사업에서 선택과 집중을 도모하도록 하였다. 이후 2014년 1월 부분개정에서는 문자해득교육의 정의를 기존의 '일상생활을 영위하는데 필요한 기초능력이 부족하여 가정 · 사회 및 직업생활에서 불편을 느끼는 자들을 대상으로 문자해득(文字解得)능력을 갖출 수 있도록 하는 조직화된 교육 프로그램'에서 '문자해득(文字解得)능력을 포함한 사회적 · 문화적으로 요청되는 기초생활능력 등을 갖출 수 있도록 하는 조직화된 교육 프로그램'으로 변경하면서, 평생교육의 정의 역시 '학교의 정규교육과정을 제외한 학력보완교육, 성인 문자해득교육, 직업능력 향상교육, 인문교양교육, 문화예술교육, 시민참여교육 등을 포함하는 모든 형태의 조직적인 교육활동'으로 수정하였다.

둘째, 평생교육사업을 보다 체계화 및 계획화시켰다. 5년 단위로 국가가 평생학습진흥기본계획을 수립하도록 하였고, 매년 시 · 도지사가 광역 수준의 평생교육진흥시행계획을 수립하고 추진하도록 하였다.

셋째, 평생교육 추진체제의 전면적인 변화를 이루도록 하였다. 과거의 「평생교육법」은 교육자치의 원리를 존중하여 교육청 중심의 평생교육 추진체제를 설계하였다. 그러나 현재의 「평생교육법」은 교육청이 수행하는 기존의 체제구조와 함께 시 · 도와 시 · 군 · 구를 주체로 하는 추진체제를 추가하였다. 기존 교육청 중심의 일원체제에서 교육행정과 일반행정이 함께하는 이원체제를 구축한 것이다.

넷째, 평생교육사제도의 전문화 및 활성화를 추구하도록 하였다. 평생교육사제도가 본격적으로 실시되었지만 양성과 배치는 여전히 체계적이지 못한 문제를 안고 있었다. 그리하여 현행법은 신설되는 평생교육진흥원에 자격에 대한 관리기능을 부여함으로써 평생교육사 양성에도 영향을 미칠 수 있도록 하였다. 또한 평생교육사의 기준을 보다 구체화하고 배치의무를 확대함으로써 평생교육의 전문적 실천을 유도하였다.

다섯째, 평생교육시설에 대한 정의의 변화를 도모하였다. 기존「평생교육법」은 평생교육시설을 자체적으로 규정하는 평생교육시설 외에 '학원 등 다른 법령에 의한 시설로서 평생교육을 주된 목적으로 하는 시설'로 규정하였다. 그러나 현행「평생교육법」은 자체적으로 규정하는 평생교육시설 외에 학교의 평생교육을 별도로 언급하였고, '학원의 설립, 운영 및 과외교습에 관한 법률에 따른 학원 중 학교 교과 교습학원을 제외한 평생직업교육을 실시하는 학원과 그밖에 다른 법령에 따라 평생 교육을 주된 목적으로 하는 시설 법인 또는 단체'로 규정하였다.

여섯째, 과거 학교교육의 혜택을 충분히 받지 못한 국민들을 위한 교육보장 차원의 제도로 문자해득교육과 이에 따른 학력인정제도가 신설되었다. 현행「평생교육법」에서는 저학력자에 대한 교육권과 학습권을 보장하기 위한 제도적 기반을 마련하였다.

최근「평생교육법」은 일부 개정을 통해 문해교육과 장애인 평생교육에 대한 평생교육추진체제의 일원화를 꾀하고 있다. 2014년 일부개정을 통해 문해교육의 영역을 문자해독능력에서 기초생활능력으로 확대하였으며, 2016년 2월에는 제39조 2항에 국가문해교육센터 설치 등의 조항을 신설하여 진흥원에 국가문해교육센터를 두고 시·도교육감 및 시·도지사가 시·도문해교육센터를 설치하거나 지정·운영할 수 있도록 하였다. 또한 2016년 5월에는 장애인 평생교육 진흥을 위한 조항들을 신설하여 국가장애인평생교육진흥센터의 설치 및 운영, 장애인 평생교육시설의 설치, 장애인 평생교육 프로그램의 개발 및 운영 등에 관한 사항을 규정하여 장애인 평생교육을 통합적으로 실시하고자 하였다.

3. 학습인증제도

오늘날 성인들은 지식과 정보의 급속한 변화, 직업의 변화 등으로 정규학교를 졸업한 이후에도 지속적인 학습이 필요하게 되었다. 그들은 학교에서 실시된 교육만으로는 현대사회의 급속한 변화에 적응할 수 없기 때문에 다양한 방식과 형태로 학습행위를 해야 한다. 이에 따라 성인들에게 필요한 학습은 여러 가지 경로를 통해 실시되고 있으며, 성인들이 경험하고 이수한 학습행위 결과는 그들이 속한 그 사회에서 인정해야 할 필요성이 나타나게 되었다. 대표적으로 성인들의 학습을 인정하는 제도로 학점은행제, 독학학위제, 학습계좌제 등이 있다. 이러한 학습인증제도는 정규학교의 공식적 교육과정이 아닌 성인들의 다양한 경로의 학습 과정과 결과를 인정하려는 제도다.

1) 학점은행제

(1) 학점은행제의 도입배경 및 내용

학교 안에서뿐만 아니라 학교 밖에서 실시되고 있는 다양한 형태의 학습 경험과 학습행위 결과를 학점으로 인정하는 제도로 학점이 일정 기준을 충족시키면 학위 취득이 가능하다.

우리나라의 교육체계는 학교제도 중심으로 운영되어서 비정규 교육기관에서의 학습 경험과 학습활동 결과가 공식적으로 인정되지 못했다. 그러나 정규 학교교육이 급속한 사회변화에 대처하지 못하고 경직된 제도만을 고수하는 동안 비정규 교육기관은 개인들에게 다양한 학습기회를 탄력적으로 제공해 왔다. 이에 비정규 교육기관에 대한 국가적 지원 및 비정규 교육기관에서 이수한 학습경험과 결과에 대한 공식적 인정이 요청되었다. 즉, 기존의 정규교육체제가 교수 또는 교육 제공자 중심의 일방적 제도라는 자기 성찰과 더불어 교육과정에서 학습자를 적극적으로 고려해야 한다는 주장이 대두되었다(김종서 외, 2009). 학점은행제는 '열린교육사회, 평생학습사회' 구현이라는 문민정부 당시인 1995년 5월 31일 교육개혁의 하나로 도입되었다.

당시 교육부가 목표로 하는 학점은행제의 구체적 내용은 다음과 같다(교육부, 한국교육개발원, 1998).

- 국가가 언제, 어디서나 원하는 학습을 받을 수 있도록 제도적으로 보장하며, 그 이수학점을 인정함으로써 국민의 평생학습권을 실질적으로 보호해 학습사회의 실현을 가능하게 한다.
- 대학에 진학할 수 없었던 많은 성인들에게 계속교육을 통해 자기발전을 도모할 수 있는 기회를 확대시켜 준다.
- 기존 교육체제의 커다란 한계로 지적되어 온 각종 교육기관 간의 단절과 교육적 협력의 부재, 교육자원의 폐쇄적 활용과 그로 인한 교육자원의 손실을 극복한다.
- 지시와 통제 지향 교육체제로부터 지원과 조장 지향 교육체제로 전환한다.

학점은행제는 고등학교 졸업자 또는 동등 이상의 학력을 가진 자는 누구나 이용할 수 있으며, 일정한 학점을 취득하면 학사 혹은 전문학사 학위 취득이 가능하고, 「학점인정 등에 관한 법률」제3조에 의거하여 대학 혹은 전문대학을 졸업한 자와 동등한 학력을 인정받는다. 학점은행제와 대학을 비교하면 다음 〈표 12-1〉과 같다.

표 12-1 학점은행제와 대학교 비교

구분	학점은행제	대학교
같은 점	- 학위 취득 시 법적으로 동일한 학력을 인정 받음 - 각종 자격 취득, 취업, 진학 가능함 - 전공을 선택해야 함 - 2월, 8월 학위를 수여함	

다른 점	-「학점은행 등에 관한 법률」에 의거 운영 - 진입장벽이 낮음 - 스스로 표준교육과정을 기준으로 필요한 과목 이수 - 다양한 학점 취득방법이 있음 - 전문학사, 학사, 전문학사 타전공, 학사 타전공 과정이 있음 - 필요한 등록(신청)절차를 이행해야 하며 등록에 따른 수수료 발생	- 대학교 학칙에 따라 운영 - 수능 등 입학전형을 통해 입학 - 정원이 정해져 있음 - 학교에서 제공하는 교육과정에 따라 수업 이수 - 학칙에 따라 학점교류 가능 - 입학한 학교의 학제에 따라 하나의 학위 과정 진행 - 부(복수)전공 과정이 있음 - 입학금, 등록금 납부 - 캠퍼스가 있음 - 입학, 졸업 개념이 있으며 졸업연한이 정해져 있음

출처: 국가평생교육진흥원(2016). 학점은행제 길라잡이, p. 11.

학점은행제는 학교에서의 수업 이수 외에 다양한 학습경험을 학점으로 인정하고 있다. 인정되는 학점의 종류는 다음과 같다(국가평생교육진흥원, 2016).

- 평가인정학습과정: 대학부설 평생(사회)교육원, 학원, 직업전문학교, 각종 평생교육시설 등에서 개설한 학습과정으로 대학에 상응하는 질적 수준을 갖추었다고 국가평생교육진흥원에서 평가한 과목
- 학점인정대상학교(전적대학): 제적 혹은 졸업한 전문대학 및 제적한 4년제 대학에서 이수한 학점(졸업한 4년제 대학 학점 제외)
- 시간제 등록: 대학(전문대학 및 사이버대학 포함)에서 일반인에게 해당 학교의 수업을 이수하게 하는 제도로, 각 학교의 학칙에 의거하여 운영
- 자격: 교육부장관의 승인을 받아 국가평생교육진흥원장이 고시한 자격
- 독학학위제: 독학학위제 과정별 시험에 합격하였거나, 면제교육과정으로 이수한 과목
- 중요 무형문화재:「문화재보호법」에 의한 중요무형문화재 기 · 예능 보유자이거나, 그 전수자의 전수교육경험

(2) 학점은행제의 현황

현재 학점은행제는 교육부, 평생교육진흥원, 17개 시 · 도 교육청을 통해 운영되고 있으며, 교육부장관 또는 대학의 장 명의로 학위가 수여되고 있다. 학점은행제의 기본 정책 수립과 표준교육과정 고시, 교육 · 훈련기관 인정 등의 업무는 교육부가 맡고 있다. 또한 평생교육진흥원의 학점은행 · 독학사관리본부는 학점은행제와 관련된 업무를 총괄하고 있다. 구체적으로 표준교육과정 및 교수요목 개발, 교육 · 훈련기관 평가인정 업무 및 기관지원 업무, 학습자 등록 및 학점인정 신청, 학습자 상담 및 각종 증명서 발급 등의 업무, 학점은행제도 개도 · 개선 연구 등의 업무를 담당한다.

아래 [그림 12-2]는 학점은행제의 신청 흐름을 도식화한 것이다.

1998년 이후 2016년까지 누적 인원 130만 명 이상의 학습자가 학점은행제에 등록하였으며, 이중 60만 명 이상이 학위를 취득하였다(2017년 자료 기준). 학습자들의 학점인정은 평가인정 학습과목을 통한 학점인정이 가장 많았으며, 그 다음은 학점인증 대상학교, 시간제 등록의 순이었다(국가평생교육진흥원, 2017). 현재 학점은행제를 운영하고 있는 교육훈련기관은 대학 혹은 전문대학의 평생교육원이 40% 이상을 차지하며, 직업훈련기관과 원격교육기관의 순으로 많은 형

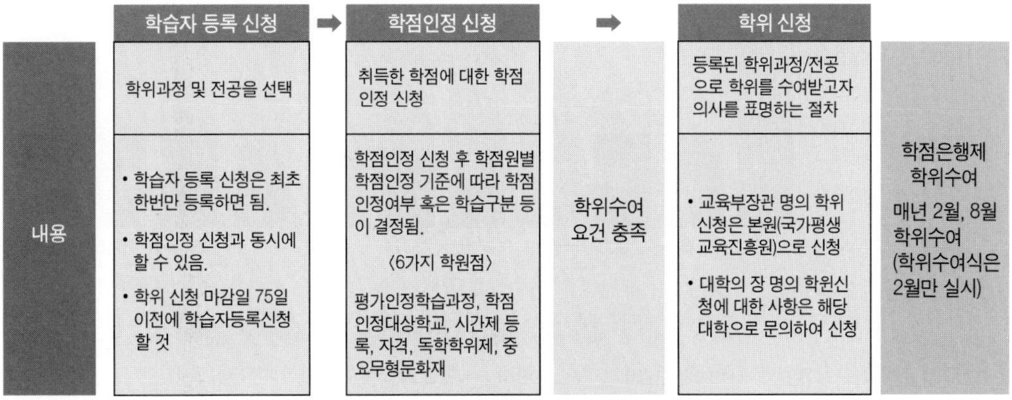

[그림 12-2] 학점은행제 신청 흐름도

출처: 국가평생교육진흥원(2016). 학점은행제 길라잡이, p. 9.

태를 보이고 있다. 다음 [그림 12-3]과 [그림 12-4]은 학점은행제의 학습자 현황을 나타낸 그래프이며, 학점은행제 운영기관 현황은 [그림 12-5]와 같다.

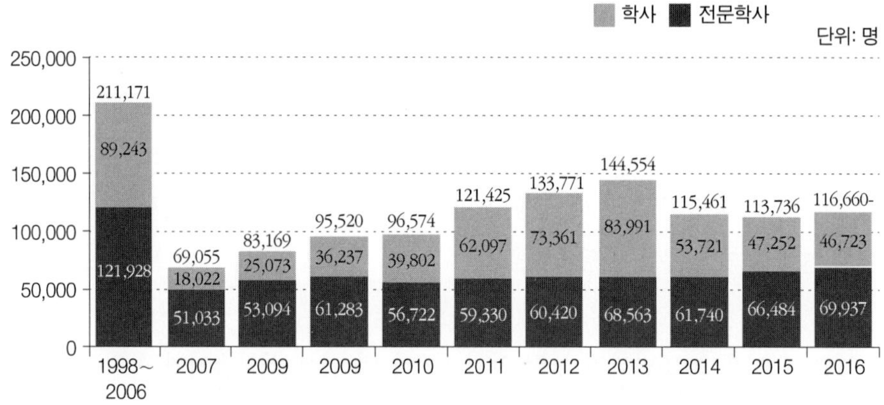

[그림 12-3] 학점은행제 학습자 등록 현황(1998~2016)

출처: 국가평생교육진흥원(2017). 학점은행제 · 독학학위제 학위수여식 자료집, p. 8.

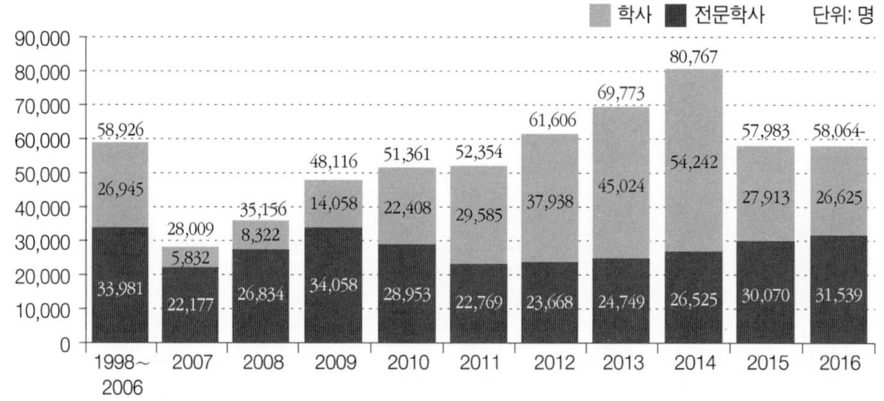

[그림 12-4] 학점은행제 학위 취득자 현황(1998~2016)

출처: 국가평생교육진흥원(2017). 학점은행제 · 독학학위제 학위수여식 자료집, p. 8.

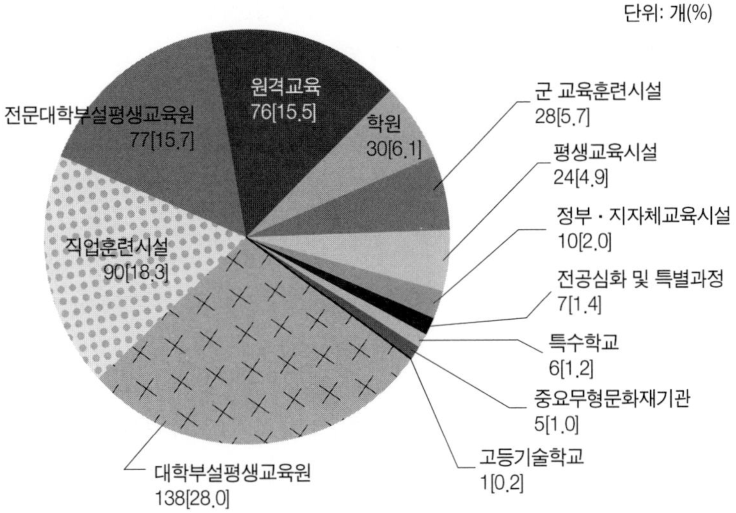

[그림 12-5] 학점은행제 교육훈련기관 현황(2017년 1월 1일 기준)

출처: 국가평생교육진흥원(2017). 학점은행제 · 독학학위제 학위수여식 자료집, p. 9.

(3) 학점은행제의 장점 및 단점

학점은행제 실시에 따른 장점은 다음과 같다. 첫째, 고등교육 기회가 확대되었다. 둘째, 고등학교 졸업자나 동등 학력을 가진 학습자들은 누구나 필요와 환경에 따라 수학 연한에 관계없이 원하는 때, 원하는 곳에서 학습을 할 수 있게 되었다. 셋째, 취득한 학점이 일정 수준(4년제 학사 140학점, 2년제 전문학사 80학점) 이상이 되면 교육부장관 명의 혹은 대학의 장 명의의 학위를 받을 수 있게 되었다. 넷째, 궁극적으로는 평생학습사회의 실현에 기여할 수 있다.

학점은행제 실시에 따른 단점은 다음과 같다. 첫째, 정규기관에서 시간제 등록생으로 이수한 학점, 다양한 평생교육 인정기관에서 이수한 학점, 독학제 시험을 통한 학점이수, 중요 무형문화재 전수과목 학점이수, 자격증 취득을 통한 학점이수 등 학점 취득방법의 다양성으로 학점은행제의 기본 운영 지침에서 문제가 표출되었다. 둘째, 평생교육진흥원 학점은행센터가 일일이 학점 수여기관들의 수준과 질을 관리하기가 불가능하다는 것이다. 셋째, 사이버대학 등 이수가 용이한 과정과 이수가 어려운 정규과정을 동일시한다는 것이다. 즉, 국가가 교육과정의 표준을 설정함에 있어 지나친 획일화를 가져와 평생교육의 자율성과 융통성을 저해한다는 것이다.

2) 독학학위제

(1) 독학학위제의 도입배경 및 내용

학습자가 자기주도학습을 통하여 학습한 것이 학사학위 취득 수준을 충족하는지를 국가에서 실시하는 학위 취득 시험으로 평가해 학위를 수여하는 제도를 독학학위제라고 한다. 즉 독학학위제는 평생교육의 이념을 구현하고 개인의 자아실현과 국가사회의 발전에 이바지하는 것을 목적으로 하고 있다. 1989년 교육자문회는 일반 국민의 고등교육에 대한 수요를 해결하기 위하여 무한정 대학을 설립할 수 없다는 판단 아래 그 대안으로 독학학위제의 도입을 추진하였다(교육인적자원부, 한국교육개발원, 2007). 이후 1990년 독학에 의한 학위 취득에 관한 법률(법률 제 4227호)이 제정되면서 독학학위제는 비로소 제도화되었다. 독학학위제는 주로 사회적 소외계층이 수혜자라는 점에서 사회복지적인 성격을 가지고 있으며, 동시에 자기주도적 학습을 강조하는 평생학습의 특성이 잘 드러나는 제도라 할 수 있다(김재웅, 2005).

독학학위제의 도입 당시에는 중앙교육평가원에 의하여 시행되었으나 1999년부터 교육개혁의 일환으로 한국방송통신대학교로 주관기관이 변경되었고, 2008년부터는 평생교육진흥원이 주관하여 운영하고 있다. 독학학위제는 고등학교 졸업 이상의 학력을 가진 사람이면 누구나 시험에 응시할 수 있으며, 학위취득시험은 총 4개의 과정으로 이루어져있다. 첫 번째 단계는 교양과정 인정시험, 두 번째 단계는 전공기초과정 인정시험, 세 번째 단계는 전공심화과정 인정시험, 네 번째 단계는 학위 취득 종합시험이다. 1~3단계는 각 과목의 60점 이상 득점이 합격 기준이며, 4단계는 6과목 총점(600점)의 60%인 360점 이상을 득점하는 총점 합격제 또는 각 과목 100점 만점의 60%이상(60점) 이상 득점하면 과목합격을 인정하는 과목별 합격제를 선택할 수 있다. 각 과정별 시험을 모두 거쳐 학위 취득 종합시험에 합격하면 학사학위를 취득하게 된다. 독학학위제는 「독학에 의한 학위 취득에 관한 법률」 제6조에 따라 국가에서 교육부장관 명의의 학위를

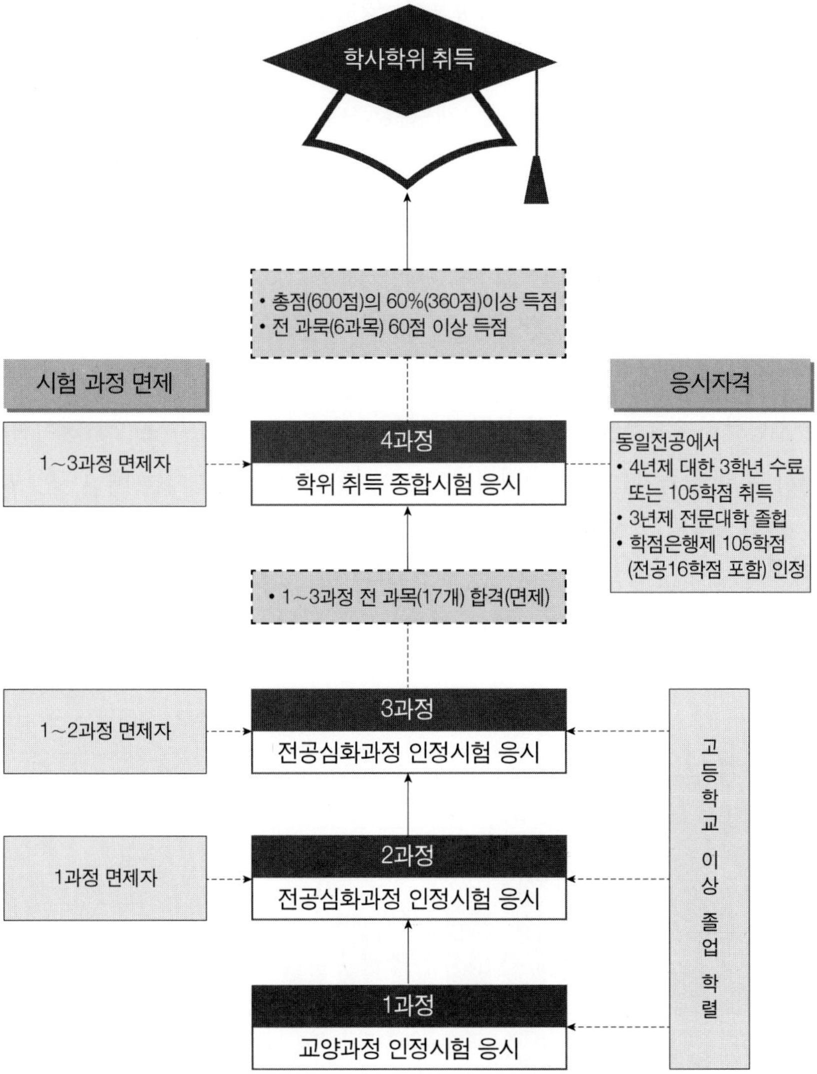

[그림 12-6] 독학 학위 취득 과정도

출처: 국가평생교육진흥원 독학학위제 홈페이지(2018). http://bdes.nile.or.kr

수여하며, 학위의 법률적 효력은 4년제 대학교의 학사학위와 동일하다. 독학학위제를 통한 학위 취득 과정을 도식화하면 [그림 12-6]과 같다.

(2) 독학학위제의 현황

독학학위제의 전공분야는 국어국문학, 영어영문학, 경영학, 법학, 수학, 가정학의 6개 분야로 출발하였으나, 1992년 5개 전공분야 증설(행정학, 유아교육학, 전자계산학, 농학, 간호학), 1995년 1개 전공분야 증설(중어중문학)로 2005년까지 12개 분야가 운영되었다. 그러나 2006년에는 응시 인원이 적은 전공들이 폐지되었고(중어중문학, 수학, 농학), 이후 2013년과 2014년의 각각 1개씩의 전공분야가 증설되어(정보통신학, 심리학) 현재는 국어국문학, 영어영문학, 심리학, 경영학, 법학, 행정학, 유아교육학, 가정학, 컴퓨터과학, 정보통신학, 간호학의 총 11개 전공 영역이 개설되어 있다.

1990년부터 2017년까지 독학학위제의 지원자 누적 수는 499.295명이며, 이 중에서 학위 취득자는 17,760명이다. 2011년부터 2013년까지는 매년 3만 명 이상의 학습자들이 지원하였으나, 근래에는 약간 감소하여 매년 약 2만 8천여 명의 학습자 통계를 보이고 있다(교육부, 2017년 2월 기준). 독학학위제를 이용하는

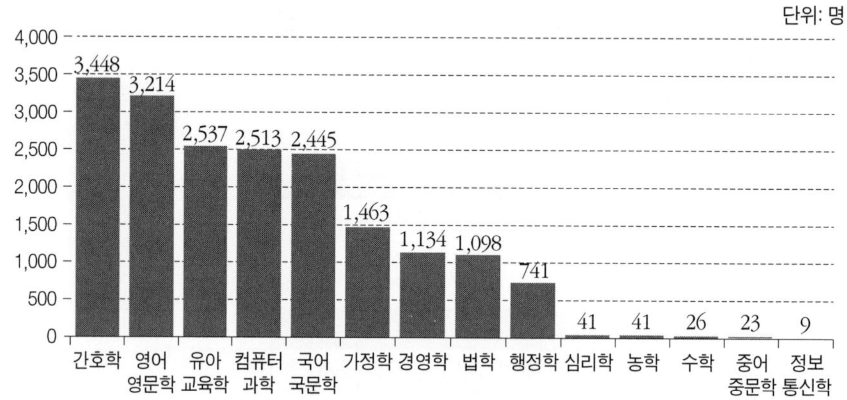

[그림 12-7] 독학학위제 전공별 누적 학위 취득자

출처: 국가평생교육진흥원(2017). 학점은행제 · 독학학위제 학위수여식 자료집, p. 11.

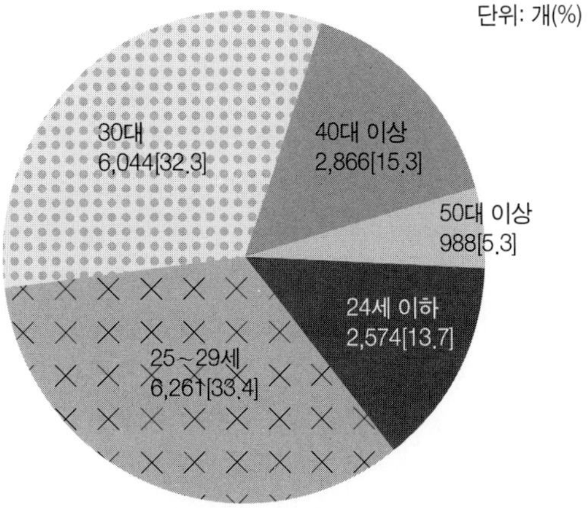

[그림 12-8] 독학학위제 연령별 누적 학위 취득자 현황

출처: 국가평생교육진흥원(2017). 학점은행제 · 독학학위제 학위수여식 자료집, p. 11.

학습자들의 주 연령층은 20대 후반 성인으로 4~50대 연령층보다는 20~30대 연령층의 비율이 높다. 또한 직장인 비율이 높다는 점에서 학점은행제도와 함께 '선취업 후진학' '일학습 병행' 등 평생교육문화 확산을 선도하는 제도로 역할하고 있음을 알 수 있다(교육부, 2017) 독학학위제의 전공별, 연령별 누적 학위취득자 현황은 [그림 12-7], [그림 12-8]와 같다.

(3) 독학학위제의 장점 및 단점

독학학위제의 실시에 따른 장점은, 첫째, 주어진 학습 프로그램이 아닌 자기주도학습 프로그램을 실시하고 시험을 통해서 국가가 인정한 학위를 취득할 수 있다는 것이다. 고등학교 졸업 이상의 학력을 가진 사람이면 누구나 정규학교를 다니지 않아도 스스로 공부하여 학위를 취득할 수 있다. 둘째, 일과 학습의 병행이 가능하여 시간과 비용을 최소화할 수 있다. 셋째, 학위 취득 뿐 아니라 다양한 방법으로 활용이 가능하다. 학위 취득 전에 합격 과목을 학점은행제에 학점인정 신청하여 교양 및 전공 학점으로 활용가능하며, 학위 취득 후 일반대학원 및 교육대학원 진학이 가능하고, 공인회계사 시험 응시에 필요한 학점으로 활용할 수도 있다.

반면 독학학위제의 단점은 다음과 같다. 첫째, 학습자 혼자 시험을 치르는 것이 어렵고 타인이나 기관의 도움이 필요함에도 불구하고, 학습자들이 스스로 공부하는데 필요한 학습자료, 교재, 시설제공 등이 부족하다. 둘째, 학습의 중간 과정에 대한 인정이 빈약하다. 학위 취득을 위한 중간 과정을 다양한 방법으로 인정받을 수 없다는 점은 독학학위제와 고등교육분야의 학위제도임에도 불구하고 고등교육분야와의 연계가 제대로 고려되지 않았음을 의미한다(백은순, 1999). 셋째, 학습자의 능력에 대한 왜곡된 평가가 이루어질 수 있다. 교육과정 없이 시험을 통해서 학위를 취득하다 보니 학습자 능력이 실질적인 면에서 왜곡될 수 있다는 점이다. 이는 시험을 통한 학위 취득에 대해 그 능력을 평가절하하는 사회적 인식 때문이다. 대학편입과 대학원 진학 시 일반정규과정에 비해 독학학위제는 상대적으로 저평가되고 있는 실정이다.

☑ 학습 과제

1. 평생교육제도의 유형에 대하여 논하시오.

2. 「평생교육법」 제정의 필요성과 취지에 대하여 논하시오.

3. 학점은행제도와 독학학위제의 의미와 장단점에 대하여 논하시오.

4. 학점은행제도와 독학학위제도의 공통점과 차이점에 대하여 논하시오.

참고문헌

교육과학기술부(2008). 평생교육법, 평생교육법시행령, 평생교육법시행규칙 해설자료. 서울: 교육과학기술부.

교육과학기술부, 평생교육진흥원(2008). 평생교육백서.

교육부(1998). 교육 50년사.

교육부(2017). 2017년 학점은행제, 독학학위제 학위수여식 개최. 교육부 보도자료.

교육부, 한국교육개발원(1998). 평생교육백서.

교육인적자원부, 한국교육개발원(1999~2002). 평생교육백서, 3-5호.

국가평생교육진흥원(2016). 학점은행제 길라잡이.

국가평생교육진흥원(2017). 학점은행제, 독학학위제 학위수여식 자료집.

권두승(1999). 지식기반사회에서의 평생교육법 개정방향과 과제. 교육법학회.

권이종(1996). 사회교육개론. 서울: 교육과학사.

권이종, 이상오(2001). 평생교육: 이론편. 서울: 교육과학사.

김도수(1999). 사회교육학. 서울: 교육과학사.

김승한(1983). 평생교육과 사회교육법: 평생교육의 기초와 체제. 서울: 법문사.

김승한(1991). 사회교육학. 서울: 교육과학사.

김신일, 김재웅(2002). 평생교육경영학. 서울: 한국방송통신대학교.

김윤태(1997). 교육행정 · 경영신론. 서울: 배영사.

김재웅(2005). 평생학습국가 건설을 위한 평생교육제도 활성화 방안: 원격대학, 학점은행제, 그리고 독학학위제를 중심으로. 교육행정학연구, 23(2). 447-469.

김종서(1996). 평생교육원론. 서울: 교육과학사.

김종서, 김신일, 한숭희, 강대중(2009). 평생교육개론. 서울: 교육과학사.

김종철(1990). 교육행정학신강. 서울: 세영사.

남정걸(1993). 교육행정 및 교육경영. 서울: 교육과학사.

남정걸 외(1995). 교육조직론. 서울: 도서출판 하우.

남정걸, 권이종, 최운실(2000). 평생교육행정 및 정책. 서울: 교육과학사.

림영철, 림광영(2001). 평생교육개론. 서울: 형설출판사.

배석영, 박성희, 박경호, 황치석(2007). 미래사회를 위한 평생교육개론. 경기: 양서원.

백은순(1999). 독학학위제의 현황과 개선방안. 평생교육학연구, 5(2), 1-26.

백현기(1962). 교육행정학. 서울: 을유문화사.

서정화(1994). 교육인사행정. 서울: 세영사.
성낙돈, 가영희, 안병환, 임성우(2009). 평생교육학개론. 서울: 청목출판사.
윤정일(1992). 교육재정학. 서울: 세영사.
이형행(1998). 신교육행정론: 교육행정 · 교육경영. 서울: 문음사.
이황원(2008). 법적 관점에서 살펴본 평생교육론. 경기: 교육과학사.
중앙교육연구소(1966). 한국의 사회교육. 서울: 중앙교육연구소 보고서.
최운실 외(2005). 한국평생교육의 총체적 진단과 발전모델구상 연구. 서울: 한국교육개발원.
최은수, 배석영(2008). 평생교육경영론. 경기: 양서원.
한국교육개발원(2005). 한국평생교육의 총체적 진단과 발전모델 구상연구.
허혜경, 박성열, 구병두(2008). 평생교육학개론. 서울: 장지사.

Apps, J. W. (1979). *Problems in Continuing Education*. New York: McGraw-Hill.

Austin, L. A., & Cheek, L. M. (1979). *Zero Base Budgeting: A Decision Package Manual*. New York: American Management Association,

Campbell, R. F., Corbally, Jr., J. E., & Ramseyer, J. A. (1986). *Introduction to Educational Administration* (3rd ed.). Boston: Alyn and Bacon Inc.

Cherring, D. J. (1983). *Personnel Management*. WMC, Brown Company Publishers.

Coles, E. T. (1969). *Adult Education in Developing Countries*. Oxford, England: Pergamon Press.

Dave, R. H. (1976). *Foundations of lifelong education*. Hamburg: UNESCO Institute for Education.

Fa`ure, E. (1972). *Learning to be*. Paris: UNESCO.

Gordon, M. (1974). The Organization of Continuing Education in Colleges & Universities. *NUEA Spectator, 37*, 20-27.

Green, A. (2000). Lifelong learning and the learning society: Different European models of organization. Ann Hodgson (Ed.), *Political, politics and th future of lifelong learning* (pp. 35-48). London: Kogan.

Griffin, C. (1987). Adult Education as Social Policy. London: Croom Helm.

Hall, R. H. (1972). *Organizations: Structure and Process*. Englewood Cliffs, NJ: Prentice Hall, Inc.

Harrington, F. H. (1977). *The Future of Adult Education*. San Francisco: Jossey-Bass.

Hodgson, A. (2000). An international and historical context for recent policy approaches to lifelong learning in the UK. Ann Hodgson (Ed.), *Policies, politics and the future of lifelong leaning* (pp. 1-17). London: Kogan.

Kowalski, T. J. (1988). *The Organization and Planning of Adult Education*. New York: SUNY.

Livingstone, J. S. (1971). Myth of the Well-Educated Manager. *Harvard Business Review, Jan-Feb*, 79-89.

Lowe, J. (1970). *Adult Education and Nation Building*. Edinburgh, Scotland: The Edinburgh University Press.

Medley, D. (1977). *Teacher Competecce and Teacher Effectiveness: A Review of Process-Product Research*. Washington, DC: AACTE.

Mee, G. (1980). *Organization for Adult Education*. London: Longman.

Newman, F. (1971). *Report on Higher Education*. Washington, DC: U.S. Department of Health, Education, and Welfare.

Peter, J. M., et al. (1980). *Building an Effective Adult Education Enterprise*. San Francisco: Jossey-Bass.

Reitz, H. J. (1980). *Behavior in Organizational Psychology* (3rd ed.). Englewood Cliffs, NJ: Pretice-Hall, Inc.

Sergiovanni, T. J., & Fred, D. C. (1980). *The New School Executive: A Theory of Administration* (2nd ed.). New York: Harper & Row Publisher.

Steele, S. M. (1971). *Cost-Benefit Analysis and the Adult Educator*. Syracuse, NY: ERIC Clearinghouse in Adult Education.

Tunner, J. H. (1972). *Patterns of Social Organization: A Survey of Social Institutions*. New York: McGraw-Hill.

Wayne, K. H., & Miskel, C. G. (1982). *Educational Administration: Theory, Research and Practice*. New York: Random House.

Wiles, J., & Bondi, J. (1980). *Supervision: A Guide to Practice*. Columbus: Charles E. Menill Publishing Co.

교육과학기술부 홈페이지 http://www.mest.go.kr

교육부 홈페이지 http://www.moe.go.kr

국가평생교육진흥원 홈페이지 http://www.nile.or.kr

국가평생교육진흥원 독학학위제 홈페이지 http://bdes.nile.or.kr

부산광역시교육청 홈페이지 http://www.pen.go.kr

제13장 평생교육 행정조직 및 정책

☑ 학습 목표

- 평생교육행정의 정의와 성격을 이해한다.
- 평생교육 관련 행정조직과 교육부 내의 평생교육정책 관련 업무를 고찰한다.
- 국가평생교육진흥원의 설립 근거와 주요 업무를 살펴본다.
- 우리나라의 현행 평생교육정책을 알아본다.

☑ 학습 개요

이 장에서는 우선 평생교육행정에 대한 교육학자들의 정의를 파악하고 평생교육행정의 성격에 대해 살펴본다. 이어 우리나라 교육부 산하 평생교육전담 행정조직의 특성과 맡은 업무를 구체적으로 고찰해 보며, 「평생교육법」을 설립 근거로 평생교육에 관한 전반적 업무를 담당하는 국가평생교육진흥원의 설립목적과 현재의 주요 업무에 대해 알아본다. 마지막으로는 우리나라 평생교육제도의 주요 정책이 무엇이며, 향후 평생교육정책이 어떻게 전개될 것인지에 대해 살펴보기로 한다.

1. 평생교육행정

평생교육행정은 일반 학교교육행정은 물론 평생교육과 관련된 새로운 교육행정체제를 말한다. 평생교육행정에 대하여 교육학자들은 저마다 그 정의와 성격을 달리 규정하기도 하는데, 구체적으로 평생교육행정의 정의와 성격을 고찰하면 다음과 같다.

1) 평생교육행정의 정의

김도수(1999)는 평생교육행정을 '국가나 지방자치단체가 국민 혹은 지역주민의 평생학습 기회를 원조 · 진흥하기 위한 목적을 가지고 공적인 정책과제를 실현하는 공공 작용'으로 정의하였다. 또한 평생교육행정을 '국가가 국민의 교육권을 보장하기 위하여 교육기회를 정비 · 제공하는 일련의 공적인 행정 작용으로써 유아에서 노인까지 모든 국민의 교육을 평생 보장하려는 행정 작용'이라고 정의하는 학자도 있다(성낙돈 외, 2009).

한편 권이종과 이상오(2001)는 일반적인 교육행정의 개념규정에 따라 평생교육행정을 크게 국가공권설과 조건정비설 두 가지로 나누어 정의하고 있다. 국가공권설은 법규 해석적 정의의 입장이다. 이는 평생교육행정에서 행정의 대상이 평생교육이기 때문에 평생교육에 관한 행정이 평생교육행정이라고 정의하려는 것이다. 또한 삼권분립 헌정체제를 전제로 하여 입법과 사법을 제외한 국가의 통치 작용이 행정이며, 교육행정은 교육을 대상으로 하거나 교육에 관한 행정이라고 보는 입장이다. 따라서 평생교육행정은 교육행정의 일부로서 교육관계 법규 중 평생교육에 관한 법규와 정책을 집행하는 국가통치 행위의 일부라는 것이다.

한편 조건정비설은 기능론적인 입장이다. 조건정비설에서는 평생교육의 일차 목표가 학습자의 학습효과를 극대화하는 것이며, 평생교육행정이란 이러한 목표를 효과적으로 달성할 수 있는 제반 조건을 정비하고 확충하는 행위라고 파악한다. 이는 교육 일선에서 행정이 하는 일이 무엇인가, 즉 평생교육의 실제에서 행정이 어떤 활동을 하고 있는가의 사실 인식으로부터 귀납적으로 파악하려는 입장이기에 기능적 해석이라고도 한다. 이러한 기능론적 입장에서 행정은 '평생교육을 위해' 존재한다. 따라서 평생교육이 위주가 되며, 행정은 평생교육을 보조하는 수단이자 봉사활동이 되는 것이다. 이는 평생교육행정은 '평생교육에 관한' 행정이므로 행정이 주가 되며 평생교육을 아래에 둔다는 공권적 해석과 대조된다. 즉, 국가공권설이 국가권력으로 교육을 통제한다는 '위에서 밑으로(from the top down)'의 행정 양상을 띤다면, 조건정비설은 교육을 위에 두고 행정이 밑에서 보조하는 '밑에서 위로(from the bottom up)'의 민주적 발상에 기인하는 것이다.

하지만 권이종과 이상오(2001)가 제시한 이 두 가지 평생교육행정의 정의를 상호 배타적이거나 상반된 것으로 생각해서는 안 된다. 어느 하나의 입장만 수용하여 평생교육행정을 파악할 것이 아니라 두 입장의 장점을 살리고 미비점을 상호 보완하여 포괄적 · 종합적으로 정의할 때에 평생교육행정에 대한 보다 정확한 파악이 가능할 것이다.

이상의 정의를 종합해 보면, 평생교육행정이란 '법규에 따라 평생교육의 목표를 효율적으로 달성하기 위해 필요한 제반 조건을 정비하고 지원 및 지도하는 행위'라고 정의할 수 있다. 평생교육행정의 궁극적 목적은 '행하는 행정'이기 때문에 법치행정의 원리를 따라야 하며 법규의 테두리를 벗어나서는 안 된다. 또한 여기서 제반 조건의 정비란 평생교육을 행하는 데에 필요한 인적자원과 재정을 확보 · 유지 · 관리하는 구체적 행위까지도 그 대상으로 한다. 그리고 이러한 행위의 주체는 국가, 지방자치단체, 민간단체, 개인 등을 포함한다고 보아야 한다.

2) 평생교육행정의 성격

평생교육행정의 성격이란 여타의 행정과는 달리 평생교육행정만이 갖는 성격에서 연역될 수 있다. 이런 입장에서 평생교육행정의 성격은 다음과 같은 몇 가지 차원에서 파악될 수 있다(권이종, 이상오, 2001).

첫째는 개방성이다. 평생교육의 이념은 국민이면 누구나, 언제, 어디서나 원하는 교육을 받을 수 있다는 개방성에 있으므로 이를 지원하는 평생교육행정도 여타의 행정과는 달리 고도의 개방성을 특색으로 하지 않으면 안 된다. 평생교육이 인생의 어느 시기에 한정되지 않고 모든 국민을 대상으로 하며, 제도교육과 같은 갖가지 규제에서 해방하려는 데 본래의 의도가 있으며, 가능하면 학습자의 편의에 따른 시간과 공간에서 원하는 내용을 선택적으로 학습할 수 있도록 하려면 평생교육행정은 개방성을 제일 중요한 특징으로 해야 한다. 가능한 한 열린 행정이 되어야 하며, 그러자면 중앙정부의 차원에서도 교육행정의 전담부서가 교육부라 하더라도 학교교육과는 달리 타 부처에서도 평생교육의 행정기능을 수행하는 것을 인정하고 개방해야 한다.

둘째는 광범위성이다. 평생교육행정은 그 대상이 광범위하다. 학교행정은 학령기의 아동 · 청소년만을 대상으로 하는 행정이지만, 평생교육행정은 취학전 아동 · 청소년만이 아니라 근로청소년, 불우청소년 및 미취학 · 미진학청소년, 부녀자, 직장인, 일반 성인, 노인 등 전체 국민을 대상으로 하는 행정이기에 그 대상이 광범위하다. 이와 같은 교육 대상의 광범위성은 위에서 언급한 개방성과 관련되어 타 부처에서 시행하는 평생교육을 위한 행정까지도 포함하게 되므로, 평생교육행정의 특성으로 광범위성은 더욱 강조되지 않을 수 없다.

셋째는 협력성이다. 평생교육행정이 교육과학부의 행정 영역을 넘어 타 부처의 행정 영역까지도 대상으로 포함하게 되므로 이들 관련 기관과의 상호 긴밀한 연계성과 고도의 협력성이 필요하다. 타 부처나 관련 기관의 협력성은 평생교육의 계획단계에서부터 그 계획의 실천과 결과의 평가에 이르는 전체 과정에 걸쳐서 이루어져야 소기의 성과를 거둘 수 있다. 뿐만 아니라 교육 대상자가 소속해 있는 집단과 단체 또는 지역사회와의 협조가 있어야 하며, 시설과 인적자원의 활용 면에서 그들 간의 고도의 협력체제가 필요하다.

넷째는 융통성이다. 평생교육은 학교교육과는 달리 그 주체 · 대상 · 내용 · 방법 · 시설 · 장소 · 기간 등이 비교적 자유스럽고 융통성이 크다. 따라서 평생교육행정은 융통성과 탄력성을 가져야만 한다. 뿐만 아니라 평생교육행정은 관련 분야와 고도의 협력과 조정이 요청되기 때문에 이에 대처하기 위해서는 경직성과 획일성 또는 배타성을 배제하고 융통성과 유연성을 띠어야 한다. 게다가 여타 행정처럼 이론체계가 확립되고 전통이 수립되어 있는 것도 아니기 때문에 탐색적이고 창의적인 행정을 시도해야 한다. 그렇기에 무엇보다도 그때그때 상황에 대처하는 융통성이 있어야 한다.

다섯째는 불확정성이다. 평생교육행정은 대상이나 영역, 내용, 방법, 시간, 장소 등이 학교교육처럼 의무적이지 않고 별로 규제가 없기 때문에 그 실체를 파악하기가 힘들다. 이념적으로는 모든 교육을 다 포함한다지만 제도적 장치나 재정 확보가 불확실할 뿐 아니라 평생교육의 이념에 입각하여 교육하기만 하면 행정의 대상이 되므로, 수많은 기관의 존재와 계속성이 유동적이기 때문에 평생교육행정은 불확정성을 띠게 된다.

2. 한국의 평생교육 관련 행정조직

한국의 교육행정조직은 일반 행정조직과는 별도로 구분된 기구를 두고 있다. 이처럼 일반행정과 교육행정이 이원화되어 있는 체제에서는 교육정책을 추진하는 시 · 도 교육청이 일반행정과 관련된 기관 및 단체의 평생교육을 지원하기 어렵다. 이에 정부는 「평생교육법」 개정에 따라 평생교육을 전담하고 지원하는 기구를 각 지방교육청과의 유기적 협조 아래 일반 행정부처에서도 분담하도록 하고 있다(교육부, 국가평생교육진흥원, 2014).

우리나라 「평생교육법」 상 평생교육 추진체제는 국가-광역-기초 단위에 따라 교육부-시 · 도-시 · 군 · 자치구로 시 · 도 교육청, 교육지원청이 협력하는 체제로 이루어져 있다. 추진기구는 국가단위의 국가평생교육진흥원, 광역단위의 시 · 도 평생교육진흥원, 기초단위의 평생학습관, 평생학습센터가 운영된다. 평생교육 관련 정책을 체계적으로 계획하고 심의하기 위하여 중앙정부에서는 교육부장관이 5년마다 평생교육진흥기본계획을 수립하도록 하고, 광역 지방자치단체 수준에서는 시장과 도지사가 기본계획에 따른 시행계획을 매년 수립하고 시행하도록 하고 있다. 그리고 기본계획과 시행계획의 수립 및 시행과 관련하여 교육부장관 소속으로 평생교육진흥위원회를 설치하고, 시장과 도지사 소속으로 시 · 도 광역지방자치단체 평생교육협의회를 설치하고 있다. 시 · 군 · 구에서는 지역주민을 위한 평생교육 실시와 관련되는 사업 간 조정 및 유관기관 간 협력 증진을 위하여 시 · 군 · 구 평생교육협의회를 두도록 하였다(김종서 외, 2009).국가와 지방자치단체의 수준별 평생교육 심의기구와 전담 및 지원 기구의 전체적인 추진체계는 [그림 13-1]과 같다.

우리나라의 국가평생교육체계는 다음의 세 가지 축으로 구성되어있다(허정무, 홍진옥, 2016).

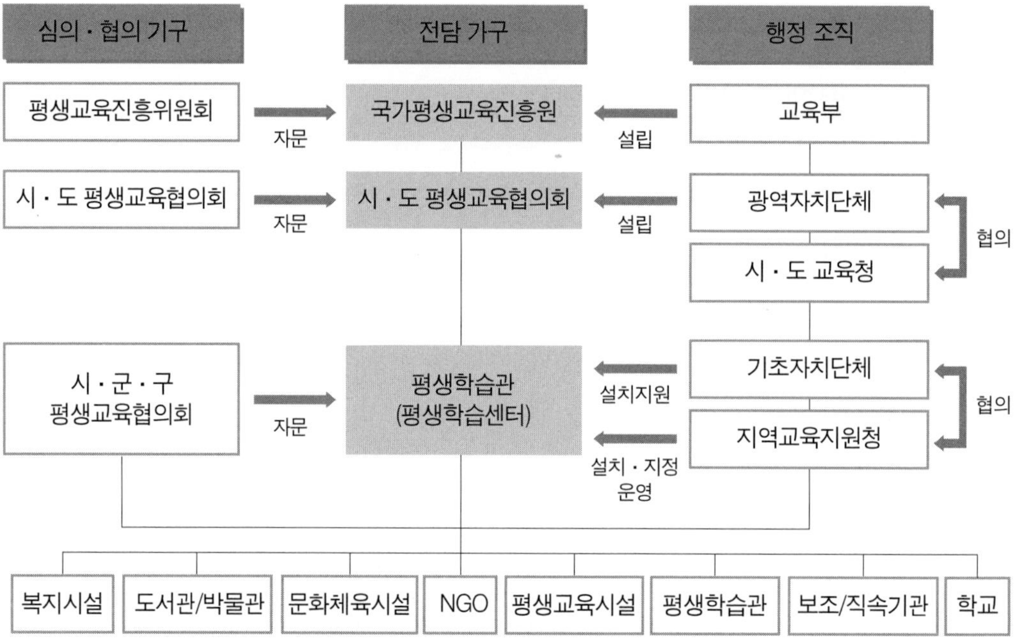

[그림 13-1] 한국 평생교육 추진 체계

출처: 교육부, 국가평생교육진흥원(2014), 2013 평생교육백서. p. 52.

첫째는 평생학습에 관련된 행정서비스를 제공하는 주체이다. 여기에는 행정안전부와 지방자치단체가 「지방자치법」에 의거하여 일반행정, 종합행정, 복지행정, 주민자치 서비스의 일환으로 평생학습을 제공하는 것이 포함된다.

둘째, 교육행정의 축이다. 이는 「평생교육법」에 의거한 교육행정이 이루어지는 축으로 교육부, 교육청, 평생교육시설 및 단체의 순으로 이어진다.

셋째, 평생교육 전담 및 지원 추진 서비스를 제공하는 주체이다. 국가 및 지역의 평생교육진흥원, 평생학습관, 평생학습센터 등이 이 축에 포함된다. 여기에서는 이 세 가지 축의 중심 기구인 교육부, 국가평생교육진흥원, 지역평생교육 행정조직을 구체적으로 살펴보고자 한다.

1) 교육부의 평생교육 행정조직

교육부는 국가평생교육에 관한 기본 · 종합정책을 수립하고 실행하기 위한 중앙 수준의 행정조직이다. 2017년 12월 시행된 교육부 조직개편에 따라 평생교육과 관련된 업무는 평생미래교육국에서 담당한다. 평생미래교육국은 직업교육과 평생교육 각각의 정책을 강화하기 위하여 기존의 평생직업교육국에서 직업교육 관련 기능을 고등교육정책실(직업교육정책관)로 이관하고 개편되었다. 현재 평생미래교육국은 제4차 산업혁명과 고령화 등 미래사회에 대응한 교육시스템 변화를 총괄 · 운영하고 있다. 평생미래교육국 산하에는 미래교육기획과, 평생학습정책과, 진로교육정책과, 이러닝과의 4개 부서가 있으며 각각의 주요 행정업무는 다음과 같다(교육부, 2017).

(1) 평생미래교육국 미래교육기획과 관련 행정업무

- 제4차 산업혁명에 대비한 인재양성 정책 수립 · 시행
- 인재정책 및 인적자원개발 기본계획의 수립 · 시행
- 인적자원개발 관련 법령 · 제도의 운영 · 개선
- 지역 및 지방자치단체의 인적자원개발에 관한 사항

- 인적자원개발 우수기관 인증제 운영에 관한 사항
- 글로벌 인재 포럼 및 미래교육 · 인재개발정책 관련 포럼의 운영
- 경제협력개발기구(OECD)의 인적역량 전략 수립 지원에 관한 사항
- 대한민국 인재상 기본계획의 수립 · 시행
- 한국형 온라인대중강좌(K-MOOC) 구축 · 운영
- K-MOOC 등을 활용한 산업연계 단기 직무교육 프로그램 운영 지원
- 영재교육진흥 기본정책의 수립 · 시행
- 중앙영재교육진흥위원회의 구성 · 운영
- 초 · 중등학교 과학 · 수학 · 정보교육 기본정책의 수립 · 시행
- 과학 · 수학 · 정보교육 진흥에 관한 사업 추진
- 과학고등학교 및 과학중점학교 제도의 개선 및 운영 지원
- 융합인재교육(STEAM)을 위한 교원의 역량 강화, 지원 인프라 구축 · 운영, 체험 · 탐구 · 활용 중심의 프로그램 개발 보급 등 융합인재교육 활성화 총괄
- 그 밖에 평생미래교육국 내 다른 과의 주관에 속하지 아니하는 사항

(2) 평생미래교육국 평생학습정책과 관련 행정업무

- 평생교육진흥 종합정책의 수립 · 시행 및 평생교육 관련 법령의 제 · 개정
- 평생교육진흥위원회의 구성 · 운영
- 평생교육진흥원의 출연(出捐) 및 운영 지원
- 시 · 도평생교육협의회 및 시 · 도평생교육진흥원, 시 · 군 · 자치구평생교육협의회 및 시 · 군 · 자치구평생학습관의 운영 지원 등 지방자치단체의 평생교육진흥에 관한 사항
- 평생교육 통계조사 및 『평생교육백서』 발간
- 전공대학의 설치 · 폐지 및 운영 지원
- 문자해득교육 실시 및 문자해득교육 프로그램의 운영 지원
- 평생교육사 자격제도 관련 법령 · 제도의 개선 및 운영 지원

- 시간제 등록제, 학점은행제 및 독학에 의한 학위 취득제 관련 법령 · 제도의 개선 및 운영 지원
- 평생교육 관련 시설 · 단체 및 공익법인의 운영 및 육성, 제도개선 지원
- 자격제도 및 정책에 관한 기본계획의 수립 · 시행
- 자격체제 및 국가역량체계의 구축 · 운영
- 국가직무능력표준의 개발 · 활용
- 민간자격 관리 및 국가 공인에 관한 사항
- 교육훈련과정 이수에 따른 공인자격 부여에 관한 사항
- 평생학습계좌제 기본정책의 수립 · 시행
- 산업체 근무자의 학위 취득 지원 및 대학 평생교육 활성화 기본정책의 수립 · 시행
- 읍 · 면 · 동 평생학습센터 및 지역사회 학습모임 육성 지원
- 평생교육 바우처 등 저소득층의 평생교육 기회 확충 지원
- 지역사회학교 등 초 · 중등학교의 평생교육 운영 지원
- 평생학습도시 지정 및 평생학습도시협의회의 운영 지원
- 평생학습박람회 등 평생학습 문화 확산에 관한 사항
- 교육 분야 비영리법인 및 사회적 기업 기본정책의 수립 · 시행
- 학원, 교습소 및 과외교습 관련 법령 · 제도의 운영 · 개선
- 시 · 도교육청 학원 지도단속 정책의 수립 · 시행
- 학원 관련 통계 관리 및 한국학원총연합회 운영 지원에 관한 사항

(3) 평생미래교육국 진로교육정책과 관련 행정업무

- 진로교육 정책에 관한 기본계획의 수립 · 시행 및 관련 법령 · 제도의 운영 · 개선
- 초 · 중등학생의 진로교육 촉진 및 지원
- 초 · 중등학교 진로교육 집중학년제 · 학기제 및 중학교 자유학기 진로탐색 활동 운영 지원에 관한 사항

- 진로교육 우수사례 발굴 및 확산에 관한 사항
- 학교급 · 유형별 진로교육 운영 매뉴얼 및 프로그램 개발 지원
- 교원의 진로교육 역량 강화 및 진로지도 관련 인력 활용 지원
- 진로교육 목표와 성취기준에 관한 사항
- 진로전담교사 제도의 운영 지원
- 진로체험정보제공시스템 등 진로교육정보망 운영 지원
- 진로심리검사 및 진로상담 프로그램 개발 · 보급
- 국가진로교육센터의 지정 및 운영 지원
- 초 · 중등학생 진로체험 프로그램 개발 · 운영 지원
- 진로체험기관 발굴 · 지원 및 인증에 관한 사항
- 초 · 중등학생 창업체험교육 활성화 지원
- 진로교육 관련 전문기관과의 협력체제 구축
- 진로교육에 관한 국제 교류 · 협력에 관한 사항
- 진로교육 현황 조사 등 진로교육 관련 통계에 관한 사항
- 성인 진로교육 지원에 관한 사항
- 학부모 대상 진로교육 프로그램 제공

(4) 평생미래교육국 이러닝과 관련 행정업무

- 교육 분야 이러닝 활성화를 위한 계획의 수립 · 시행
- 학교인터넷망 고도화 지원
- 온라인 교육용 콘텐츠 진흥 · 육성 지원
- 디지털교과서 개발 기본계획의 수립 · 시행 및 연구학교의 운영 지원
- 초 · 중등학교 교육정보 콘텐츠 및 디지털교과서의 저작권에 관한 사항
- 교육정보화 연구대회 기본계획의 수립 · 시행
- 교원 교육정보화 연수 제도의 수립 · 시행 및 운영 지원
- 사이버 학습 운영 지원 기본계획의 수립 · 시행 및 관련 시스템의 개발 · 운영 지원

- 한국교육방송공사 고교 강의 프로그램 제작 지원
- 저소득층 · 소외계층의 한국교육방송공사 수능학습 지원
- 사이버 학습 및 온라인 수업 운영 관련 교육정보 격차해소 지원
- 한국방송통신대학 관련 법령 · 제도의 운영 · 개선
- 한국방송통신대학 체제 개편, 학사관리 및 학습관 운영 지원
- 사이버대학(특수대학원을 포함한다. 이하 같음) 및 원격대학 형태의 평생교육시설의 교육에 관한 기본책의 수립 · 시행
- 사이버대학 및 원격대학 형태의 평생교육시설의 설립 · 폐지 · 전환 및 정원 조정과 운영 지원에 관한 사항
- 사이버대학을 설치 · 경영하는 학교법인의 설립 · 해산, 임원취임 승인, 정관변경, 재산처분 허가 등 법인 관리에 관한 사항
- 사이버대학의 학사 및 입학 관련 제도 개선
- 사이버대학에 대한 재정지원 및 평가
- 사이버대학 특성화 지원 및 콘텐츠 개발 · 공동활용 지원
- 아세안 사이버대학 설립 추진계획의 수립 · 시행 및 아세안 공동운영 교육과정 개발 · 운영 지원
- 교육정보화 관련 국제협력 및 교육정보서비스의 해외진출 지원에 관한 사항
- 국제기구 및 다자 간 이러닝 협력사업, APEC 교육정보화 연수프로그램 운영 및 이러닝 관련 박람회 · 국제세미나 등 총괄 · 지원
- 이러닝 관련 비영리법인 지도 · 운영 · 지원 및 민간기업과의 정보화 협력 프로그램의 운영

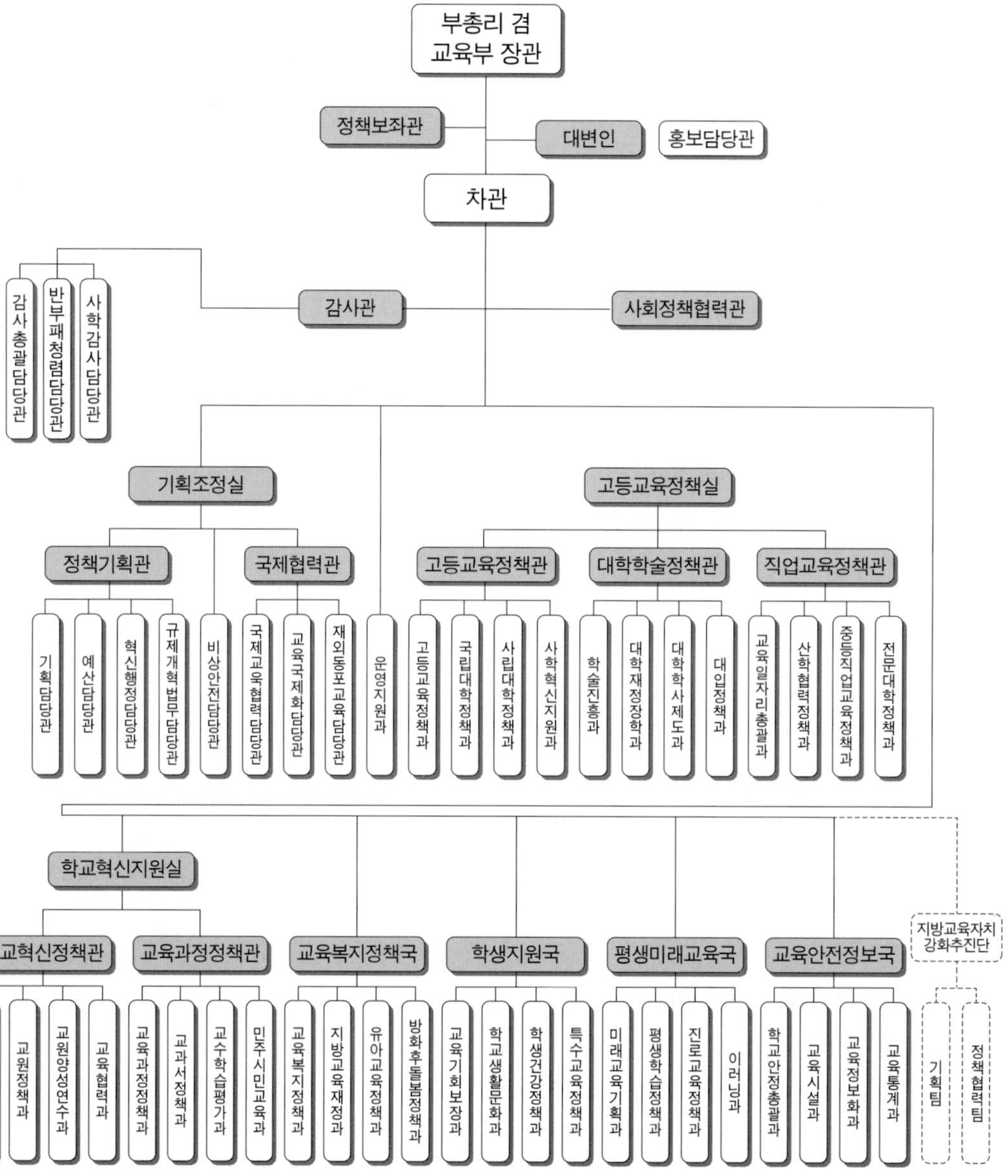

[그림 13-2] 교육부 조직도

출처: 교육부 홈페이지(http://www.moe.go.kr)

2) 국가평생교육진흥원

국가평생교육진흥원은 평생교육을 전담하고 지원할 정부 수준의 별도 기구의 필요성에 따라 2008년 2월 15일에 설립되었다. 이는 기존에 한국교육개발원 내의 평생교육센터, 학점은행센터, 그리고 한국방송통신대학교 내의 독학학위 검정원으로 분산되어서 운영되었던 평생교육 관련 행정기구들을 통합 개편한 것이다. 즉, 국가평생교육진흥원은 전 세계가 지식강국으로 도약하기 위해 전력을 다하는 시대적 배경에 따라 우리나라 평생교육의 중추 행정조직으로서 창조적인 선진학습강국 건설을 선도하기위해 독립적으로 설치된 국가 차원의 평생교육정책 총괄기구다. 국가평생교육진흥원은 개인에게 다양한 학습의 기회를 제공함과 동시에 가정과 학교를 넘어 지역사회로 이어지는 평생학습의 장을 마련하여 개인과 국가가 동반 성장하는 건강한 평생학습사회를 만들어 가는 데 그 목적이 있다. 다시 말해 국가평생교육진흥원은 국민 개개인이 학습을 통해 꿈과 희망을 현실에서 실현할 수 있도록 뒷받침하는 실질적인 행정조직이라 볼 수 있다.

국가평생교육진흥원은 「평생교육법」 제19조 1항의 "국가는 평생교육진흥 관련 업무를 지원하기 위하여 평생교육진흥원을 설립한다."에 설립 근거를 두고 있다. 또한 「교육기본법」 제3조의 "모든 국민은 평생에 걸쳐 학습하고 능력과 적성에 따라 교육받을 권리를 가진다."와 「헌법」 제31조 5항의 "국가는 평생교육을 진흥하여야 한다."는 조항 역시 국가평생교육진흥원의 존재 이유를 뒷받침한다.

국가평생교육진흥원의 주요수행업무인 11대 기능은 다음과 같다(국가평생교육진흥원, 2018)

- 평생교육진흥을 위한 지원 및 조사 업무
- 평생교육진흥위원회가 심의하는 기본계획 수립의 지원
- 평생교육 프로그램 개발의 지원

- 평생교육사를 포함한 평생교육 종사자의 양성 · 연수
- 평생교육기관간 연계체제의 구축
- 시 · 도 평생교육진흥원에 대한 지원
- 평생교육 종합정보시스템 구축 · 운영
- 「학점인정 등에 관한 법률」 및 「독학에 의한 학위 취득에 관한 법률」에 따른 학점 또는 학점인정에 관한 사항
- 학습계좌의 통합 관리 · 운영
- 문해교육의 관리 · 운영에 관한 사항
- 법령에 따라 위탁받은 업무

평생교육진흥원은 2008년 개원 이후 2010년에는 전국학부모지원센터 운영기관으로 지정되었으며, 평생학습계좌제 전국 개통을 실시하였다. 2012년에는 중앙다문화교육센터 운영기관으로 지정되었고, 2014년에는 국가평생학습포털인 '늘배움'을 개통하였다. 2015년부터는 다양한 기관에서 생산한 평생교육 콘텐츠를 온라인으로 제공하는 대국민 평생교육 종합서비스 개통을 목적으로 온라인을 통해 누구나, 어디서나, 원하는 강의를 무료로 들을 수 있는 한국형 온라인 공개강좌(K-MOOC) 사업을 시작하였다. 2016년에는 「평생교육법」 일부 개정에 따라 국가문해교육센터 설치 근거가 마련되어(제39조의2) 문해교육활성화를 위한 문해교육연구, 조사, 문해교육 프로그램 개발, 지원 등의 역할을 수행하는 국가문해교육센터가 출범하였다.

2012년에는 기존의 '평생교육진흥원'에서 '국가평생교육진흥원'으로 명칭이 변경되었으며, 체제 역시 기존의 1실, 3본부에서 1처, 3본부, 5센터, 1사업단, 1감사실, 16실로 정비되었다. 2018년 현재는 1처, 4본부, 3센터, 1감사실, 16실로 체제가 구성되어 있으며, 이는 다음 [그림 13-3]과 같다. 또한 각 본부별로 담당하는 업무를 구체적으로 살펴보면 다음과 같다.

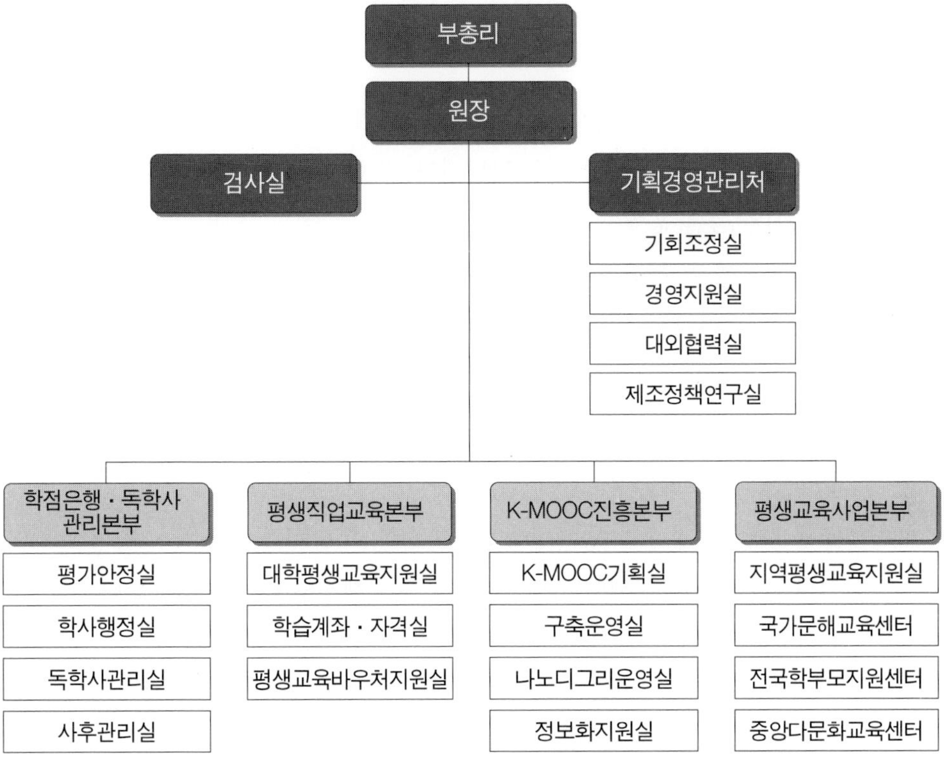

[그림 13-3] 국가평생교육진흥원 조직도(2018년 3월 기준)

출처: 국가평생교육진흥원 홈페이지(http://www.nile.or.kr)

(1) 학점은행 · 독학사 관리본부

학점은행 · 독학사 관리본부는 평가인정실, 학사행정실, 독학사관리실, 사후관리실의 4개 실로 구성되어 있다. 이들의 행정업무는 다음과 같다.

- 평가인정실: 출석수업기반 학습과정단위의 평가인정, 원격수업기반 학습과정단위의 평가인정, 표준교육과정 및 자격학점 인정, 고용노동부 소관 직업훈련과정 평가인정에 관련된 업무를 담당한다.
- 학사행정실: 교육훈련기관 및 개인의 학습자등록, 학점인정, 학위수여, 학사상담 등과 관련된 업무를 담당한다. 이밖에도 대외학사협력, 국민신문고

관리, 인사 및 채용 관련 업무, 학습과정 변경 및 각종 신청 처리 등을 맡고 있다.

- 독학사관리실: 독학학위제와 관련된 시험의 응시, 출제, 과목 및 영역 관리와 상담, 증명서 발급 등을 담당한다. 또한 독학학위제 분과위원회, 면제지정기관 등을 운영·관리하고 있다.
- 사후관리실: 학점은행제와 관련한 사후관리를 담당한다. 교육훈련기관 연수 및 모니터링, 사례집 발간, 재평가, 민원 접수 및 대응, 교육훈련기관 벌점부과 및 관리, 컨설팅 지원 등이 포함된다.

(2) 평생직업교육본부

평생교육정책본부는 대학평생교육지원실, 학습계좌·자격실, 평생교육바우처실의 3개 실로 구성되어 있다. 각각의 주요 행정업무는 다음과 같다.

- 대학평생교육지원실: 대학의 평생교육체제와 관련한 지원사업 운영, 성과관리, 정책연구 등을 담당한다.
- 학습계좌자격실: 평생교육사와 관련한 연수과정 및 매뉴얼 개발, 자격증 신청 및 발급 업무, 배치 현황 조사 및 점검, 관련 상담 등을 담당한다. 또한 학습이력의 평가인정과 관련하여 평가인정기관 및 협약기관 연계, 학습과정 평가인정, 검정고시 연계 평가 및 학력 연계, 기관단위 평가인정 승인 및 관리 등을 맡고 있다.
- 평생교육바우처실: 2018년부터 시범 실시되는 평생교육바우처 사업과 관련하여 시스템 구축, 홍보, 법 제도 정비, 매뉴얼 개발 및 부정수급 방지대책 마련 등의 업무를 담당한다.

(3) K-MOOC진흥본부

K-MOOC진흥본부는 K-MOOC기획실, 구축운영실, 나노디그리운영실, 정보화지원실의 4개 실로 구성되어 있다. 이들의 행정업무를 살펴보면 다음과 같다.

- K-MOOC기획실: K-MOOC 사업과 관련하여 사업기획, 운영, 홍보, 관리 등을 담당한다. 구체적으로는 선정평가 계획 수립 및 추진, 참여대학 협의회 및 자문위원회 운영, 국외 교류협력 및 네트워크 추진, 참여대학 연수 기획 및 운영, 우수사례 선정, 사업 홍보 기획 및 운영, 학습자 만족도 분석 등을 실시한다.
- 구축운영실: K-MOOC 플랫폼 및 콘텐츠의 구축과 운영을 맡고 있다. K-MOOC 플랫폼 설계 및 기획, 운영, 데이터 분석 및 기술 검토, 콘텐츠 품질관리가 포함되며 정보보안 및 개인정보보호 업무도 담당한다.
- 나노디그리운영실: 한국형 나노디그리 운영에 관련한 업무를 수행한다. 여기에는 국외자료 수집, 조사, 분석과 정책연구 수행 및 관리 지원도 포함된다.
- 정보화지원실: 기관의 정보시스템 운영과 관련된 업무를 담당한다. 학점은행제 정보공시 관련 업무로 운영계획 수립, 실태조사, 정보공시 시스템 구축 및 운영 등을 맡고 있으며 정보화 운영, 기획, 시스템 유지보수, 정보보안 및 개인정보보호 업무 등도 수행한다.

(4) 평생교육사업본부

학위관리상담본부는 지역평생교육지원실, 국가문해교육센터, 전국학부모지원센터, 중앙다문화교육센터의 1실, 3센터로 구성되어 있다.

- 지역평생교육지원실: 지역평생교육 활성화를 위한 각종 지원 업무를 담당한다. 구체적으로는 관련 정책연구, 평생학습박람회 업무지원, 평생학습도시 업무 지원, 행복학습센터 운영지원, 시도평생교육 지원 등이 있다.
- 국가문해교육센터: 성인문해교육 지원사업 운영과 관련한 업무를 수행한다. 성인문해교육 프로그램 운영지원, 성인학습자 학력인정체제 구축, 성인문해능력 조사, 문해교육 교과서 및 교수학습자료 개발 등이 포함된다.
- 전국학부모지원센터: 학부모 교육 모델 개발, 온라인 교육자료 개발 지원,

정책협의회 운영, 학부모 교육센터 운영 지원, 정책 토론회 및 포럼 운영 지원 등을 담당한다.

• 중앙다문화교육센터: 다문화교육 유치원 및 학교 운영 지원, 교재 보급 및 콘텐츠 포털 운영, 지역다문화교육지원센터 운영지원, 상담사업 운영지원, 통계관리, 우수사례 관리 등을 맡고 있다.

3) 지역평생교육 행정조직

1999년 「평생교육법」의 제정으로 국가평생교육 추진체제의 기반이 마련되었으나, 교육부-교육청-지역교육청으로 이어지는 추진체제는 평생교육의 본래 이념과 수요를 충족시키기 어렵다는 지적이 이어졌다. 전통적인 학교교육에 치중되어 있는 교육부 중심의 행정체계가 점차 다양화되는 국민의 평생교육 수요를 만족시키기에는 한계가 있을 수밖에 없기 때문이다. 이에 따라 2007년 개정된 「평생교육법」에서는 평생교육 추진체제를 평생교육진흥에 대한 국가의 책무뿐 아니라 지역자치단체의 법적 책무와 권한을 강화하는 방향으로 개편하였다. 「평생교육법」 5조에 따라 국가 및 지방자치단체는 모든 국민에게 평생교육기회가 부여될 수 있도록 평생교육진흥정책을 수립 · 추진하여야 하도록 하였다. 개정 전 「평생교육법」 제9조1에 명시된 "국가 및 지방자치단체는 이 법과 다른 법령이 정하는 바에 의하여 평생교육시설의 설치, 평생교육사의 양성, 평생교육 프로그램의 개발 및 평생교육기관에 대한 경비보조등의 방법으로 모든 국민에게 평생학습의 기회가 부여될 수 있도록 노력하여야 한다."의 조항과 비교하면, 지방자치단체에 행정적 권한을 부여함으로서 행정조직의 구축을 포함한 지역평생교육에 대한 책무를 강화하였음을 알 수 있다. 또한, 「평생교육법」 제11조에 따라 시 · 도지사는 교육부장관이 5년마다 수립하는 '평생교육진흥기본계획'에 따라 광역 지방자치단체의 '연도별 평생교육진흥시행계획'을 수립 · 시행하도록 하였으며, 「평생교육법시행령」 제3조 제3항에 따라 매년 다음 해의 평생교육진흥시행계획을 수립 · 제출하도록 강제하고 있다. 이 역시 지방자치단체에 대한 평생교육의 책무성을 강조한 변화라 볼 수 있다.

이처럼 현행 「평생교육법」에 따른 지역평생교육은 교육행정에서 일반행정으로 행정의 중심이 이동하였으나, 교육감 협의사항을 두어 시 · 도 교육청과 지방자치단체의 협업이 이루어질 수 있도록 하고 있다. 교육감 협의 대상의 사항들로는 ① 평생교육시행계획의 수립 · 시행에 관한 사항, ② 시 · 도 평생교육협의회의 위원 구성에 관한 사항, ③ 시 · 도지사가 조례에 따라 실시하거나 지원하는 평생교육진흥사업에 관한 사항, ④ 시 · 도 평생교육진흥원의 설치나 지정에 관한 사항이 있다. 또한 시 · 도 평생교육협의회의 부의장은 부교육감을 당연직으로 두고 있다.

이 밖에 시 · 도 교육청이 지역평생교육과 관련하여 평생교육시설 인가 및 등록에 관한 업무, 지역평생교육정보센터 운영, 문자해득교육 사업 운영 등의 행정을 담당하고 있다. 광역자치단체와 교육자치단체의 평생교육의 역할은 다음 〈표 13-1〉과 같다.

표 13-1 광역자치단체와 교육자치단체의 평생교육에 대한 역할

구분	시 · 도청	시 · 도 교육청
평생교육진흥 시행계획	• 수립 · 시행(제11조) • 교육부장관 제출(제3조)	• 시 · 도지사의 수립 · 시행에 협의(제11조)
행정권한	• 시행계획 수립을 위해 관련기관에 자료 요구(제13조) • 평생교육통계조사(제18조)	• 평생교육시설 설치인가 또는 등록 관리(제28~제38조) • 평생교육시설 설치인가 또는 등록 취소(제42조)
시 · 도 평생교육협의회	• 협의회 구성 · 운영(제12조) • 시 · 도지사 당연직 위원장(제12조)	• 협의회 위원 구성 협의(제12조) • 부교육감은 당연직 부의장(제12조)
평생교육지도 및 지원	• 기관요청시 평생교육활동 지도 또는 지원(제17조)	• 좌동

평생교육사업 추진기구 운영	• 시 · 도 평생교육진흥원 설치 또는 지정 · 운영(제20조)	• 지역평생교육정보센터 지정운영 • 시 · 도 평생교육진흥원 설치 또는 지정에 대한 협의 (시행령 제12조)
평생교육진흥 사업 내용	• 평생교육진흥사업 실시 또는 지원 (제16조) • 평생교육기관의 설치 · 운영 • 평생교육사의 양성 및 배치 • 평생교육 프로그램의 개발 • 그밖에 국민의 평생교육참여를 촉진하기 위하여 수행하는 사업 등 • 조례에 따라 주민을 위한 평생교육진흥사업(제16조) • 전문인력정보은행제 운영 (시행령 제13조)	• 좌동 • 시 · 도청의 평생교육진흥 사업에 대한 협의(제16조)
평생교육진흥 사업 영역	• 법이 규정한 모든 평생교육 사업 • 정보화 관련 평생교육(제22조)	• 문자해득교육(제39조) • 좌동

출처: 교육부, 국가평생교육진흥원(2014). 2013 평생교육백서, p. 56.

각 광역자치단체의 평생교육행정 업무는 각 시 · 도의 시무분장규칙에 따라 다르다. 광역자치단체에서의 평생교육 소관부서의 특성은 다음과 같다(김진화, 2017).

첫째, 서울특별시를 제외하고 다른 광역자치단체들은 조직의 위계상 평생교육의 중요성이 부각되지 않는다.

둘째, 광역자치단체의 평생교육 소관부서 및 조직이 다원화되어 있고, 평생교육의 기능이 다각화 되어 있다.

셋째, 다양한 조직 명칭을 사용하고 있다. 17개 광역자치단체의 평생교육 소관부서들은 다음 〈표 13-2〉와 같다.

표 13-2 광역자치단체의 평생교육 소관부서

구분	자치단체	소관부서 및 조직
광역자치단체	서울특별시	평생교육담당관
	부산광역시	기획관리실 기획행정관
	대구광역시	교육청소년정책관
	인천광역시	기획조정실 교육지원담당과
	광주광역시	기획조정실 청년인재육성과
	대전광역시	기획조정실 정책기획관 교육협력과
	울산광역시	행정지원국 인재교육과
	세종특별자치시	행정복지국 자치행정과
	경기도	교육협력국 교육정책과
	강원도	기획조정실 교육법무과
	충청북도	기획관리실 정책기획관
	충청남도	지획조정실 자치행정과
	전라북도	자치행정국 자치행정과
	전라남도	기획조정실 청소년정책담당관
	경상북도	인재개발정책관
	경상남도	기획조정실 교육지원담당관
	제주특별자치도	특별자치행정국 평생교육과

출처: 김진화(2017). 대한민국미래를 위한 평생학습정책 기획학술포럼 자료집, p. 122.

지역평생교육의 전담 기관으로는 광역 수준에서는 시 · 도 평생교육진흥원, 기초 수준에서는 평생학습관, 또는 평생학습센터가 있다. 시 · 도 평생교육진흥원은 해당 지역의 평생교육기회 및 정보의 제공, 평생교육 상담, 평생교육 프로그램 운영, 해당지역의 평생교육기관 간 연계체제 구축, 그 밖에 평생교육 진흥을 위하여 시 · 도지사가 필요하다고 인정하는 사항에 관한 업무를 담당한다. 시 · 도 평생교육진흥원의 설치 현황은 다음 〈표 13-3〉과 같다.

표 13-3 시 · 도 평생교육진흥원 설치 현황(2016년 6월 기준)

연번	시 · 도	설립/지정 시기	설립형태		지정(위탁)기관	소재지
			법인설립	위탁지정		
1	서울평생교육진흥원	'14. 04. 03	○		-	서울 마포구
2	부산평생교육진흥원	'11. 03. 01		○	부산인적자원개발원	부산 동래구
3	대구평생교육진흥원	'14. 02. 20		○	대구경북연구원	대구 수성구
4	인천평생교육진흥원	'13. 05. 09		○	인천인재육성재단	인천 서구
5	광주평생교육진흥원	'13. 04. 16	○		-	광주 광산구
6	대전평생교육진흥원	'11. 06. 13	○		-	대전 중구
7	울산평생교육진흥원	'12. 07. 01		○	울산발전연구원	울산 북구
8	세종평생교육진흥원	'16. 02. 05		○	세종인재육성재단	세종시
9	경기평생교육진흥원	'11. 12. 28	○		-	경기 수원시
10	강원평생교육진흥원	'14. 03. 25		○	강원발전연구원	강원 춘천시
11	충북평생교육진흥원	'11. 04. 20		○	충북발전연구원	충북 청주시
12	충남평생교육진흥원	'16. 06. 03	○		-	충남 홍성군
13	전북	- ('16년 하반기)			민간위탁 예정 (의회 협의 중)	-
14	전남평생교육진흥원	'14. 03. 19		○	광주전남연구원	전남 무안군
15	경북평생교육진흥원	'13. 06. 27		○	대구대학교	경북 경산시
16	경남평생교육진흥원	'15. 01. 01		○	경남발전연구원	경남 창원시
17	제주평생교육진흥원	'12. 07. 18		○	제주발전연구원	제주 제주시
소계			5	11		

출처: 국가평생교육진흥원(2016). 지역평생교육 추진체제 운영현황.

1999년 「평생교육법」에 따라 설치 · 운영이 규정된 평생학습관은 2007년 법 개정 이후 교육감 뿐 아니라 시 · 군 · 구청장도 설치 · 운영할 수 있게 되었다. 평생학습센터는 주민들의 근거리 학습권 보장을 위한 읍 · 면 · 동 단위의 학습센터 설치를 목적으로 시작되었으며, 2014년「평생교육법」의 일부 개정을 통해 시장 · 군수 · 자치구의 구청장은 읍 · 면 · 동별로 주민을 대상으로 하여 평생교육 프로그램을 운영하고 상담을 제공하는 평생학습센터를 설치하거나 지정하여 운영할 수 있게 되었다(제21조2). 박근혜 정부의 공약이었던 '행복학습센터'는 읍 · 면 · 동 마을단위의 평생학습을 담당하는 평생학습센터로 농촌지역 등 평생학습 취약 지역을 지원하며, '행복학습매니저'를 양성 · 배치하고 있다. 평생학습관 또는 평생학습센터는 기초자치단체의 평생학습계획 수립 · 실행, 평생학습기관 간 네트워크, 평생교육 프로그램 개발 및 운영, 평생학습정보제공, 평생학습상담 등을 총괄하고 있으며, 지역 내 도서관, 학교, 평생교육시설, 각종 복지관, 사회체육문화시설, 기업 및 산업체 등과의 네트워크를 통하여 지역의 평생학습 프로젝트를 실행한다(국가평생교육진흥원, 2014).

평생학습관은 2001년 평생학습 도시사업과 함께 급속히 확대되어 현재는 2017년 기준 전국 435개 기관이 설치 · 운영되고 있다. 이 중 교육감 설치 및 지정 기관이 296개이며, 지자체 설치 평생학습관은 139개이다(교육부, 한국교육개발원, 2017). 행복학습센터는 2014년 60개 기초자치단체를 선정하여 180개의 센터를 지원하였고, 2015년에는 32개의 기초자치단체를 추가로 지원하여 현재 92개의 기초자치단체에서 670개의 행복학습센터가 설치 · 운영되고 있다(국가평생교육진흥원, 2017).

3. 평생교육정책

정책이란 '특정 영역과 차원에서의 공익을 위한 정부 통치행위의 기본 방침(direction)'으로 정의되며, 이에 따라 교육정책은 '교육 영역과 차원에서 공익을 위한 정부 통치행위의 전반적인 방향'이라고 할 수 있다(최은수, 2012). 즉, 평생교육정책이란 '평생학습 구현을 위한 평생교육 분야에서의 국가적 차원의 공공정책을 의미한다(Edwards, Miller, Small, & Trait, 2002)

1) 한국 평생교육정책의 역사와 특징

최은수(2012)는 우리나라의 평생교육정책의 전개과정을 ① 1945년부터 1950년대까지의 성인교육기초 형성기, ② 1960년대부터 1970년대까지의 정부주도하 평생교육 구성기, ③ 1980년대부터 1990년대까지의 평생교육 확대기, ④ 2000년 이후 평생교육 발전기로 구분하였다. 각 시기별 주요 정책 내용은 다음 〈표 13-4〉와 같다.

표 13-4 한국 평생교육의 시기별 주요 정책

구분	특징	주요 정책
성인기초교육 형성기 (1945~1950년대)	국민기초교육 강화를 위한 평생교육정책 추진	• 교원 양성 및 재교육 • 성인교육을 통한 문맹퇴치와 한글 보급 • 공민학교와 고등공민학교의 제도화 • 문맹퇴치 5개년 계획 추진 • 농촌계몽활동과 농촌문고 설치
평생교육 구성기 (1960~1970년대)	경제부흥과 근대화 촉진을 위한 농촌지역사회개발과 인력 양성을 위한 정책 및 학교 교육 보완을 위한 정책 추진	• 향토학교운동과 새마을 교육운동의 전개 • 재건국민운동과 마을문고 • 미취학 및 근로청소년 교육의 추진 • 도서관의 법제화와 정비 확충 • 사설강습소의 사회적 기능 강화 • 재외동포 교육 강화
평생교육 확대기 (1980~1990년대)	인력양성을 위한 기업체 중심의 평생교육정책과 여가선용 및 교양증진을 위한 평생교육 추진	• 평생교육의 「헌법」 조항 신설과 사회교육법 체제의 정비 • 방송통신대학의 발전과 개방대학 신설 • 독학학위제 시행 • 대학 평생교육의 본격적 실시 • 문화센터 프로그램의 활발한 전개
평생교육 발전기 (2000년대 이후)	교육개혁을 통한 다양한 혁신적 사업 추진	• 「평생학습법」을 통한 평생학습체제 구축 • 평생학습도시 선정 및 평생학습축제 개최 • 평생학습진흥종합계획 수립 · 추진 • 「평생학습법」 개정과 평생교육진흥원 설립

출처: 최은수(2012). 평생교육정책론, p.169~180 내용을 표로 요약.

한편 교육부(2018)는 평생교육정책의 추진 경과를 다음의 세 시기로 구분하여 제시하고 있다.

(1) 1990년대 이전: 평생교육의 법적 근거 정비 및 평생교육제도 마련

1990년대 이전까지 평생교육정책은 「헌법」 개정 및 「평생교육 관련 법률」 제정 등 법적 근거 정비와 학점은행제 등 고등교육기회 확대 차원의 학력보완 제도 마련에 중점을 두었다. 주요 정책 내용은 다음과 같다.

- 「사회교육법」제정: 최초의 평생교육 법적 근거 마련(1982년)
- 「헌법」개정을 통해 평생교육에 대한 국가 책무 마련(1988년)
- 독학학위제 시행(1990년)
- 新교육체제 수립을 위한 교육개혁방안(5.31 교육개혁 방안) 마련(1995년)
- 학점은행제 시행(1997~1998년)

(2) 2000~2010: 중장기 계획 마련 및 지역 평생교육 강화

이 시기 평생교육정책은 5년 단위 중장기 종합계획을 최초로 마련하였으며, 평생학습도시 및 국가평생교육진흥원 등 평생교육 추진체계를 정비하였고, 문해교육, 방송고 등 소외계층에 대한 평생교육을 지원하였다. 주요 정책 내용은 다음과 같다.

- 「사회교육법」을 「평생교육법」으로 전부 개정(2000년)
- 평생학습도시 최초 지정(2002년)
- 제1차 평생학습진흥종합계획(2003~2007), 제2차 평생교육진흥기본계획(2008~2012) 수립
- 「평생교육법」 개정을 통한 국가평생교육진흥원 설립, 5년 단위 기본계획 수립 근거 마련(2007년)

(3) 2011~2017: 평생교육의 추진 체계 완성 및 대학중심 평생교육 활성화

이 시기는 시 · 도 평생교육진흥원, 평생학습센터 등 평생교육의 추진체계가 완성된 시기다. 또한 대학을 양질의 평생교육을 제공하는 지역평생학습기관으로 육성하였고, IT기술을 활용한 온라인 평생교육을 강화하였다.

- 제3차 평생교육진흥기본계획(2008~2012) 수립(2013년)
- 17개 시 · 도 평생교육진흥원 설립 및 완료(2011~2015년)
- 17개 시 · 도 다모아 평생교육정보망 구축 및 완료(2011~2015년)
- 한국형 온라인 공개강좌(K-MOOC) 구축 및 시범운영 개시(2015년)
- 평생교육 단과대학 지원사업 신설(2016년)
- 평생교육 단과대학 지원사업과 평생학습 중심대학 지원사업을 '대학의 평생교육체제 지원사업'으로 통합 개편(2017년)

한국의 평생교육정책은 다음과 같은 특징을 가진다.

첫째, 정책 과정과 입안 과정에서 중앙정부 중심의 상부하달적인 특징이 강하다. 우리나라는 집중화된 정부시스템으로 교육에서도 교육부를 중심으로 중앙집중식의 통제가 이루어지며, 상향식 설계(backward mapping) 방식보다는 하향식 설계(forward mapping) 방식에 의해 평생교육정책이 집행되어 왔다(최은수, 2012).

둘째, 정책입안자들과 학계는 UNESCO식의 이상주의적 학습사회론을 중시하여 노르딕 국가의 모형을 정책적 이념으로 지향하고 있으나, 정책의 구현과 집행에 있어서는 신자유주의적 시장모형이나 사회적 시장모형의 형태를 취하고 있어 정책이념과 정책입안의 실제에는 차이가 존재한다(권대봉, 2007).

2) 평생교육진흥기본계획

「평생교육법」 제9조에 따라 교육부장관은 평생교육정책의 청사진으로서 5년마다 「평생교육진흥기본계획」을 수립하고, 중 · 장기 정책목표 및 기본방향을 제시하도록 되어 있다. 이희수(2017)는 평생교육진흥기본계획의 성격을 다음과 같이 요약한다.

첫째, 국가가 책임주체와 규모로 규정되는 국가계획이다.

둘째, 평생교육에 관한 모든 것을 아우르는 종합계획이다.

셋째, 평생교육진흥기본계획은 규제법이 아닌 평생교육진흥 목적 실현을 위한 진흥계획이다.

넷째, 「평생교육법」의 목적을 담고 시 · 도의 연도별 시행계획 수립 및 시행을 연결하는 기본계획이다.

2002년 「제1차 평생교육진흥기본계획」의 수립 · 발표 이후 우리나라 평생교육정책은 2017년까지 1, 2, 3차 평생교육진흥기본계획을 바탕으로 추진되어 왔다. 최근 교육부는 2018년부터 2022년까지 시행되는 「제4차 평생교육진흥기본계획」을 수립 · 발표하였다. 「평생교육진흥기본계획」이 평생교육정책의 청사진이며, 이를 기반으로 우리나라 평생교육정책이 추진되어 왔다는 점에서, 평생교육진흥기본계획은 우리나라 평생교육정책의 실제라 할 수 있다. 이에 여기서는 지난 1, 2, 3차 평생교육진흥기본계획과 최근 발표된 「제4차 평생교육진흥기본계획」을 살펴봄으로써 2000년 이후 현재까지 한국평생교육정책의 흐름과 과제를 이해하고자 한다.

(1) 제1차 평생교육진흥기본계획(2002~2007)

중앙정부 차원의 평생학습에 관한 최초의 체계적 종합계획인 「제1차 평생교육진흥기본계획」은 '국가인적자원개발기본계획의 실행을 위한 평생학습진흥종합계획'이라는 이름으로 발표되었다. 「제1차 평생교육진흥기본계획」은 '교육복지국가(edutopia)인적자원강국 건설-배우는 즐거움, 나누는 기쁨, 인정받는 학습사회 실현'을 비전으로 하고 있으며, 자아실현, 경제적 경쟁력, 사회적 통합을 목적으로 한다.

「제1차 평생교육진흥기본계획」의 5개 추진과제 영역은 다음과 같다.

- 평생학습기회확대
- 지역평생학습 문화진흥
- 취약계층 평생학습강화
- 평생학습 기반강화
- 일터의 학습조직화

총 26개의 추진과제가 수립되었으며, 추진전략으로는 정보화, 지역화, 파트너십, 학습자 중심의 네 가지 전략이 제시되었다. 추진체제는 평생교육 전담기구인 평생교육센터, 지역평생교육정보센터, 평생학습관, 주민자치센터, 단위 평생교육기관으로 이루어져 있다.

「제1차 평생교육진흥기본계획」의 성과는 다음과 같다(교육인적자원부, 2007).

첫째, 중앙정부차원의 종합계획에 의거한 평생학습정책시대를 열었다.

둘째, 평생학습도시 조성사업을 통한 평생학습의 인지도 제고 및 지역화 기반을 마련하였다.

셋째, 교육취약계층을 위한 제2의 교육기회를 마련하였다.

넷째, 평생학습 관련 법 · 제도 정비 및 예산 투자 확대 등으로 인한 평생학습 참여율 증대가 이루어졌다.

그러나 개별 프로그램별 사업 추진, 전생애 단계에 걸친 계속 순환학습 모델 제시 부족, 평생교육 예산규모 미약, 선진국에 비해 낮은 평생학습참여율과 학력간 참여율 격차 심화는 「제1차 평생교육진흥기본계획」의 한계로 지적된다(교육인적자원부, 2007).

(2) 제2차 평생교육진흥기본계획(2008~2012)

「제2차 평생교육진흥기본계획」은 개정된 「평생교육법」에 따라 「평생교육법」이 지정한 법정 문서로서 지위를 가지고 수립되었다(이희수, 2008). 「제2차 평생교육진흥기본계획」은 '배우는 즐거움, 일구어가는 내일, 함께 살아가는 평생학습사회구현'을 비전으로 하고 있으며, ① 국가 경쟁력을 높이는 창조적 지식근로자 육성, ② 평생학습을 통한 관용 및 포용사회 실현, ③ 평생학습 기반 구축의 세 가지 목표를 가지고 추진되었다.

「제2차 평생교육진흥기본계획」의 3개 추진과제 영역은 다음과 같다.

- 생애단계별 창조적 학습자 육성
- 사회통합을 위한 평생학습 관련 기관 참여 및 연계 추진
- 평생학습 인프라 구축 및 네트워크 활성화 추진

총 18개의 추진과제가 수립되었으며, 추진전략으로는 생애단계별 맞춤형 평생학습전략, 평생학습 네트워크 전략의 두 가지 전략이 제시되었다. 추진체제는 평생교육 전담/행정기구로는 교육인적자원부-평생교육진흥원-시·도 평생교육진흥원/시·도 교육청/시·도청-시·군·구 평생학습관/시·군·구 교육청/기초자치단체의 체계로 이루어져있으며, 협의·심의기구는 평생교육진흥위원회-시·도 평생교육협의회-시·군·구 평생교육협의회로 구성되어 있다. 또한 국가인적자원위원회와 지역인적자원개발협의회를 협력기구로 두고 있다.

「제2차 평생교육진흥기본계획」의 성과는 다음과 같다(교육부, 2013).

첫째, 국민 평생학습 참여율이 증가하였다(추진기간 약 9% 상승).

둘째, 국가와 지자체 단위의 평생교육 추진-지원-전담기구를 정비하였다.

셋째, 평생학습도시를 통한 지역 평생 교육 기반을 조성하였다.

넷째, 대학 중심의 평생학습 활성화 사업을 통해 대학의 우수한 자원을 평생교육으로 전환하였다.

그러나 다음과 같은 한계점도 찾아볼 수 있다(교육부, 2013).

첫째, 전체 교육예산에 대비하여 평생교육예산이 미약하다.

둘째, 선진국에 비하여 평생학습 참여율이 낮고, 계층별 참여율의 격차가 크다.

셋째, 중앙정부 주도하에 top-down 방식으로 정책이 추진된다.

넷째, 저학력 성인 등 일부 취약계층 대상 사업에 집중되어 있다.

다섯째, 개별 프로그램과 단년도 사업 위주로 추진함에 따라 사회적 수요 변화에 대응이 미흡하였다.

(3) 제3차 평생교육진흥기본계획(2013~2017)

「제3차 평생교육진흥기본계획」은 '100세 시대 국가평생학습체제 구축을 위한 제3차 평생교육진흥기본계획'이라는 이름으로 발표되었으며, '100세 시대 창조적 평생학습을 통한 국민행복실현'을 비전으로 ① 창조학습을 주도하는 국민, ② 평생 일할 수 있는 사회, ③ 함께 학습하는 지역공동체의 세 가지 목표를 가지고 추진되었다.

「제3차 평생교육진흥기본계획」의 4개 추진과제 영역은 다음과 같다.

- 대학 중심 평생교육체제 실현
- 온오프라인 평생학습 종합지원체제 구축
- 사회통합을 위한 맞춤형 평생학습 지원
- 지역사회의 학습 역량 강화

4개 영역에 따라 12개 추진과제와 29개 세부 추진과제가 제시되었으며, '성인친화형 열린 대학으로의 체제 전환' '행복학습센터 운영' 등의 정책 사업을 추진하였다. 추진전략은 일-학습-능력 연계, 국가재정지원 확충, 생애단계별·계층별 맞춤형 지원, 협업과 네트워크 강화의 네 가지 전략을 수립하였으며, 추진기구로는 국가평생교육진흥원-시·도 평생교육진흥원-시·군·구 평생학습관/거점센터를 전담기구로 두고, 교육부-시·도청/시·도 교육청-기초지자체/지역 교육지원청을 행정기구로 두었다. 이 밖에도 협의·심의기구로 평생교육진흥위원회-시·도 평생교육협의회-시·군·구 평생교육협의회를 구성하였고, 추진 평생교육기관으로 행복학습센터, 학교, 대학, 평생교육시설을 계획하였다.

「제3차 평생교육진흥기본계획」의 성과는 다음과 같다(교육부, 2018).

첫째, 성인 문해교육시스템 구축을 통해 성인학습자들의 초 · 중등 학력보완 기회를 확대 제공하였다.

둘째,「평생교육법」일부 개정을 통해 장애인 평생교육 강화 근거를 마련하였다.

셋째, K-MOOC, 국가평생학습포털 운영과 지역평생교육 전달체제의 완비로 학습자들의 접근성을 제고하였다. 그러나 여전히 심각한 평생학습참여율의 계층간 격차와 지역간 차이 존재, 예산의 부족이 한계로 나타날 뿐 아니라 사업 추진 성과에 대한 모니터링 및 평가체계 등 환류장치가 미흡하다는 점도 문제점으로 지적된다.

(4) 제4차 평생교육진흥기본계획(2018~2022)

「제4차 평생교육진흥기본계획」은 제4차 산업혁명 등 기술혁신으로 일자리 변화가 촉발되고, 기대수명 증가에 따른사회변화와 직업세계의 변화에 대응하여 보다 유연하고 질 좋은 평생학습체제를 마련하여야 할 사회적 요구를 배경으로 수립되었다(교육부, 2018). 「제4차 평생교육진흥기본계획」은 '개인과 사회가 함께 성장하는 지속가능한 평생학습사회 실현'을 비전으로, 이를 실현하기 위해 다음과 같은 4P 전략을 제시하고 있다.

- [People] 학습자(사람) 중심으로의 패러다임 전환
- [Participation] 지속적이고 자발적인 참여 확대
- [Prosperity] 개인과 사회의 동반 번영 지원
- [Partnership] 기관 및 제도 간 연계 · 협력 강화

주요 추진과제는 4개 대과제, 9개 중과제, 19개 소과제로 구성되어있다. 4개 대과제를 기준으로 추진 정책의 세부내용을 살펴보면 다음과 같다.

대과제 1. 국민 누구나 누리는 평생학습

전국민의 평생학습권을 보장하기 위하여 재직자 등 성인의 자발적 평생학습

을 지원하고 학습자 여건에 맞는 맞춤형 학습을 지원하기 위한 정책들을 추진한다. 세부내용으로는 유급학습 휴가제 확산, 인생전환기 진로설계 컨설팅 지원, 성인의 학습능력진단도구 개발 및 활용, 평생학습 이력관리 및 학습이력 인정제도 개선, 고령자 맞춤형 학습지원, 고졸 취업자 후진학, 경력개발 지원, 다문화가족 학습지원 확대, 경력단절 여성 재도약 지원이 있다.

또한 소외계층 평생학습을 지원하기 위해 문해 · 학력보완 기회를 확대하고 소외계층의 실질적 평생학습 기회를 확대하는 정책을 추진한다. 세부내용으로는 희망하는 모든 국민에게 문해교육 지원을 확대하고, 학습자 특성을 감안한 방송통신중 · 고 교육의 질 개선, 방통대 활용, 성인학습자 역량 강화 지원 및 특성화, 평생교육바우처 제공, 장애인 평생교육 추진체계 구축 및 장애인 맞춤형 평생교육 제공 강화가 있다.

대과제 2. 일자리와 함께 언제나 누리는 평생학습

온라인 평생교육 생태계를 구축하기 위하여 K-MOOC 운영을 개선하고, 개인 맞춤형 교육을 강화한다. 세부내용으로는 직업교육 MOOC 구축 및 직업교육 혁신기제로의 활용, 제4차 산업혁명 관련 K-MOOC 개발 및 제공 확대, 교육콘텐츠 오픈마켓 구축 및 활성화, 개인 맞춤형 교육을 위한 지능형 교수학습 플랫폼 구축이 있다.

산업맞춤형 평생교육 확대를 위한 정책으로는 산업맞춤 단기직무 인증과정인 매치업(Match業) 시범운영 및 현장 안착, 직업교육 마스터플랜 수립 및 민관합동 추진체계 마련이 있다. 또한 대학의 평생교육 기능을 강화하기 위하여 대학 등 고등교육기관의 성인친화적 교육제공을 강화하고 전문대학을 평생직업교육의 허브로 육성하는 정책을 추진한다. 세부내용으로는 대학의 성인맞춤형 평생교육 프로그램 제공 확대, 유연한 학사운영을 통한 성인친화적 대학 운영, 학점은행제를 통한 양질의 산업맞춤형 프로그램 제공, 전문대학 평생 · 직업교육 혁신, 전문대학의 성인평생교육 기능 강화, 대학본부의 평생 · 직업교육 기능 강화 등이 있다.

대과제 3. 지역 어디서나 누리는 평생학습

지역 단위 풀뿌리 평생학습 역량을 강화하기 위하여 지역단위 평생교육을 활성화하고 지역의 자생적 평생교육 역량을 강화하는 정책들을 추진한다. 그 내용으로는 평생학습도시 성과평가를 통한 특성화 지원, 읍 · 면 · 동 평생학습센터 확대 등 주민의 접근성 제고, 지역 평생학습기관의 질 제고, 평생교육사의 전문성 제고 지원 등이 있다.

아울러 평생학습을 기반으로 지역사회의 미래가치 창출을 지원하기 위하여 지역 단위 시민역량 강화 지원과 지역사회의 자발적 평생교육 실현을 이루고자 한다. 주요 추진 내용으로는 지역대학과 연계한 시민역량 강화, 인문특화 평생학습도시 육성, 수요자 맞춤형 인문강좌, 시민 · 안전 · 환경교육 확대, 자발적 학습모임 육성 및 우수학습 모임 성장 지원 등이 있다.

대과제 4. 기반이 튼튼한 평생학습

평생교육 관련 법령 및 제도 개선을 목적으로 평생교육 관련 법령 및 통계 정비, 평생교육 정책 추진체계 내실화, 평생교육분야 국제협력 확대 및 특수외국어교육 확산을 이루고자 한다. 관련 내용으로는 평생교육 관련 법령 정비 추진, 평생교육 통계 질 및 효용성 제고, 평생교육진흥위원회 운영 개선, 국가-시 · 도 평생교육진흥원 연계협력 및 운영 내실화 지원, 국제기구와의 평생교육협력 확대, 한국 평생교육의 세계 기여, 특수 외국어 교육 활성화 등이 있다. 이 밖에도 평생교육 재원의 투자 확대 및 체계적 관리를 위하여 국가 차원의 평생교육 투자 확대와 중앙 · 지방정부 평생교육 투자 관리 시스템 구축을 추진한다.

3) 한국 평생교육정책의 문제점과 향후 과제

우리나라의 평생교육은 비교적 짧은 기간 동안 괄목할만한 성장을 이루었음에도 불구하고 몇 가지 문제점을 가지고 있다. 이들은 우리나라의 정책 입안 및 과정의 특징, 추진체제인 행정조직의 구조, 전통적인 가치 시스템 등 여러 원인들로부터 야기된 문제점들이라 할 수 있다.

첫째, 평생학습참여율에 관한 문제가 발견된다. 우리나라 평생학습참여율은 2008년 26.4%에서 2017년 35.8%로 꾸준한 상승을 보이고 있다(교육부, 2018). 그러나 아직까지 OECD 선진국들에 비하면 낮은 참가율을 보이고 있다. 무엇보다 큰 문제는 소득, 학력 등 계층 간 참여율의 격차가 심화되고 있다는 점이다.

둘째, 평생교육에 대한 사회적 인식의 문제가 있다. 우리나라 평생교육정책은 평생학습을 통한 학습결과의 인증 정책을 실시하고 있으나, 아직까지 사회적으로는 인증 결과에 대해 제대로 인정을 받지 못하고 있다.

셋째, 평생교육정책의 추진 체제의 문제점이다. 그간의 노력으로 평생교육 추진체제의 지속적인 정비와 발전이 이루어졌으나, 여전히 관련 기관 및 조직들 간의 협업과 네트워크 체제가 빈약하다.

넷째, 평생교육과 관련한 재정의 문제다. 이희수(2017)에 따르면 현재 교육부 전체 예산에서 평생교육에 관련된 예산은 약 0.1%이며, 미약한 예산 뿐 아니라 평생교육정책들 간의 불균형한 예산 편성도 문제점으로 지적된다.

오늘날 제4차 산업혁명, 저출산과 고령화 등의 인구 변화, 지속가능성 등은 세계적인 이슈로 논의되고 있으며, 그 대안으로서의 평생교육의 중요성은 더욱 강조되고 있다. 앞으로 우리나라는 이러한 세계적 변화의 흐름에 대응할 수 있는 평생교육정책을 수립하고 시행해야 할 뿐 아니라, 앞에서 제시한 문제점들을 해결해야 하는 과제를 가지고 있다.

첫째, 국민의 평생학습참여율을 높일 수 있도록 다양한 수요의 충족, 접근성의 계속적인 제고 등이 이루어져야 할 것이다. 여기에는 교육의 빈익빈 부익부 현상을 감소시킬 수 있는 정책적 대안이 포함되어야 한다.

둘째, 평생학습에 따른 인증 결과를 사회적으로 인정받을 수 있도록 평생교육 이수자의 사회적 대우를 확대하고, 교육목적 성취를 위한 사회적 인프라와 유기적인 관련을 가져야 한다(최은수, 2012).

셋째, 법·제도의 정비를 통한 평생교육 행정조직들 간의 명확한 업무 분담, 협력적 파트너십 구축과 네트워크 확대 등을 이루어야 한다. 마지막으로 평생교육 예산의 공공재원 투자 확대, 정책 사업들 간의 공정한 자원 분배가 이루어질 수 있는 방안들이 제시되어야 한다.

☑ 학습 과제

1. 평생교육행정의 정의와 성격에 대하여 논하시오.

2. 우리나라 평생교육 행정 체계에 대하여 논하시오.

3. 우리나라 평생교육정책의 특징에 대하여 논하시오.

4. 우리나라 평생교육정책의 흐름과 향후 과제에 대하여 논하시오.

참고문헌

교육과학기술부(2008). 평생교육법, 평생교육법시행령, 평생교육법시행규칙 해설자료. 서울: 교육과학기술부.
교육과학기술부, 평생교육진흥원(2008). 평생교육백서.
교육부(1998). 교육 50년사.
교육부(2013). 100세 시대 국가평생학습 체제 구축을 위한 제3차 평생교육진흥기본계획.
교육부(2018). 평생교육진흥기본계획.
교육부, 국가평생교육진흥원(2014). 평생교육백서.
교육부, 한국교육개발원(2017). 평생교육통계자료집.
교육인적자원부(2001). 국가인적자원개발기본계획의 실행을 위한 평생학습진흥종합계획.

교육인적자원부(2007). 제2차 평생학습진흥종합계획.
교육인적자원부, 한국교육개발원(1997~2002). 평생교육백서, 1-5호.
국가평생교육진흥원(2014). 지역평생교육 추진체제 운영 현황.
국가평생교육진흥원(2016). 지역평생교육 추진체제 운영 현황.
국가평생교육진흥원(2017). 지역평생교육 추진체제 운영 현황.
국회 교육과학기술위원회(2008). 18대 국회 정책자료집.
권대봉(2007). 공공정책으로서 평생학습 - 한국 평생교육정책의 변화와 특징 분석 -. 평생교육학연구, 13(4). 149-172.
권이종(1996). 사회교육개론. 서울: 교육과학사.
권이종, 이상오(2001). 평생교육: 이론편. 서울: 교육과학사.
기영화(2001). 평생교육 프로그램 개발. 서울: 학지사.
김도수(1999). 사회교육학. 서울: 교육과학사.
김도수(2001). 평생교육개론. 서울: 양서원.
김승한(1991). 사회교육학. 서울: 교육과학사.
김신일, 김재웅(2002). 평생교육경영학. 서울: 한국방송통신대학교.
김윤태(1997). 교육행정 · 경영신론. 서울: 배영사.
김종서(1996). 평생교육원론. 서울: 교육과학사.
김종서, 김신일, 한숭희, 강대중(2009). 평생교육개론. 서울: 교육과학사.
김종철(1990). 교육행정학신강. 서울: 세영사.
김진화(2017). 평생교육 자치법규의 실태 및 현황분석과 정책 과제. 대한민국 미래를 위한 평생학습 정책 기획학술포럼 자료집.
남정걸 외(1995). 교육조직론. 서울: 도서출판 하우.
남정걸(1993). 교육행정 및 교육경영. 서울: 교육과학사.
남정걸, 권이종, 최운실(2000). 평생교육행정 및 정책. 서울: 교육과학사.
림영철, 림광영(2001). 평생교육개론. 서울: 형설출판사.
배석영, 박성희, 박경호, 황치석(2008). 미래사회를 위한 평생교육개론. 파주: 양서원.
백현기(1962). 교육행정학. 서울: 을유문화사.
서정화(1994). 교육인사행정. 서울: 세영사.
성낙돈, 가영희, 안병환, 임성우(2009). 평생교육학개론. 서울: 청목출판사.
윤정일(1992). 교육재정학. 서울: 세영사.
이형행(1998). 신교육행정론: 교육행정 · 교육경영. 서울: 문음사.
이황원(2008). 법적 관점에서 살펴본 평생교육론. 경기: 교육과학사.
이희수(2008). 평생교육법 개정에 따른 시 · 도 및 시 · 군 · 구 평생학습 추진체제 개편

연구. 서울: 국가평생교육진흥원.

이희수(2017). 국가평생교육진흥계획의 혁신과 새판 짜기. 대한민국 미래를 위한 평생학습 정책 기획학술포럼 자료집.

중앙교육연구소(1966). 한국의 사회교육. 서울: 중앙교육연구소 보고서.

최은수(2012). 평생교육정책론. 서울: 학지사.

최은수, 배석영(2008). 평생교육경영론. 경기: 양서원.

한국교육개발원(2005). 한국평생교육의 총체적 진단과 발전모델 구상연구.

허정무 · 홍진옥(2016). 지역 사회 중심 평생교육지원체계분석. 예술인문사회융합멀티미디어 논문지, 6(11), 211-230.

허혜경, 박성열, 구병두(2008). 평생교육학개론. 서울: 장지사.

Apps, J. W. (1979). *Problems in Continuing Education*. New York: McGraw-Hill.

Austin, L. A., & Cheek, L. M. (1979). *Zero Base Budgeting: A Decision Package Manual*. New York: American Management Association,

Campbell, R. F., Corbally, J. E., Jr., & Ramseyer, J. A. (1986). *Introduction to Educational Administration* (3rd ed.). Boston: Alyn and Bacon Inc.

Cherring, D. J. (1983). *Personnel Management*. WMC, Brown Company Publishers.

Coles, E. T. (1969). *Adult Education in Developing Countries*. Oxford, England: Pergamon Press.

Dave, R. H. (1976). *Foundations of lifelong education*. Hamburg: UNESCO Institute for Education.

Edwards, R., Miller, N., Small, N., & Tait, A. (Eds.). (2002). *Making policy work: Supporting lifelong learning, 3*. New York: Routledge Falmer.

Fa`ure, E. (1972). *Learning to be*. Paris: UNESCO.

Gordon, M. (1974). The Organization of Continuing Education in Colleges & Universities. *NUEA Spectator, 37*, 20-27.

Green, A. (2000). Lifelong learning and the learning society: Different European models of organization. Ann Hodgson (Ed.), *Political, politics and the future of lifelong learning* (pp. 35-48). London: Kogan.

Griffin, C. (1987). *Adult Education as Social Policy*. London: Croom Helm.

Hall, R. H. (1972). *Organizations: Structure and Process*. Englewood Cliffs, NJ: Prentice Hall, Inc.

Harrington, F. H. (1977). *The Future of Adult Education*. San Francisco: Jossey-Bass.

Hodgson, A. (2000). An international and historical context for recent policy approaches to lifelong learning in the UK. Ann Hodgson (Ed.), *Policies, politics and the future of lifelong leaning* (pp. 1-17). London: Kogan.

Kowalski, T. J. (1988). *The Organization and Planning of Adult Education.* New York: SUNY.

Livingstone, J. S. (1971). Myth of the Well-Educated Manager. *Harvard Business Review, Jan-Feb*, 79-89.

Lowe, J. (1970). *Adult Education and Nation Building.* Edinburgh, Scotland: The Edinburgh University Press.

Medley, D. (1977). *Teacher Competecce and Teacher Effectiveness: A Review of Process-Product Research.* Washington, DC: AACTE.

Mee, G. (1980). *Organization for Adult Education.* London: Longman.

Newman, F. (1971). *Report on Higher Education.* Washington, DC: U.S. Department of Health, Education, and Welfare.

Peter, J. M., et al. (1980). *Building an Effective Adult Education Enterprise.* San Francisco: Jossey-Bass.

Reitz, H. J. (1980). *Behavior in Organizational Psychology* (3rd ed.). Englewood Cliffs, NJ: Pretice-Hall, Inc.

Sergiovanni, T. J., & Fred, D. C. (1980). *The New School Executive: A Theory of Administration* (2nd ed.). New York: Harper & Row Publisher.

Steele, S. M. (1971). *Cost-Benefit Analysis and the Adult Educator.* Syracuse, NY: ERIC Clearinghouse in Adult Education.

Tunner, J. H. (1972). *Patterns of Social Organization: A Survey of Social Institutions.* New York: McGraw-Hill.

Wayne, K. H., & Miskel, C. G. (1982). *Educational Administration: Theory, Research and Practice.* New York: Random House.

Wiles, J., & Bondi, J. (1980). *Supervision: A Guide to Practice.* Columbus: Charles E. Menill Publishing Co.

교육과학기술부 홈페이지 http://www.mest.go.kr
교육부 홈페이지 http://www.moe.go.kr
국가법령홈페이지 http://www.law.go.kr
국가평생교육진흥원 홈페이지 http://www.nile.or.kr

제14장 평생교육기관 경영

☑ 학습 목표

- 평우리나라 평생교육기관 및 시설을 유형별로 이해한다.
- 평생교육과 경영의 개념을 통합하여 이해할 수 있다.
- 평생교육기관의 경영을 위한 구성 요소로서 경영의 과제를 이해한다.
- 평생교육기관의 경영을 위한 경영과정을 이해한다.

☑ 학습 개요

우리 주변에는 수많은 평생교육기관 및 시설이 존재하지만 개별 평생교육기관 및 시설이 어떤 성격을 갖는지를 구분하거나 이해하기는 쉽지 않다. 이 장에서는 먼저 현행 「평생교육법」과 평생교육진흥원이 분류한 평생교육기관의 유형을 정리하여 살펴본다. 한편 평생교육기관도 경쟁이 치열해지는 상황에서 학습자를 최우선으로 경쟁우위를 확보하고 기관을 효율적으로 운영하기 위해서는 경영 마인드와 경영에 대한 지식이 요구된다. 따라서 교육경영의 기초 개념과 원리를 이해하여 경영과 평생교육이 어떻게 통합할 수 있는지 살펴보고, 평생교육기관의 경영관리 활동 구성 요소인 프로그램 관리, 인사관리, 조직관리, 재정관리 영역을 평생교육경영의 프로세스인 기획, 조직화, 충원, 지도, 조정의 과정에 따라 살펴보기로 한다.

1. 평생교육기관의 유형

평생교육기관은 여러 기준에 따라 유형화시켜 볼 수 있으나 명쾌하게 분류하는 것은 쉽지 않았다. 「평생교육법」이 시행되기 전까지 평생교육기관을 분류하는 관점에 따라 제각기 다르기 때문이다. 이양교(2002)는 운영 주체와 성격, 목적 및 기능 그리고 교육 내용에 따라 평생교육기관을 분류하였다. 운영 주체와 성격에 따라 국가주도형, 학교주도형, 민간주도형, 종교 및 문화기관 주도형, 기업주도형으로 구분하였으며, 목적 및 기능에 따라 사회교육 전담기관, 일반기관, 준교육기관, 기타 교육기관으로 구분하였다. 교육 내용에 따라서는 국민생활에 필요한 기초교육과 교양교육, 직업기술 및 전문 교육, 건강 및 보건 교육, 가족생활교육, 지역사회교육과 새마을교육, 여가교육, 국제이해교육, 국민독서교육, 전통문화 이해교육, 기타 학교교육 이외의 조직적인 교육활동으로 분류하였다(최은수, 배석영, 2008). 오혁진(2008)은 평생교육기관의 설립 주체, 교육의 핵심성 그리고 경영의 독자성에 따라 분류하였다. 설립 주체에 따라 공공기관, 영리형 민간기관, 비영리형 민간기관으로 구분하였다. 공공기관은 정부와 지방자치단체에서 직접 운영하는 정부출연연수원, 주민자치센터 및 각종 평생학습관을 포함하며, 영리형 민관기관은 기업의 연수원과 같은 평생교육기관을 포함하고, 비영리형 민관기관은 각종 사회단체의 공익적인 기관을 포함한다. 교육의 핵심성에 따라서는 일차적 기관과 이차적 기관으로 구분하였다. 일차적 기관은 교육사업이 기관 생존의 핵심적인 부분을 차지하는 기관이며, 이차적 기관은 모 조직의 통제를 받으면서 평생교육기관은 모 조직의 여러 사업 중 하나로 활용되는 경우에 해당된다. 이를 종합하면 〈표 14-1〉과 같이 정리할 수 있다.

개정된 「평생교육법」 제5장(평생교육기관)에는 평생교육기관의 분류를 교육기관의 성격에 따라 다음과 같이 구분하고 있다.

표 14-1 평생교육기관의 설립 주체 및 교육의 핵심성에 따른 분류

설립 주체 / 핵심성	영리형 민간기관	비영리형 민간기관	공공기관
일차적	사설학원 민간 연수시설	가나안 농군학교 한국지역사회교육협의회대학부설 평생교육원	여성인력개발센터 공공직업훈련원
이차적	백화점 문화센터 기업부설 연수원	시민단체부설 종교기관부설 병원부설	공공 도서관 공공박물관 주민자치센터 종합사회복지관

출처: 오혁진(2008). 평생교육경영학, p. 24.

① 학교의 평생교육(제29조)

② 학교부설 평생교육시설(제30조)

③ 학교 형태의 평생교육시설(제31조)

④ 사내대학 형태의 평생교육시설(제32조)

⑤ 원격대학 형태의 평생교육시설(제33조)

⑥ 사업장부설 평생교육시설(제35조)

⑦ 시민사회단체 부설 평생교육시설(제36조)

⑧ 언론기관 부설 평생교육시설(제37조)

⑨ 지식인력개발 관련 평생교육시설(제38조)

현행 「평생교육법」에서 분류한 평생교육기관을 정리하면 다음 〈표 14-2〉와 같다.

한편 「평생교육법」(제3장 19조)에는 평생교육진흥과 관련된 업무를 지원하기 위하여 국가평생교육진흥원을 설립하고 평생교육진흥을 위한 지원 및 조사업무, 진흥위원회가 심의하는 기본계획 수립의 지원, 평생교육 프로그램 개발지원, 평생교육 종사자 양성연수, 평생교육 기관 간 연계체제의 구축, 시·도평생

표 14-2 「평생교육법」에 의한 평생교육기관 분류

구분	관계법	시설 구분	유형
인가 · 등록 신고된 시설 · 법인 단체	「평생교육법」 제29조	학교의 평생교육	초등 · 중등학교
	「평생교육법」 제30조	학교부설 평생교육시설	대학/전문대 부설 평생교육원 및 사회교육원
	「평생교육법」 제31조	학교 형태의 평생교육시설중 학력인정 시설	각종 학교, 기술학교, 방송통신대
	「평생교육법」 제32조	사내대학 형태의 평생교육시설	사내대학
	「평생교육법」 제33조	원격대학 형태의 평생교육시설	원격대학 형태
	「평생교육법」 제35조	사업장부설 평생교육시설	산업체, 백화점 문화센터 등
	「평생교육법」 제36조	시민사회단체 부설 평생교육시설	법인, 주무관청 등록, 회원300인 이상 시민단체 지칭
	「평생교육법」 제37조	언론기관 부설 평생교육시설	신문 · 방송 등 언론기관
	「평생교육법」 제38조	지식 · 인력개발 관련 평생교육시설	산업교육기관, 학교실습기관
다른 법령에 의한 시설	「학원의 설립운영 및 과외교습에 관한 법률」 「도서관 독서진흥법」 「박물관 및 미술관 진흥법」 「근로자직업훈련촉진법」	학원, 도서관 박물관, 문화원 등 평생교육시설	
기타	「평생교육법」 제2조	평생교육을 주목적으로 하는 시설 · 법인 또는 단체	

출처: 최은수, 배석영(2008). 평생교육경영론, p. 38 재구성.

교육진흥원에 대한 지원, 평생교육 종합정보시스템 구축 · 운영 등의 업무, 학점 또는 학력인정에 관한 사항, 학습계좌의 통합관리 및 운영, 그 밖에 진흥원 목적 수행을 위한 필요한 사업을 수행하도록 하였다. 평생교육진흥원은 평생교육의 영역을 내용에 따라 교양교육, 전문교육, 여가교육, 생활교육, 이해교육으로 구분하고 평생교육기관은 공공연수기관, 산업교육연수기관, 직업훈련기관, 학원과 일반 평생교육기관, 학교중심(부설) 평생교육기관, 학교형태 평생교육기관, 문화시설중심 평생교육기관, 사회복지 기관 및 시설 그리고 청소년 평생교육기간 및 단체로 구분하여 해당 영역에 속하는 국내 평생교육기관을 〈표 14-3〉과 같이 구체적으로 명기하였다.

표 14-3 평생교육진흥원의 분류

시설 구분	유형
공공연수기관	국가기관연수원, 지방자치단체연수원, 교원연수원, 공공연수원, 입법사법연수원
산업교육연수기관	공공산업교육연수원(KMA, KPC 등), 금융계 연수원, 일반기업체 연수원, 연수전용시설, 리조트형 연수시설(교육문화회관 등)
직업훈련기관	기능대학, 공공직업훈련원, 사업내 직업훈련원, 인정직업훈련원
학원과 일반 평생교육기관	학원, 교습소, 일반 평생교육시설(문화센터 등)
학교중심(부설) 평생교육기관	대학부설 평생(사회)교육원, 전문대학부설 교생(사회)교육원, 대학공개강좌(최고경영자과정 등), 시간제 등록, 초·중등 지역사회학교
학교 형태 평생교육기관	공민학교, 고등공민학교, 기술학교, 각종 학교(산업체 근로학생 대상), 산업체부설 학교, 특별학급, 특수학교, 방송통신고등학교, 방송통신대학, 산업대학, 기술대학, 학력인정 사회교육시설, 학력미인정 사회교육시설, 소년원학교, 사내대학
문화시설중심 평생교육기관	도서관, 박물관, 미술관, 문화원, 국악원, 전수회관, 시·군구민회관, 종합공연장, 일반공연장, 소공연장, 영화관
사회복지기관 및 시설	아동복지기관 및 시설, 노인복지기관 및 시설, 여성복지시설, 장애자복지기관 및 시설, 보육원, 부랑인복지시설, 산업사회복지관, 갱생보호체, 사회복지상담기관, 경노당, 지역사회복지기관, 부녀복지관 및 전국여성회관, 지역사회복지 관련 연구소 및 협회
청소년 평생교육 기관 및 단체	청소년수련시설, 유스호스텔, 자연학습원, 청소년회관, 학생교육원, 학생과학관, 청소년단체, 청소년상담기관, 심신수련장, 노인단체, 여성단체

출처: 평생교육진흥원 홈페이지(http://www.nile.or.kr).

2. 평생교육기관 경영의 기초

1) 평생교육기관 경영의 필요성

평생교육에 대한 관심이 높아지면서 평생교육기관이 늘어나고 그 규모에서도 확장되면서 평생교육기관들은 치열한 경쟁을 하지 않을 수 없게 되었다. 특히 민간 주도의 평생교육기관은 스스로의 존립과 시설의 효과적인 운영을 위하여 기업의 경영기법과 기업인의 경영 마인드 도입이 필요하게 되었다. 평생교육기관에서 경영이 요구되는 이유를 구체적으로 살펴보면 다음과 같다.

첫째, 평생교육기관의 체계적인 조직관리 및 운영의 필요성이 증대되었다. 국가나 지방자치단체 및 대학과 같이 규모가 큰 조직이 평생교육기관의 주체가 되면서 조직의 구성방법과 합리적인 운영 및 갈등관리 등 기관을 효율적으로 관리하기 위하여 경영이 중요해졌다.

둘째, 평생교육기관 간에 학습자 유치를 위한 경쟁이 가시화되어 효과적인 마케팅 및 홍보가 요구되었다. 우리는 이제 지방자치단체나 백화점 등 각 기관에서 운영하는 각종 평생교육 프로그램 홍보전단지를 자주 접하게 되었으며 인터넷 매체를 통해서도 프로그램 정보를 쉽게 접하게 되었다. 이는 평생교육기관이 기관의 생존과 발전을 위하여 학습자를 유치하기 위한 노력의 일환으로 어떻게 평생교육 시장을 세분화하고 효과적으로 홍보할 것인지 도움을 얻기 위하여 경영이 요구된다는 것이다.

셋째, 사회적 기대 및 학습자의 교육 요구가 다양해졌다. 제도교육으로부터 소외받은 계층을 위한 다양한 프로그램 마련, 고학력 노인의 증가에 따른 질 높은 노인교육 프로그램 개설 등 학교교육의 대안으로서 사회적 기대가 높아지고 있으며 학습자의 요구는 더욱 다양해지고 있다. 따라서 지역주민에게 보다 폭넓은 교육기회를 제공하고 프로그램의 통합적인 관리를 위하여 경영이 필요하다.

넷째, 효율적인 재정관리를 위하여 경영이 요구된다. 대부분의 평생교육기관은 비영리 목적의 공공적인 성격의 기관이 많아 전적으로 수강료에만 의존할 수 없는 현실이며 민간기관보다 상대적으로 재정이 열악하다. 따라서 재정적 지원 등 자금을 확보하고 재정 자립도를 높이기 위하여 자금을 체계적으로 사용하고 관리해야 할 필요성이 증대되었다.

2) 평생교육기관 경영의 개념

평생교육기관이 늘어나고 학습자의 요구가 다양해지면서 평생교육에 경영학의 원리가 더욱 요구되고 있다. 그러나 비영리적 성격에 경영의 개념과 원리를 적용한다는 것은 평생교육의 본질과 어긋나 혼란스러울 수 있다. 따라서 평생교육의 개념과 원리 그리고 경영의 개념과 원리를 구분하고, 상이한 이 두 개념이 서로 어떻게 통합되는지 정리할 필요가 있다.

(1) 평생교육과 경영의 개념

평생교육(lifelong education)이란 일반적으로 태어나서 죽을 때까지 가정, 학교, 사회 등 삶의 전 영역에서 평생을 두고 행해지는 교육 및 배움의 과정이라고 할 수 있다. 우리나라는 1980년 「헌법」 제31조 5항에서 "국가는 평생교육을 진흥해야 한다."는 조항을 신설하면서부터 평생교육을 국가적 차원에서 다루어야 함을 명시하고 있으며, 현행 「평생교육법」 제2조에서는 '평생교육'이란 학교의 정규교육과정을 제외한 학력보완교육, 성인기초 · 문자해득교육, 직업능력 향상교육, 인문교양교육, 문화예술교육, 시민참여교육 등을 포함하는 모든 형태의 조직적인 교육활동이라고 정의하고 있다. 따라서 평생교육은 전 생애에 걸쳐 이루어지는 교육이라는 측면에서 원론적 의미로는 학교교육과 학교 밖 교육 모두를 포함하지만, 현실적 의미에서 일차적 관심은 학교교육의 수혜자인 청소년을 제외한 일반 성인을 주요 대상으로 삼고 있다. 따라서 평생교육경영의 범위에서 학교교육 혹은 학교경영은 제외하는 것이 일반적이다.

일반적으로 경영이란 조직체의 목적을 달성하기 위하여 인적, 물적, 금전적

자원을 효율적으로 배분하고 산출물을 효과적으로 만들어 내는 순환과정을 말한다. 즉, 경영이란 조직의 목표를 달성하기 위하여 주어진 인적 · 물적 · 지적 자원을 활용하여 투입과 변환 그리고 산출의 과정을 거치는 일련의 과정이다(최은수, 배석영, 2008).

경영활동 과정은 주어진 자원을 어떻게 활용할 것인가 계획 수립(planning)을 하고, 수립된 계획을 조직적으로 실행하기 위한 인적자원을 조직화(organization)하고, 구성원을 지휘(directing)하며 서로 조화로울 수 있도록 조정(coordination)하며, 계획대로 잘 이루어지는지에 대한 조사 · 감독 등 통제(controlling)를 하는 과정으로 이루어진다. 이와 같은 경영과정을 통하여 추구하는 것은 효과성(effectiveness)과 효율성(efficiency)이다.

(2) 평생교육과 경영의 통합

평생교육기관은 이윤 추구가 궁극적인 목적인 기업과 달리 사회적 책임을 가지고 있다. 기능론적 관점에서 사회의 건전한 발전에 기여하고, 갈등론적 관점에서 학교교육의 대안으로서 개인의 교육기회 확대에 기여해야 하는 것이다. 따라서 평생교육기관이 기업경영을 강조하게 되면 사회통합과 개인의 자아실현 등 평생교육의 본질은 퇴색되어 결과적으로 사회적 불평등에 기여한다는 비판에 직면하게 될 것이다. 이와 같이 평생교육과 경영은 상충되거나 대치되는 개념으로 혼란스러울 수 있다. 따라서 평생교육 원리와 경영원리라는 두 차원의 개념을 통합하여 이해할 필요가 있다.

평생교육의 원리와 경영의 원리 중 어느 것을 더 강조하느냐에 따라 평생교육기관을 효율적으로 운영하는 의미의 '평생교육기관의 경영'과 평생교육의 원리에 의하여 경영하는 '평생교육의 원리에 입각한 경영'으로 이해할 수 있다(오혁진, 2008).

평생교육의 원리에 대한 주장은 다양하지만, 목적 및 가치 측면에서 자아실현과 자기 주도적 참여와 학습의 원리, 내용과 방법 측면에서는 다양성과 융통성 원리, 현실성 및 일상생활 중심의 원리, 유희와 오락성의 원리, 교수자와 학습자의 상호작용의 원리 그리고 학습자 경험 중심의 원리로 정리할 수 있다. 이러한 평생교육의 원리는 평생교육기관뿐 아니라 일반 조직의 경영에 적용할 수 있는 원리가 될 수 있다.

평생교육기관 경영은 이와 같은 평생교육 원리와 기업경영 기법이 통합된 개념이다. 즉, 기존의 경영학 분야에서의 경영기법을 평생교육 분야에 도입하여 평생교육기관 내의 인적자원과 물적 자원을 효과적이고 효율적으로 활용하여 평생교육기관의 목표를 달성하는 과정이며, 평생교육과 일반 조직에서는 구성원의 성장과 조직의 지속적 발전을 목표로 평생교육 원리에 입각하여 구성원이 자발적으로 참여하게 하고 자기주도학습을 하도록 도모하는 활동으로 이해할 수 있다. 평생교육경영이란 결국 '평생교육'과 '경영' 개념의 조합으로 대상으로서의 평생교육기관 및 조직을 효과적이고 효율적으로 운영하는 일련의 과정이라고 할 수 있으며, 상충되는 개념이 아닌 조화롭게 통합된 개념이라고 이해할 수 있다.

3) 평생교육기관의 경영전략

평생교육기관은 경쟁시장에서 경쟁우위를 차지하여 시장점유율을 높이기 위하여 경영전략을 수립하게 된다. 이때 경영자는 외부 환경, 우리 기관의 내부 능력, 기관의 경영철학, 기관의 사명과 사회적 책임이 무엇인지 파악하여 전략을 결정하게 된다.

일반적으로 경영전략을 수립할 때는 기관의 사명과 목표를 개발하고, 기회요인과 위협 요인을 파악하고, 내부 강점과 약점을 파악하여 전략을 수립한다. 여기서 사명이란 기관이 존재하는 이유, 기관의 존재목적으로 평생교육기관의 사회적 책임을 의미하는 것으로서 기관의 성격과 기관장의 경영철학 그리고 조직이 갖고 있는 핵심 역량을 종합하여 만든다. 기관은 이 사명에 입각하여 의사결정을 하며 평상시 업무를 수행하게 되므로, 사명을 중심으로 어떻게 평생교육기관의 비전을 달성할 수 있는지 구체적 목표와 실천방안을 수립하여야 한다.

환경변화에 어떻게 대처하는가는 조직의 생존과 직결되는 문제로서 평생교육기관은 거시적 환경과 미시적 환경을 고려하여 경영전략을 수립해야 한다. 거시적 환경은 기관에 영향을 줄 수 있는 정치적, 경제적, 인구통계적, 사회적 환경으로, 지역주민이 평생교육기관의 참여 여부에 영향을 미치게 되는 요인으로 작용한다. 미시적 환경은 기관의 내부 요인과 외부 요인으로 구분할 수 있다. 내부 요인으로는 예산 확보, 채용, 경쟁력 있는 프로그램, 교육시설 등이 있고 외부 요인으로는 교통수단, 자원봉사자의 참여, 재정적 지원을 받을 수 있는 기관과의 연계 등이 있다. 이러한 내부·외부 환경을 분석하여 기회 요인과 위협 요인으로 구분·평가하여 경영전략을 수립한다.

내부 약점과 강점은 평생교육기관의 내부 핵심 역량을 분석하여 약점은 보완하고 강점은 더욱 강화될 수 있도록 전략 수립에 반영한다. 이렇게 분석한 기회 요인과 위협 요인 그리고 강점과 약점을 분석하여 조직의 장기적 방향과 목표 달성의 틀인 전략을 수립하게 된다. 그리고 전략이 수립되면 전략을 구체적으로 실천할 수 있는 세부 방안을 개발해야 한다.

3. 평생교육기관 경영의 구성 요소

평생교육 경영활동의 구성 요소들은 수행해야 할 직무 및 과업으로서의 과제 요소와 과제를 수행하기 위한 단계 혹은 절차로서의 과정 요소로 구분하여 살펴볼 수 있다

1) 평생교육기관의 경영활동 과제

평생교육 경영활동의 과제 요소는 평생교육기관의 경영자가 수행해야 할 직무 및 과업과 관련된 것으로서 프로그래밍, 인사관리, 재무관리, 마케팅 등이 포함된다. 평생교육기관의 규모가 작은 경우 이와 같은 과제는 경영자나 소수의

사람들이 모두 담당하게 되며, 기관의 규모가 커지면서 이러한 과제를 세부적으로 담당하는 부서와 인력이 필요해진다.

(1) 평생교육 프로그램 관리

평생교육기관에서 프로그램은 기업의 상품과 같은 것으로서 프로그래밍이란 프로그램의 개발과 관리를 말한다. 10장에서 다룬 프로그램의 개발에 못지않게 평생교육 경영자와 담당자는 프로그램을 운영하고 프로그램의 현황을 파악하고 적절한 관리를 위한 다양한 관리기법을 적절히 활용할 수 있어야 한다. 프로그램 운영 영역은 강사 관리, 수강생 관리, 수업 관리, 기자재 및 시설 관리의 영역으로 나눌 수 있다. 여기서는 평생교육 경영자와 관리자가 수익을 창출할 수 있는 프로그램과 당분간 지속적인 투자가 필요한 프로그램을 명확히 구분하여 적절히 관리하는 프로그램 관리 영역을 중심으로 살펴보고자 한다. 프로그램 관리는 프로그램의 핵심성과 품질, 시장성장률과 시장점유율, 지명도 및 선호도 그리고 경쟁적 포지셔닝(positioning) 전략을 활용하여 관리할 수 있다.

① 핵심성과 품질에 의한 관리

이 관리전략은 공공기관의 프로그램 관리에 적용할 수 있는 전략이다. 프로그램의 핵심성은 프로그램의 내용이 기관의 고유 사명을 반영하는 정도를 뜻하며, 정도에 따라 핵심 프로그램, 이차적 프로그램, 부수적 프로그램으로 구분한다. 핵심 프로그램은 기관의 사명에 매우 부합하는 프로그램으로서 품질과 수익이 다소 낮더라도 지속적으로 운영·발전시켜야 하는 프로그램이다. 이차 프로그램은 기관의 사명과 간접적으로 관련된 프로그램으로서 경쟁력이 있을 경우 유지시키며, 부수적 프로그램은 탁월한 경쟁력이 있는 경우를 제외하고 기관의 정체성 측면에서 제외한다.

프로그램의 품질은 프로그램 자체의 질적 수준, 완성도, 강사의 능력, 시설, 서비스 등을 종합하여 반영한 것이다. 매트릭스의 우선순위에 따라 핵심성이 높고 품질이 우수한 프로그램을 유지하고 모두 낮은 경우에는 폐지하는 것이 효과적인 관리가 될 수 있다.

② 시장성장률과 시장점유율에 의한 관리

이 관리전략은 평생교육기관의 수익 상태에 따라 자금을 적절히 배분하여 투자하기 위한 의사결정에 사용된다. 시장성장률은 경제성장률을 기준으로 높고 낮음을 구분하며, 상대적 시장점유율은 같은 프로그램 분야에서 가장 경쟁력 있는 경쟁기관의 점유율에 대하여 우리 기관의 점유율이 차지하는 비율을 의미한다. 시장성장률과 상대적 시장점유율의 두 기준에 따라 매트릭스로 구분하면 수익주종 프로그램, 성장 프로그램, 도입대상 프로그램, 폐기대상 프로그램의 네 가지 유형으로 구분하여 투자전략을 결정할 수 있다. 수익주종 프로그램은 기관의 재정적 안정에 기여하므로 반드시 존재하여야 한다. 도입대상 프로그램과 성장 프로그램에는 지속적으로 투자하며, 시장성장률과 상대적 시장점유율이 낮은 프로그램은 폐기대상 프로그램으로서 빠른 시간 내에 폐지한다.

③ 지명도와 선호도에 의한 관리

이 관리전략은 기관의 프로그램에 대한 선호도와 지명도를 학습자를 통하여 직접 파악하는 학습자 중심의 관리방법이라고 할 수 있다. 선호도와 지명도가 모두 높은 경우 프로그램을 계속 유지하며, 지명도가 낮은 프로그램은 홍보와 광고에 총력을 기울인다. 최악의 프로그램은 지명도는 높으나 선호도가 낮은 프로그램으로서 우선 지명도를 낮추고 단점을 시급히 개선해야 한다.

④ 경쟁적 포지셔닝에 의한 관리

경쟁적 포지셔닝(positioning)에 의한 프로그램 관리는 학습자 관점에서 프로그램을 선택하는 데 결정적 영향을 주는 수강료, 시설 수준, 강사 수준 등을 준거로 다른 기관과 비교해 만족도나 선호도를 측정하여 우월한 프로그램과 열등한 프로그램을 파악하고 기관에서 가장 적절한 프로그램을 찾아내어 관리하는 방법이다.

이상의 프로그램 관리방법을 정리하면 〈표 14-4〉와 같다.

표 14-4 프로그램군 관리법 비교

관리 요소	핵심성 품질	시장성장률 시장점유율	지명도 선호도	경쟁적 포지셔닝
용도	프로그램의 정체성과 품질 수준을 분석하여 프로그램 유지의 우선순위 및 개선방안 마련	프로그램별 재정 투입 여건을 파악하여 전반적인 재무관리 방안 마련	잠정적 학습자에 대한 홍보전략 모색 및 프로그램에 대한 이미지 파악 및 개선	학습자의 주관적 평가준거를 바탕으로 경쟁기관과의 경쟁력 파악 및 개선방안 모색
특징	프로그램의 본질과 이념 중심	구체적인 선행 연구와 조사 필요	이미지 중시	학습자들의 평가준거 중시

출처: 오혁진(2008). 평생교육경영학, p. 188.

(2) 평생교육기관 인사관리

평생교육기관의 인사관리는 평생교육기관에서 필요로 하는 인적자원을 계획, 확보, 개발, 활용하는 평생교육기관 경영활동의 과제 중 하나다. 관리 대상은 프로그램 개발자, 운영자, 일반 직원 및 외부 강사, 자원봉사자를 포함한다. 평생교육 인사관리의 목적은 평생교육기관을 생산성 높은 학습공동체로 만드는 것이다. 인사관리는 직무 수행에 필요한 요건을 파악하고 실무자의 능력과 태도를 평가한 결과를 바탕으로 일과 사람을 적절하게 배치시키는 것이다. 또한 전문능력과 동기 등 구성원의 특성을 고려하여 유형에 맞게 관리하는 것이 바람직하다.

① 평생교육 일반 실무자 관리

평생교육 일반 실무자의 관리는 인사관리의 구성 요소에 따라 적정 인력의 파악, 인력 수급, 인적자원 개발, 수행평가, 보상 관리, 인사이동으로 구분하여 관리할 수 있다.

적정 인원을 파악하기 위한 장기적 수요 예측은 평생교육기관의 거시적 · 미시적 환경 요인을 고려하고, 단기적 예측은 인원계획과 예산을 고려한다. 신규 인력수급은 기관경영의 효율성을 고려하여 연장근무, 임시직 고용, 아웃소싱, 자원봉사자 확보 등의 방법으로 인력을 보완하는 방법을 고려할 수 있다. 인적자원개발은 현재의 직무를 보다 원활히 수행하고 직원의 잠재능력을 개발하기 위한 지원활동이다. 인적자원개발 방법의 유형으로는 현재의 직무수행 능력 향상을 위한 훈련 및 연수, 향후 직무에 대비하여 지식과 기술을 습득하는 교육, 그리고 장기적인 차원에서 개인의 성장을 도모하기 위해 제공하는 경력개발이 있다. 수행평가는 구성원의 능력을 반영하여 적재적소에 배치하고, 부족한 능력은 개발하기 위한 자료를 수집하며, 능력에 따른 공정한 보상 근거를 마련하는 데 목적이 있으며, 업무 달성량, 비용절감, 시간 등 양적 평가와 업적 공헌도, 아이디어 제안 정도 등 질적 평가 항목에 따라 평가할 수 있다. 보상관리는 구성원이 기관에 이바지한 대가를 제공하는 체계에 대하여 기관과 직원이 모두 만족할 수 있도록 중재 · 조절하는 것으로, 일반적으로 기본급, 수당, 상여금, 복지후생 등의 요소로 구성된다. 마지막으로 인사이동은 승진, 전근, 이직 형태로 이루어진다. 승진은 개인에게는 자아실현의 욕구를 충족시켜 주는 역할을 하며, 조직에게는 효율적인 인적자원개발의 근간이 된다. 전근은 구성원의 경험을 넓힐 수 있게 하며 조직에게는 인적자원의 효율성을 높이기 위한 재배치 방법이다.

② 외부 인적자원의 관리

평생교육기관의 강사는 교수과정을 설계하고 여러 가지 학습 방법과 도구를 사용하여 직접적으로 수업을 진행하여 학습자들이 학습 목표를 성취할 수 있도록 촉진하는 사람이다. 평생교육기관은 대부분 외부 인력으로 충원하는 경우가 보편화되어 있다. 강사관리의 주요 활동은 강사 섭외, 강의 의뢰, 강사료 책정 및 지급 등이 있다. 강사 섭외의 경우 기관의 강사뱅크 혹은 기관 외 정보망을 활용하여 강사 후보자를 추천받고 선정한 후 의뢰한다. 강의 의뢰 시에는 프로그램의 취지와 학습자들에 대한 충분한 정보를 제공하여야 한다.

(3) 평생교육기관 재무관리

평생교육기관의 재무관리는 자본의 조달과 운용, 자본시장, 현금의 흐름, 운전자금의 관리, 재부분석 등의 이슈에 대하여 어떻게 하면 효율적이고 효과적으로 관리하고 통제할 것인가에 대한 의사결정이라고 할 수 있다. 그러나 평생교육기관의 재무관리는 이윤의 추구보다 공공복리와 기관의 적절한 관리에 목적을 두고 있으므로 기관의 운영을 위한 자금조달과 자금의 적절한 배분에 초점을 두고 있다. 대부분의 평생교육기관은 상부 기관의 지원이나 기금의 모금을 통하여 조달하거나 프로그램 수강료에 의존하고 있다. 그러므로 평생교육기관에서의 재무관리는 부족한 자금조달을 원활하게 하고 자금을 효율적으로 사용하며 재무분석을 통하여 평생교육기관의 자금 흐름 및 문제점을 파악하는 데 사용된다.

공공의 성격을 띠고 있는 평생교육기관의 재무보고는 자금의 조달과 그 자금이 적법하게 집행되었는지를 판단할 수 있는 기본 자료가 된다. 그러므로 재무보고는 평생교육기관이 공공기관으로서의 책무성을 이행하도록 하고, 조달된 자원을 합리적으로 배분하기 위한 의사결정 정보를 제공하며, 기관의 재정 상태를 파악하기 위한 정보를 제공하기 위하여 필요하다. 또한 재무보고는 당해 연도 평생교육기관의 자금조달 경로 그리고 현금수요를 어떻게 충당하였는지에 대한 정보를 제공하여 재무 상태의 호전 여부를 판단하게 한다.

(4) 평생교육기관의 마케팅

평생교육기관의 마케팅은 수익성을 극대화시키기 위한 마케팅보다는 교육프로그램을 널리 알려 많은 사람들이 참여할 수 있게 하는 데 초점을 둔다. 잠재학습자들의 교육수요를 예측하고 요구에 맞는 프로그램을 개발하여 재정 확보에 도움을 주고 나아가 시민들의 삶의 질 개선에 공헌하는 것에 마케팅의 의의가 있다.

평생교육기관의 마케팅 영역에서 중요한 영역은 시장 세분화다. 시장 세분화란 수많은 소비자들을 일정한 기준에 따라 크게 몇 개의 세분시장으로 나누는 것을 말한다. 평생교육기관을 둘러싼 지역은 인구통계학적으로 일정한 기준에 따라 유사한 특질로 구분할 수 있다. 즉, 잠재 학습자를 특질에 따라 세분화할 수 있다. 이렇게 세분화하여 나누어진 특질에 따라 마케팅 전략을 수립하고 학습자에게 접근한다면 보다 수월하게 잠재 학습자를 유치할 수 있을 것이다. 평생교육시장을 세분화하면 목표가 명확해지므로 효과적인 마케팅 전략을 수립하여 프로그램의 시장 진입이 용이해지며, 특정 목표집단에 프로그램의 집중적인 홍보가 가능하여 불필요한 비용을 줄일 수 있다. 또한 세분화된 시장의 특성에 맞게 인력을 재배치하고 경영자원을 효율성 있게 활용할 수 있다(최은수, 배석영, 2008). 이때 세분화의 기준이 되는 것은 우선 인구통계적 세분화로, 연령, 성별, 경제적 수준, 직업, 학력, 종교에 따라 구분할 수 있다. 둘째는 심리학적 세분화로, 학습자의 가치와 태도, 개성 및 라이프스타일, 성격, 동기, 관심 등으로 세분화하는 방법이다. 마지막은 학습자의 행동을 기준으로 세분화하는 행동적인 세분화로, 몇 개의 프로그램 수강 수, 수강태도, 수강 동기에 따라 구분할 수 있다.

마케팅의 일환인 홍보는 프로그램의 활성화를 위하여 별도의 소요 비용이 없이 잠재 학습자들에게 전달할 것을 목적으로 실행하게 되는 것으로, 인쇄물, 인터넷, 방송매체, 대중 잡지 및 신문, 전화, 우편물, 팸플릿 등의 홍보매체를 이용할 수 있다. 매체 선정 시에는 비용 측면과 효과성을 고려해야 한다. 홍보는 과장되지 않고 진실되고 대중과 평생교육기관 사이에 상호작용이 일어날 수 있도록 하며 공공의 이익을 실현하는 모습을 담아야 한다.

2) 평생교육기관의 경영활동 과정

평생교육기관의 경영은 프로그래밍, 인사관리, 재무관리, 마케팅 등의 세부 과제들을 경영과정별 구성 요소에 따라 지속적으로 수행하는 순환과정이다. 즉, 프로그래밍, 인사관리, 재무관리, 마케팅 활동의 경영과정을 거치는 것이다. 평생교육기관 경영활동의 과정별 구성 요소는 이 처럼 과제 수행을 위하여 기본적으로 밟아야 하는 경영활동의 기본 과정이자 단계로서 기획, 조직화, 충원, 지도, 조정으로 이루어진다.

(1) 기획

기획(planning)은 평생교육기관 구성 요소들의 상황을 분석하고 목표를 설정하며 이를 달성하기 위한 실천전략과 활동계획을 수립하는 단계다. 기획에는 평생교육기관의 경영과제인 프로그래밍, 인사관리, 재무관리, 마케팅이 포함된다. 이러한 기획의 결과로 나타난 산물이 곧 계획(plan)이다.

(2) 조직화

조직화(organizing)는 기획에서 수립한 목표를 가장 효율적으로 달성할 수 있는 조직을 구성하는 단계다. 이는 부서 간 업무분장, 효율적 의사결정을 위한 최적의 시스템 구성을 하는 것이다.

(3) 충원

충원(staffing)은 각 조직에 필요한 인원을 적절하게 배분하는 단계다. 이는 프로그램별직원 및 강사를 발굴・배치하고, 부서별 적합한 인력을 발굴하여 적재적소에 배치하는 것이다.

(4) 지도

지도(directing)는 평생교육기관에 배치한 구성원들이 자신의 업무를 효과적으로 사용할 수 있도록 지원하고 관리하는 기능으로 의욕과 능력에 맞게 지시하고, 원활한 커뮤니케이션을 위하여 보고 계통의 절차와 권한을 구체화하며, 동기부여, 부서 및 개인 간 갈등관리, 의사결정 시스템의 유지와 개선 등이 포함된다. 구성원 간의 직무목표와 수행방법이 충돌할 경우에는 전체 목표와 이익에 종속하도록 한다.

(5) 조정

조정(controlling)은 평생교육기관의 각 부문들의 활동이 계획대로 시행되는지 측정하고 평가하여 개선방안을 제시하는 단계다.

☑ 학습 과제

1. 주변의 평생교육기관 및 시설을 각자의 관점에서 분류하고 정리하시오.

2. 공공목적의 평생교육기관의 외부 환경, 내부 능력, 기관의 경영철학, 기관의 사명과 사회적 책임이 무엇인지 파악하고 전략을 수립하시오.

3. 주변의 평생교육기관을 복수 방문하여 프로그래밍, 인사관리, 재무관리, 마케팅의 경영과제 수행 실태를 조사 · 비교하시오.

참고문헌

오혁진(2008). **평생교육경영학**. 서울: 학지사.
이양교(2002). **평생교육정책론**. 서울: 학문사.
최은수, 배석영(2008). **평생교육경영론**. 경기: 양서원.

평생교육진흥원 홈페이지 http://nile.or.kr

제4부
평생교육의 미래

제15장 한국 평생교육의 과제와 전망

☑ 학습 목표

- 우리나라 평생교육정책의 과제와 전망을 제시할 수 있다.
- 제3차 평생학습진흥종합계획에서 제시한 평생교육의 발전 방향을 설명할 수 있다.
- 유엔의 지속가능 발전교육 10년(DESD) 내용을 이해하고, 우리나라 평생교육발전과 연계방안을 제시할 수 있다.

☑ 학습 개요

지금 세계는 혁명적 변화의 시대를 경험하고 있다. 제4차 산업혁명으로 대변하는 기술혁명과 저출산·고령화로 대변하는 인구혁명, 그리고 여성·노인·교육에 대한 인식변화로 특징되는 사회혁명과 무너진 교육사다리 복원이라는 평생교육 혁명 등을 경험하고 있다.

우리나라는 '저출산'과 '고령화'라는 관점에서 보면 세계적으로 유례없이 빠른 변화를 겪고 있다. 이에 따라 적극적인 출산장려책과 고령화 대책의 수립 및 인적자원의 질적 고도화를 위한 특별한 관심과 대책이 불가결한 과제가 되었다. 이러한 관점에서 '평생교육'이 주요한 추진 모델로서 활용된다. 사회 구성원 개개인이 늘 새롭게 변화되는 환경과 창조성이 강조되는 미래사회에 유연하게 적응하는 일은 곧 사회발전과 국가의 번영에 직결되는 일이다. 따라서 창조적 지식의 창출, 교환, 활용이 원활하게 일어날 수 있도록 일터의 학습 조직화 및 유연화와 같이 '평생학습'이 가능한 사회체제 구축이 필요할 것이다. 또 여성과 가족생활 변화, 노인보호, 교육 소외계층의 노동시장 배제 등 점차 강하게 직면하게 되는 사회적 위험에 대하여도 사회통합형 국가전략으로서 평생학습이 필요하다. 평생 학습사회를 이끌어 갈 중핵은 평생교육사다. 그러나 평생교육사의 역할에 대한 의견이 분분하여 보다 치밀하고 체계적인 법적 장치가 필요해 보인다. 결국 평생학습은 사회의 안전장치, 국가 안전망 전략으로서의 역할을 하게 될 것이다. 한편 미국이나 유럽 등과의 FTA 협상에서 나타나는 것처럼, 교육시장 개방과 교육결과의 국제적 통용성 확보 문제도 대두될 수 있어 국가마다 평생학습 자원 간의 네트워크 인프라 구축과 범세계적으로 통용 가능한 교육인증체제의 구축도 필요할 것이다.

1. 열린학습사회를 위한 신학습체제

신학습체제란 누구나, 언제, 어디서나 원하는 교육을 받을 수 있는 길이 열린 열린교육사회에서의 학습체제를 말한다. 한국에서 신학습체제란 1995년 문민정부의 교육개혁위원회가 21세기를 지향하는 신교육체제의 비전으로 제시한 '열린교육사회, 평생학습사회'에서 비롯된 개념이다. 신학습체제는 모든 국민이 자아실현을 극대화할 수 있는 교육복지국가(Education + Utopia = Edutopia)를 지향한다. 그리고 신학습체제가 지향하는 인간상은 공동체 의식이 강하고 도덕적이고 더불어 사는 인간, 새로운 지식과 기술을 창조하고 지혜롭게 활용하는 슬기로운 인간, 세계화 · 개방화 시대를 주도적으로 이끌어 나갈 진취적이고 당당한 열린 인간, 건전한 직업관을 가지고 최선을 다하며 일하는 인간으로 정하고 있다. 열린학습체제는 평생학습을 통해 교육시기, 교육 장소, 교육 대상, 교육 담당자, 교육 내용, 교육 방법의 다양성과 개방성, 상대성을 전제로 '언제, 어디서나, 누구나, 무엇이든, 어떠한 방식으로나 자유롭게 배움을 주고받을 수 있는 학습사회'를 실현하고자 하는 것이다.

1) 열린학습체제와 평생교육

교육은 국가의 미래를 좌우하는 강력한 힘을 가지고 있다. 그런데 교육이 노후 되고 시대에 뒤져 있다면, 미래를 키워가는 힘은 발휘하기 어렵고 오히려 미래를 어둡게 할 가능성까지 있다. 그래서 UNESCO와 OECD 등 국제기구들과 대부분의 국가들이 21세기에 대한 준비의 일환으로 가장 먼저 그리고 지속적으로 시도하는 일이 바로 교육개혁이다. 이러한 교육개혁의 기본 방향은 열린학습체제를 위한 신학습체제라 할 수 있다.

우리나라에서는 세계 최고라는 높은 교육열을 바탕으로 새로운 교육의 길을 만들기 위한 노력이 계속되었다. 지난 제5공화국의 교육개혁심의회에서부터 참여정부의 교육혁신위원회에 이르기까지 교육개혁 추진 기구를 두어 범정부적으로 교육개혁을 추진해 왔다. 이러한 과정에서 열린교육사회, 평생학습사회 건설을 위한 신학습체제가 대두되었다. 1995년 5월 문민정부의 교육개혁위원회가 21세기를 지향하는 신교육체제의 비전으로 '열린교육사회, 평생학습사회' 건설을 교육개혁방안으로 제시하였다. 이는 교육개혁의 목표를 크게 두 가지로 접근하였는데, 하나는 열린교육체제를 지향한다는 것이고 다른 하나는 수요자 중심의 교육체계를 구축한다는 것이다.

2) 신학습체제의 전개

신학습체제라 함은 누구나, 언제, 어디서나 원하는 교육을 받을 수 있도록 한 열린 학습사회에서의 학습체제를 말한다. 이러한 신학습체제는 닫힌 형태의 학교교육과 대칭되는 개념으로 열린평생학습 체제를 말한다. 여기에서는 신학습체제를 UN의 지속가능 발전교육 10년(DESD)과 유럽연합(EU) 국가들이 공동으로 운영하는 평생학습 프로그램(Lifelong Learning Programme: LLP), 그리고 한국의 문민정부가 교육개혁방안으로 제시한 열린 교육사회를 예로 들어 살펴본다.

(1) UN의 지속가능 발전을 위한 10년 교육

2002년 12월 UN 총회에서 지속가능 발전을 위한 10년 교육(decade of educaton for sustainable development, 2005~2014: DESD)을 채택한 후, 2004년 뉴욕에서 열린 제59차 총회와 2005년 제171차 유네스코 집행위원회에서 발표되었다. 유네스코는 DESD의 국제이행계획(International Implementation Scheme: IIS) 시안을 작성하였고, 이 사업의 주관기관이자 선도기관으로 지정받았다. DESD 목표는 지속 가능한 발전의 원칙, 가치, 방침을 모든 학습과정에 통합시켜 전 인류의 삶의 많은 부분에 변화를 이끌어 내는 것이다.

UN의 지속가능 발전교육은 열린학습체제를 지향한다. 모든 이들의 지속 가능한 발전을 위해서는 세계 곳곳에 존재하는 빈곤을 퇴치하고, 삶의 질 불평등

문제들을 지속 가능한 발전교육을 통하여 함께 해결하는 열린학습사회에서의 교육이다. 지속가능 발전이란 진화한다는 점에서 정의가 어려운 개념이다. “지속가능 발전이란 미래 세대가 자신들의 필요를 충족시킬 수 있는 능력을 저해하지 않으면서 현 세대의 필요를 충족시키는 발전이다.”라는 말이 있듯이 지속가능 발전이란 일반적으로 환경, 사회, 경제라는 세 가지 요소를 가지는 것으로 세 영역의 발전은 분리된 것이 아니라 서로 얽혀 있다. 지속 가능성은 발전과 삶의 질 향상을 추구하는 데 있어서 환경, 사회, 경제적 고려가 균형을 이루는 미래의 패러다임이라고 볼 수 있다.

한편 지속가능 발전교육은 전 세계에 공통적으로 적용될 수 있는 교육 모델은 존재하지 않으며, 지속 가능성의 원칙이나 개념들에 대한 일반적인 합의는 가능하지만 그것이 실행되는 모습은 각 지역의 여건, 우선순위, 접근방식에 따라 다르게 나타날 것이다. 각 국가는 지속가능 발전교육의 목적, 주안점, 과정 등 각 지역의 문화를 고려하여 지역의 환경적, 사회적, 경제적 조건에 적합하게 정해야 한다.

학교교육을 받아야 하는 학령기 아동 중 1억 명 이상이 학교에 출석해 본 적이 없고, 약 8억 명의 어른이 문맹이다. 현재 많은 나라의 경우 기초교육 수준이 지나치게 낮아 지속 가능한 미래를 위한 국가계획을 수립하는 데 장애 요소가 되고 있다. 따라서 지속가능 발전교육이 가장 중점을 두고 있는 분야는 기초교육의 질 제고와 접근성의 향상이며, ‘양질의 기초교육의 접근성 향상’은 모든 이를 위한 교육(EFA)과 새천년발전목표(MDGs)와 긴밀하게 협조되고 있다.

여기서 EFA와 MDGs가 공통적으로 지향하는 양질의 교육의 몇 가지 특성을 살펴보면 다음과 같다.

첫째, 양질의 교육의 모든 과정은 인권을 존중하는 방식으로 진행된다. 교육은 인권이다. 따라서 양질의 교육은 모든 인간의 권리를 존중한다.

둘째, 양질의 교육은 알기 위한 학습(learning to know), 행동하기 위한 학습(learning to do), 존재하기 위한 학습(learning to be), 함께 살기 위한 학습(learning to live together)의 네 가지 기둥에 기반하고 있다.

셋째, 양질의 교육은 학습자를 독립적인 개인이자 가족의 일원이자 지역사회의 구성원이자 세계시민으로 보며, 이 네 가지 역할에 필요한 모든 역량을 키워주는 특성들을 가지고 있다. 유네스코한국위원회에서 밝힌 지속가능 발전교육의 주요 특징은 다음과 같다.

- 지속가능 발전교육은 지속가능 발전의 원리와 가치에 기반을 두고 있다.
- 지속가능 발전교육은 환경, 사회, 경제 등 지속 가능성의 세 가지 영역 모두에서 긍정적인 효과를 야기한다.
- 지속가능 발전교육은 지역과 관련을 맺고 있고 문화적으로 적절하다.
- 지속가능 발전교육은 지역적 필요, 이해 조건에 기초하지만 그 결과는 국제적인 파급을 가진다.
- 지속가능 발전교육은 형식교육, 비형식교육, 무형식교육을 결합한다.
- 지속가능 발전교육은 지속 가능성 개념의 특징을 반영한다.
- 지속가능 발전교육은 국제적 문화와 지역적 우선순위를 고려하여 구체적인 내용을 정한다.
- 지속가능 발전교육은 지역문제에 대한 의사결정, 사회적 관용, 환경적 책무, 노동환경에 대한 적응력, 삶의 질 등과 관련된 사회 역량을 향상시킨다.
- 지속가능 발전교육은 간학문적이다. 한 분야의 학문만이 지속가능 발전교육을 결정하는 것이 아니라 모든 분야의 학문이 관여한다.
- 지속가능 발전교육은 참여학습과 고등사고 능력을 길러 주기 위해서 다양한 교수기법을 활용한다.

또한 UN 총회는 유네스코에게 지속가능 발전교육을 다른 국제기구의 기존 사업들의 국제활동에 부가적으로 연계할 것을 요구하면서 국제사회가 이미 기울이고 있는 노력들을 존중하면서 자리 매김하고자 하였다. 모든 이를 위한 교육(EFA), 새천년발전목표(MDGs), 그리고 UN 문해 10년(UNLD)은 모두 양질의 교육지향성 면에서 DESD와 밀접하게 연관된다. '모든 이를 위한 교육(Education for ALL: EFA)' 사업은 2015년까지를 목표로 유아, 청소년, 성인에게 양질의 기초교육을 제공하는 것과 관련이 있으며, '새천년 개발목표(Miliennium Development Goals: MDGs)' 사업은 초등교육 제공과 교육에서의 양성평등, 문해교육, 양질의 교육, 비형식교육 등과 관련이 있다. 그리고 'UN 문해 10년(United Nation Literacy Decade, 2003~2012: UNLD)' 사업은 모든 형태의 학습을 위해 반드시 필요한 도구인 문해력을 증진시키는 것과 관련이 있다.

(2) EU의 평생학습 프로그램

유럽연합(EU)의 평생학습 프로그램(Lifelong Learning Programme: LLP)은 열린 학습체제를 지향한다. 유럽 지역 국가 간 장벽을 넘어 유럽 지역 전체 모든 국가의 모든 인구를 대상으로 하는 평생학습 프로그램이다. EU는 현재 유럽 27개 국가로 구성되어 있는 단일의 정치 · 경제 파트너십이다. EU는 1996년을 '유럽 평생학습의 해(European Year of Lifelong Learning)'로 지정하면서 1999년 볼로냐 선언(Bologna Declaration)을 발표하게 된다. 볼로냐 계획은 2010년까지 유럽 지역 내의 고등교육권(higher education area) 구축을 목표로 학습자들이 유럽 지역 내 고등교육기관을 선택하여 수학할 수 있도록 하고 고등교육기관 간 학점의 상호 인정을 중시하였다. 이어서 2000년 EU 지역의 장기적 경제성장을 위한 리스본 전략(Lisbon Strategy)을 수립하게 된다. 리스본 전략에서 2010년까지 성취하고자 하는 다섯 가지 목표는 학교 중도탈락자를 10% 내로 축소하고, 읽기 문해력이 낮은 학생비율을 최소 20% 감축하며, 최소 85%의 청년층 인구가 고등학교 교육을 이수하고, 중등교육 후(tertiary) 교육기관의 수학 · 과학 · 공학과정 졸업자 수를 최소 15% 증가시키며(성별 균형을 고려함), 성인인구 중 12.5%를 평생학습에 참여시킨다는 것이다.

EU 국가들은 직업훈련교육과 성인교육이 중요하다는 판단 하에 회원국 사이의 경제, 사회, 교육 여건 격차가 유럽통합에 장애가 된다고 보고, EU는 모든 연령층을 포괄하는 교육개혁 사업으로 EU 평생학습 프로그램(LLP)을 고안하였다.

LLP는 21세기 들어 EU에서 의욕적으로 추진하려는 리스본 전략에 걸맞는 교육 분야의 통합적 연계 프로그램이다. LLP 프로그램에는 코메니우스, 에라스무스, 레오나르도 다빈치, 그룬트비히의 네 개 하위 프로그램이 존재하며, 각 프로그램의 종료 시까지의 목적은 다음과 같다.

첫째, 코메니우스는 프로그램 기간 동안 최소 300만 명의 학생들이 교육활동에 참여하도록 한다.

둘째, 에라스무스는 프로그램 시작 후부터 학생이동 활동에 총 300만 명이 참여하도록 한다.

셋째, 레오나르도 다빈치는 프로그램 종료 시까지 연 8만 개의 기업 일자리를 창출한다.

넷째, 그룬트비히는 2013년까지 매해 성인교육에 참여하고 있는 7천 명의 개인 이동성을 지원한다. 구체적으로 LLP의 프로그램별 내용은 다음과 같다.

① 코메니우스 프로그램

코메니우스 프로그램(Comenius Programme)은 유럽 지역 내의 학교교육을 대상으로 하는 프로그램이다. 이는 학교 등 교육기관 간의 프로젝트 기반 파트너십에 재정을 지원하는 프로그램으로서 모든 학교의 재학생과 교직원이 대상이 되며 학생들에 대한 장학금 수여도 포함하고 있다. 이 프로그램의 실행전략은 개인 간 교류, 파트너십 개발 및 구축, 전문가 네트워크 구축의 세 가지가 있으며 그 목표는 다음과 같다.

- 다양한 유럽의 문화, 언어, 가치에 대한 지식과 이해의 개발(청년층과 교육관계자 대상)을 증진한다.
- 다른 EU 회원국 출신 학생과 교육관계자의 수준을 향상시키고 그들의 교류를 증진한다.
- 다른 EU 회원국과의 파트너십 수준을 향상시키고 그들의 교류를 증진하고 이를 통해 3백만 명 정도 학생의 참여를 유도한다.

- 외국어학습을 촉진한다.
- 성인교육에 있어 혁신적인 ICT 기반 교육 내용, 교육 서비스, 학습방법, 실제 교육 등을 향상시킨다.
- 교원교육의 질을 향상시키고 유럽적 특색을 반영한다.
- 교수-학습 방법과 학교경영 향상을 위하여 각종 자원을 지원한다.

② 에라스무스 프로그램

에라스무스 프로그램(Erasmus Programme)은 유럽 지역의 대학생, 교직원, 대학조직에 대한 대표적인 프로그램으로서 학생 및 교직원의 유럽 지역 내 교류와 연구협력을 촉진하는 프로그램이다. 현재 유럽 지역 내 고등교육기관의 90%는 이 프로그램에 참여하고 있다. 이 프로그램의 목표는 다음과 같다.

- EU 지역 내의 고등교육기관 개혁을 추진한다.
- 유럽 학생 및 학자들의 교류를 촉진한다.
- EU를 통한 전공과 자격증에 대한 투명성과 상호 학력인증의 개선 등을 통해 유럽 지역의 대학 분야의 질을 향상 · 강화시킨다.
- 2010년까지 유럽 고등교육 지역화(European Higher Education Area)를 구축하기로 한 볼로냐 추진계획(Bologna Process)에 근거한 교류정책과 연계한다.

③ 레오나르도 다빈치 프로그램

레오나르도 다빈치 프로그램(Leonardo da Vinci Programme)은 고용활동에 필요한 기술훈련교육을 지원하는 프로그램이다. 이 프로그램의 실행전략은 개인 교류 강화, 훈련교육 프로그램의 개발 및 운영, 관련 전문가 네트워크의 구성을 들 수 있으며, 그 목표는 다음과 같다.

- 자기개발을 촉진하기 위한 지식, 기술, 자격 등을 획득하고 활용하는 데 필요한 훈련에의 참가를 지원한다.

• 전 유럽에 걸쳐 학습기회, 기업, 사회적 파트너 등 다양한 기제를 제공하는 조직 혹은 기관 간 협력 수준의 향상과 양적 확대를 지향한다.
• (중등교육 이후의 교육기관을 제외한) 직업교육훈련의 혁신을 촉진하고 그우수 사례의 국내외에의 전파를 촉진한다.

④ 그룬트비히 프로그램

그룬트비히 프로그램(Grundtvig Propramme)은 성인교육 분야의 프로그램이다. 이 프로그램은 유럽 지역 인구의 노령화에 대하여 교육적으로 대응하면서 성인들의 지식과 역량 향상을 지원하는 데 그 목적이 있다. 이 프로그램의 활동 범위는 기초기술교육, 시민교육, 외국어교육, 예술 및 문화 교육, 부모교육, 교도소에 대한 재정지원사업 등이 있다. 대표적인 예로는 성인교육 교직원 훈련비 지원, 50세 이상의 성인학습자들을 위한 자원봉사활동 지원, 소규모 파트너십 지원, 유럽 지역 내 국가 간 협력 프로젝트가 있다. 그룬트비히 프로그램의 목표는 다음과 같다.

• 유럽 지역 내의 성인교육 학습자 및 관련 종사자들의 자질 향상과 아동교

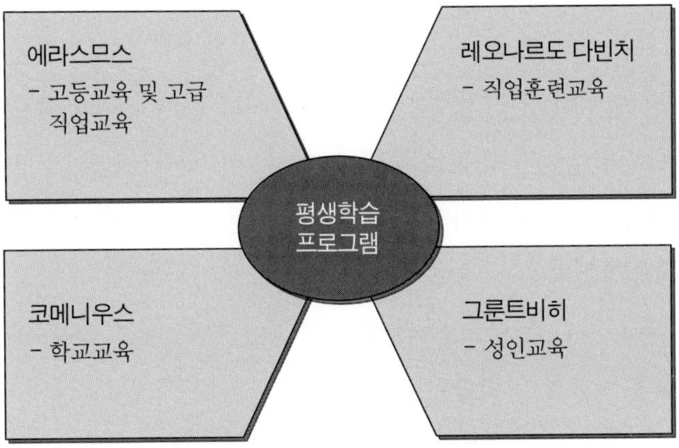

[그림 15-1] EU의 LLP 영역

류를 개선시키고 그 양적 증가 수준을 2013년도까지 최소 7천 명까지 지원한다.

- 유럽 지역 내 성인교육기관 간의 협력 수준(질)과 빈도를 향상시킨다.
- 노인 등 소외계층(상황)이나 기초적인 교육기회를 이수하지 못한 사람들을 위하여 대안교육의 성격으로서 성인교육에 대한 접근기회를 제공한다.
- 성인교육 분야에서의 혁신 사례나 전파수단 개발을 촉진시킨다.
- 혁신적인 ICT 기반 콘텐츠, 서비스, 교수기법 등의 개발을 지원한다.
- 성인교육의 교수기법 및 관리체제를 개선한다.

(3) 한국의 열린학습체제

열린학습체제는 국제사회의 흐름에 적극적으로 대응하여 개인과 사회 그리고 국가의 번영을 위한 미래 지향적 평생학습체제다. 이제 세계가 하나로 되는 글로벌화는 가속화되고 있다. 우리 사회도 교육시장 개방과 함께 교육결과에 대한 국제적 통용성 문제가 조만간 대두될 것이며 평생학습체제의 유연화가 요구되고 있다. 그동안 한국의 평생교육은 1999년 「사회교육법」을 「평생교육법」으로 바꾼 제정에 이어 2007년 「평생교육법」 전면개정, 그리고 네 차례에 걸친 평생교육진흥기본계획의 수립 등 평생학습체제 기반 구축을 위한 노력을 지속해 왔다. 그러나 우리나라의 열린학습사회 구축은 아직 초보적 단계라고 할 수 있으며 평생교육, 평생학습, 성인교육 등에 대한 개념도 학문적으로 미숙하다.

1994년 2월 출범한 문민정부는 국가 차원에서 평생교육의 중요성을 인식하고, 신교육체제의 비전과 목표로 누구나, 언제, 어디서나 원하는 교육을 받을 수 있는 길이 열린 열린교육사회와 평생학습사회의 건설을 제시하였다. 문민정부가 발표한 교육개혁방안은 여섯 가지 열림으로 설명되고 있다.

첫째는 교육시기의 열림으로, 평생을 통하여 원할 때는 언제든지 공부할 수 있는 길이 열려 있음을 의미한다.

둘째는 교육 장소의 열림으로, 첨단통신기술의 교육적 활용이 극대화되어 교육에의 통로가 어디서나 열려 있음을 의미한다.

셋째는 교육기관 간의 열림으로, 학점은행제 등으로 학교와 학교, 학교와 평생교육기관 간의 통로가 열려 있음을 의미한다.

넷째는 대학교육의 열림으로, 학과의 벽을 낮추는 최소전공인정 학점제의 도입으로 다전공과 복합학문의 통로가 열려 있고, 시간제 학생, 대학 편 · 입학의 자유로운 허용으로 학교의 문이 열려 있음을 의미한다.

다섯째는 중등교육의 열림으로, 일반계, 실업계와 특수목적고등학교 간의 전학이 쉬워지고 교육과정이 다양화 · 특성화되어 교육 프로그램이 학습자에게 다양하게 열려 있음을 의미한다.

여섯째는 누구에게나 열림으로, 장애인, 도서벽지 및 농어촌 학생을 포함하여 누구나, 언제, 어디서나 적은 비용으로 양질의 교육을 받을 수 있는 열린교육체제를 말한다.

한편 신교육체제 구축을 위한 대표적인 제도로는 학점은행제, 독학학위제, 학습계좌제가 있다. 이를 개략적으로 살펴보면 다음과 같다. 학점은행제는 「학점인정 등에 관한 법률」(1997. 1. 12. 법률 제5275호)에 의거하여 학교에서뿐만 아니라 학교 밖에서 이루어지는 다양한 형태의 학습과 자격을 학점으로 인정하고, 학점이 누적되어 일정 기준을 충족하면 학위 취득을 가능케 함으로써 궁극적으로 열린교육사회, 평생학습사회를 구현하기 위한 제도다.

1989년 발족한 교육정책자문회에서는 일반 국민들의 고등교육에 대한 수요를 해결하기 위하여 무한정 대학을 설립할 수 없다는 판단 아래 그 대안으로 독학학위제의 도입을 추진하였다. 독학학위제는 사회 · 경제적으로 어려운 환경에 처한 사람들에게 대안적인 고등교육의 기회를 보장하기 위한 제도다.

학습계좌제는 국민의 평생교육, 특히 취업자의 계속교육을 촉진하기 위하여 개별적으로 취득한 학력, 학위, 자격 등 인증된 학습 경험과 학교 외 교육 등에서 얻은 학습 경험을 종합적으로 누적 기록 · 관리하고 이를 객관적으로 인증받기 위한 제도다. 학습계좌제는 1999년 「평생교육법」 제정 시 교육계좌제(Education Account System)로 신설되었으나 실시되지 못하였고, 2007년 「평생교육법」 전면개정 시 평생학습계좌제(Lifelong Learning Account System)로 개칭되었으나 마찬가지로 시행되지 못하였다. 그러나 지금은 국가평생교육진흥원이 운영주체가 되어 시행 중에 있다.

3) 논의

교육은 국가의 미래를 좌우하는 가장 강력한 힘을 가진다. 그리고 교육의 방향이 노후되고 시대에 뒤떨어진다면 미래를 장담하기 어렵다. 이러한 맥락에서 볼 때 그동안 유네스코에서 주관하고 지원하는 지속가능 발전교육 10년 사업은 미래 세대의 필요를 충족시킬 수 있는 능력을 저해하지 않으면서 현재 세대의 필요를 충족시키는 지속가능 발전 개념이라는 점에서 우리가 취해야 할 바를 제시하고 있다. 또한 EU 국가들이 국가 간의 담을 넘어서서 모든 국민들을 대상으로 하는 학교교육 대상의 코메니우스 프로그램, 고등교육 대상의 에라스무스 프로그램, 직업교육 · 훈련을 대상으로 하는 레오나르도 다빈치 프로그램, 성인교육 프로그램을 대상으로 하는 그룬트비히 프로그램의 EU 평생학습 프로그램(LLP) 사업에서도 그 시사점을 찾을 수 있다.

한국의 평생교육은 중앙정부의 지원이 취약하며 지방자치단체가 중심이 되어 이루어지고 있음을 볼 때, UN이 주도하고 있는 지속가능 발전교육 10년 사업과 EU의 LLP(특히 그룬트비히 프로그램)는 우리나라 평생교육정책과 평생학습 현장에서 참고할 수 있겠다. 특히 지속 가능한 발전의 원칙, 가치, 방침들을 학습과정에 포함시키려고 노력하는 점, 그리고 모든 교육의 종착지이자 목표를 '모든 이의 삶의 질 향상'에 두는 점도 음미해 볼 만하다.

2. 한국의 평생교육발전

1) 한국 평생교육의 비전

우리나라 평생교육은 제1차, 2차, 3차 평생교육진흥기본계획을 기반으로 추진되어왔고 과거의 인식과 현재의 위치, 미래를 위한 비전을 제시하면서 평생교육 발전의 틀을 마련해 왔다.

교육복지국가(edutopia) 건설을 위한 배우는 기쁨, 나누는 기쁨, 인정받는 학습사회 실현을 비전을 담은「제1차 평생교육진흥 기본계획(2002~2006)」에 이어 2007년 12월 국민의 삶의 질 향상과 국민행복을 증진하기 위해 정부는「제2차 평생교육진흥 기본계획(2008~2012)」을 마련하였다. 이 기본계획에는 평생학습사회 구현을 위한 평생교육 추진 · 지원 및 전담기구 정비와 지역 평생교육 기반 조성을 비전으로 세웠다.

2013년 9월 100세시대 국가 평생학습체제 구축을 위한 방안으로 정부는「제3차 평생교육진흥 기본계획(2013~2017)」을 마련하였다. 우리나라의 국제지위와 경제수준에 비하여 국민 행복지수가 OECD 34개국 중 27위로 낮게 확인되면서 21세기 100세 시대 창의적인 평생학습을 통하여 국민의 행복을 실현하는 것을 비전으로 정하고 인생후반기 행복한 여생을 설계할 수 있는 취미생활, 여가선용을 위한 노년층 대상 평생교육 프로그램을 확충하여 노년층의 삶의 질 향상과 지역사회 봉사를 유도하도록 하였다. 또한 생애주기 · 계층 · 지역에 따라 다양한 평생교육의 장(場)을 마련하여 국민이면 누구나 언제, 어디서나 접근하여 학습할 수 있도록 온 · 오프라인 평생학습 종합지원체제 구축하였다. 이 기본계획의 4대 핵심영역으로 ① 대학 중심 평생교육체제 실현, ② 온 · 오프라인 평생학습종합지원체제 구축, ③ 사회통합을 위한 맞춤형 평생학습 지원, ④ 지역사회의 학습 역량 강화를 제시하였다.

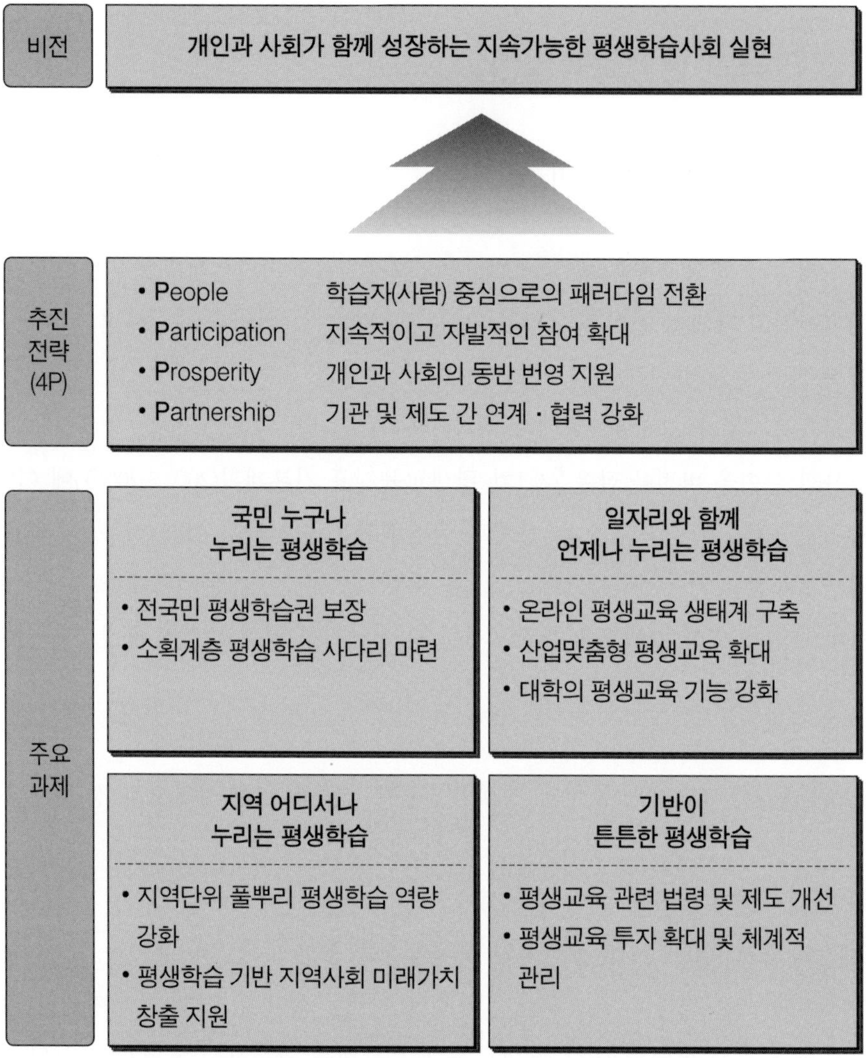
비전
개인과 사회가 함께 성장하는 지속가능한 평생학습사회 실현
추진 전략 (4P)
• People 학습자(사람) 중심으로의 패러다임 전환
• Participation 지속적이고 자발적인 참여 확대
• Prosperity 개인과 사회의 동반 번영 지원
• Partnership 기관 및 제도 간 연계 · 협력 강화
주요 과제
국민 누구나 누리는 평생학습
• 전국민 평생학습권 보장
• 소회계층 평생학습 사다리 마련
일자리와 함께 언제나 누리는 평생학습
• 온라인 평생교육 생태계 구축
• 산업맞춤형 평생교육 확대
• 대학의 평생교육 기능 강화
지역 어디서나 누리는 평생학습
• 지역단위 풀뿌리 평생학습 역량 강화
• 평생학습 기반 지역사회 미래가치 창출 지원
기반이 튼튼한 평생학습
• 평생교육 관련 법령 및 제도 개선
• 평생교육 투자 확대 및 체계적 관리

[그림 15-2] 제4차 평생교육진흥기본계획의 비전 및 추진과제

출처: 교육부(2018). 제4차 평생교육진흥기본계획(2018-2022).

제4차 정부의 평생학습진흥기본계획 수립에 앞서, 제1차 계획에서 부터 제3차 계획까지의 성과와 한계에 대한 분석이 선행되어야 한다. 그 결과를 토대로 문재인정부의 국정비전 및 과제를 반영하여 제4차 평생교육진흥기본계획(2018~

2022)이 수립되었다. 제4차 계획에는 지능정보사회로 대변되는 제4차 산업혁명과 저출산 · 고령화로 특징하는 장수혁명 시대를 부응할 수 있어야 한다. 평생교육의 본질과 공공성을 살려가면서 성인기초문해교육, 장애인평생교육 및 노인평생교육 등 교육 소외계층에 대한 평생교육 강화를 강조하고 있다.

우리나라 평생교육은 교육제도의 개방성과 유연성을 강조하고 다음과 같은 지향점을 추구해 나가야 할 것이다.(이양교, 2002). 첫째, 교육의 시기를 아동 · 청소년기에 한정하지 않고 평생을 통해 학습할 수 있도록 하며, 받은 교육에 대해서는 시기에 상관없이 그 내용과 수준에 따라 존중하고 인정한다. 둘째, 교육의 장소를 학교와 대학에만 한정하지 아니하고 어느 곳이라도 교육이 이루어질 수 있는 곳이면 인정하고 활용한다. 셋째, 교육 내용을 전통적 지식과 이론에 한정하지 않고 개인생활, 직업생활, 사회생활을 향상시키는 모든 지식, 기능, 이론으로 확대할 것을 인정하며 존중한다.

2) 한국 사회와 평생교육

평생교육의 궁극적인 목적은 인간의 삶의 질을 향상시키는 것이다. 한국 사회의 평생교육도 마찬가지다. 한국의 평생교육은 모든 교육의 목표이자 모든 교육의 비전이다. 평생학습사회는 학습문화와 학습경제가 함께 어우러져 발전해 가는 사회를 말한다. 일상생활 속에서 생명을 가지고 살아 함께 움직이는 것이 문화이므로 평생교육을 문화적으로 정착시키고 진흥시키는 것이 평생학습사회의 지름길이다. 새로운 평생학습 문화의 형성은 사회발전의 동력으로 작용할 것이고, 그 시너지 효과는 국가발전으로 이어지게 될 것이다. 평생학습은 소비재가 아닌 생산적 자원이자 투자자원으로서 사회를 변화시키는 중요한 기재의 사회적 의미를 가지고 있다. 또한 평생교육은 시대적 변화를 반영한다.

20세기의 산업화에 따른 국가주의 시대에는 학교 중심의 국민교육제도가 학습생활을 주도하였다. 그러나 정보화와 지식자본화의 시대가 도래하면서 학교교육의 한계성으로 국가 단위의 학교교육은 세계 단위의 평생교육 시대로 바뀌게 된다. 이어서 2001년에 평생교육은 인적자원개발을 통한 국가경쟁력 강화에 역점을 둔 평생학습사회 구현이었으나, 2008년에는 배우는 즐거움, 일구어 가는 내일, 함께 살아가는 평생학습사회 구현이라는 새로운 비전이 제시되고 있다. 이처럼 인류가 끊임없이 민주적 열린사회의 실현을 추구하게 되고 교육도 이러한 시대적 상황에서 자유스러울 수 없으며 계속적으로 변화를 추구하게 된다. 한국의 평생교육도 이러한 시대적 흐름에 따라 변화하지 않을 수 없다. 더욱이 OECD 국가들은 이미 '모든 이를 위한 교육'을 국가의 비전으로 정하고 평생교육정책을 추진하고 있다. 앞으로의 교육은 교육을 제공하는 입장보다 학습하는 자의 입장에서 학습자 요구에 따르는 학습자가 중심이 되는 사회로 전개될 것이며, 교육은 사회발전을 주도하고 사회의 변화를 유도하는 핵심으로 자리 잡게 될 것이다. 따라서 평생교육은 시대의 변화에 대응할 수 있는 능력을 갖춘 유연성 있는 지식인으로서의 국민능력을 양성하는 정책이 필수적이다. 그리고 국가적인 차원에서 지식을 가진 국민을 길러내는 유일한 수단이 평생교육이라는 인식하에 평생교육정책을 전개해 나가야 할 것이다(권이종 외, 2001).

3) 논의

21세기를 맞이하면서 UNESCO와 OECD를 비롯한 교육 관련 국제기구들은 한 결 같이 교육을 평생학습 중심의 정책으로 전개할 것을 권고하고 있고, 미국 · 영국 · 일본 등 주요 선진국들도 평생학습을 교육개혁의 일환으로서 국가발전의 전략적 목표로 상정하고 있다.

한국은 「평생교육법」에 근거하여 5년 단위의 평생학습진흥기본계획을 국가 차원에서 의무적으로 수립 · 시행하도록 규정하고 있다. 이에 2002년부터 2006년까지의 제1차 계획에 이어서 2008년부터 시작되는 제2차 평생학습진흥종합계획이 발표되었다. 이어서 2013년부터 2017년까지의 제3차 평생학습진흥기본계획을 수립하여 시행을 마쳤다. 한편, 2008년 전면 개정된 「평생교육법」의 본격 시행과 함께 국가 차원의 평생학습진흥종합계획이 가동되고, 새로운 정부의 출범 등으로 한국의 평생교육은 발전적 변화의 모습을 갖추기 시작하였다. 그동안 한국의 평생교육은 미래 교육의 개혁론으로서 희망과 신뢰를 가지고 있었지만, 막연하게 그 필요성만을 강조할 뿐 획기적이고 실천적인 실적은 미미한 수준이었다.

앞으로 21세기 한국의 평생교육에서는 개인의 삶의 질 향상과 자아실현을 위한 국민들의 학습기회 요구가 계속적으로 증가하게 될 것이며, 평생교육은 지식기반사회에서의 인적자원개발이라는 국가의 비전과 목적 달성을 위한 대안으로 작용할 것이다. 이를 위한 교육체제는 전 국민을 대상으로 하는 열린학습사회이자 평생학습체제가 될 것이다. 또한 평생교육 발전 방향은 교육시기의 연장, 교육 장소의 확대, 교육제도의 개방화, 교육 지배의 민주화를 지향하면서 국가의 새로운 도약과 발전을 주도하게 될 종합자본으로서의 역할을 담당해야 한다.

3. 한국 평생교육의 과제와 전망

1) 한국 평생교육 과제별 논의

한국의 평생교육에 대한 과제별 논의는 국가 간 비교에서 나타난 과제가 있을 수 있고, 평생교육 학문으로서의 이론적 담론, 평생교육 현장의 과제들, 평생교육정책 추진과정에서의 과제 등 논의가 다양하다. 여기서는 우리나라 평생교육정책이 안고 있는 다섯 가지 과제를 살펴본다.

(1) 평생교육 가치에 대한 철학적인 재검토

우리나라는 이미 사회적으로 평생교육이 필요하다는 공감대는 형성되었으나 평생교육의 정확한 의의가 무엇인지는 아직도 의견이 분분하다. 현행 「평생교육법」에 평생교육의 영역으로 성인기초 · 문자해득교육, 학력보완교육, 직업능력 향상교육, 인문교양교육, 문화예술교육, 시민참여교육 등으로 정하고 있다. 그러나 이 중에는 많은 영역이 각기 다른 법령에 의하여 운영되고 있어 평생교육이 실제 해야 하는 것과 할 수 있는 것에 대한 의문이 생길 수 있다. 실제로 평생교육과 인적자원개발은 개념적 혼란이 있다. 「평생교육법」에는 직업능력 향상교육을 평생교육의 한 영역으로 다루고 있고, 「인적자원개발기본법」에서는 평생교육을 인적자원개발 내에 포괄하여 정의하고 있어, 이를 추진하는 과정에서 관련 부처가 중복을 피하기 위해 노력하고 있으나 평생교육과 인적자원 현장에서는 어느 법령을 적용해야 하는지 혼란스러울 수밖에 없다. 당시 교육인적자원부가 정부 전체의 인적자원개발 정책을 조정한다는 명분으로 국가인적자원위원회와 차관급을 본부장으로 하는 「인적자원개발기본법」 개정을 시도하다가 2007년 인적자원본부의 본부장을 1급으로 낮추는 선에서 국회에서 통과되었다. 그러나 2008년 이명박 정부가 출범하면서 인적자원본부가 해체되고 국가인적자원위원회는 유명무실해지고 말았다. 이러한 과정을 거치면서 2008년 「평생교육법」의 전면 개정을 이루게 되었다. 이와 관련하여 평생교육의 세 가지 원조(元祖)인 학습사회적 접근, 학습경제적 접근 그리고 해방적 접근 가운데 직업능력을 중심으로 한 순환교육, 즉 학습경제적 맥락이 다른 두 가지에 비하여 종(種)적 생존을 보전하고 총체적 평생학습 생태계를 주도하도록 지원했다는 김종서 등(2009)의 지적처럼, 유네스코가 제시한 학습사회는 인본주의적 평생교육이라는 적자(嫡子)보다 인적자원개발과 학습경제라고 하는 서자(庶子)에게 상속권을 넘기게 되는 기묘한 현상을 낳고 있다. 이러한 평생교육과 관련 제도적 중복성과 현장의 혼란 문제는 곧 평생교육 철학과 직결되는 문제이므로 중장기적으로 학계와 사회의 여론을 반영하면서 정립해 나가야 할 것이다.

(2) 평생교육 재정의 획기적 · 안정적 확대

한국의 평생교육 재정은 구조적으로 취약하다. 전체 교육재정에서 평생교육 부문이 차지하는 비중은 0.9%에 지나지 않는다. 외국의 교육재정 대비 평생교육 재정 규모가 호주 46.9%, 미국 33.4%, 일본 6.1% 등인 점을 감안하면 한국의 평생교육 재정 규모가 얼마나 취약한지를 알 수 있다(최돈민, 2004). 그럼에도 불구하고 한국의 평생교육의 위상이 국제적으로 어느 정도 인정받고 있는 것은 한국의 평생교육도 공공 영역보다 사적 영역에서 더 큰 역할을 수행하고 있음을 시사한다. 우리나라 평생교육과 관련하여 「헌법」 제31조에서 "모든 국민은 능력에 따라 균등하게 교육을 받을 권리를 가진다." 그리고 "국가는 평생교육을 진흥하여야 한다."와 같은 법리적 해석을 하지 않더라도, 현 정부의 평생교육 방향은 사회의 통합과 평생학습의 생활화를 통한 인재강국에 있다. 이처럼 평생교육은 정책적으로 공공재 성격이 강하기 때문에 앞으로는 더 많은 정책적 수요를 감당해야 할 것이다.

정부가 평생학습을 통한 인재강국으로 나가기 위해서는 무엇보다도 평생교육 재정의 안정적 지원이 필요하다. 이를 위하여 두 가지 방향의 노력이 시급하다.

첫째, 우리나라 평생교육재정을 당장 선진국 수준으로 끌어올리지는 못하더라도 전체 교육재정의 5% 이상으로 올리는 노력이 우선적으로 이루어져야 한다.

둘째, 평생교육 재정구조를 특별회계에서 일반회계로 전환하여 평생교육 사업이 안정적으로 추진될 수 있도록 지원해야 한다. 그동안 전체 평생교육재정 중 일반회계의 비중은 23.2% 수준이고 나머지 재정은 특별회계로 운영되었다. 대표적인 예로 평생학습조성 사업이 있다. 이 사업은 그동안 특별회계로 운영되어 왔고, 성공적으로 추진되고 있음에도 재원 확보의 어려움 때문에 평생학습도시 신규 지정사업이 중단되는 등 향후 사업의 파행이 예상된다.

(3) 평생학습결과 인정체제의 유기적 연계

평생교육은 개인의 학습권을 보장하려는 개인 지향적 목적과 국가의 통합·발전을 추구하려는 사회 지향적 목적을 동시에 가지고 있다. 사회 지향적 목적은 개인이 평생교육을 통하여 학습한 결과를 사회에서 인정해 줄 때 가능할 것이며, 그렇지 않고 학습한 결과가 사회적으로 인정되지 않으면 평생교육은 자기만족에 그칠 수밖에 없다. 따라서 평생교육은 국민들에게 평생학습 기회를 제공하는 것과 학습결과를 사회에서 가치 있는 것으로 인정해 주는 것이 중요하다. 현재 평생학습 결과를 사회적으로 인정해 주고 있는 제도로는 초·중등교육 수준의 학습결과를 인정해 주는 검정고시제도, 고등교육 주준의 학습결과를 인정해 주는 독학사검정제도, 그리고 시험제도와는 별도로 평소의 학습결과를 누적 관리하여 고등교육 수준의 학력을 인정해 주는 학점은행제도가 있다. 더불어 현재 정책적 구상단계에 있는 평생학습계좌제가 있다. 평생학습계좌제도는 학점은행제도와의 중복성을 피하기 위하여 평생학습의 결과를 초·중등 수준으로 인정하거나 학력과는 상관없이 특정한 능력을 인정해 주는 방향으로 구상 중에 있다.

향후 평생교육결과 인정체제 구축과 관련하여 두 가지 노력이 필요하다.

첫째, 평생학습 결과에 대한 제도적 인정이 곧 사회적 인정으로 이어질 수 있도록 이 제도의 운영과 관리의 내실화가 필요하다. 가령, 입사시험에 응시할 수 있는 기회는 제도적으로 보장될지라도 회사가 낮은 평가를 내림으로써 얼마든지 입사를 거부할 수 있기에 평생학습결과 인증에 대한 사회적인 신뢰가 중요하다.

둘째, 평생학습결과 인정제도가 인정의 방식이나 수준에서 차이가 있으나 네 가지의 인정제도 간 유기적 연계 운영이 필요하다. 검정고시제도와 독학사제도는 학력을 인정해 주는 동일한 제도임에도 검정고시는 「초·중등교육법」을, 독학사검정고시제도는 「독학에 의한 학위 취득에 관한 법률」을 모법으로 하는 별도의 법에 의해 운영되고 있다. 또한 학점은행제도는 독학사 검정고시제도와 마찬가지로 고등교육 수준의 학력을 인정해 주는 제도이나 「학점인정에 관한 법률」에 근거하여 별도로 운영되고 있다. 예를 들면, 학점은행제도와 독학사검정고시제도가 서로의 인정결과를 공유할 수 있도록 하고 있는 것처럼 네 개의 평생학습결과 인정제도가 서로 유기적으로 연계할 수 있는 체제를 구축·운영하는 것이 필요하다. 향후 평생교육결과 인정제도의 시행과 관련하여 이것이 중요한 과제로 대두될 것이므로 그에 대응하는 노력이 필요하다.

(4) 평생학습 문화의 조성

평생학습사회를 구축하기 위해서는 새로운 학습제도를 만드는 것도 중요하지만, 사회 각 부문에서 평생학습 참여 동기를 유발할 수 있는 새로운 의식전환과 함께 평생학습 문화의 형성이 무엇보다도 중요하다. 새로운 의식이 새로운 문화를 만들고 강화하며 새로운 문화가 새로운 의식을 형성하듯이, 평생학습사회의 실현은 새로운 교육관과 새로운 의식에 의해 가능하다. 이를 위해서는 학교와 교육을 동일시하는 교육관에서 벗어나야 하고, 교육은 국가가 지배해야 한다는 국가주의에서도 탈피해야 한다. 즉, 평생학습사회는 모든 사람이 누구나 자신의 필요와 능력에 따라 학습하는 것을 권장하고 지원하는 데 그 목적이 있다. 또한 평생학습사회가 가능하기 위해서는 국민 개개인의 자율적 학습관리 능력을 키워야 하며, 이러한 학습관리 능력은 평생학습 시대를 살아가는 데 있어서 가장 중요한 능력이다(이양교, 2002). 결국 평생학습 문화의 조성은 평생학습을 사랑하고 자율적 학습관리 능력을 형성시켜 주고 학습을 생활화하고 습관화시켜 주는 작은 노력으로부터 시작된다. 평생학습 문화가 조성되면 열린 평생학습사회가 될 것이고 국민들의 참여율도 높아지게 될 것이다.

이러한 평생학습 문화 조성을 위해서는

첫째, 정부와 지방자치단체가 추진하는 각종 평생학습 지원정책 중 평생학습 문화 조성을 위한 지원사업이 중요하게 다루어져야 한다.

둘째, 평생학습 문화의 확산을 위해서는 학습동아리, 학습서클, 학습카페 등 시민단체의 평생학습 지원활동이나 자발적 평생학습 활동을 지원하여 삶의 현장에 확산되도록 촉진할 필요가 있다.

셋째, 국가 차원의 평생학습축제 또는 평생학습 엑스포의 개최 등이 필요하다. 마지막으로 평생학습 문화 조성을 위해서는 대중매체 또는 포스터, 브로슈어, 마스코트, 평생학습 다이어리, 평생학습 소식지 등 홍보물을 통한 계몽운동이 필요하다.

(5) 모든 국민을 위한 평생학습 기회 확대 및 균등화 추구

평생학습은 모든 국민들에게 학습의 기회를 확대해 주고, 그것이 모든 국민들에게 균등하게 제공되도록 해야 한다. 평생학습은 형식교육, 비형식교육, 무형식교육을 포함하고 있으며 아동기, 청년기, 장년기, 노년기로 이어지는 단선형적 모형에서 벗어나 전 생애에 걸쳐 학습과 노동과 여가가 입체적이고 교차적으로 이루어져야 한다. 평생학습은 일부 여유 있는 계층을 위한 것이라거나 평생학습을 학교교육의 연장 정도로 보는 잘못된 인식, 그리고 평생학습을 가로막는 개인적 차원의 장벽이나 제도적 차원의 장벽은 없어져야 한다. 앞으로 평생학습은 모든 국민을 대상으로 하면서 모든 학습자원을 활용하여 국민들이 필요로 하는 평생학습의 기회를 확대하고 기회를 균등하게 제고해야 한다. 이를 위해서는 다음 사항을 고려해야 한다.

첫째, 대학의 평생학습 기능이 강화되어 대학부설 평생교육원이 확충될 수 있도록 유도하는 한편 우수교육 프로그램의 확대 보급을 지원할 필요가 있다. 예를 들면, 온라인 형태의 원격교육이나 오프라인 형태의 인문학 교양강좌 등을 확대해 나가면서 외국 대학에서 시행하고 있는 학습계약제(learning contract) 등의 확대가 필요하다.

둘째, 평생학습을 활성화하기 위해서는 평생교육기관을 통한 교육 프로그램을 다양화하여 연령별, 교육 유형별로 특성화된 교육 내용을 제공할 수 있어야 한다. 산업체 훈련원이나 공무원 연수원은 물론 도서관, 박물관 등 평생교육시설을 기능적으로 연계시켜 종합적으로 운영해야 한다. 먼저 도서관은 도서를 대출하는 단순한 업무뿐 아니라 학습동아리를 만들어 주고 도서관 시설을 전시회나 강연회의 공간 또는 인터넷 공간으로 활용하도록 운영되어야 한다. 박물관은 문화적, 학습적 유산을 일반인에게도 개방하면서 다양한 문화교육을 실시해야 한다. 또한 학원, 평생교육원, 문화센터 등을 평생교육시설로서의 위상에 걸맞도록 운영되어야 할 것이다. 마지막으로 교육 취약계층의 학습기회를 확대해야 한다. 교육 취약계층에게 학습에 따른 장애 요인을 제거하여 개인 형편에 맞는 학습이 가능하도록 접근성을 제고하고, 기초능력과 취업능력을 신장할 수 있는 교육 프로그램을 제공해야 한다. 특히 교육 취약계층을 위한 정보활용 능력을 익히는 교육 프로그램의 지원이 중요하며, 학습이 즐겁고 보람 있는 것이라는 인식과 함께 지속적인 학습이 필요하다는 것을 안내할 수 있는 상담체제와 계속학습 연계망 구축이 필요하다.

2) 한국 평생교육의 전망

한국의 평생교육과 관련하여 유네스코와 OECD를 비롯한 국제기구들은 평생학습 중심의 정책을 지속적으로 권고하고 있으며, 주요 선진국들은 이미 평생학습사회 구축을 교육개혁의 수단으로 보고 21세기 국가발전의 핵심 전략목표로 삼고 있다. 그동안 우리나라 평생교육의 발전은 한국이라는 특수한 상황에 기인하여 미국, 영국, 독일, 덴마크, 일본 등 주요 선진국에 비해 출발 자체가 늦었고, 그로 인하여 한국의 평생학습 환경도 아직 숙성되지 못하고 평생교육에 대한 개념 정립도 미흡하다. 지식기반사회로 대변되는 21세기는 열린 평생학습사회가 될 것이며, 평생학습사회는 누구든지, 언제, 어디서나, 원하는 교육을 받을 수 있는 열린학습사회가 될 것이다. 이러한 평생학습사회는 컴퓨터의 광범위한 활용으로 개인이 정보의 바다 속에 존재하게 될 것이다.

한편 평생교육의 지향점은 개인의 삶의 질 향상에 두게 될 것이다. 그리고 국민들의 학습기회 요구는 계속적으로 증가할 것이며 지식기반사회에서의 인적자원개발이라는 국가의 목적 달성을 위한 수단으로의 활용은 더욱 강조될 전망이다. 앞으로의 평생교육은 교육시기의 연장, 교육 장소의 확대, 교육제도의 개방화, 교육 지배의 민주화를 지향하면서 국가의 새로운 도약과 발전을 주도하게 될 종합자본으로서의 역할을 담당하게 될 것이다.

한국의 평생교육 전망을 위해 지난 2018년 2월에 발표한 「제4차 평생교육진흥기본계획(2018~2022)」을 살펴본다. 제4차 기본계획은 2000년 「평생교육법」이 시행되고 2002년 제1차 평생학습진흥종합계획이 수립되면서 비로소 본격적인 국가수준의 평생교육진흥 정책을 시행하였다. 세 차례에 걸친 5개년 계획을 시행하는 과정에서 지방자치단체의 평생교육기능이 확대되었고, 대학을 중심으로 한 평생교육과 온라인 평생교육이 강화되었다. 이들 성과를 토대로 한국 평생교육의 한 단계 도약을 추구하고 있다. 전 연령대의 국민을 대상으로 한 평생교육은 급속한 기술 변화의 시대에 국민의 역량을 높이는 가장 좋은 정책 수단이 될 것이다. 또한 평생교육은 양극화를 해소하는 효과적인 정책 수단이기도 하다. 평생교육을 통해 개인의 성장과 더불어 고용과 복지도 실현할 수 있다.

결국 21세기의 시대적 명제는 평생학습일 수밖에 없으며, 이를 위한 국가의 존재는 국민을 위한 평생학습에 필요한 사회적 기반을 구축하는 일일 것이다. 한국의 경우도 예외 없이 새로운 내일을 위한 국가발전의 전략으로 평생학습을 사용하게 될 것으로 전망된다.

☑ 학습 과제

1. 유네스코에서 개별 권고 또는 지원하고 있는 평생교육정책이 실제로 어떻게 적용되는지를 사례분석을 통하여 제시하시오.

2. 1995년 교육개혁위원회가 제시한 열린교육사회, 평생학습사회 건설을 위한 신교육체제 내용을 분석적으로 제시하시오.

3. 한국의 평생교육정책과 관련된 과제와 전망에 대하여 논하시오.

참고문헌

교육부(2018). 평생교육진흥기본계획(2018-2022). 평생직업교육국.

권이종, 심의보, 안승렬(2001). 현대 사회와 평생교육. 서울: 교육과학사.

김종서, 김신일, 한숭희, 강대중(2009). 평생교육개론. 경기: 교육과학사.

이양교(2002). 평생교육 정책론: 교육선진국의 정책행정과 평생교육의 실태비교. 서울: 학문사.

최돈민(2004). 한국의 평생교육수준 비교. 서울: 한국교육개발원.

찾아보기

인명

내용

감수자 소개

최은수 〈e-mail: eschoi@ssu.ac.kr〉
University of Southern California Ph.D. (교육학 전공)
숭실대학교 평생교육학과 교수

저자 소개

한우섭 〈e-mail: wseop@naver.com〉
숭실대학교 평생교육학 박사
전 순천향대학교 평생교육학부 교수

김미자 〈e-mail: lk2012kmj@hanmail.net〉
숭실대학교 평생교육학 박사
CR리더십연구원 사무총장

신승원 〈e-mail: specialsw@hanmail.net〉
숭실대학교 평생교육학 박사
CR파트너즈 대표이사

연지연 〈e-mail: erato0703@ssu.ac.kr〉
숭실대학교 평생교육학 박사
숭실대학교 평생교육학과 초빙교수

진규동 〈e-mail: jinkd@naver.com〉
숭실대학교 평생교육학 박사
강진군 다산기념관 다산교육전문관

신재홍 〈e-mail: s8558@snu.ac.kr〉
숭실대학교 평생교육학 박사
가천대학교 글로벌미래교육원장

송민열 〈e-mail: tenistar1@hanmail.net〉
숭실대학교 평생교육학 박사
메가원격평생교육원 교수

김대식 〈e-mail: nlpdoumi@naver.com〉
숭실대학교 평생교육학 박사
한국평생교육 · HRD 연구소 연구교수

최용범 〈e-mail: choibrian@hanmail.net〉
숭실대학교 평생교육학 박사
백석예술대학 사회복지학부 평생교육청소년 복지 전공 교수

평생교육론(2판)

Lifelong Education (2nd ed.)

2010년 8월 30일 1판 1쇄 발행
2018년 2월 20일 1판 8쇄 발행
2019년 1월 10일 2판 1쇄 발행
2022년 3월 20일 2판 3쇄 발행

감수자 • 최은수

지은이 • 한우섭 · 김미자 · 신승원 · 연지연 · 진규동
신재홍 · 송민열 · 김대식 · 최용범

펴낸이 • 김 진 환

펴낸곳 • (주) 학지사
04031 서울특별시 마포구 양화로 15길 20 마인드월드빌딩 5층

대표전화 • 02) 330-5114 팩스 • 02) 324-2345

등록번호 • 제313-2006-000265호

홈페이지 • http://www.hakjisa.co.kr
페이스북 • https://www.facebook.com/hakjisabook

ISBN 978-89-997-1707-9 93370

정가 20,000원

저자와의 협약으로 인지는 생략합니다.
파본은 구입처에서 교환하여 드립니다.

이 도서의 국립중앙도서관 출판시도서목록(CIP)은 서지정보유통지원시스템 홈페이지(http://seoji.nl.go.kr)와 국가자료공동목록시스템(http://www.nl.go.kr/kolisnet)에서 이용하실 수 있습니다.
(CIP제어번호: CIP2018035728)